U0732962

河北省社会科学院专家文库

丛书主编／康振海

唯物史观
理论与实践

THE THEORY AND PRACTICE
IN HISTORICAL MATERIALISM

陈耀彬◎著

河北出版传媒集团

河北人民出版社

石家庄

图书在版编目（ＣＩＰ）数据

唯物史观理论与实践 / 陈耀彬著. -- 石家庄 ：河北人民出版社，2021.9
　（河北省社会科学院专家文库 / 康振海主编）
　ISBN 978-7-202-15155-6

　Ⅰ．①唯… Ⅱ．①陈… Ⅲ．①历史唯物主义－研究 Ⅳ．①B03

中国版本图书馆CIP数据核字(2021)第006598号

丛 书 名	河北省社会科学院专家文库
书　　名	唯物史观理论与实践
	WEIWU SHIGUAN LILUN YU SHIJIAN
丛书主编	康振海
本书著者	陈耀彬
责任编辑	段　鲲
美术编辑	秦春霞
责任校对	余尚敏
出版发行	河北出版传媒集团　河北人民出版社
	（石家庄市友谊北大街 330 号）
印　　刷	河北远涛彩色印刷有限公司
开　　本	787 毫米×1092 毫米　1/16
印　　张	31
字　　数	439 400
版　　次	2021 年 9 月第 1 版　　2021 年 9 月第 1 次印刷
书　　号	ISBN 978-7-202-15155-6
定　　价	80.00 元

版权所有　翻印必究

编委会名单

主　编　康振海

副主编　彭建强　杨思远　孙宝存

　　个人简历：陈耀彬，男，1938 年 2 月出生，河北保定人。1946—1952 年读小学；1952—1955 年保定二中读初中；1955—1958 年宣化中学读高中；1958 年保送南开大学哲学系。1960 年加入中国共产党。1963 年大学毕业。先后在广东省建工局、中共石家庄市委宣传部、中共河北省委宣传部从事理论宣传工作。1979 年到河北省社会科学院，先后任哲学研究所所长、《河北学刊》总编、精神文明研究所所长。1982 年晋升助理研究员，1986 年晋升副研究员，1990 年晋升研究员。1993 年评为有突出贡献的专家，享受国务院政府特殊津贴。2002 年 3 月退休。

　　多年来，致力于马克思主义唯物史观及西方社会历史观研究。主要研究成果：著作类有《西方社会历史观》(合作)、《邓小平社会历史观》(合作)、《哲学的使命》(合作)、《自然观的使命》(合作)等。发表论文 90 余篇。多次获得省级和省社科院优秀科研成果奖。

　　社会兼职：中国历史唯物主义学会理事；中国人学学会理事；中国人权研究会理事；河北省哲学学会副会长；河北省人学研究会副会长；河北省自然辩证法研究会副理事长；河北省伦理学会副会长；河北省社科联委员；河北省专家献策团成员；河北省社会科学院高级专家咨询组成员。

总　　序

　　哲学社会科学是人类认识世界、改造世界的强大思想武器。我们党在革命、建设、改革的伟大历史进程中,始终重视发挥哲学社会科学的重要作用,并将其作为一种宝贵的战略性资源,不断传承和发展。江泽民同志曾经指出,在为建设有中国特色社会主义进行的实践和理论的双重探索中,哲学社会科学具有不可替代的重要作用,哲学社会科学工作者是一支不可替代的重要力量。胡锦涛同志也强调,在全面建设小康社会、加快推进社会主义现代化的历史进程中,在实现中华民族伟大复兴的历史进程中,哲学社会科学具有不可替代的重大作用。党的十八大以来,以习近平同志为核心的党中央更加重视哲学社会科学的地位和作用。习近平同志指出,一个国家、一个民族不能没有灵魂。文化文艺工作、哲学社会科学工作就属于培根铸魂的工作,在党和国家全局工作中居于十分重要的地位,在新时代坚持和发展中国特色社会主义中具有十分重要的作用。习近平总书记关于哲学社会科学工作的系列重要讲话,深入阐述和科学解答了我国哲学社会科学面临的一系列重大理论和实践问题,为新时代加快构建中国特色哲学社会科学提供了根本遵循,指明了前进方向。

　　站在"两个一百年"的历史交汇点上,为进一步深入贯彻落实党的十九大提出的"深化马克思主义理论研究和建设,加快构建中国特色社会科学"的战略任务,总结和展示河北省社会科学院的学术成就,梳理学理脉络,致敬学术人物,传承优良学风,推动学术创新,党组决定从2019年开始,对建院以来知名专家学者撰写的优秀学术成果进行精心遴选,分批次编辑出版《河北省社会科学院专家文库》(以下简称《专家文库》)丛书。在全院上下的关注支持下,在作者的辛勤工作和有关部门的共同努力下,本套丛书的首批八卷本终于出版了。

莽莽太行,巍巍长城,古老的河北是中华民族和华夏文明的重要发祥地,有着悠久灿烂的历史文化以及丰富厚重的哲学社会科学资源。在这片燕赵大地上,曾产生过灿若星辰的名家大师,形成了荀学、新儒学、毛诗古文诗学、郦学、北学、颜李实学等学术流派;一批编纂大家奉献出《五经正义》《太平御览》等宋四大书、《四库全书》《大清畿辅书征》《畿辅丛书》等历史文献巨著;燕赵学人开启传承了实事求是、经世致用的学术宗旨和治学精神。煌煌燕赵文化对中华思想文化的发展产生了广泛而深远的影响。近现代以来,在这片革命的土地、英雄的土地、"新中国从这里走来"的土地上,又诞生了李大钊精神、西柏坡精神、唐山抗震精神、塞罕坝精神等,凝练出深沉厚重的革命文化和丰富生动的社会主义先进文化。这些都为当今河北哲学社会科学繁荣发展厚植了历史文化底蕴,提供了求真求新求实的学术滋养,铸就了人民至上的学术灵魂。从这片土地走来的河北省社会科学院,自1963年诞生至今已经走过57个春秋。57年来,在河北省委省政府的坚强领导下,经过几代社科人筚路蓝缕、艰苦创业,省社科院已经发展成为理论积淀丰厚、学科特色鲜明、科研能力突出、名家精品辈出的现代综合性社科研究机构。57年来,省社科院坚持根植燕赵大地,勇担时代重任,在传承燕赵文明、推动理论创新、增强文化自信、服务河北发展等方面发挥了不可替代的作用,在构建中国特色、河北特点、燕赵气派的哲学社会科学中书写出无愧于时代的华彩篇章。

前行有声,岁月无言。我们启动《专家文库》编辑出版工作,旨在深入挖掘凝练专家学者的思想精髓和学术成就,彰显传承发展省社科院生生不息的文化血脉和治学精神。首批出版的《专家文库》著作中,汇聚了诸多学科领域优秀专家学者的精品,主要涵盖马克思主义哲学、马克思主义中国化、中国古代文学、中国现代文学、抗日战争史、语言学、训诂学以及区域经济学等,集中反映了一个时期我院在这些领域的研究水准,体现了以马克思主义为指导和以人民为中心的导向性,立足学科前沿、探讨重大理论和现实问题的学术性,贯彻为国家和地方经济社会发展服务、为党委政府决策服务的应用性。导向性、学术性、应用性的统一，彰显了这些成果的理论价值和实践价值。

虽然这些著作仅仅是我院大量学术精品中的采撷之作，但是仔细阅读，我们可以从中感受到，包括丛书作者在内的代代学人怀着"究天人之际、通古今之变、成一家之言"的学术初心，具有博学审问、慎思明辨的严谨学风和一脉相承、历久弥新的学术品格。追求真理是一个艰辛的过程。通过丛书编纂梳理省社科院科研发展脉络，可以看出，每一项有影响的学术成果的取得，无不映射出河北社科人与时代同步伐、踏实勤恳为人民做学问的心声。他们秉持科学的态度和实事求是的精神，严谨治学，刻苦钻研，不断提升思想境界和学术素养，创作出经得起时代和人民检验的学术精品。

从这个视角来看，《专家文库》的出版，将会使年轻的学者和科研人员感受到老一代专家的人品学品，并且自觉地学习和传承，有力地推动我院科研队伍建设，为科研创新不断增添新的活力。首批出版的八本著作，既有专家潜心多年的研究心得，又有学科前沿的新资料新发现，视阈广阔，论述充分，探讨的问题、提出的观点对当今中国学术和现实问题研究具有一定的理论意义和借鉴价值。这些成果现经作者加工补充完善结集出版，有些还属于抢救性挖掘整理出版。这无论对于我院还是全省社科界，都是一件有意义的事情，对新时代推动河北哲学社会科学繁荣发展也将产生积极影响。今后，我们还要根据征集和整理情况相继出版第二批、第三批丛书。

一代人有一代人的使命，一代人有一代人的担当。在哲学社会科学大发展的今天，河北省社会科学院已经成为年均出版学术著作 30 余部、发表学术论文和理论文章 300 余篇、完成调研报告和舆情报告 400 余篇的地方社科强院；拥有一批获评全国"万人计划"哲学社会科学领军人才、享受国务院特殊津贴专家、全国宣传文化系统"四个一批"人才、省管优秀专家、省有特殊贡献中青年专家、省社会科学优秀青年专家等荣誉称号的高层次人才；以深入实施哲学社会科学创新工程为契机，破除发展瓶颈、汇聚发展优势、增强发展动力，为出成果出人才上水平提供战略支撑，为"十四五"时期全院大发展奠定坚实基础。

这是一个需要理论而且一定能够产生理论的时代，这是一个需要思想而且一定能够产生思想的时代。哲学社会科学工作者有幸生活在一个大有作为的时代,立足于理论创新的广阔舞台,应当牢记习近平总书记的嘱托,坚持与时代同步伐、以人民为中心、以精品奉献人民、用明德引领风尚,用脚力深入实践,用眼力透视规律,用脑力咨政辅政,用笔力讴歌时代,为党和人民述学立论、建言献策,为加快构建中国特色哲学社会科学贡献智慧力量。2023 年将迎来省社科院建院 60 周年,谨以《河北省社会科学院专家文库》丛书向院庆60 周年献礼! 并向曾经和正在为省社科院作出贡献的专家学者致以崇高敬意!

河北省社会科学院党组书记、院长
河北省社科联第一副主席　康振海
2020 年 8 月

目　录

巴黎公社干部制度值得借鉴

    巴黎公社是人类历史上第一个工人阶级的政权，它是无产阶级推翻资产阶级、建立无产阶级政权的第一次尝试。公社不仅在打碎旧国家机器方面创立了历史功勋，而且在实行人民管理制，实行人民当家做主方面也创立了历史功勋。巴黎公社干部制度的历史经验，是我们实现政治民主化，进行领导制度和干部制度的改革，也是建立一支坚持四项基本原则、有专业知识的干部队伍的历史借鉴。

    巴黎公社在历史上破天荒第一次实现了工人阶级的统治，创立了"社会解放的政治形式"，在国家政治生活中体现了人民管理制。马克思曾经指出："这次革命的新的特点还在于他们组成了公社，从而把他们这次革命的真正领导权握在自己手中，同时找到了在革命胜利时把这一权力保持在人民自己手中的办法①公社把权力保持在人民手中的办法之一，是彻底打破了"等级授权制"和"官职终身制"，实行普遍地、直接地选举国家工作人员。公社成立前夕，国民自卫军中央委员会曾经发出号召书，号召人民选举国家工作人员。从公社委员到人民法官、警察局长，从将军到各区区长，都毫不例外的，一律由人民直接投票选举。巴黎公社所实行的民主选举制是对任何旧政府的所谓选举制的否定。它不是形式上的民主，而是劳动人民

---

① ．"《马克思恩格斯选集》第 2 卷，人民出版社 1972 年版，第 424 页。

参与国家政治生活上的真正的民主权利。劳动人民平等参加选举，真正体现出了公社主人的权利。他们的选举是认真的、仔细的。正如马克思所说："从来还没有过在选拔上进行得这样认真仔细的选举，也从来没有过这样充分地代表着选举他们的群众的代表。"① 由人民直接选举出的八十六名公社委员中，有工人、知识分子、职员和自由职业者，他们是社会各阶层的代表，是受人民信任和拥护的勇敢战士，是完全献身于无产阶级解放事业、对人民事业坚定不移、充满信心的人。公社选举产生的代表，在斗争中同人民共甘苦，代表人民的意志，反映人民的愿望和要求，保持同人民的血肉联系，是人民事业的可靠公仆。

公社以人民管理制作为自己干部路线的基础，要求由人民选举产生的代表和办事机构，必须对人民负责，接受人民的监督。代表必须随时向人民报告自己的工作，征求人民的意见，接受人民的批评和建议。人民有权撤换和罢免自己选出的代表。这样，就防止了干部职务的终身制，防止了官僚主义和特权现象的产生。巴黎公社所属卢浮兵工厂就是一个典型。这个厂的一切领导人都由全体工人直接投票选举产生，选出的工作人员向工人大会报告工作，接受工人群众的监督和检查，工作人员如有不称职和失职的地方，可随时改选和撤换。工厂业务工作由工人选举产生的理事会负责，参加理事会的工人代表有权组织专门的监督委员会来监督选出的工作人员。公社对于不称职、失职和违法乱纪的工作人员，随时进行调整、撤换和罢免，这就保证了干部队伍的纯洁性和与人民的密切联系。公社根据军事委员会代表克吕泽玩忽职守的失职行为，采取果断措施，撤销和罢免了他的公社军事代表的职务。公社警察委员皮洛泰尔被控有私吞犯人钱财的贪污行为，公社委员布朗舍被揭发是混入公社的不纯分子。根据人民群众的揭发和要求，公社及时做出决定，撤销了皮洛泰尔的职务，清洗了布朗舍。公社一切公职人员都毫不例外地遵守这一原则。马克思充分肯定了巴黎公社所执行的民主基础上的干部路线，他指出，巴黎公社"彻底清除

---

① 《马克思恩格斯选集》第二卷，人民出版社，1972年版，第408页。

了国家等级制，以随时可以罢免的勤务员来代替骑在人民头上作威作福的老爷们，以真正的负责制来代替虚伪的负责制，因为这些勤务员经常是在公众监督之下进行工作的"①。在干部路线上贯彻人民管理制，在民主制的基础上对干部进行选拔、任用和监督，这是无产阶级新生政权区别于剥削阶级旧政权的重要标志之一。

巴黎公社在防止国家工作人员由人民的勤务员变成高官厚禄的特权官僚问题上，采取了一系列切实有效的措施。

第一，降低高薪，提高低薪，取消一切金钱特权以防止公职人员追求升官发财，使其能更好地履行人民公仆的职责。巴黎公社决定公社委员薪金待遇贯彻民主原则，每人每日十五法郎；其他公职人员最高薪金每年不得超过六千法郎，即相当于熟练工人的工资待遇。这是巴黎公社在建立和巩固无产阶级新型国家政权方面所采取的重要措施之一，也是体现人民管理制的干部路线的重要内容。正如恩格斯指出的："这样，即使公社没有另外给各代议机构的代表规定限权委托书，也能可靠地防止人们去追求升官发财了。"② 巴黎公社所实行的这一工资制度，充分体现了它是工人阶级的廉价政府。公职人员从经济上，不能占有特权，做到和劳动人民同甘共苦；从政治上，铲除了产生官僚主义的土壤，真正成了人民的公仆。巴黎公社所规定的工资制度不仅是一项重要的经济改革，也是干部制度上铲除"特权制""长官制"残余的一项重要改革。

第二，不断调整国家办事机构。巴黎公社成立初期，由人民直接选举产生的代表，组成了十个委员会，这十个委员会执掌行政和立法的权力。后来，十个委员会的政权组织，出现了机构庞杂臃肿、政令抵触现象。公社根据人民的要求，及时作出调整办事机构的决定，将十个委员会的体制改为执行委员会代表制，即将军事、财政、粮食、对外联络、教育、司法、社会服务、劳动与交换等委员会的权力分别由人民选出的九个代表负责，

---

① 《马克思恩格斯选集》第二卷，人民出版社，1972年版，第414页。
② 《马克思恩格斯选集》第二卷，人民出版社，1972年版，第335页。

再由这些代表组成一个新的执行委员会来行使权力。新的执行委员会对人民负责，受人民监督，向公社报告工作，从而使国家机关减少层次，消除臃肿和庞杂现象，密切了同人民群众的联系，这样就从体制上防止了官僚主义的产生。马克思曾经指出："公社是一个高度灵活的政治形式，而一切旧的政府形式在本质上都是压迫性的。"① 巴黎公社是高度灵活的政治形式，就在于它是根据人民的意志来行使职权，使国家机关本身适应革命的需要，做到及时调整、精兵简政，提高工作效率，就在于它的一切公职人员不是终身职务，而是在人民管理制下通过选举产生，并且经常轮换、调整，使干部队伍经常处于新陈代谢过程中。

第三，重视集体领导的作用，反对权力过分集中。公社《在告农村劳动者号召书》中曾经尖锐地指出，人民的敌人就是特权享有者，就是吮吸人民血汗过活的脑满肠肥的官吏。人民不要国王，不要特权。公社曾经专门颁布法令，禁止公职人员兼职兼薪，法令指出："在公社制度下，每种职务都有一定的报酬，其数额是以维持供职者的生活和操守，……公社决定：禁止一切兼职兼薪，公社公职人员除从事本身工作外应当协助其他方面的工作，但无权另得任何报酬。"公社以法令的形式，禁止工作人员兼职兼薪，这是在领导制度、干部制度上的一项重要措施，它防止了国家领导集团内权力过分集中于个人，防止了个人专断、一言堂的封建家长特权现象。同时，公社委员在工作中真正贯彻了民主集中制的原则，凡重大问题，都是集体讨论决定，没有一个人说了算的现象，也没有个人凌驾于组织之上的现象。

第四，对公职人员中的贪污盗窃、营私舞弊等现象，采取坚决措施加以禁止。公社颁布的关于惩治贪污盗窃分子的法令，明确规定：对公职人员中的贪污盗窃、营私行为，要以法律处之，罪行严重的还要判处死刑。这样就使干部队伍随时抵制来自剥削阶级的思想影响和侵袭，做到勤勤恳恳、廉洁奉公，保持人民公仆的本色。

①《马克思恩格斯选集》第二卷，人民出版社，1972 年版，第 378 页。

列宁曾经指出："公社的事业是社会革命的事业，是劳动人民谋求政治经济的完全解放的事业，是全世界无产阶级的事业。正是在这个意义上公社的事业是永垂不朽的。"[①] 我们今天所从事的事业，是建设现代化社会主义国家的宏伟事业，是使我国劳动人民谋求政治经济完全解放的事业。现代化建设的新形势，需要有一支坚持社会主义道路、有专业知识的干部队伍，需要千千万万的全心全意为人民服务的公仆。培养和造就大批的人民公仆是一项带有根本性的任务。首先，必须采取一系列有效措施建立健全必要的制度。解放后，我们在党的思想路线和组织路线的指导下，形成了一套干部制度，在我国革命和建设的各个时期，培养和锻炼了大批干部。他们为人民的革命事业作出了宝贵的贡献。但是，也应当清醒地看到，在我们的领导制度和干部制度中，存在着不少妨碍社会主义优越性进一步发挥的弊端。在我们的国家机关和干部中，目前存在的官僚主义现象、权力过分集中的现象、家长制现象、干部职务终身制和形形色色的特权现象，已经越来越引起广大群众的不满，已经严重地妨碍着"四化"建设事业的进行。这些现象实质上是颠倒了个人与群众、公仆与主人的关系，是与巴黎公社精神相违背的。在一些干部中，高高在上、滥用权力、压制民主、专横跋扈、官气十足、徇私行贿现象和个人专断家长制以及在法律和制度之外的特权现象的形成，并不是偶然的，它们直接和我们制度上的缺陷和不完备有关。长期以来，我们过分强调社会主义制度、计划管理制度，必须对经济、政治、文化社会都要实行中央高度集权的管理体制，而忽视了具体部门和基层单位的民主体制，只强调对上级负责，不重视对基层单位和广大群众负责。在政府机关习惯用行政方法管理社会生活的各个方面，而缺乏民主管理制度和方法。在任用、提拔干部上，过分强调自上而下的委派制、按级定职制，而不是像巴黎公社那样自下而上的普遍直接选举产生。许多年来，干部的考核制度、监督制度、奖惩制度、罢免轮换制度、退休制度等没有很好地建立和健全起来。贯彻巴黎公社原则，使干部真正

---

① 《列宁全集》第十七卷，人民出版社 1972 年版，第 125 页。

成为人民的公仆。首先必须有切实可行的各项制度来保证，这些制度的制定必须建立在民主的基础上，要在法律和制度面前人人平等。其次，人民公仆必须树立革命的人生观和世界观。恩格斯曾经指出："公社最重要的法令规定要组织大工业以至工场手工业，这种组织不但应该在每一个工厂内以工人的联合为基础，而且应该把这一切联合体结成一个大的联盟。简言之，这种组织，正如马克思在《内战》中完全正确地指出的，归根到底必然要导致共产主义。"① 人民公仆的历史使命，是为谋得无产阶级在政治经济上的完全解放，最终实现共产主义。

目前在我们队伍中存在的个人专断、思想僵化、墨守成规和特权现象，是与马克思和恩格斯充分肯定的巴黎公社原则相抵触的。这些现象是自然经济传统和小生产习惯势力的产物和表现。要实现"联合体""大的联盟"乃至共产主义，必须破除小生产的习惯势力。应当看到，在实现我国经济制度和政治制度改革过程中，清除旧社会的恶习是一项十分艰巨且复杂的任务。我们是从半殖民地半封建社会向社会主义社会过渡的，封建残余不可避免地渗透到我们党的机体和国家各项制度中。在我们党的历史上，就曾经出现过陈独秀的"家长制"、王明的"一言堂"、张国焘的"军阀主义"。在"文化大革命"期间，林彪和"四人帮"宣扬假社会主义，大搞封建主义的"家天下""世袭制"，大肆制造现代迷信，搞个人崇拜，利用他们篡夺的一部分权力，搞封建家长式统治。他们口头上自称是人民的公仆、人民的勤务员，而实质上是骑在人民头上的"太上皇"和"老爷"。粉碎"四人帮"之后，封建家长式的人物还在一些地方和单位存在着，封建主义的血灵仍然缠绕着他们，这些人不是把权力看成是主人对公仆的委托和信任使用，而是利用手中的权力搞个人专断、谋私利搞特权。他们的权力不受限制，别人都要唯命是从，甚至形成君臣父子关系、人身依附关系和宗派关系。在巴黎公社时期，国家工作人员都是来自于人民群众的，同人民群众同甘共苦，与人民是彼此互相平等的关系，他们为人民办事，按人民的

---

① 《马克思恩格斯选集》第二卷，人民出版社，1972年版，第333页。

意愿做工作，不存在封建家长式的统治，也不存在主从关系和人身依附关系。正因为如此，马克思才高度评价巴黎公社的历史功绩，称它是"普通工人第一次敢于侵犯自己的'天然尊长'的管理特权"。封建主义残余和小生产的习惯势力，利用我们制度上的不完善和缺陷，给革命事业造成了很大的危害，它提醒我们，在进行四化建设、实现经济制度和政治制度改革时，不可忽视革命人生观和世界观的教育。再次，要摆正公仆和主人的关系，必须扩大人民作为主人的民主权利。巴黎公社提供的历史经验之一是人民民主管理制。我们是一个社会主义的大国，我们的经济制度是社会主义全民所有制和集体所有制，这样的制度本身就要求我们必须建立完善的社会主义的民主制度，要求建立新型的人与人之间的关系。任何封建家长制都是与这一制度抵触的。扩大人民民主权利，首先体现在人民对于从本单位到整个国策的管理上。所以，必须创造多种形式，制定各项具体措施保障人民的民主权利，充分发挥人民当家做主的作用。总之，我们的事业是人民的事业，只有像巴黎公社那样，摆正公仆和主人的关系，在政治上和经济上加强人民民主管理，才能保证社会主义现代化建设的胜利。

（原载《河北日报》1980 年 11 月 6 日）

学习恩格斯的品德与作风

今年（1980 年）11 月 28 日是恩格斯诞辰 160 周年。恩格斯是马克思的战友和朋友。早在 19 世纪 40 年代，他就和马克思一起，共同致力于无产阶级世界观和争取无产阶级解放学说的创立。在马克思逝世后，他又亲自领导了国际共产主义运动，为无产阶级的解放事业建立了不可磨灭的功绩。

谦虚谨慎　居功不骄

恩格斯一生谦虚谨慎，居功不骄。在他和马克思之间，他总是把功劳归于马克思，自己甘当"配角"和助手，从来不在共同的事业中突出他个人的作用。列宁说："自从命运使卡尔·马克思和弗里德里希·恩格斯相遇之后，这两位朋友的毕生工作，就成了他们的共同事业。"[①]《共产党宣言》是马克思和恩格斯两人的著作。《共产党宣言》的基本思想也是他们两人共同创立的。但是，恩格斯在《共产党宣言》1883 年德文版序言中说："这个基本思想完全是属于马克思一个人的。"[②] 恩格斯在《反杜林论》一书中系统论述了马克思主义的三个组成部分，全面阐述了无产阶级的世界观。恩格斯却认为绝大部分是马克思确立和阐发的，而只有小部分是属于他的。

---

① 《列宁选集》第一卷，人民出版社 1972 年版，第 86 页。
② 《马克思恩格斯选集》第一卷，人民出版社 1972 年版，第 232 页。

恩格斯为了给马克思的理论研究工作创造各种有利条件，曾经在曼彻斯特的欧门—恩格斯公司工作了整整20年，从经济上支援马克思一家的生活。恩格斯和马克思在共同的事业中互相帮助，数十年如一日。马克思在完成《资本论》第一卷的写作和整理工作之后，就与世长辞了。恩格斯认为继续完成马克思未完成的工作，是自己义不容辞的责任。于是，他立即着手整理出版《资本论》后两卷的工作。当时恩格斯已63岁高龄，而且身体多病。在完成这一工作中，他克服了种种困难。为了辨认马克思用缩写和速写符号写成的手稿，他经常要花费相当大的精力。恩格斯带病夜以继日地埋头工作，直到医生因为他的健康情况恶化而严格禁止他做夜工为止。经过恩格斯的艰苦努力和辛勤工作，《资本论》第二卷、第三卷才得以先后问世。但恩格斯认为，这一切都是他应该做的。他始终把自己当作"第二小提琴手"。

质朴无华　不求名利

恩格斯一生质朴无华，不慕虚名。1893年，弗兰茨·梅林写了一本名为《莱辛传奇》的书，书中有一篇《论历史唯物主义》的附录文章，谈到恩格斯的功绩。恩格斯读后，立即写信给弗兰茨·梅林。恩格斯对文章中过高地赞扬自己，感到十分不安。他认为对自己的评价和赞扬言过其实，不符合实际，自己在理论上的建树，"已经由眼光更锐利、眼界更开阔的马克思早得多地发现了"。恩格斯在信中说："伟大的人物逝世了，他的不大出色的战友就很容易被给以过高的评价——而这种情况看来现在就正好落在我的身上。"① 在恩格斯70寿辰时，有许多人打来电报，寄来信件和礼物，祝贺他的生日。恩格斯反对为他祝寿和举行庆祝活动，认为这种做法是使他不能忍受的热闹。他在致彼得·拉甫罗维奇·拉甫罗夫的信中说："人们在上星期五纷纷向我表示的那些尊敬，大部分都不属于我，这一点谁也没有我知道得清楚。因此，请允许我把您对我的热情赞扬大部分用来悼

---

① 《马克思恩格斯全集》第三十九卷，人民出版社1974年版，第94页。

念马克思吧，这些赞扬我只能作为马克思事业的继承者加以接受。至于我能够恰如其分归于自己的那一小部分赞扬，我将竭尽全力使自己当之无愧。"① 1886 年，美国妇女运动活动家雷·福斯特受恩格斯《英国工人阶级状况》一书译者威士涅威茨基夫人的委托，向北美社会主义工人党执行委员会提出协助出版该书的建议。当恩格斯得知这件事后，十分不安，认为这是背着他要求别人照顾自己的愚蠢行为。他在给威士涅威茨基夫人的信中表示，要通知北美社会主义工人党执行委员会，申明请求出版《英国工人阶级状况》一书，事先他并不知道此事。他说："无论是马克思还是我，凡是可能被说成是向某个工人组织请求给我们以个人帮助的事，都从来没有做过"，"如果我能事先预料到，那我就会尽一切可能加以阻止。"②

联系实际　反对僵化

恩格斯十分注重理论与实际相结合，反对在理论上和实际工作中的形式主义和教条主义。1890 年，德国社会民主党内的一些自称是党的理论家和领导者的青年作家和大学生，形成了所谓的"青年派"。他们奉行"左"倾无政府主义，歪曲马克思主义的策略原则。恩格斯严厉地批评了他们的错误。1890 年，他在给康拉德·施米特的信中，对德国的许多青年作家指出，他们很少有人下一番功夫去钻研经济学、经济学史、商业史、工业史、农业史和社会形态发展史。对于他们，"唯物主义的"这个词只是一个套语，把这个套语当作标签贴到各种事物上去，不再做进一步的研究。恩格斯提倡根据各国的具体情况，结合群众斗争经验，灵活地运用马克思主义的理论，反对那种"不费脑筋"的僵化作风。他认为革命者应当随时根据变化了的客观情况，制定自己的方针和政策，在实践中发展马克思主义。他在 1892 年致维克多·阿德勒的信中说："许多人为了图省事，为了不费脑筋，想永久地用一种只适宜于某一个时期的策略。其实，我们的策略不是

---

① 《马克思恩格斯全集》第三十七卷，人民出版社 1975 年版，第 509 页。
② 《马克思恩格斯全集》第三十六卷，人民出版社 1971 年版，第 443 页。

凭空臆造的，而是根据经常变化的条件制定的。"① 恩格斯为无产阶级事业战斗一生，献出了他的毕生精力与宝贵生命。他的高尚品质和作风，值得我们好好学习，也将永远激励着我们前进。

（原载《河北日报》1980 年 11 月 26 日）

---

① 《马克思恩格斯全集》第三十八卷，人民出版社 1972 年版，第 439 页。

略谈生产力和生产关系的矛盾运动

如何认识生产力和生产关系的矛盾运动，这是理论界长期争论的问题。解放后，理论界运用对立统一的观点观察社会主义社会，提出了在生产资料社会主义改造基本完成以后，生产关系和生产力、上层建筑和经济基础依然存在矛盾，这些矛盾是推动社会主义社会前进的基本矛盾。但是，在强调这些问题的同时，却出现了用生产关系的变革代替发展生产力，片面夸大生产关系的反作用，忽视生产力决定生产关系中的生产工具的决定作用。林彪、"四人帮"宣扬历史唯心主义，鼓吹"生产关系决定论"和"精神万能论"，否定生产力对生产关系的决定作用，给社会主义建设带来严重损失。究竟生产力在社会发展中的作用是什么？生产工具在生产力中的地位和作用怎样？以及怎样看待生产关系的反作用？弄清这些问题，对于实现四化、建设社会主义具有重要的现实意义。

一

马克思主义认为，物质生活的生产方式制约着整个社会生活。人们在物质资料的生产中形成物质生产力，并在此基础上形成社会生产关系。生产力决定生产关系是历史唯物主义的基本原理。什么是生产力决定生产关系中的决定因素？这是一个值得深入研究和探讨的问题。就生产力构成来说，应当包括三方面的要素，即劳动的人、劳动资料（主要是生产工具）

和劳动对象。生产力的发展水平反映着人驾驭自然的能力和水平，在生产力三要素中，人是基本的生产力，是能动的因素，劳动者通过发动生产工具作用于劳动对象，才能形成生产力。没有人的智力和体力，劳动工具和劳动对象都不能单方面发挥作用，构不成现实的生产力。但是，社会生产的发展都是从生产力发展，尤其是从生产工具的变化和发展开始的。人要进行生产必须依靠生产工具。生产工具是劳动者置于自己和劳动对象之间，把自己的体力传导到劳动对象上的器物。劳动工具是劳动者的自然肢体的延长，人们因借助生产工具使自己的四肢、感官、头脑而得到延长，使改造自然的能力得到不断的增长。人的体力作为能源，在生产的历史发展中，越来越被其他能源所代替。生产工具作为生产力结构中的组成因素，标志着人类征服自然的能力，决定着生产力发展的状况，同时决定着生产关系的性质和状况，它是社会生产关系的指示器。正如马克思曾经指出的那样："各种经济时代的区别，不在于生产什么，而在于怎样生产，用什么劳动资料生产。劳动资料不仅是人类劳动力发展的测量器，而且是劳动借以进行的社会关系的指示器。"① 原始人由于使用石器和弓箭等简陋的生产工具，决定了他们不能单独同自然进行斗争，而必须进行集体的联合劳动，由于生产工具的落后，生产力水平的低下，从而决定了原始社会的生产关系的性质和状况。而当金属工具出现后，人们同自然作斗争的能力大大提高，劳动生产率提高的结果就是产品有了剩余，于是以私有制为基础的奴隶制社会的生产关系和封建社会的生产关系才得以产生。而资本主义的生产关系是大机器生产的结果。落后的生产工具是不会带来资本主义生产关系的。随着大机器的出现产生的是私有制为基础的资本主义的生产关系。生产工具发展的不同历史阶段和水平带来生产关系的不同状况。马克思说过，"随着新生产力的获得，人们改变自己的生产方式，随着生产方式即保证自己生活的方式的改变，人们也就会改变自己的一切社会关系。手推磨产生的

---

① 《马克思恩格斯全集》第二十三卷，人民出版社 1972 年版，第 204 页。

是封建主为首的社会，蒸汽磨产生的是工业资本家为首的社会①"。这里所说的手推磨和蒸汽磨作为生产工具，都是表示人类社会的生产力发展的不同水平和状况，由于生产工具的不同发展水平和状况，直接改变着人们的劳动方式、经营方式，决定着生产关系的状况。手推磨和封建社会的生产关系联系在一起。在中世纪，水磨与手工业生产共存，水磨也没有引起工业革命。手推磨、水磨和风磨是生产力一定发展阶段的标志，是简单的生产工具，它只能和分散的、个体的手工劳动相结合。单纯用人力、畜力和木犁进行生产，构成的只能是农奴、半农奴制的经济，只能是封建社会的生产关系。而当社会生产力进一步发展，生产工具出现新的水平，特别是蒸汽机的发明，带来了生产关系上的新的变革。由于大机器的出现使"成百上千人进行协作"，工场手工业代替了行会手工业，手工工场代替了小作坊，工人和资本家之间的金钱雇佣关系代替了行会中帮工和师傅之间的宗法关系，大机器使生产从一系列的个人行动变成了社会行动，进而出现了生产的社会化，随之产生了资本主义的私有制为基础的生产关系。生产工具的变革引起生产关系的变革，也好比作战武器的发明改变着部队的装备、组织形式和作战方法一样。马克思曾对此作过深刻的比喻："随着新作战工具即射击火器的发明，军队的整个内部组织就必然改变了，各个人借以组成军队并能作为军队行动的那些关系就改变了，各个军队相互间的关系也发生了变化。"② 所以，作为生产力结构中的生产工具是生产关系赖以存在和发展的基础。生产关系随着物质生产资料、生产力的变化和发展而变化和改变。

　　过去，理论界有一种观点，认为生产力结构中人是决定的因素，生产工具和人相比，人是第一位的，生产工具是第二位的。这种观点后来被林彪、"四人帮"加以利用，成为他们鼓吹"精神万能论"的理论借助，说人在生产中是"决定的因素""人的因素第一"，无非是讲，在生产中人的主

----

① 《马克思恩格斯选集》第一卷，人民出版社 1972 年版，第 108 页。

② 《马克思恩格斯选集》第一卷，人民出版社 1972 年版，第 363 页。

观意志是第一位的因素。但是，这种观点是站不住脚的。人和劳动资料、劳动对象有机结合成物质生产力是一个历史发展过程，在这一过程中生产工具越来越起着决定的作用。在原始社会、奴隶社会和封建社会，由于生产力水平低，生产工具简陋，人的体力为直接的能源，作为工具的原动力，在生产中，在改变劳动对象过程中曾占据着重要的作用。随着生产的发展，科学技术的进步，特别是大机器的出现，新的劳动工具和工艺，就能大规模地利用自然力。机械化、自动化程度的加强，使劳动工具从劳动者的双手转变为机器。在生产中人的作用越来越为机械化、自动化所代替。在 20世纪前期开始的现代技术革命，开辟了自动化生产的新纪元，自动控制技术和无线电电子技术的发展，不是在更大范围内逐步代替人的智力和体力而在生产中日益发挥着巨大作用吗？马克思指出："生产方式的变革，在工场手工业中以劳动力为起点，在大工业中以劳动资料为起点。"① 关于肯定生产工具的决定作用，马克思还说过："劳动资料取得机器这种物质存在方式，要求以自然力来代替人力，以自觉应用自然科学来代替从经验中得出的成规。在工场手工业中，社会劳动过程的组织纯粹是主观的，是局部工人的结合，在机器体系中，大工业具有完全客观的生产机体，这个机体作为现成的物质生产条件出现在工人面前。"② 所以，机器体系的出现，人作为生产力中的主导因素在生产中的作用，日益降为第二位。普列汉诺夫在批判那种夸大人的主观意志无视生产工具的主导作用的观点时曾经说过："人们常对马克思主义者说：谁也不争辩在人类历史运动中劳动工具的重要意义，生产力的巨大作用，可是劳动工具是为人们所发明和人所使用的。你们自己也承认人们使用劳动工具需要比较很高度的智慧的发展。在劳动工具改进上的每一个新步骤要求人的智慧的新的努力。智慧的努力——原因，生产力的发展——结果。这就是说，智慧是历史进步的主要推动者，这

---

① 《资本论》第一卷，人民出版社 1963 年版，第 408 页。
② 《资本论》第一卷，人民出版社 1963 年版，第 423 页。

就是说，那些断定世界为意见（即人的理性）所支配的人们是正确的。"①
所以，任意夸大生产力中人的能动作用，否定生产工具的决定作用，就必
然导致人的智慧是第一位的因素，生产力发展是人的主观意志的结果。诚
然，使用生产工具进行劳动是人类的特点，人在生产中具有巨大的能动作
用。先进科学技术是由人发明创造，先进生产工具是由人来掌握和使用。
但是，决不能说人的意志的作用是决定的作用。首先，物质生产力的发展
开始往往是自发进行的。作为体现生产力发展水平的生产工具是人们借以
发挥主观能动性的物质客体。人类在开始制造工具时总是首先使用自然工
具，后来在生产力进一步发展的条件下，人们虽然学会制造各种生产工具，
但仍然是凭借已有的生产工具来创造新的生产工具。人们创造的每一较复
杂的生产工具的组成部分都离不开以前简单的生产工具，如后来较复杂的
机器上的零部件锭子、锤子、锯、刀等，就是原先独立的早已形成的简单
的生产工具，这些简单生产工具是前人的劳动成果。任何一代的劳动者在
参加生产时，总是面对既定的生产力水平，既定的生产工具。马克思说：
"因为任何生产力都是一种既得的力量，以往的活动的产物。所以生产力是
人们的实践能力的结果，但是这种能力本身决定于人们所处的条件，决定
于先前已经获得的生产力。"② 所以，生产力是一种继承的因素。任何一代
人所制造的生产工具，所凭借的生产工具是不能由他们自己来选择的，不
是由他们主观能动性或意志所决定的。新的工业自动化设备、电子计算机
的制造，新的能源的开发，不凭借以往的生产工具是不可想象的。而已往
的生产工具是前人长期积累的产物，是一代一代传下来的，没有制造第一
代、第二代电子计算机的设备做基础，就不能制造出第三代、第四代电子
计算机和设备。其次，人们能够制造出新的生产工具，先进的技术设备和
新的能源，还必须凭借前人的生产经验和生产技能，而这些是上一代人经
过长期积累总结并一代一代传下来的，它本身是一个继承过程。正如马克

---

① 《普列汉诺夫哲学著作选集》第一卷，三联书店出版社 1984 年版，第 679 页。
② 《马克思恩格斯选集》第四卷，人民出版社 1972 年版，第 312 页。

思曾经说过的,生产技术"是父传子,子传孙一代一代积累下来的特殊熟练。"① 在现代化的科学技术高度发展的情况下,科学技术已经打破狭小范围和国界,变成全人类的财富,也正因为这一点,才清楚地说明,生产经验、科学技术不是一个国家创造,也不是一代人所创造。最后,一种新的科学技术、生产工具的出现和采用,是由物质生产的需要而决定的。古代天文学是由于游牧民族和农业民族定季节的需要而产生,金属生产发展是医药发展的需要,使化学转向矿冶和制药事业,从炼金术中解放出来,纺织工业生产发展所引起的印染上的需要,推动了有机化学的进步。第一台大型电子计算机是为了适应原子弹的制造要求解决大量运算而发明创造出来的。在生产中,我们承认人的能动作用。但是,人的能动性的发挥不能离开客观物质条件,尤其不能离开既定的生产力水平和生产工具。人在生产力结构中的作用,不能超越生产工具、劳动对象等物质条件所允许的范围。在发展生产力中,如果以人的作用代替生产工具的决定作用,最终必然导致历史唯心论。在实践中,我们往往过分强调人的主观能动的作用,而不重视自然规律的作用;过分强调"干劲",而不尊重科学;只讲人对生产工具的作用,而不讲生产工具对人的作用。这些年来,由于不尊重自然规律、科学规律和生产工具的作用,所带来的教训实在太大了。

二

生产关系的变革必须适应生产力自身量变质变规律。长期以来,我们不重视生产力发展状况的研究,甚至脱离生产力的量变质变规律,不顾生产工具在生产力决定生产关系中的质变过程,单纯强调生产关系的变革,这样不仅违背了生产力自身发展的客观规律,也使生产关系脱离了物质基础。

唯物辩证法认为,任何事物在发展过程中都采取量变和质变的两种状态。物质生产力量变质变的主要标志是生产工具的量质变过程。斯大林说

---

① 《资本论》第一卷,人民出版社 1963 年版,第 378 页。

过，生产力的变化和发展，首先是从生产工具的变化和发展开始的。在一定历史发展阶段内，物质生产力的发展有其自身的量变质变规律。当生产工具还处于物质积累，科学技术还处于酝酿时期，生产力的发展主要表现为量变状态，在这一阶段的生产关系，适应生产力这一量变状态，保持相对稳定，而不是天天在变革。原始社会从使用石器工具到金属工具（青铜器和铁器）的发明，中间经过了一个漫长的历史发展时期。在发明金属工具这一过程中，生产工具经过旧石器到新石器不同阶段的量变过程。由于生产力水平低下，人们对生产资料和生活资料公共占有，对产品采取平均分配的生产关系也只能处于长期的相对稳定状态。而生产工具从石器过渡到金属工具是一个质的变化，生产关系也随着发生变化，由原始公有制发展到私有制。私有制是绝不会在石器时代出现的。英国工业革命之前，生产力处于在科学技术上的酝酿，在经济上原始积累。这一阶段英国的生产力没有发生质变，与之相应的生产关系也没有发生明显的变化，仍然处于相对稳定时期。但是，当以瓦特发明蒸汽机为标志使生产力发生了质变开始，英国才跨入了一个新的时代，从手工工场发展到大机器工厂的生产。生产力的变化和发展，也引起了生产关系的新的变革。正如列宁指出的，从手工工场向工厂过渡，标志着技术的根本变革，……随着这个技术变革而来的必然是：社会生产关系的最剧烈的破坏。工业革命使近代工业资产阶级和工业无产阶级首次出现在历史舞台，工业资本家同金融、土地、商业资本家的对立日益剧烈，圈地运动使大批农民变成了无产者。但是在新的生产力要求下，生产关系的变革也同样需要一个过程，并不是一下子就发生质变的。第一，以大协作的机器生产代替手工工场，在劳动方式、经营方式上的变革是逐步完善的。第二，在农业上进行适应新生产力的变革也是一个艰巨的过程。英国的圈地运动虽然在 16 世纪已经开始，17 世纪后，国会以立法方式扩大圈地规模，但因碰到个体经济的阻力，所以在工业革命后仍然持续三百多年的时间，这说明在新的生产力要求下建立新的生产关系，也并非一朝一夕的事，而必须经过一个长过程。

物质生产力在发展过程中同样存在着总的量变过程中的部分质变。构成社会一定历史阶段的生产力总水平的各个具体的生产力发展总是不平衡的，有先也有后。就地域讲各个地区之间生产力发展水平因受到历史和现实的多种因素的影响，也会存在着差异和不平衡。就国民经济各个部门发展水平讲，也是有很大差别的。物质生产力总是先从个别或几个部门首先突破，发生质的变化，而后逐渐引起整个社会生产力总水平的突破、质变。以蒸汽机的发明和应用为例：1763年瓦特发明蒸汽机到1784年得到应用，用了21年的时间。不过标志着新生产力水平的蒸汽机，首先是在英国的纺织业开始实际应用的。这个工业部门以蒸汽机为动力，以机器纺纱代替了落后的手摇纺车，使劳动生产率成倍提高，随之而来的就是纺织行业的规模的扩大，劳动方式和经营管理等生产关系上的变化。纺织行业生产力的质变，也直接波及农村，使农村的手工纺织业破产，个体经营受到打击，农村生产关系发生了新的变化。不过在纺织业中这种生产力的质变，扩展到整个国民经济各部门经历了一个长过程。手工劳动"把自己的阵地一个一个地让给了机器"，蒸汽机在纺织业引起革命之后，经过了56年的时间在造船业得到了应用，又经过60年的时间英国才建成第一条铁路，采用蒸汽机车。所以，生产关系的变革也必须与生产力的部分质变过程相适应，随着生产力的整体上的质变，生产关系才可能发生根本的变革。

我国在所有制的社会主义改造，在变革生产关系的过程中，例如对资本主义工商业的社会主义改造，先是采取加工订货、统购统销，而后是个别部门的公私合营到全行业的公私合营等步骤，对农业开始是变工队、互助组，而后是初级社、高级社到人民公社的步骤。原本打算用15年左右的时间完成所有制方面的社会主义改造，而实际上却用不到4年时间就完成了。在这一过程中，主观要求过急，对各行业、各城市的特点没有很好考虑，公私合营的面扩大化了。在指导农业集体化的过程中，未能始终严格按照群众自愿互利原则办事，采用政治强制和行政手段多，搞了"一刀切""一阵风"的错误做法。这些问题，在建立高级农业合作社的阶段在一部分地区已经出现，而在人民公社化运动中，又在更大程度和更大规模上发展了，形成全国性的"共产风"，因而带来较大的损失。这样把本来按生产力发展水平和要求确定的变革生产关系的时间和步骤，人为地加以缩短，因而违背了生产力发展的客观规律。当前，我国农村以生产队为核算单位，组织生产、发展生产，在经营上采取多种形式的责任制，在发展集体经济的同时，保留自留地，发展社员个人家庭副业和个体经济，这完全适应我国农业手工工具劳动为主的生产力水平，对于调动广大农民的社会主义积极性，发展生产力将起积极的作用。不能设想在没有机械化的条件下，生产关系会有大的改变，或在短期内实现农业上的单一全民所有制形式。因此，根据当前我国农村生产力发展水平和手工工具劳动的状况，就应当使上述所有制形式相对稳定，并制定相应的政策加以保证。这正是符合生产力在量变阶段对生产关系的要求。只有这样才能更快发展生产力，才能加快社会主义建设的速度。

三

所有制形式的多样化是生产力发展不平衡的必然表现，马克思主义的活的灵魂是具体问题具体分析。我们在评价生产关系时，必须用辩证唯物主义和历史唯物主义的观点进行分析和观察。任何一种生产关系作为生产力发展的物质关系的一种形式，都是历史的、暂时的。从人类社会历史总的发展过程来看，生产关系的发展是随着生产力的发展而由低级到高级的发展。凡适应生产力发展水平的就是先进的生产关系，凡不适应生产力水平的就是落后的生产关系。奴隶制生产关系对于原始社会的生产关系是进步的，因为它适应原始社会末期生产力发展的水平。封建社会的生产关系适合奴隶社会末期的生产力水平较之奴隶制生产关系先进。资产阶级在推翻封建阶级后建立起来的资本主义生产关系对于封建社会的生产关系是一个进步，因为它对生产力起了解放作用和推动作用。这是就一般历史发展情况而言。但是物质生产力的发展情况是很复杂的，在同一社会形态内，在同一历史阶级，生产力发展的水平是不平衡的，由于地域和自然条件的不同，生产力总是表现出错综复杂的情况。生产力发展水平上的不平衡和存在的差异，反映在生产关系上也是具有各种不同的情况。从人类社会走过的各个社会形态来看，由于生产力发展的不平衡，在同一社会形态中存在着多种所有制形式的情况并不少见，对于这些所有制形式的评价标准，也必须从生产力发展水平与要求得到解释。例如，在原始社会的后期，随着社会两次大分工的出现，在原始公有制生产关系存在的同时，在个别部落内已经出现了私有制。在古罗马的拉丁农业部落之间，一部分土地归部落共同占有，还有一部分归家族共同占有。在拉丁诸部落之间"在很早的时期，一部分土地显然已归个别人占有"①。在封建社会，奴隶制社会的生产关系也不是一下子消灭的。到封建社会的后期，往往是奴隶制生产关系、封建制生产关系和资本主义萌芽状态的生产关系并存。这种情况也正反映出生产力发展的不平衡状况。英国在确立了资产阶级生产关系后一百多年还有封建贵族土地所有制和个体农业经济。美国在19世纪还有奴隶制生产关系的存在。我国长达几千年的封建社会，直至解放前所有制的占有形式除了实物地租以外还有劳役地租和货币地租，在一些落后的地区仍然保留着奴隶制的生产关系。法国在公元八九世纪以前当劳役地租占统治地位时，实物地租就已经出现，在11世纪时，当实物地租占统治时，货币地租也随着城市手工业、商业的发展而产生。所以，所有制形式交错存在的情况，也正是反映生产力的客观要求。评价所有制的多种形式是不是合理的、现实的，唯一的根据是物质生产力发展水平不平衡规律。

社会主义过渡时期是不发达的社会主义社会。由于生产力发展水平还比较低，各部门、各地区、各生产单位之间生产力的状况是极不平衡的，仍然存在着差异极大的多层次水平。反映在生产关系上，就是多种经济形式的存在。十月革命胜利后不久，列宁曾对俄国社会经济结构进行过分析。他指出，当时俄国存在着五种经济成分，即五种所有制关系：宗法式的，即在很大程度上是自然的农村经济；小商品生产；私人资本主义；国家资本主义和社会主义五种生产关系。列宁称它们为"五光十色的不同类型的错综经济成分"。他指出："如果你们回忆一下，我们决没有把俄国的经济

---

① 马克思：《摩尔根〈古代社会〉一书摘要》，人民出版社1965年版，第204页。

制度看成是一种单一的高度发达的东西，而是充分认识到，俄国除了社会主义形式的农业之外，还有宗法式的，即最原始形式的农业。"① 列宁不仅正视俄国国内的多种所有制情况，而且反对那种超越生产力水平的不切实际的所有制形式。1918 年，苏联面对外国武装干涉和国内战争造成的困难，曾一度实行过战时共产主义制，这在当时来说是必要的。但是，这种战时共产主义制度后来与农民利益发生抵触，不利于生产力的发展。于是在1921 年列宁坚定地取消了这个制度，实行了适合生产力发展水平的新经济政策，从而大大调动了广大农民的积极性，促进了生产力的发展。所以评价生产关系是先进还是落后，只能看它对生产力是促进还是阻碍。

我国是在半封建半殖民地的基础上进行社会主义建设的。30 年来，我们虽然已经建立起了一个比较完整的工业体系和国民经济体系，但是无论工业还是农业生产力发展水平还很不平衡。在工业生产设备、技术水平和经济效果同世界先进水平比仍然是落后的，而且各部门、各企业之间差距很大。农业虽然早已实现集体化，但生产力发展水平还很低，现在基本上还是手工劳动和半自给性生产，仍然保留着小生产的某些特点。在这种生产力的状况下，我们不可能在短期内，使直接生产者在全社会范围内同生产资料结合的社会主义公有制形式，成为单一的社会主义公有制形式。马克思曾说过："木犁是决不会引起工业革命的。"因为木犁是落后的生产工具，代表的是小生产，是生产力落后的表现。所以，根据我国目前的生产力发展水平，应该建立和发展多种社会主义公有制形式，除了全民所有制经济外，不仅在农村而且在城镇建立和发展各种形式的集体所有制经济，建立和发展各种公有制联合经营的经济形式和经营形式。同时，在社会主义公有制占主导和优势的条件下，保留一些个体所有制，作为社会主义公有制经济的补充。只有这种同生产力发展状况相适应的生产资料所有制的结构，才能促进生产力的迅速发展。在全民所有制和集体所有制经济占优势的情况下，允许各种形式的个体经济的存在，并不是倒退，更不会发展到资本

---

① 《列宁选集》第四卷，人民出版社 1972 年版，第 659 页。

主义。因为个体经济同资本主义经济是两个完全不同的概念，个体经济是以个体劳动为基础的经济，而资本主义经济是以雇佣劳动为基础的。我们有强大的社会主义经济，不准雇工剥削，个体经济是不可能，也没有条件发展到资本主义的。社会主义制度应当是多样化的社会，而不是单调划一的社会，生产关系的多样化将在更广泛的领域内，适应并促进我国生产力的迅速发展。一切生产关系、上层建筑都将在社会主义生产力面前受到实际的检验。

四

生产力是生产中最活跃、最革命的因素。在生产方式发展变化中，先是社会生产力的变化和发展，然后生产关系也相应发生变化。但是生产关系对生产力并不是消极被动的，恩格斯在谈到国家权力对经济发展的反作用时曾经指出存在三方面的情况，国家权力"可以沿着同一方向起作用，在这种情况下就会发展得比较快；它可以沿着相反方向起作用，在这种情况下，它现在在每个大民族中经过一定的时期就都要遭到崩溃；或者是它可以阻碍经济发展沿着某些方向走，而推动它沿着另一种方向走。这第三种情况归根到底还是归结为前两种情况中的一种。但是很明显，在第二和第三种情况下，政治权力能给经济发展造成巨大的损害，并能引起大量的人力和物力的浪费"①。恩格斯在这里说的是国家政权对经济发展的反作用，同样生产关系对生产力的反作用也表现出这种情况。当一种生产关系适应生产力发展水平时，它可以沿着生产力发展的方向起促进作用，这时生产力发展得就比较快，当一种生产关系落后或超过生产力发展水平的要求时，它可以起阻碍、延缓生产力的作用。马克思、恩格斯在他们的著作中，曾经反复讲到生产关系对生产力的反作用，他们通常把生产关系的积极促进作用称之为为生产力发展创造了"条件"，创造了"前提"，对生产力产生"巨大影响"；谈到生产关系的消极作用时，通常是说，旧的生产关系已经

---

① 《马克思恩格斯选集》第四卷，人民出版社1972年版，第483页。

变成了"束缚生产力"的因素，已经不适应新的生产力的发展。马克思主义创始人对生产关系的反作用历来是采取唯物主义的态度，客观地、历史地进行观察和分析。第一，讲生产关系的反作用，以生产力和生产关系的辩证统一为基础。第二，根据生产力发展的不同历史阶段，具体分析生产关系的反作用。当资产阶级推翻封建生产关系，解放了生产力时，这时资本主义生产关系对生产力起促进作用，很显然，资本主义生产关系在它确立的初期对生产力的发展起了积极的作用。但是随着资产阶级创造的巨大生产力的发展，资本主义的生产关系又日益变成生产力发展的桎梏，变成落后的、腐朽的东西。所以，生产关系反作用始终不能脱离生产力的发展状况。

我们承认生产关系对生产力的反作用，但不是脱离生产力任意夸大生产关系的反作用。长期以来，有一种观点认为不变更生产关系，生产力就不能发展，认为在一定条件下生产关系的变革对生产力的发展起主要的决定作用。我认为这种观点是值得研究的。它不仅抹煞了生产力的决定作用，而且夸大了生产关系的反作用，这也是不符合生产关系一定要适合生产力性质的客观规律的。第一，生产力和生产关系是生产的两个方面，它们是辩证的统一在一起的，生产关系在任何情况下都是由生产力所规定的，任何一个社会历史时期的生产方式都以一定的生产力为其内容，而与之相适应的生产关系则是生产力赖以发展的社会形式。内容决定形式，形式必须适应内容。第二，生产关系对生产力的反作用，只是物质形式对物质内容的作用，如果离开物质生产力作为生产关系的基础，超出物质生产力的发展状况，讲生产关系的反作用，只能是主观唯心论。第三，变革落后生产关系也是由生产力所决定的。马克思主义认为，变革旧的生产关系，只是为生产力进一步发展创造条件，对生产力起着积极的促进作用、解放作用，为生产力的发展开辟道路。马克思主义的创始人并没有把变革旧的生产关系看成是决定的力量，相反他们总是把变革旧的生产关系看成是解放生产力，发展生产力的先决条件。恩格斯把变革旧的生产关系，把生产资料从旧生产关系下解放出来看成"是生产不断地加速发展的唯一先决条件"①，生产关系应生产力性质的规律不仅贯穿于生产力决定生产关系的相对稳定过程，同时也贯穿于落后的生产关系变革的过程中。因为旧的生产关系之所以发生变革，最终也是物质生产力发展的要求，是生产力决定作用的具体表现。如果认为在变革旧的生产关系时，生产关系对生产力起决定的主要的作用，那岂不是说，在变革旧的生产关系时，生产力决定生产关系的客观规律不起作用了吗？生产力无论是在生产力和生产关系的统一体相对稳定时期，还是变革旧生产关系的革命时期，都始终是决定的因素、主导的因素。很显然，认为变革生产关系是决定作用的观点，就是用"生产关系决定论"代替生产力的决定作用，用主观臆想的规律代替客观规律。

多年来，我们在对待生产关系变革上存在着"左"的倾向，深受"生产关系决定论"的影响，把生产关系的反作用绝对化。不仅把生产关系的变革，特别是所有制的改变，脱离生产力的客观要求，还把生产关系的反作用看成推动生产力发展的唯一动力，人为地不断变革生产关系，超越生产力的发展水平，其造成的恶果是人所共知的。所以，夸大生产关系的反作用，最终必将导致主观唯心论，给革命和建设事业带来极大的危害。

（河北省哲学会年会《学术论文集》1980 年 12 月）

---

① 《马克思恩格斯选集》第三卷，人民出版社 1972 年版，第 440 页。

试谈个人崇拜问题

    个人崇拜是人类历史上所留下来的一种社会现象。社会主义制度下的个人崇拜是旧社会的思想残余，它有着深刻的社会历史根源。从思想上、理论上肃清这种旧社会的腐朽思想残余，对于坚持马克思主义的唯物史观，摆正阶级、政党和领袖的关系，对于坚持科学社会主义理论和实践，防止灾难性历史事件的重演是十分必要的。

一

    崇拜是一种宗教意识。从原始氏族社会起就产生了对自然和人的崇拜。原始人的图腾崇拜不仅是对自然界动、植物的崇拜，也包括对祖先的崇拜。氏族公社的领导者和战斗中有功者往往被以宗教活动的方式歌功颂德。这种对个人崇拜的观点在我国历史传统中就已经有过，如传说中的黄帝和蚩尤被人们崇奉为战神。传说中的九黎族首领蚩尤是"兽身人言，吃沙石，铜头铁额，耳上生毛硬如剑戟，头有角能触人"①。"蚩尤之旗""女娲补天"的传说，就是古人对氏族首领的崇拜。《史记》记载中的尧帝也被尊崇为神，"帝尧者，放勋。其仁如天，其知如神。就之如日，望之如云"②。这种

---

① 范文澜：《中国通史简编》第一编，人民出版社 1978 年版，第 89 页。
② 司马迁：《史记》第一册，中华书局出版社 1959 年版，第 15 页。

对自然界动、植物和人的崇拜意识，反映了原始人对自然力和氏族首领的仰赖关系。

个人崇拜在私有制发展的不同阶段表现为不同的形式和特点。随着原始社会的解体，奴隶制度的产生，对自然和祖先的崇拜逐步转化为对于统治者的崇拜。我国商代商族，在建立了奴隶制之后，就把原来崇奉的天上自然神同地上的君长结合起来，称为"帝"，把上天神进一步人化。商王朝宣称本朝的祖先是上帝的儿子，商王受上帝之命。商王盘庚曾告万民，他们的生命是由他从上天保留下来的，如不服从他，就大大降罚于万民。从此以后，对于商王的尊崇也就是对上帝的尊崇，商王变成了神人。

奴隶制的瓦解，封建制的建立，是一种高级的私有制代替另一种低级的私有制。封建统治者的个人崇拜、个人神化，随着阶级压迫的加剧而进一步加强。封建地主阶级的代表人物的个人崇拜内容和形式比奴隶主的个人崇拜更加完善、更加集中。在封建社会里，对个人的崇拜不仅披着神学宗教的外衣，而且通过政治制度、伦理规范固定下来。对个人的崇拜渗透到国家上层建筑的各个领域。在西欧，封建专制国家的国王集教会和国家最高权力于一身，君主的权力即是上天的权力，也是世俗的权力。君主的权力至高无上。对君权和神权的崇拜构成了整个中世纪的黑暗统治。正如恩格斯在谈到普鲁士国王时所说："现在君主集一切权力（人间的和天上的）于己身，他这位人间上帝，就标志着宗教国家的登峰造极。"[1] 在中世纪，君权和神权的崇拜是封建专制统治的支柱，是神圣不可侵犯的。我国从秦汉以来，所建立的封建中央集权国家，把个人崇拜制度化、伦理规范化。秦始皇自认为"德过高三皇、功过五帝"，为了表达自己的尊严，改"秦王"称号为"始皇帝"，自称为"朕"，"受命于天"，天赋王权，皇帝至尊无二。"朕即国家"的伦理规范构成了几千年封建专制制度的核心。从秦汉以来，"万岁"成为皇帝的专称。"拜贺舞蹈，呼万岁者三""敬祝万岁寿"等成为封建礼仪制度，朝拜皇帝如同"与接神相似"，皇帝自称为"真

---

[1] 《马克思恩格斯全集》第一卷，人民出版社1972年版，第538页。

龙天子"。在封建社会里，皇帝一旦被神化，即使他有雄才大略，也难免走上自我崇拜的道路，如以"贞观之治"闻名的唐太宗，最后在一片崇拜声中，听不进诤谏之士的告诫，而成为"渐恶直言"的万岁爷。

当欧洲封建主义开始解体，资本主义关系产生时，那些文艺复兴时代的思想家们，曾以人文主义为武器，主张人权，反对封建专制，反对神权崇拜。他们无情地批判了盲目信仰和崇拜封建专制权威，提倡科学、提倡理性，打破了中世纪的"万马齐喑"的局面，从"宗教法庭"解放出来，进入"理性法庭"。18世纪欧洲资产阶级启蒙主义者，在反对盲目信仰，在反对封建专制权威崇拜上起了先锋作用。他们反对"君权神授"、反对独裁崇拜，正如恩格斯曾经指出的："在法国为行将到来的革命启发过人们头脑的那些伟大人物，本身是非常革命的。他们不承认任何外界的权威，不管这种权威是什么样的。宗教、自然观、社会、国家制度，一切都受到了最无情的批判。"① 资产阶级在他们取得统治的地方，封建专制权威崇拜失去了地盘，代之以资产阶级的金钱关系。资产阶级革命"抹去了一切向来受人尊崇和令人敬畏的职业的灵光"，"它无情地斩断了把人们束缚于天然尊长的形形色色的封建羁绊，它使人和人之间除了赤裸裸的利害关系，除了冷酷无情的'现金交易'就再也没有任何别的联系了"②。资产阶级宪法所规定的总统选举制无疑是对封建君主的个人崇拜的否定，但是资本主义也是一种私有制，它虽然否定了封建专制的权威崇拜，但并没有消灭它本身的权力崇拜和个人崇拜。资产阶级使人们进入"钱蔑视人所崇拜的一切神并把一切神都变成商品"，"钱是一切事物的普遍价值"，"钱是从人异化出来的人的劳动和存在的本质；这个外在本质却统治了人，人却向它膜拜"③的时代。资本集团对于总统候选人，通过各种形式进行的吹捧、颂扬和崇拜，虽然不同于封建社会的神权崇拜和皇权崇拜，但是这种崇拜的背后是

① 《马克思恩格斯选集》第三卷，人民出版社1972年版，第56页。
② 《马克思恩格斯选集》第一卷，人民出版社1972年版，第253页。
③ 马克思：《论犹太人问题》，《马克思恩格斯全集》第一卷，人民出版社1972年版，第448页。

金钱势力的崇拜。行政权力服从于金钱势力，对金钱势力的崇拜超过了对于行政权力的崇拜。对于资产阶级代表人物来说，"虽然在观念上，政治权力凌驾于金钱势力之上，其实前者都是后者的奴隶"①。资产阶级对金钱势力的崇拜则表现为对个人、党派集团的崇拜。所以，资产阶级各党派集团之间在行政权力上的互相制约和协调实质上是金钱势力崇拜的结果。例如，美国建国 200 多年来，先后有 40 位总统登台，在竞选各届总统期间，各资本集团、党派对于自己的候选人，不择一切手段进行吹捧、颂扬，以造成一种对个人的迷信，争取最大数量的选票，用以欺骗群众。这种反映在竞选期间和竞选以后对于个人的颂扬、崇拜，实质上是对资本集团金钱势力和行政权力的崇拜。所以，个人崇拜这种历史现象在私有制发展的不同阶段，有着不同的形式和特点，但本质上是对于私有权力的崇拜。在私有制下不可能彻底消灭个人崇拜现象。

在国际共产主义运动历史上，个人崇拜现象仍然存在。但是，作为无产阶级内部的个人崇拜只是局部的和暂时的现象。这是因为无产阶级的性质及其根本利益与资产阶级的性质和根本利益在本质上是不同的。在无产阶级内部出现的个人崇拜现象，是能够受到抵制和摒弃的。马克思早在 19 世纪 40 年代，就曾经批判过德国的封建贵族的辩护士"把个别人物神化""盲目地崇拜别人"制造偶像崇拜的观点，指出那种拜倒于特权人物的神圣形象面前是历史唯心主义观点。马克思和恩格斯在创建无产阶级政党过程中，十分注意清除唯心主义英雄史观对无产阶级政党的影响，防止在党内出现个人崇拜和个人迷信。马克思在谈到制定共产主义者同盟章程中坚持民主集中制原则时说："恩格斯和我最初参加共产主义者秘密团体时的必要条件是：摒弃章程中一切助长迷信权威的东西。"马克思和恩格斯在国际共产主义运动中的巨大贡献，赢得了全世界无产阶级的无限尊敬。但马克思和恩格斯反对对他们的歌功颂德，反对任何推崇话。马克思在一封信中说：

---

① 马克思：《论犹太人问题》，《马克思恩格斯全集》第一卷，人民出版社 1972 年版，第 448 页。

"我们两人都把声望看得一钱不值……由于厌恶一切个人迷信，在国际存在的时候，我从来都不让公布那许许多多来自各国的、使我厌烦的歌功颂德的东西。"①马克思和恩格斯反对给他们写传记、召开庆祝活动。他们不仅以身作则不搞个人崇拜，而且对于国际共产主义运动中的个人崇拜现象进行斗争。拉萨尔曾经是德国工人运动的领导人物，他在参加工人运动中，搞个人崇拜和个人独裁。在一个时期内，报纸刊物对他顶礼膜拜，歌功颂德，把他称颂为"救世主"。马克思和恩格斯对流行于德国工人运动中的个人崇拜现象非常厌怨。马克思批评《社会民主党人报》上"到处充满了令人极端厌恶的'拉萨尔主义'"，并且声明要求该报"尽量认真、尽量迅速地清除那种幼稚的'偶像崇拜'"②。恩格斯在一封信中指出："要知道，掩饰拉萨尔的真面目并把他捧上天的那种神话，绝不能成为党的信念的象征。无论把拉萨尔对运动的功绩评价得多么高，他在运动中的历史作用仍然具有两重性。"③

列宁是世界上第一个社会主义国家的开国领袖。列宁在世时，受到全世界和国内人民的赞扬。但列宁从不把这种赞扬看成是个人的，在他的革命实践中，从来反对个人独裁、反对个人崇拜和个人迷信，把过分的颂扬斥之为"反共产主义的东西"。无论在会议上、代表大会上，还是在报刊上，列宁都不准许对他个人的功绩作任何的颂扬。他总是把成绩和胜利归于党和人民群众。他反对为自己祝寿，不同意别人写文章颂扬自己。列宁一生坚持集体领导，坚持群众路线，为无产阶级树立了光辉榜样。1922年斯大林接了列宁的班，直到1953年逝世，计31年。斯大林在担任苏联党和国家最高领导时，在抵御外来侵略、打击国内阶级敌人的进攻和实现工业化过程中，都作出了巨大贡献，斯大林的功绩是与苏联整个革命事业连在一起的。他是一个伟大的马克思主义者。但是，从1941年以后，斯大林集党政军大权于一身，他被一连串的胜利和歌颂冲昏了头脑，思想方法离开

---

① 《马克思恩格斯全集》第三十四卷，人民出版社1972年版，第288—289页。
② 《马克思恩格斯全集》第三十一卷，人民出版社1972年版，第51页。
③ 《马克思恩格斯全集》第三十八卷，人民出版社1972年版，第37页。

了辩证唯物主义，陷入了主观主义，开始迷信个人的智慧和权威。不做调查研究，不走群众路线，把一元化领导变成一人化领导，把个人凌驾于国家和党之上，后来发展到个人专断和个人迷信。

二

马克思曾经说过："相当长的时期以来，人们一直用迷信来说明历史，而我们现在是用历史来说明迷信。"[①] 个人崇拜作为一种社会现象，它属于上层建筑。个人崇拜是私有制的产物，它在奴隶制度和封建制度下，是一种不加掩饰的公开的形式特点，是以国家政治制度、伦理道德规范直接表现出来的。资产阶级关系建立后，虽然曾经公开反对过封建制度的神权崇拜和君权崇拜，但它并不能根除个人崇拜，而它的个人崇拜是行政权力和金钱势力的崇拜。奴隶主阶级、封建地主阶级和资产阶级的个人崇拜都源于私有制。但是作为一种社会现象，在公有制的社会主义国家里为什么还能够存在呢？这是有深刻的社会历史根源的。

第一，剥削阶级思想的残余是个人崇拜产生的历史根源。马克思主义认为，从总的历史发展趋势看，经济基础决定上层建筑，上层建筑随着经济基础的变化而变化。但是上层建筑具有相对独立性，它并不是随着经济基础的消灭而立即消灭。社会主义国家虽然消灭了剥削制度，消灭了私有制，但作为剥削阶级的思想残余还会长期存在。列宁说："旧的社会制度消灭了，但它在人们的意识中是不能一下子消灭的。"[②] 个人崇拜是长期历史形成的社会现象，剥削阶级的思想意识，还会长期存在，它必然会通过各种渠道渗透到无产阶级的上层建筑中来，影响社会主义国家党的生活和社会生活，侵袭着无产阶级的队伍。1956 年，我党发表的《关于无产阶级专政的历史经验》指出，个人崇拜是人类历史遗留下来的一种腐朽的东西。个人崇拜不只在剥削阶级中间有它的基础，也在小生产者中间有它的基础。

---

① 《马克思恩格斯全集》第一卷，人民出版社 1972 年版，第 425 页。
② 《列宁全集》第二十九卷，人民出版社 1980 年版，第 10 页。

即使剥削阶级消灭了，小生产经济已经由集体经济所代替了，社会主义社会建成了，但是旧社会的腐朽的思想残余，还会在人们头脑中长时期存在下去。苏联十月革命前是个落后的农业国，沙皇的封建统治长达 300 多年之久。封建专制主义、皇权主义思想在人们的思想中有很深的影响。旧社会遗留下来的旧的习气、习惯、传统和偏见必然侵袭着苏联的党和国家。苏联是在 1934 年完成的农业合作化，但是私有制的消灭并不意味着旧思想残余的消灭。斯大林的个人崇拜是和剥削阶级思想的侵袭有直接关系的。我国封建统治几千年，历代王朝为了维护其私有制，历来奉行着一条"君王至上""君王即上帝""君王即天子"的反动政治伦理纲常。剥削阶级的思想家和代言人，从来都把统治阶级代表人物的个人崇拜作为自己思想的核心，对剥削阶级代表人物大加吹捧、颂扬和崇拜。早在春秋战国时期孔子就提出"臣事君以忠"的思想，韩非主张"臣事君，子事父，妻事夫"为"天下之常道"，汉朝的董仲舒系统提出"王者受命于天"的理论，把封建皇帝尊为天神，大加神化。封建统治者宣扬"君君、臣臣、父父、子子"的宗法伦理观念，长期束缚着人们的思想。封建皇帝是政权、神权、族权、夫权的总代表，是天下的"家长"。我国没有经过资产阶级革命，对于几千年来的神人崇拜、权力至上、尊卑观念、等级观念、家长作风等封建主义的残余没有给予荡涤和清除。孙中山在领导辛亥革命前虽然已经提出过"勿敬朝廷"的口号，并且亲自领导了辛亥革命，推翻了清王朝。但是这个革命和直到解放前的旧中国，并没有建立起一个真正的民主制度，封建主义的思想残余，旧的伦理观念，必然会影响到我们党的政治生活和社会生活。在我们党的历史上，就曾经出现过陈独秀的家长制、王明的"一言堂"和张国焘的军阀主义。我们党历史上三次"左"倾路线的代表人物，之所以犯错误，不能说和旧的思想残余的影响没有关系，正如《关于若干历史问题的决议》中所指出的，他们"坐在指挥台上，盲目地称英雄，摆老资格"，"常常采取各种各样的形式，如官僚主义、家长制度、惩办主义、命令主义、个人英雄主义……破坏着党同人民群众的联系和党内的团结。"中华人民共和国成立以后，特别是 1956 年生产资料私有制社会主义改造取得胜利之后，我们党内出现的个人崇拜，在"文化大革命"中的突出表现，从思想根源上说，就是剥削阶级旧思想残余的影响。这种思想影响的根除将是长期的、艰巨的任务。

第二，小生产的习惯势力是个人崇拜的社会基础。小生产的自然经济和家长制总是天然地连在一起的。自然经济的特点是分散性、不稳定性和保守性。马克思曾经深刻地分析过法国的小生产的特点，他说："每一个农户差不多都是自给自足的，一小块土地，一个农民和一个家庭，旁边是另一小块土地，另一个农民和另一个家庭，好像一袋马铃薯是由袋中的一个一个马铃薯所集成的那样"①。在封建社会和资本主义社会里，大地产日益兼并的趋势是经常发生的。小生产者不能以自己的在经济上的力量和名义来保护自己的阶级利益，这种自然经济的特征决定了小生产者的思想意识。"他们不能代表自己，一定要别人来代表他们。他们的代表一定要同时见他们的主宰，是高高站在他们上面的权威，是不受限制的政府权力，这种权力保护他们不受其他阶级侵犯，并从上面赐给他们雨水和阳光。所以，归根到底，小农的政治影响表现为行政权力支配社会。"② 在封建社会里，小生产者为了自己的阶级利益，总是把希望寄托在上面，寄托在"好皇帝""救世主"和神灵身上，幻想着一种行政权力支配自己，保护自己。他们总是歌颂和崇拜自己的保护人，把皇帝、君主视为整个社会的家长和救星。历史上农民起义的领袖多数带有皇权主义思想。斯大林在谈到俄国历史上农民反对封建专制统治的起义时说："除此以外，在谈到拉辛和布加乔夫的时候，决不应该忘记他们都是皇权主义者；他们反对地主，可是拥护'好皇帝'。要知道这就是他们的口号。"③ 所以，小生产者一方面祈求救世主，另一方面当他们掌权后，就以救世主自居，转化为封建统治者。我国历代农民起义领袖，从陈胜、吴广到洪秀全，当他们揭竿而起的时候还是广大

---

① 马克思：《路易·波拿巴的雾月十八日》，人民出版社1963年单行本，第97页。
② 马克思：《路易·波拿巴的雾月十八日》，人民出版社1963年单行本，第97—98页。
③ 《斯大林全集》第十三卷，人民出版社1985年版，第100页。

受压迫农民的代表，而当他们掌权后，就变成封建统治者。陈胜原先与人佃耕，起义后，当了陈胜王才 6 个月就搞起个人崇拜来。刘邦和朱元璋领导起义胜利后，成了封建皇帝。在太平天国内部，天王称"万岁"，东王称"九千岁"。这种小生产者的旧的习惯势力的政治影响，不仅对资产阶级，而且对掌握了国家政权的无产阶级也同样有着严重影响。在社会主义制度下，小生产者的习惯势力的侵袭和影响，往往带有一定的顽固性、反复性。列宁时代削弱了的个人迷信，到了斯大林时代又繁殖起来，20 世纪 40 年代我们党削弱了的个人崇拜，到后来又表现出来。1956 年，我们党批评了对斯大斯的个人崇拜，后来特别是在"文化大革命"中，却出现了更为严重的个人崇拜。像我们这样一个有几千年封建传统的国家，小生产者的习惯势力根深蒂固，对这种小生产者的习惯势力的侵蚀，不可低估。邓小平同志在中国共产党第八次全国代表大会上曾指出："我们的任务是，继续坚决地执行中央反对把个人突出、反对对个人歌功颂德的方针，真正巩固领导者同群众的联系，使党的民主原则和群众路线，在一切方面都得到贯彻执行。"[①]所以，我们必须长期坚持反对个人崇拜的马克思主义的方针。

第三，党内反革命集团和阴谋家利用领袖的地位和威信，吹捧颂扬，是个人崇拜的社会政治原因。马克思在他的名著《路易·波拿巴的雾月十八日》一书中，曾经深刻地分析了法国历史上的窃国大盗路易·波拿巴政治发迹和最后灭亡的历史过程。路易·波拿巴之所以由一个默默无闻的人物一跃而成为第二共和国的总统，一个很重要的原因是他利用了拿破仑的威望，利用了法国人民，特别是农民对拿破仑的故有感情。他利用与拿破仑的家族关系，借助亡灵，大搞造神运动，从而骗取了法国人民的信任，走上政治舞台。马克思称路易·波拿巴是"身居高位的上流社会的大骗子"。《再论无产阶级专政的历史经验》一文在分析斯大林个人崇拜产生的社会历史条件时，曾经指出，在比斯大林所处环境复杂得多困难得多的条件下，列宁没有犯斯大林这样的错误。其决定的因素是斯大林的思想状况

① 《关于修改党的章程的报告》，人民出版社 1956 年版，第 53 页。

造成的。他在一连串的胜利和歌颂中，头脑不冷静，不谨慎了，开始迷信个人的智慧和权威，思想上离开了辩证唯物主义，陷入了主观主义。在斯大林个人权力越来越集中的情况下，在他周围的一些人，比如赫鲁晓夫等人，利用了他的错误，对他吹捧、颂扬、崇拜，就造成了斯大林的个人崇拜，其实赫鲁晓夫之流对斯大林的崇拜是假，企图篡党夺权是真。林彪、"四人帮"也正是波拿巴、赫鲁晓夫一样的野心家、阴谋家。他们在"文化大革命"中，阳奉阴违，大搞现代迷信，偶像崇拜。他们鼓吹的"顶峰""伟大天才""三个里程碑""分水岭""绝对权威"等谬论，把党的功劳归于一人，把领袖凌驾于国家和人民群众之上。他们提出的"大树特树"名曰树毛主席，实际是树他们自己。个人崇拜在"文化大革命"中之所以蔓延到全国，造成严重的危害，一个重要原因，是林彪、"四人帮"一伙利用了毛泽东同志在全党和全国人民中的威望，利用了毛泽东同志晚年的错误。正如美国作家安娜·路易斯·斯特朗说的，"个人崇拜不但是被崇拜者身上的缺点，也是崇拜者身上的缺点。"毛泽东同志过去曾提出过"防止个人崇拜"的措施，并在很长一个时期内坚持了自己的正确观点。正因为这样，才能使我党取得一个又一个的伟大胜利。但是在他的晚年，却出现了理论和实践上的矛盾。他一方面批判了别人的"天才论"，一方面又接受了"四个伟大"的颂扬，在同外国记者谈话中在批判个人崇拜的同时，却又主张要有点个人崇拜，而且在他身上也的确导致了晚年的个人崇拜。这个教训是值得全党引以为戒的。

三

个人崇拜是旧社会遗留下来的思想垃圾，它在无产阶级夺取政权的国家里，仍然通过不同的形式表现出来，对于它给革命事业造成的危害，人们往往缺乏深刻的认识。我们经过三十多年来的实践，特别是十年的"文化大革命"，在这方面的教训是深刻的。

首先，个人崇拜同马克思主义是根本不相容的。个人崇拜是一种反马克思主义的唯心史观。历史唯心主义把历史发展的决定因素归结为人们的主观思想动机，认为历史是个别英雄人物创造的，而人民则是微不足道的"群氓"，德国唯心主义哲学家尼采曾经主张，人民群众是供"超人"实验的材料，人民只能拜倒于英雄人物面前。马克思主义认为，社会历史是物质资料生产者本身的历史，人民群众是历史的主人。我们所说的改造社会的主体力量指的是群众、阶级、政党和领袖的有机统一体，而不是指某个英雄人物。我们承认个人在历史上的作用，承认领袖人物对社会历史发展所起的作用。但是，任何杰出的人物都是社会关系的产物，普列汉诺夫还是一个马克思主义者时曾指出过，早已有人说过，凡是有便于杰出人物发挥其才能的社会条件的时候和地方，总会有杰出人物出现的。杰出人物总是受着历史发展的客观必然性的制约，他们只能改变历史事变的个别外貌，却不能改变历史事变的一般趋势。个人的作用总是有限的，总是受着历史条件和本身的自然条件的局限。况且任何真正的英雄人物总是来自群众，来自人民的斗争实践。作为个人，特别是党和国家领导人，如果没有真正树立辩证唯物主义和历史唯物主义的世界观，有了个人崇拜，就会颠倒群众、阶级、政党和领袖的正确关系，就会把人民的胜利成果归功于少数人，就会把阶级、政党置于个人的统治之下。个人崇拜必然导致英雄史观，把领袖个人看成整个社会的主宰和救星，把领袖人物看成一切幸福和阳光的恩赐者。领袖成了神，成了超乎社会力量的上帝，这就从根本上否定了人民群众的作用。

其次，个人崇拜从根本上颠倒了个人和集体的关系，是与民主集中制的组织原则相抵触的。周恩来同志说："我们的领袖是从人民当中生长出来的，是跟中国人民血肉相联系的，是跟中国的大地、中国的社会密切相关的，是从中国近百年来和'五四'以来的革命运动，多少年革命历史的经验教训中产生的人民领袖。"① 在革命斗争中产生的人民领袖是一个集体，领袖的力量是集体的力量。列宁说过，无产阶级的领袖是一个比较稳定的集团。无产阶级领袖的领导作用是通过民主集中制的组织原则发挥的。任

---

① 《周恩来选集》上卷，人民出版社 1984 年版，第 332 页。

何一个领袖都不能离开集体的智慧和力量。搞个人崇拜，就会破坏民主集中制，就会导致把个人凌驾于党组织之上、集体之上，就会把同志关系变成旧社会那种君臣、主仆之间的关系。有了个人崇拜，就会使官僚主义泛滥，个人独断专行，把权力集中于一个人的手里，就会产生权力的"异化"现象，使党和国家的权力变成个人的权力。这是根本违背党的性质和党的组织原则。

第三，个人崇拜是民主制度的对立物。社会主义国家人民群众是国家的主人，一切国家工作人员都是人民的公仆。个人崇拜使权力集中于一人手里，人民群众的地位和作用被抹杀和否定，造成整个党和国家的民主政治生活的窒息，人民处于盲从、迷信、唯命是从的地位。这样就会给野心家、阴谋家以可乘之机，他们可以利用个人崇拜的形式，吹捧颂扬别人，借以提高自己的地位，以便篡党夺权。在十年"文化大革命"期间，林彪、"四人帮"就是施展了这种反革命的伎俩。如果滋长了个人崇拜，就会为一切阴谋家提供土壤和有利条件，从而给党和国家的命运和前途造成极大的危险。

（提交河北省哲学学会年会，后收入《年会论文集》1981 年版）

浅谈革命人道主义

革命人道主义是无产阶级的思想体系，它是马克思主义的组成部分。革命人道主义和资产阶级人道主义有着本质的区别，它对无产阶级的革命和建设事业具有重要的理论和实践意义。

一

马克思主义的革命人道主义是对人类优秀思想成果的继承，是对历史上一般人道主义的积极扬弃。从文艺复兴时期以来。在 500 多年间，各种人道主义学说曾在历史上留下了自己的痕迹。文艺复兴时期以人的高贵批判天使的高贵，讲意志自由、个性自由，把人从天堂降到了尘世。十八世纪启蒙主义都主张"天赋人权"，宣传"人权"。"自由"和"平等"，成为资产阶级反对封建主义的革命内容。但是，他们的共同特点都是从一般的抽象的人出发，而不是从观实社会经济关系中各阶级的人出发。他们提出的为各阶级争自由，求幸福，只是一个空洞的口号：缺乏实践意义的纲领。因为在阶级社会里从来没有适合一切阶级的政治口号。后来，康德从人有理性能力这个事实出发，把人的尊严和自由看成是先验的东西，把它当作绝对命令强加给人类个人的良心和愿望。而黑格尔过于夸大人的意志的能动作用，把人的自由、解放看成是纯粹理念的活动。费尔巴哈不同意他们的观点，他把观念的人变成现实的人，有血有肉的人。但是，他看到的人仅仅是自然属性的个人，而不是社会的现实生活中的人。空想社会主义者批判、继承和发展了人文主义者和启蒙学者的人道主义学说，提出了自己的人生观理论。他们批判资本主义制度违背人性，是人类的迷误，幻想建立一种适合人的尊严的环境和符合人性的社会制度。但是，他们的理论是不成熟的理论。特别是关于人的学说，他们还带有旧唯物主义唯心史观的局限性。

马克思和恩格斯曾经受到过费尔巴哈学说的影响，但他们对待历史上一般人道主义也和对待其他历史文化遗产一样，采取积极扬弃的态度。在他们看来，自己的学说也和"任何新的学说一样，它必须首先从已有的思想材料出发，虽然它的根源深藏在物质的经济的事实中"①。马克思主义的革命人道主义是对历史上一般人道主义积极成果的进一步发展。应当肯定，资产阶级在反对封建统治、神学专制斗争中所使用的人道主义的思想武器，曾经振奋过人们反封建的斗争精神，对于资产阶级生产关系代替封建主义生产关系，推动社会进步起了巨大的作用。资产阶级人道主义虽然是建筑在唯心史观的根基上，维护资产阶级利益，但并不意味着它的一切形式都是不合理的。在马克思和恩格斯的著作里，对文艺复兴和启蒙运动对于社会进步的积极作用，曾经作过高度评价。在创立无产阶级解放学说过程中，马克思和恩格斯批判继承了空想社会主义者关于人生意义的合理思想，充分肯定了他们关于人的价值和幸福的观点。马克思和恩格斯把一般人道主义讲的人的尊严、自由权利和价值赋予唯物主义的、现代的、社会主义的内容，从而创立了与以往人道主义截然不同的革命人道主义。

首先，革命人道主义把现实生活中人与人之间的社会联系作为考察和研究的出发点。它不是从哲学观念中的人出发，也不是以抽象的人为对象。它立足于对生产关系总和的研究分析，从人在社会生产中的地位和作用，来看人的尊严、自由和解放。离开社会生产关系的总和，孤立地讲人的尊严、价值，就划不清一般人道主义和革命人道主义的界限。以往资产阶级

---

① 《马克思恩格斯选集》第三卷，人民出版社1972年版，第404页。

人道主义只是靠"自由""博爱""平等"的口号讲人的解放，而在革命人道主义看来，人的解放道路不是靠"理性原则"、靠"天赋"，而是靠通过消灭生存条件的剥削性质，消灭私有制，消灭剥削和压迫，通过阶级斗争和社会革命来获得。

其次，革命人道主义原则实践的过程也是共产主义实践过程。共产主义社会将是革命人道主义的彻底贯彻。只有共产主义社会才能实现人的尊严、自由和解放，才能实现人的全面发展。

最后，马克思主义的革命人道主义是无产阶级的思想体系，具有鲜明的阶级性，它代表无产阶级的利益和全人类的利益。这也是与以往掩盖阶级基础的一般人道主义的质的区别。

二

人的全面发展是以一切社会关系的完全改造为前提条件。在资产阶级社会里一切生活条件达到了"违反人性的顶点"，不消灭本身的生活条件，无产阶级就不能解放自己，也不能创造适合人的尊严、自由的环境。这个问题并不仅是理论上的问题，而是一个实践问题。也正因为如此，革命人道主义才排除了空谈一般人的尊严、自由和权利的说教。革命人道主义把自己的立足点建立在现实生活的基础上，把研究人的现实生活条件作为人的尊严、自由和权利的客观依据。无产阶级不是天生就能认识自己的生活条件的非人道性质的，而必须借助科学世界观的武器，借助革命人道主义的武器。无产阶级只有认识自然规律和社会行动的规律，才完全自觉地自己创造自己的历史。革命人道主义作为无产阶级思想的组成部分，它的生命力在于能够指导无产阶级的革命实践活动，帮助无产阶级认识自己的历史地位和使命。马克思主义的革命人道主义不是一般地谈论人的尊严、自由和解放，而是把人的尊严、自由和解放同人的现实的、阶级的生存条件联系起来，从而体现了革命人道主义的实践的唯物主义性质。在马克思的早期著作中，十分重视人的生存条件问题的分析，认为人只有"进入真正人的生存条件"做生活条件的主人，才能获得人的尊严、自由和权利，争得人作为人的价值，才能从最终意义上脱离动物界。在马克思看来，只有消灭对生产者的统治，消灭了生产资料的资本属性，消除了生产的无政府状态，社会占有了生产资料，人才占有自己的本质，才能恢复人的尊严和权利。为了揭开生产资料资本属性之谜，马克思早在1844年开始从事政治经济学研究的时候，就从资本主义社会的经济事实出发，发现了异化劳动以及异化劳动同私有制的关系，揭露了私有制下非人道的性质。人作为生产力的主体，生活资料的生产者本应是自己产品的主人，劳动过程本应是自觉的活动，但在资本主义私有制度下，劳动者反倒成了自己产品的奴隶，自己生产的产品变成自己的异己力量同自己相对立。在劳动过程中，自己的活动变成统治自己的异己活动。"工人自己的体力和智力。他个人的生命（因为生命如果不是活动，又是什么呢？），就是不依赖于他，不属于他，转过来反对他自身的活动。"① 异化劳动把自我活动、自由活动贬低为手段，把人类的生活变成维持人的肉体生存的手段，自己的类本质同自己相对立。马克思说，这些异化都适用于人同他人的关系，因而也带来人的异化。人的异化，只有通过同其他人的关系才得以表现出来。站在劳动者对立面的人的异己力量就是统治劳动者的剥削阶级。在异化劳动中，工人享受不到人作为人的尊严、自由和权利，人被迫降为奴隶、动物的地位。"动物的东西成为人的东西，而人的东西成为动物的东西。"② 在马克思看来，人从私有财产，从奴隶制下解放出来，是通过"工人解放"这种政治形式表现出来。马克思在《1844年经济学哲学手稿》中的第三手稿中，曾经把共产主义设想为人和自然界、人和人之间的矛盾的真正解决，并把共产主义称为"完成了的人道主义"，决不是偶然的，他是把共产主义视为阶级矛盾的消除，阶级本身的消灭，达到人的彻底的解放和自由。这里讲的人道主义本来的含义指的是人的解放的思想。这一思想在他的《神圣家族》一书中同样得到阐述，他认为，无产阶级只有自己解放自己，才能消除资产阶级社

① 《马克思恩格斯全集》第四十二卷，人民出版社1972年版，第95页。
② 《马克思恩格斯全集》第四十二卷，人民出版社1972年版，第94页。

会的违反人性的现象。马克思和恩格斯在《共产党宣言》里，进一步指出："代替那存在着阶级和阶级对立的资产阶级旧社会的，将是这样一个联合体，在那里，每个人的自由发展是一切人的自由发展的条件。"① 在《资本论》中也同样贯彻了这一思想原则，认为社会主义是以每个人的全面而自由的发展为基本原则的社会形式。以人的解放为中心内容的革命人道主义思想原则，在列宁、斯大林、毛泽东的著作中得到充分运用和发挥，他们把马克思主义革命人道主义学说从理论变为革命实践。充分肯定人民群众的历史作用，尊重人民群众的主人翁地位，保障人民群众的政治民主权利，成为社会主义建设的重要原则，成为党的行动的准则。革命人道主义的原则在无产阶级的实践活动中起着越来越重要的指导作用。

<h1 style="text-align:center">三</h1>

在我国革命和建设的各个历史时期，革命人道主义原则得到贯彻和实施，我们正在广泛的范围内"使人生活在比较合乎人的尊严的环境中"。在民主革命时期，在革命战争中，革命人道主义作为共产主义思想体系的组成部分，曾经体现在我们党的方针、政策中，体现在人们的思想和行动中。千万英雄人物为了革命战争的胜利，为了人民的幸福，牺牲了自己宝贵的生命。革命队伍中的团结一致、互助友爱、舍己为人的革命风气到处呈现。在战争中，我们还实行缴枪不杀、优待俘虏、救死扶伤的革命人道主义政策。革命人道主义对于瓦解敌人、壮大革命队伍、保证革命战争的胜利起了重要的作用。在我们党的历史上，一贯遵循革命人道主义原则。正确开展思想斗争力以革命人道主义为武器，反对左倾路线的"残酷斗争、无情打击"的整人哲学，主张"惩前毖后，治病救人"，达到团结—批评—团结的目的。在社会主义革命和建设时期，革命人道主义成为我们正确处理人民内部矛盾的重要指导原则，从而大大激发了人民群众建设社会主义的积极性。在"文化大革命"中，林彪、"四人帮"歪曲和篡改马克思主义，把

---

① 《马克思恩格斯选集》第一卷，人民出版社 1972 年版，第 273 页。

革命人道主义作为资产阶级人性论来批判，使这一原则受到摧残和践踏。

党的十一届三中全会以来，我们党根据马列主义、毛泽东思想制定的路线、方针与政策中，在政治、经济、思想领域都体现了革命人道主义原则。

第一，国家政治制度肯定了人民群众主人翁地位。我国制定的新宪法明确规定一切权力属于人民。这充分体现了人民当家作主。在我们的政治经济生活中，人民通过各种途径和形式，行使自己管理国家的权力。人民管理经济、文化事业和社会事务。人民享有广泛的自由和权利、有言论、出版、集会、结社的自由。在我国人民的人身自由、人格尊严不受侵犯。我们国家的国家制度和国家机关的组织形式，充分贯彻了一切权力属于人民的原则。国家工作人员和群众的关系是公仆和主人的关系。我们的各项方针、政策反映了人民的根本利益和一切为了人民、一切为人民服务的原则。也正因为我们贯彻了这一马克思主义的人道主义原则创造了适合人的尊严的环境和社会条件，保障了人民的自由和权利，我们的社会主义事业才不断前进。

第二，革命人道主义还体现在社会主义从人民的利益出发，不断满足人民的需要上。社会主义消灭了剥削制度，以公有制代替了私有制，劳动人民是生产资料的占有者和支配者。社会主义的政治制度和经济制度决定了社会主义生产的目的是为了人民的需要。列宁说："有计划地组织社会生产过程来保证社会成员的福利和全面发展"[1]，社会主义生产的目的，必须服从全体社会成员的经济利益，以满足他们的生活需要为转移。斯大林也曾谈到，社会主义不是缩减个人的需要，而是要"扩大和发展个人需要，不是要限制或拒绝满足这些需要，而是要全面地充分地满足有高度文化的劳动人民的一切需要"[2]。人的需要不仅包括物质生活需要，也包括精神生活需要，还包括发展资料的需要。个人的需要的多样化，决定了社会主义

---

① 《列宁全集》第二十四卷，人民出版社1980年版，第435页。
② 《斯大林全集》第十三卷，人民出版社1972年版，第318页。

生产的全面发展。党的三中全会以来，实现了工作重点的转移，把不断满足人民日益增长的物质和文化需要作为社会主义生产和建设的根本目的。党的十二大又重申这一基本原则，把"一要吃饭，二要建设"作为社会主义建设事业的方针，作为新时期建设社会主义的指导思想。这样就把人民的眼前利益和长远利益、个人利益和国家的利益在社会主义人道主义原则基础上统一了起来。也正因为如此，我们党的关心群众生活的优良传统得到了发扬。

党的十二大提出的关于集中资金进行重点建设和继续改善人民生活，关于坚持国营经济的主导地位和发展多种经济形式，计划经济为主、市场调节为辅的重要原则都是围绕着社会主义为了满足社会成员物质和文化的需要。我们在企业实行的经济责任制和农业上实行的家庭承包责任制，把个人的社会责任和个人的物质利益直接地结合起来，把个人的权利和义务统一起来。个人享有支配自己劳动所得的权利，体现了社会主义按劳分配原则，体现了个人在生产和分配中的地位和价值。经济责任制中的责、权、利相结合，在正确处理国家、集体、个人三者之间的关系中，充分体现了人民主人翁地位，体现了人民所享有的权利。

第三，革命人道主义在建设社会主义精神文明中占有重要地位。党的十二大提出努力建设高度的社会主义精神文明，把思想建设作为决定精神文明社会主义性质的决定因素。它的主要内容是：工人阶级的，马克思主义的世界观和科学理论，共产主义的理想、信念和道德，同社会主义公有制相适应的主人翁思想、集体主义思想、权利义务观念和组织纪律观念，为人民服务的献身精神和共产主义劳动态度，爱国主义和国际主义，最重要的就是革命的理想、道德和纪律。社会主义精神文明的内容，体现了社会主义条件下人与人、个人与集体、个人与社会的关系。社会主义人道主义规范人生中如何处理个人与集体、个人与社会，怎样对待苦和乐，怎样对待生与死的关系。关于社会主义社会人的价值观，无产阶级的人格观，毛泽东同志曾有明确的阐述。无产阶级要造就一大批人，这些人有政治上的远见，他们胸怀坦白，忠诚积极，不怕困难，勇敢向前，为了民族和社会的解放，充满斗争精神和牺牲精神。在革命人道主义看来，人的价值只能在集体的阶级的利益中表现出来。个人利益同公共利益联系在一起，公共利益是实现个人利益的前提。阶级的自由和解放是个人的自由和解放的主要条件，个人的价值和人格只有为阶级、为社会的公共利益斗争过程中才能得到体现。离开人民的利益，国家的前途，就没有个人价值、个人前途。个人的幸福和人民的幸福是不可分割的。在四化建设的今天，各条战线涌现出大批英雄模范和先进工作者，赵春娥、栾茀、张华、蒋筑英、罗建夫、朱伯儒、张海迪等英雄模范人物的感人事迹和崇高精神，鼓舞着全国人民。他们以自己的模范行动，把自己的前途和命运同国家、人民的前途和命运紧密地联系在一起，把个人的一切融化在国家和人民的利益之中，阶级的、人民的价值高于个人的价值，把为人民的利益与牺牲个人利益看成个人最高的人生价值。在他们看来，"人生的意义在于贡献，而不是索取"。他们像雷锋一样，处处做到革命第一、工作第一、他人第一，以自己的行动实践革命人道主义原则。在社会主义社会里，那种团结互助、克己奉公、尊重别人、先人后己、助人为乐的高尚品质，就是革命人道主义的具体表现。

社会主义时期的革命人道主义，是在剥削制度和剥削阶级已经消灭的条件下，人民在根本利益一致的基础上得到体现的，它克服了资产阶级的狭隘的阶级局限性。在社会主义社会，个人的全面性不是想象的或设想的全面性，而是他的现实关系和观念关系的全面性。人的价值、人的尊严，通过经济、政治各个领域得到全面发展。社会主义物质文明和精神文明建设为革命人道主义原则的贯彻开辟了广阔的领域。在社会主义时期，剥削制度和剥削阶级消灭后，革命人道主义原则已经成为处理人民内部矛盾、规范人与人之间关系的思想武器。所以，革命人道主义决不仅仅局限于"救死扶伤"这样一个狭隘的范围里，它是马克思主义思想体系的重要组成部分，是无产阶级世界观的重要内容。我们应当划清马克思主义革命人道主义与资产阶级人道主义的界限，清除林彪、"四人帮"强加给革命人道主义的种种罪名。对马克思主义的革命人道主义进行深入的、广泛的研究是新时期理论战线的艰巨任务。

唯物史观理论与实践

（提交 1983 年全国历史唯物主义年会）

马克思的异化概念是一个历史范畴

马克思的异化概念是在对历史上异化理论批判研究的过程中形成的。在马克思以前，有英国的霍布士和法国的卢梭，他们作为资产阶级革命时期的理论家，为了批判封建主义，曾经提出过异化思想。后来黑格尔发展了异化思想，提出了"自我意识"的异化论。费尔巴哈反对黑格尔的唯心主义的异化论，提出了人的本质自我异化的理论。在他看来，异化只在思维的领域中以宗教的形式存在，他没有把这种宗教异化理解为一种由社会引起的现象。马克思批判地继承了前人的，特别是黑格尔和费尔巴哈的异化思想，用异化概念来分析社会政治生活。

马克思在巴黎期间，致力于政治经济学的研究。他发现资产阶级政治经济学虽然也承认劳动是一切财富的源泉，但是他们把资本、地产、劳动三者的分离看成是理所当然的事情，把资本主义私有制看成是永恒的。马克思在批判资产阶级政治经济学的过程中，从对劳动研究出发，全面考察私有财产的本质和起源问题，在这期间费尔巴哈的异化理论给他提供了剖析资本主义社会的武器，从而提出了异化劳动的概念。这方面的研究成果体现在他的《1844年经济学哲学手稿》中。在这一著作中，马克思也是从资本主义的私有制这个"事实"出发，但他和资产阶级政治经济学家们不同，是用异化概念深入剖析资本主义社会的剥削和压迫的实质，以资本主义制度下劳动与资本的对立为中心内容，分析了异化劳动的四个方面的涵义：劳动者同自己产品的异化关系；劳动活动本身的异化关系；人同自己"类本质"的异化关系；人与人之间相互关系的异化。马克思的异化劳动概念揭露了资本主义雇佣劳动的实质，阐明了私有制的产生及其运动规律。异化劳动概念的提出对于无产阶级和劳动人民认识资本主义剥削制度的腐朽性，认识社会发展的客观规律，坚定共产主义信念，推动无产阶级革命事业的发展，都有着十分重要的意义。

应当看到，马克思的异化概念，是在他从民主主义到共产主义、从唯心主义到唯物主义世界观发生转变时期的研究成果，其中还不免带有旧哲学对他的影响，特别是费尔巴哈的异化理论的影响。异化劳动概念还用抽象不变的"人的本质"、理想化的"人性"为标准，来分析人的现实生活和类生活的矛盾，把理想化的、完善化的人作为异化的主体。马克思在分析人的劳动时，还没有摆脱费尔巴哈关于"人是具有类意识的存在物"的提法，认为人和动物的区别仅仅在于人的生产活动是有意识的自由活动。马克思还没有用生产工具的制造来区别人和动物。在《1844年经济学哲学手稿》中，马克思认为私有财产是异化劳动的结果，但它们的根源在哪里，马克思当时没有具体回答，而是把问题提了出来。正如他指出的："现在要问，人怎么使他的劳动外化、异化？这种异化又怎么以人类发展的本质为根据？我们把私有财产的起源问题变为异化劳动同人类发展的关系问题，也就为解决这一任务得到了许多东西。"① 这说明，马克思对于资本和劳动的关系的产生问题，特别是对于劳动的异化在历史上是怎样产生的问题还没有作出结论。因为这个时期马克思还没有创立自己的劳动价值学说，对资本主义生产关系的形成还缺乏深入的认识。后来，马克思在资本的原始积累问题的分析中具体回答了这个问题。

1845年，马克思在《关于费尔巴哈的提纲》里，批判了费尔巴哈的人本主义的异化论，清除了他对自己的影响。马克思把人的本质不是看成单个人所固有的抽象物，而是一切社会关系的总和。同年，他和恩格斯合作

---

① 《马克思恩格斯全集》第四十二卷，人民出版社1972年版，第102页。

写成的《德意志意识形态》一书中，已经不再从"人的本质"出发，而是从现实社会的生产关系出发，从现实的生产方式研究入手，进而探索了人类历史上不同的所有制形式以及同生产力发展状况之间的关系，全面分析了社会的基本矛盾，找出了社会发展的客观规律。从这时起，马克思就建立了唯物史观的理论体系，找到了产生私有制、异化劳动的社会原因。马克思指出："只要分工还不是出于自愿，而是自发的，那么人本身的活动对人说来就成为一种异己的、与他对立的力量。"① 马克思是把旧式分工看成是产生异化劳动的原因。他还认为，消灭旧式分工这一产生异化劳动的根源，就必须高度发展生产力，而要实现生产力的高度发展，就要消灭私有制、实现共产主义。这时马克思虽然还有时运用异化概念，但他已经不再讲人的自我异化了，已经不把异化概念作为分析问题、论述问题的主要概念了。这个时期，已经用更新的、更科学的概念，并且创立了唯物史观的理论体系。马克思坚决反对滥用异化概念，他用刚刚创立的历史唯物主义的基本原理，批判了青年黑格尔派滥用异化概念的行径。1848 年发表的《共产党宣言》只有一个地方用了异化概念，主要是针对德国"真正社会主义者"用"人的本质的外化"来解释社会主义的错误。

马克思反对从人的抽象本质引出共产主义结论。《共产党宣言》运用历史唯物主义的原理分析资本主义社会经济关系和阶级关系，得出资本主义必然灭亡的科学结论。这个共产主义的纲领性的文件，深刻地说明了资本主义私有制的运动不仅产生了扬弃异化的物质手段，而且产生出实现这种彻底变革的社会力量。后来，马克思在他写的《1857—1858 年经济学手稿》和《资本论》中，又使用了异化概念。如果说 1844 年马克思还没有形成完整的劳动价值学说，还把异化劳动范畴作为解剖资本主义制度的一把钥匙，那么到 1857—1858 年，就把剩余价值作为独立范畴来揭露资本主义剥削的实质。马克思在论述劳动价值理论和剩余价值理论时，把劳动和劳动力区别开来，揭示了劳动力这一商品的交换价值和使用价值，揭示了资本家榨

---

① 《马克思恩格斯全集》第三卷，人民出版社 1976 年版，第 37 页。

取剩余价值的秘密。在论述中马克思曾多次讲到过货币的异化、产品的异化、劳动的异化，但这时使用的异化概念是用来说明资本的生产过程，剩余价值的生产过程中资本主义生产关系对劳动者的剥削状况，是为了说明雇佣劳动制度的腐朽性和资本主义生产方式最后灭亡的历史必然性。很显然，在剩余价值学说创立之后，马克思虽然多次使用了异化概念，但这时已经不是主要概念。这个时期使用的异化概念已经赋予了新的内容，并且完全克服了 1844 年的人本主义色彩。

可以看出，马克思所用的异化概念是对资本主义这一人类社会发展的一定历史阶段上的异化现象的揭露，是针对资本主义剥削制度的腐朽性，为论证资本主义的生产方式历史暂时性，为了论证资本主义制度必然灭亡、共产主义必然胜利这个历史发展规律的。毫无疑问，异化劳动概念是特定历史条件下的产物，在历史上曾经起过重要作用，但作为一个历史范畴，它并不是永恒的、抽象的。把马克思用以分析资本主义这个特定社会形态的异化现象的范畴，超历史的普遍应用和简单对号，是不符合马克思主义的。

（原载《河北日报》1983 年 11 月 18 日）

试论马克思唯物史观的形成

恩格斯在谈到马克思创立历史唯物主义学说的意义时说，正像达尔文发现有机界的发展规律一样，马克思发现了人类历史的发展规律。这一发现使整个社会历史观实现了伟大的革命。

一

马克思创立历史唯物主义是同他的思想发展过程和革命实践活动紧密联系在一起的。随着完成从唯心主义到唯物主义、革命民主主义到共产主义的转变，马克思的历史观也逐步发生转变。马克思曾经参加过青年黑格尔派的活动，但他关心的是对实际问题的研究，他认为要改变现成的社会制度，不能只停留于理论的批判，必须投身到实际的政治斗争中去。这是马克思后来与青年黑格尔派分道扬镳的原因之一。1841 年，马克思写了著名的博士论文，强调哲学家要积极干预生活，阐明了哲学和生活的辩证统一原则。在他看来"世界的哲学化同时也就是哲学的世界化"[①]，哲学应当成为改造世界的工具，应当同现实生活结合起来。这里已经包含了他后来所强调的理论和实践相统一的原则的思想萌芽。从 1842 年 4 月起，他为《莱茵报》撰稿，在这个期间他写的几篇文章，都是研究客观现实的。马克思针

[①] 《马克思恩格斯全集》第四十卷，人民出版社 1982 年版，第 258 页。

对莱茵省议会关于出版自由问题的辩论,尖锐地批判了普鲁士政府书报检查令。他认为议会中关于出版自由问题的争论,是阶级矛盾的表现。书报检查令是特权阶级享有自由的证明,对人民是一种专制制度。对于普鲁士政府书报检查制的抨击,是马克思从理论领域转入对现实问题研究的第一步。关于分析林木盗窃法的辩论和摩塞尔农民状况等论文,使马克思把注意力转入对经济领域、对物质利益问题的探索,并开始注意国家与现实经济关系的联系。马克思这时已经用"物质利益"概念代替"现实生活"这个概念。这是马克思的观点发展过程中的转折点。后来恩格斯回忆说:"我曾不止一次地听到马克思说,正是他对林木盗窃法和摩塞尔河地区农民处境的研究,推动他由纯政治转向研究经济关系,并从而走向社会主义。"①马克思对现实经济关系和物质利益问题的研究,为他后来创立历史唯物主义学说奠定了思想基础。

马克思在《莱茵报》时所遇到的难题,是如何用经济状况来解释社会关系,如何通过社会物质生活来分析国家制度。为了解决所碰到的难题,马克思又转入对黑格尔哲学的研究上。1843 年夏,马克思对黑格尔法哲学思想进行批判。在这个过程中,费尔巴哈的《关于哲学改造的临时纲要》的发表,推动了马克思唯物史观的形成,使他把费尔巴哈对哲学基本问题(即意识和物质、思维和存在的关系问题)的唯物主义原则用于人类社会的分析。在《黑格尔法哲学批判》中,马克思系统地批判了黑格尔关于国家及国家对家庭和市民社会关系问题上的历史唯心主义观点。从唯物主义原则出发,正确地使用了异化概念,论证了物质利益和国家、法的关系,得出与黑格尔完全相反的结论。在马克思看来,家庭和市民社会不是国家理念的自我异化的产物,相反,国家是家庭和市民社会自我异化的产物。马克思当时讲的市民社会已经包含有社会物质生活关系的含义。这就是说,市民社会是国家的基础。社会物质生活关系的总和决定国家政治制度。这比 1842 年关于国家和物质利益关系的分析又进了一步。马克思唯物史观的

---

① 《马克思恩格斯全集》第三十九卷,人民出版社 1974 年版,第 446 页。

创立可以说是从对黑格尔法哲学批判开始的。马克思总结说："我的研究得出这样一个结果：法的关系正像国家的形式一样，既不能从它们本身来理解，也不能从所谓人类精神的一般发展来理解，相反，它们根源于物质的生活关系，这种物质的生活关系的总和，黑格尔按照18世纪的英国人和法国人的先例，称之为'市民社会'，而对市民社会的解剖应该到政治经济学中去寻求。"① 马克思于1844年春开始把研究的重点转向政治经济学，开始为自己的历史观寻找科学的论证，使它真正建立在唯物主义基础上。他在研究中受到恩格斯的《政治经济学批判大纲》的启发，说它是批判经济学范畴的天才大纲。对政治经济学的研究是马克思在《莱茵报》时期对碰到的物质利益问题的难题研究的继续。马克思把对政治经济学的研究，看成是打开社会历史大门的钥匙。马克思主义以前的一些进步思想家，如18世纪的法国唯物主义者，对历史的解释曾提出过"环境决定意识"的观点，英国古典政治经济学家曾提出过劳动价值学说，探索过资本主义社会阶级划分的基础，19世纪三四十年代法国和英国的历史学家们，也曾提出过阶级斗争是革命动力的观点。但是，就整个历史观来说，他们都是唯心主义的。马克思批判地吸收了以往思想家包括黑格尔历史观中的积极因素，特别是辩证发展思想，在创立历史唯物主义学说的初期，便注重把政治经济学的研究和哲学的研究有机地结合起来，用哲学观点来深化经济学观点。通过对社会经济现象的研究推动他改造旧哲学，创立新的世界观。《1844年经济学哲学手稿》对唯物史观的创立起了奠基的作用。在这一著作中，马克思深入研究了资本主义社会的劳动、资本及其利润和地租的形成和本质特点，分析了资本和工资的本质，第一次提出了异化劳动的理论，并运用这一理论揭露了资本家剥削工人的秘密。在马克思看来，异化劳动是个历史范畴。在资本主义社会，人通过异化劳动，不仅生产出他同作为异己的、敌对的力量的生产对象和生产行为的关系，而且生产出其他人同他的生产和他的产品的关系，生产出他同其他人的关系。马克思通过异化劳动理论

---

① 《马克思恩格斯选集》第二卷，人民出版社1972年版，第82页。

的研究，看到了在私有制下，人和自然之间、人和人之间的矛盾，揭示出了资本主义生产方式的实质，得出了资本主义私有制的暂时性和克服异化劳动，消灭私有制的必然性的科学结论。马克思说："社会从私有财产等等的解放、从奴役制的解放，是通过工人解放这种政治形式表现出来的，而且这里不仅涉及工人的解放，因为工人的解放包含全人类的解放"①。马克思认为克服劳动异化是一个实践的过程。这时马克思已开始探索资本主义社会向共产主义社会过渡的历史必然性。

马克思在研究异化劳动和消灭私有制的过程中，得出了生产在社会活动中起决定作用的结论：宗教、家庭、国家、法、道德、科学、艺术，等等，都不过是生产的一些特殊的方式，并且受生产的普遍规律的支配。这里马克思已经开始把人类的生产活动作为出发点，来研究宗教、家庭、国家等领域，从社会生产出发探求生产力和生产关系相互关系以及经济基础和上层建筑的相互关系问题。由此可以看出，马克思《1844 年经济学哲学手稿》比 1843 年在认识社会结构上前进了一步。首先，该书揭示了市民社会组织背后的物质生产活动，在私有制背后发现了劳动异化现象。其次，这个时期，马克思不只限于搞清家庭、市民社会和国家或私有制、国家和法的关系，而且包括社会生活的所有基本方面，即从物质生产到社会意识各方面。最后，这时马克思已经看到社会生产的内在联系，分析到了生产关系的各方面。这比 1843 年关于市民社会是整个社会的基础，物质生活关系决定其他方面的观点有了新的突破。马克思唯物史观的一些重要原则在这个时期已经开始确立。

二

1843 年至 1845 年，马克思和恩格斯经过不同的途径完成了立场和世界观的转变。他们第一次合作共同完成了《神圣家族》的写作，从理论上彻底清算了以鲍威尔为代表的青年黑格尔派的唯心主义。1845 年马克思写的

---

① 《马克思恩格斯全集》第四十二卷，人民出版社 1972 年版，第 101 页。

《关于费尔巴哈的提纲》，是他摆脱费尔巴哈影响的标志。《神圣家族》和《关于费尔巴哈的提纲》的写作，为唯物史观的全面形成奠定了理论基础。这个时期是创立历史唯物主义的关键时期。

19世纪40年代，无产阶级登上政治舞台，革命的斗争需要科学的理论作指导。但当时在德国有以鲍威尔为代表的青年黑格尔派，他们从"右"的方面发展了黑格尔的唯心主义，疯狂地反对社会主义和共产主义思想的传播。马克思和恩格斯认为，回击青年黑格尔派的挑战，阐明自己对"现代哲学和社会学的肯定的见解"不仅具有理论意义而且有重要的现实意义。他们联系实际斗争，以历史发展的事实为根据，揭露了鲍威尔一伙的主观唯心主义的实质。马克思和恩格斯认为，历史发展中不是"自我意识"起决定作用，思想不是一种社会力量，相反它只是一定的现实社会存在的反映。不是人们的观念意识，而是物质生产决定人们的历史。社会生活决定社会意识，物质利益决定人们的思想。改变人们的社会意识，必须首先改变人们的社会存在，改变人们的物质生活条件。在《1844年经济学哲学手稿》中，马克思第一次提出历史乃是人类自己的发展史，"工业的历史和工业的已经产生的对象性的存在，是一本打开了的关于人的本质力量的书"①。工业发展的历史是人认识和改造客观世界的历史。马克思这里讲的已经包含了物质资料生产在社会发展中起决定作用的思想萌芽。后来，马克思在批判青年黑格尔派的错误理论时，又继续阐明和发展了这一思想。在《神圣家族》中，已经接触到生产方式在社会中的决定性作用这一历史唯物主义的基本思想。鲍威尔一伙片面夸大意识的决定作用，轻视物质生产。他们从自我意识出发，把自然科学和工业同人的社会发展的历史对立起来。正像他们把思维和感觉、灵魂和肉体、自身和世界分开一样，也把人类的历史自身的物质生产活动同自然科学和工业分开。马克思和恩格斯认为，脱离工业和生活本身，脱离生产方式，也就无法认识人类历史。在批判青年黑格尔派过程中，已经形成了物质生产方式是人类社会历史发展的起点

---

① 《马克思恩格斯全集》第四十二卷，人民出版社1972年版，第127页。

的思想。这时马克思和恩格斯已经开始接触到社会结构的内在联系。

充分肯定人民群众在历史上的作用，是历史唯物主义的一个重要原理。马克思在 1843 年写的《黑格尔法哲学批判》中，曾经阐明过理论和群众的结合问题，认为"理论一经武装群众，也会变成物质力量"，在当时已经开始探索群众在历史上的作用问题，但没有从理论上充分展开。在《德意志意识形态》中，马克思尖锐地批判了青年黑格尔派在群众问题上的错误观点，指出他们的出发点是"精神的绝对权限，是黑格尔历史观的批判的、漫画式的完成。马克思从理论上深刻论证了人民群众在历史上的作用，认为历史活动是群众的事业，随着历史活动的深入，必将是群众队伍的扩大，只有劳动群众才是"创造一切、拥有这一切并为这一切而斗争"的社会力量。马克思和恩格斯在清算青年黑格尔派的历史唯心主义观点时，进一步研究了资本主义社会的阶级关系，分析了无产阶级和资产阶级的矛盾和斗争，论证了无产阶级的历史作用。他们认为，无产阶级从一产生就同资产阶级处于对立的地位，他们构成一个矛盾统一体。资产阶级极力保持自身的存在，保持旧的生产关系，无产阶级是摧毁资产阶级统治的社会力量。私有制正是在激烈的阶级矛盾中，自己把自己推向灭亡的。关于无产阶级历史作用的科学结论是这个时期历史唯物主义研究逐步深入的成果之一。马克思曾在《1844 年经济学哲学手稿》中，通过异化劳动理论对无产阶级历史使命进行过探讨。在《神圣家族》中，马克思在进一步阐明无产阶级历史使命时，认为有产阶级和无产阶级都是人的自我异化。无产阶级在现代社会中的地位被理解为人性的"丧失"，共产主义是人性的"复归"。可以看出，在当时的理论观点上，还有费尔巴哈对马克思的某些影响。彻底摆脱这种影响是在《关于费尔巴哈的提纲》和《德意志意识形态》中完成的。

1845 年，马克思在清算费尔巴哈过程中，把实践概念纳入历史领域的研究，为新的历史观的创立开辟了新的途径。在《1844 年经济学哲学手稿》中，马克思在论述异化劳动时，曾经提出过实践是物质的感性活动，是改造世界的客观活动的思想。但这一思想没有得到详细阐发，特别是实践同人的物质生产活动的联系还未进行具体论述。《关于费尔巴哈的提纲》的写作标志着马克思摆脱了费尔巴哈的影响，标志着唯物史观最基本原理的形成。马克思在批判费尔巴哈过程中，正确地解决了人和自然的关系问题。马克思认为，自然不仅是直观的对象，而且是行动和实践的对象。对于人和自然界应当从他们相应的历史发展中去理解。人是现实生活、社会生活的产物，人对自然界的改造构成人类存在的首要因素，意识的发展只不过是社会生活的反映。这样，马克思就把主体和客体的统一理解为人和自然界在历史过程中实现的有机的统一。人类的历史就是这种统一的历史。离开人的社会实践，离开人和自然界的历史的统一，就无法理解人的本质。正如在《德意志意识形态》中所阐发的，马克思和恩格斯所说的个人不是他们自己或别人想象中的那种个人，而是现实中的个人，是从事活动的进行物质生产的、在一定物质前提条件下能动地表现自己的个人。费尔巴哈把人的概念从神学中解放出来，这是一个很大的贡献，但他所了解的人乃是一个脱离实践、脱离社会的抽象物。他并不了解人是他的现实生活、社会生活的产物。"人的本质并不是单个人所固有的抽象物，实际上，它是一切社会关系的总和。"这就是说，应当把人的本质作为一个社会范畴来理解，把物质生产、经济关系作为各种社会关系的基础，人的本质也由物质生产、经济关系来决定。这一从社会物质生产关系寻找人的本质的观点，使《1844年经济学哲学手稿》中的提法得到了进一步发挥。那时，马克思虽然通过异化劳动的分析，对人的社会性本质有过初步探索，认为有目的，有计划地"摆脱肉体的需要"再生产整个自然界的生产劳动是人与动物的根本区别，人通过实践创造对象世界。但是，那是马克思刚刚开始研究政治经济学，对于人的本质问题还没有和社会经济关系统一起来加以理解。这一时期的研究，使马克思更进一步了解了人与人之间的社会经济关系，从而打下了以唯物主义理解人的本质的科学理论基础。

三

《德意志意识形态》的完成，是马克思和恩格斯在过去已经取得重大成果的基础时的继续和发展，它标志着历史唯物主义的全面制定和形成。

马克思和恩格斯首先正确地解决了人类历史发展的前提问题，即现实人的物质生产活动。人类一旦开始生产他们所必须的生活资料的时候，就和动物区别开来。个人是什么样的，取决于他们进行生产的物质条件，这是人类社会和历史的特点。马克思和恩格斯把现实的个人同他们的活动和物质生活条件统一起来，观察和分析人类历史，在唯物主义基础上找到了历史的出发点。马克思把决定人类历史面貌的诸因素作为一个有联系的层次进行分析。第一，生产物质生活本身是一切历史的基本条件。人们为了满足自己的衣、食、住及其他东西，就得生产这些需要的资料。第二，人们为了满足新的需要进行生产活动。人类历史是在不断满足新的需要所进行的再生产中发展的，没有这种不断进行的物质生产活动，人类历史就会中断，社会发展也会终止。第三，人自身的增殖也是历史发展的因素。人口的增殖、家庭的存在是和整个社会历史发展联系在一起的。第四，人们在生产中形成的社会关系。这是人类历史发展的重要因素。任何生产活动都是在一定形式下进行的，这种形式就是人与人之间的社会关系。马克思把这种在物质生产中形成的社会关系，称作"许多个人的合作"，这种许多个人的合作的社会关系，受生产所制约，而且同时制约着国家制度和"观念的上层建筑"。马克思从多方面的社会关系中区别出了受生产力制约的社会生产关系。这一区别是一个飞跃。马克思虽然在1843年提出了"市民社会"这个概念，但还不理解市民社会由什么决定。这时他已经把市民社会理解为"在过去一切历史阶段上受生产力所制约，同时也制约生产力的交往形式"，这样就把市民社会看成受生产力制约的人与人之间的物质关系的总和。

对人类历史诸因素的研究分析，使马克思和恩格斯得以进一步揭示社会结构问题。在《德意志意识形态》中，他们已经把生产力和生产关系、经济基础和上层建筑之间的相互关系作为研究社会结构的主要内容。他们在分析社会生产活动时，看到由于进行生产表现出来的双重关系：一方面是自然关系，另一方面是人与人之间的社会关系。它们是生产中的两个有机的联系着的方面。在生产活动中生产和交往关系是相互制约的。"而生产本身又是以个人之间的交往为前提的。这种交往的形式又是由生产决定的。"所以，不能离开生产谈交往关系，生产力和生产关系是互为前提、互为条件的。但是，最终起决定作用的是社会生产力。在《德意志意识形态》中，马克思继《1844 年经济学哲学手稿》对社会分工问题进行了深入的研究，考察了社会分工历史发展状况，认为社会分工是生产力发展的结果和表现，而分工又是所有制形式的基础。劳动分工发展的每一阶段都产生相应的所有制形式，随着分工的发展，也产生人们之间的交往关系。马克思和恩格斯正是科学地分析研究了社会分工同所有制的历史发展状况，才得出随着生产力的发展将消灭旧式分工、消灭私有制的结论。生产力和生产关系之间的适应与不适应的变化过程就是一个矛盾发展过程。随着生产力的不断发展，旧的生产关系将为新的生产关系所代替。可以看出，马克思这时已经抛弃了 1844 年提出的人类本质和人相异化的观点，发现了生产力和生产关系的矛盾和冲突，找到了社会历史发展的动力和运动的客观规律。按照马克思和恩格斯的观点，由于生产力和交往形式之间的这种矛盾，表现为"各个阶级之间的冲突，表现为意识的矛盾，思想斗争、政治斗争等等"①。每一次冲突"都不免要爆发为革命"，"一切历史冲突都根源于生产力和交往形式之间的矛盾"。生产力和生产关系的矛盾和冲突，是社会革命的根源和动力。正是在这一历史唯物主义的科学结论的基础上，才产生了马克思主义关于无产阶级历史使命的学说。

马克思和恩格斯对社会结构的进一步研究，促使他们发现并创立了经济基础和上层建筑之间的相互关系的原理。1843 年，马克思就曾提出过市民社会是决定国家和法的因素。1844 年提出生产决定社会的其他方面的思想。在《德意志意识形态》中，马克思还没有使用"经济基础"这个概念，而是经常借用"市民社会""社会组织"等概念来表述"经济基础"。"市民社会"和"社会组织"是在同一意义上来表示"经济基础"这一概念的，"经济基础"也是社会生产关系的总和。这样就比 1843 年对市民社会的理解

---

① 《马克思恩格斯全集》第三卷，人民出版社 1976 年版，第 83—84 页。

深刻多了。《德意志意识形态》对国家、法和观念的上层建筑都作了明确的表述，在这个科学分析的基础上，形成了上层建筑概念的全部内容。这和恩格斯在《反杜林论》中讲的"每一个历史时期由法律设施和政治设施以及宗教的、哲学的和其他的观点所构成的全部上层建筑"的提法是一致的。这里重要的是制定了经济基础和上层建筑相互关系的原理。唯物主义历史观同黑格尔历史哲学相反，不是从人们的想象的、主观设想的东西出发，而是从现实生活本身的事实，从经济基础来观察上层建筑。从现实生活揭示意识形态的发展。在马克思和恩格斯看来，国家和法等上层建筑同所有制关系有着密切的联系。在古代民族中，部落所有制具有国家所有制的形式。在中世纪，部落所有制经过封建地产、同业公会的动产、工场手工业资本，而后为由大工业和普遍竞争所产生的现代资本"现代国家是与这种现代私有制相适应的"。资产阶级国家由于捐税逐渐被私有者所操纵，并由于借国债而完全为他们所控制，这种国家的命运也受私有者所支配。同样，法律也不是脱离现实基础的。私法和私有制是从自然形成的共同形式的解体过程中同时发展起来的。在资本主义发展时期，工业和贸易瓦解了封建的共同体形式，随着私有制和私法的产生，便开始了一个新的发展阶段。每当工业和商业的发展创造出新的交往形式，例如保险公司等，法便不得不承认它们是获得财产的新形式。一定的经济基础决定一定的上层建筑。而上层建筑的性质从来都是由经济基础决定的。马克思和恩格斯认为："一个阶级是社会上占统治地位的物质力量，同时也是社会上占统治地位的精神力量。支配着物质生产资料的阶级，同时也支配着精神生产的资料"①。占统治地位的思想不过是占统治地位的物质关系的反映。在《德意志意识形态》中，已经发现了经济基础和上层建筑之间存在的矛盾，并且认为这种矛盾是"现存社会关系"的矛盾引起的，归根结底是受生产力和生产关系的矛盾所支配和决定的。

　　马克思和恩格斯在揭示生产力和生产关系、经济基础和上层建筑运动

---

① 《马克思恩格斯全集》第三卷，人民出版社 1976 年版，第 52 页。

规律的同时，阐明了阶级和阶级斗争学说，提出了无产阶级历史使命和共产主义的理论。马克思指出无产阶级的历史使命就是"要消灭整个旧的社会形态和一切统治"。无产阶级必须推翻资产阶级的统治，必须首先夺取政权。共产主义是现实的运动，它所建立的制度是历史发展的必然产物。

《德意志意识形态》写作完成后的几个月，马克思在致安年柯夫的信中，以高度概括而明晰的语言，对历史唯物主义作了深刻的表述，进一步阐明了社会历史是生产方式发展的历史，对社会结构的内容及联系再次作了科学的论述。《德意志意识形态》当时没有能够发表，所以，致安年柯夫的信，就成为马克思和恩格斯把他们的研究成果公诸于世的主要途径之一。随着对政治经济学的深入研究和对工人运动斗争经验的总结，马克思于1858年至1859年写的《政治经济学批判》一书的序言中，对唯物史观的实质作了经典的结论，阐明了这一科学历史观的完整体系。作为无产阶级的理论和实践的纲领的《共产党宣言》，正因为建立在科学唯物史观的基础上，才显示着巨大的指导作用，使它成为无产阶级解放事业的理论武器。历史唯物主义是马克思主义学说的基石。

（原载《河北学刊》1983 年第 4 期）

社会基本矛盾与经济体制改革

    党的十二届三中全会通过的《中共中央关于经济体制改革的决定》中指出，社会主义社会的基本矛盾仍然是生产关系和生产力、上层建筑和经济基础之间的矛盾。社会主义社会的基本矛盾的运动和发展，决定了经济体制改革的客观必然性。只有在坚持社会主义制度前提下，对我国生产关系和上层建筑中不适应生产力发展需要的一系列互相联系的环节和方面进行改革，才能把我国建设成高度文明、高度民主的社会主义现代化强国。

一

    经济体制改革是社会主义社会基本矛盾发展的客观要求。我们要建设的是具有中国特色的社公主义，既区别于过去那种僵化的模式，又与资本主义根本不同。世界上从来没有一个固定不变的社会制度，在马克思主义创始人看来，社会主义社会"不是一成不变的东西，而应当和任何其他制度一样，把它看成是经常变化和改革的社会"①。社会主义是个经常变化和发展的社会，只有在不断改革中才能更加生气勃勃。

    社会主义的改革之所以是必然的，是由社会主义社会基本矛盾的特点所决定的。马克思在《政治经济学批判》序言中指出，生产力和生产关系、

---

    ① 《马克思恩格斯全集》第三十七卷，人民出版社 1971 年版，第 443 页。

经济基础和上层建筑之间的矛盾是人类社会的基本矛盾。他认为，社会的物质生产力发展到一定阶段，便同生产关系发生矛盾，于是这些关系便由生产力的发展形式，变成生产力的桎梏，随着经济基础的变更，上层建筑也会发生变革。马克思关于社会基本矛盾的学说是在分析资本主义生产方式过程中创立的，揭示了社会主义必然要代替资本主义的客观规律。社会主义社会也和其他社会一样存在着基本矛盾，它同样是在基本矛盾运动中不断发展。但是，社会主义社会的基本矛盾的特点是什么？毛泽东同志根据马克思列宁主义的基本原理和我国具体实践，对社会主义社会的基本矛盾作了深刻的阐述。毛泽东同志指出："在社会主义社会中，基本矛盾仍然是生产关系和生产力之间的矛盾，上层建筑和经济基础之间的矛盾。不过社会主义社会的这些矛盾，同旧社会的生产关系和生产力的矛盾、上层建筑和经济基础的矛盾，具有根本不同的性质和情况罢了。""除了生产关系和生产力发展的这种又相适应又相矛盾的情况外，还有上层建筑和经济基础的又相适应又相矛盾的情况。"① 社会主义社会基本矛盾的特点就是生产关系和生产力、上层建筑和经济基础又相适应又相矛盾，社会主义社会就是在自身基本矛盾又相适应又相矛盾中不断前进的，这反映了社会主义社会发展的客观规律。应当肯定，我国的生产关系和生产力、上层建筑和经济基础是基础上相适应的，正因为如此，35 年来，我们才取得了建设社会主义的伟大胜利，显示了社会主义的巨大优越性。但是，应当看到，生产关系和生产力、上层建筑和经济基础基本适应中，仍然存在着不适应的环节和方面，故必须进行经济体制的改革。经济体制既包含生产关系方面的含义，又包含上层建筑方面的含义，作为生产关系的内容它反映着经济制度，对于经济制度的管理方法又是上层建筑的内容，经济体制反映着生产关系和上层建筑的相互联系与作用。经济体制的改革也就是改革生产关系、上层建筑中不适应生产力和经济基础的僵化模式。

应当看到，当前在我国经济体制中存在着严重妨碍生产力发展的种种

① 《毛泽东选集》第五卷，人民出版社 1977 年版，第 374 页。

弊端。在生产关系方面，长期以来我们把社会主义的全民所有制，看成是急需实现的形式，急于搞单一的全民所有制，无视生产力发展的实际需要，不允许社会主义的多种经济形式并存和发展。与此相联系的是过多强调计划经济，把计划经济同商品经济对立起来，忽视价值规律和市场调节的作用；分配问题上，把消灭剥削和实现共同富裕理解为消灭一切差别，搞平均主义造成企业吃国家的"大锅饭"，职工吃企业的"大锅饭"。这些弊端的存在严重阻碍了生产力的发展，严重压抑了群众的积极性、主动性、创造性的发挥。在上层建筑方面，一些旧的观念、僵化模式在各个领域都有不同程度的存在。长期以来，我们把全民所有制同国家机构直接管理经营企业混为一谈，政企不分，管理权限过分集中，条块分割，以政治行政的条块搞经济，企业成为国家机构的附属物。在国家机关中存在着机构重叠人浮于事、职责不明、互相扯皮等官僚主义的积弊。这些弊端的存在，是与我们的经济基础相矛盾的，它直接限制了生产力的发展。由于生产关系和上层建筑中存在的这些不适应生产力和经济基础的环节和方面是相互联系的，在一些环节和方面既有生产关系的因素，也有上层建筑的因素，这些不适应的环节和方面有时是交叉起作用的，所以改革经济体制的任务是一场艰巨而复杂的革命。经济体制的改革之所以是艰巨而复杂的，一方面，还因为过去我们在理论上把马克思主义简单化、教条化，因而不敢前进、不敢创新；另一方面，在如何对待所有制、计划经济与市场作用、分配等问题上"左"的影响仍存在。所有这些，随着党的指导思想上的拨乱反正和工作重点的转移，已经克服和正在克服。只要我们弄清改革是社会基本矛盾发展的必然要求，按照党的十二届三中全会制定的全面改革的蓝图，积极而有步骤地推动以城市为重点的整个经济体制改革，就一定能够完成党的十二大提出的总任务，实现社会主义现代化。

二

社会主义社会基本矛盾的发展规定了改革的内容和方法。根据社会主义社会基本矛盾的要求，生产关系必须适应生产力发展的状况，上层建筑必须适应经济基础的要求。我们的任务就是要根据我国生产力发展的要求，在每个阶段上创造出与之相适应的生产关系的具体形式，并根据客观经济发展的需要，不断改革我们的管理制度。十二届三中全会关于经济体制改革的决定，打破了把全民所有同国家机构直接经营混为一谈的传统观念，正确处理国家和企业的关系，把扩大企业自主权、增强企业活力作为经济体制改革的中心环节。过去把全民所有同国家机构直接经营混为一谈，既削弱了国家的职能，又压抑了企业的积极性。全民所有制企业的所有权属于以国家为代表的全体人民，但所有权和经营权不能混同为一，不可政企不分。社会主义国家机构通过计划和经济的、行政的、法律的手段对企业进行必要的管理、检查、指导和调节，通过税收等形式从企业集中必须由国家统一使用的纯收入，委派、任免或批准聘选企业的领导人员等，这些都是国家的应有职能，但是这些职能不应该代替企业的必要的经营理管权。在服从国家计划和管理的前提下，选择灵活多样的经营方式，安排自己的产供销活动，支配自留资金、自行任免、聘用和选举企业的工作人员，决定用工办法和工资奖励，确定产品的价格，等等，这些正是所有权和经营权适当分开原则的体现。所有权和经营权适当分开生产关系内部的不同层次的作用。所有权和经营权可以分开，并不是社会主义社会独有的。在资本主义制度下，生产资料的所有权和经营权是分离的，地主把土地租给资本家，资本家再雇人经营；资本家凭信用关系，从银行借款开办工厂、商店，然后再还给银行资本家利息，这都是所有权和经营权的分离。当然，社会主义国家的所有权和经营权的适当分离和资本主义国家的所有权和经营权的分离具有根本不同的性质。在社会主义制度下，国家是全民所有制的代表和主体，但它又有一定的经营管理职能；企业是以经营管理为主体的，但同时又是这种生产资料的所有者，是生产资料的主人，企业虽然以经营管理为主，但同时又是以这种生产资料的所有为前提的。应当看到，这种所有权和经营权的适当分离，不会削弱社会主义的公有制，只会有利于科学的经营管理。因为在生产资料公有制的基础上，把应有企业自主的经营权交给企业的领导人和广大职工，就更能发挥广大职工的主人翁作用，促进生产力的发展。所以，确立国家和全民所有制企业之间的正确关系，扩大企业的自主权，确立职工和企业之间的正确关系，保证劳动者在企业中的主人翁地位，是以城市为重点的整个经济体制改革的中心环节。对于社会主义社会要不要存在多种经济形式，长期以来，我们把马克思主义简单化、教条化，把社会主义社会理解成单一的全民所有制，没有根据生产力现有水平和状况，寻找所有制形式。"共产风""穷过渡"就是不顾生产力状况而向单一全民所有制的过渡，这种急于实现单一所有制的"左"的错误，给生产力的发展造成了极大的障碍。马克思曾经预见到社会主义社会将是全社会占有生产资料，是单一的全民所有制。马克思是根据资本主义发展趋势得出的结论，认为社会主义是在资本主义发展最高的国家取得胜利。社会主义在这些国家取得胜利后，就要实现生产资料的单一所有制，但是资本主义发展到帝国主义阶段后社会主义不是在资本主义最发达的国家首先取得胜利，而是在不发达国家取得胜利。这些国家的生产力一般都不发达。社会主义在这些国家取得胜利，究竟寻找什么样的所有制形式，这不仅是个理论问题，而且是个实践问题。因此就应当根据马克思主义的基本原理，根据生产力的实际水平和状况，选择所有制形式，而不应把马克思说的那种，建立在发达生产力基础上的单一所有制拿来套用。马克思主义唯物史观要求，所有制形式应当适应生产力的水平和状况，这也是社会基本矛盾运动的具体表现。我国是不发达的社会主义国家，解放后，我们经过三十五年的社会主义建设，取得了伟大成就。但是，总的来说，我国的生产力还是比较落后的，为了发展生产力，建设社会主义强国，我们党正确地总结了历史教训，实现了工作重点的转移。党的十一届三中全会以来，我们首先在农村进行了一系列改革，实行联产承包责任制，取得了可喜效果。实践证明，我们在农业上的改革是正确的，是适应现阶段我国生产力发展状况的。十二届三中全会把坚持多种经济形式和经营方式的共同发展，作为我们长期的方针。在坚持全民所有制是社会主义经济的主导力量，集体经济是重要组成部分的前提下，要大力发展个体经济。之所以要大力发展个体经济，最根本的原因是现阶段生产力状况所决定的。现阶段的个体经济的存在是在全民所有制占主导地位的形势下，与社会主义经济公有制相联系的，它在发展社会生产、方便人民生活、扩大就业等方面是社会主义经济的补充。现阶段的个体经济不是离开全民、集体经济而孤立存在，它是与全民、集体经济建立灵活多样的合作经营和经济联合中发挥作用的。所以，发展个体经济是社会主义社会现阶段生产力还存在多层次的客观要求，它不仅不会削弱和影响全民所有制、集体所有制的发展，而且更有利于生产力从低层次向高层次的发展。

与我国现阶段多种经济形式并存相联系的，还有社会主义的计划体制、按劳分配原则。过去总认为社会主义公有制必须实行计划经济，把计划经济同商品经济、价值规律对立起来。只顾统一性，不顾灵活性，结果使社会主义经济搞得很死，计划体制成为僵化模式。根据我国的具体情况，党的十二届三中全会制定了我国的新的计划体制，打破了把计划经济同商品经济对立起来的传统观念，把实行计划经济同自觉运用价值规律、发展商品经济统一起来。社会主义经济同资本主义经济的区别不在于是否存在商品经济和价值规律，而在于剥削阶级是否存在，劳动人民是否当家做主，以及生产的目的。十二届三中全会的决定明确指出，改革我国计划体制必须掌握几个基本点：要明确我国实行的是计划经济，即有计划的商品经济；完全由市场调节的生产和交换，主要是部分农副产品、日用小商品和服务修理行业的劳务活动；实行计划经济不等于指令性计划为主，指令性计划和指导性计划都是计划经济的具体形式；指导性计划主要依靠运用经济杠杆的作用来实现，指令性计划则是必须执行的。当然，即使是社会主义的商品经济，在它的发展中也会带来某种盲目性，竞争中也会带来消极影响和不法行为。但是，只要加强指导、调节和管理，它不仅不会损害社会主义经济，而且大大促进生产力发展，加快社会主义建设的进程。这已为十一届三中全会以来的实践所检验。社会主义的按劳分配原则的贯彻也必须坚持改革精神。要实现消费资料上的按劳分配，就必须破除平均主义思想。平均主义不是马克思主义，它是小生产的落后观念。随着多种形式经济责任制的建立，按劳分配原则必将得到进一步贯彻。改革劳动制度和工资制度，将会进一步调动广大职工的积极性、主动性和创造性。社会主义引导人们实现共同富裕的目标，但共同富并不等于同步富，更不等于平均富。按现阶段生产力发展水平不仅做不到，而且会导致贫穷，鼓励一部分人先富起来是马克思主义的政策，一部分人靠劳动先富起来，才能对大部分人产生吸引和鼓舞作用，调动越来越多人的积极性，这才能有利于生产力的发展。

我们的经济体制改革，是社会主义制度的自我完善和发展，它的实现的过程是一个自觉活动的过程。它不同于资本主义制度下由于危机而被迫采取的调整。因为社会主义国家的生产关系，上层建筑基本适应生产力的发展。我们调整、改革的只是生产关系、上层建筑中的不适应的环节和方面。这些环节和方面与生产力不是对抗性的矛盾。因此，我们完全可以自觉地进行调整、改革。在社会主义条件下，无论是生产关系的改革还是上层建筑的改革，都是在党和政府的领导有计划、有步骤、有秩序地进行的。它本身是一个自我改造、自我发展的过程。同时，我们的经济体制改革的根本目的是为了有利于社会安定，有利于生产力的发展和人民生活的改善，有利于建设有中国特色的社会主义。因此，这场经济体制改革在党的领导下，完全有能力通过群众的自觉活动来实现。群众的积极性、主动性、创造性，是完成改革任务的强大动力。

三

社会主义社会基本矛盾规定了改革得失成败的标准。马克思主义认为，生产关系、上层建筑的变革根源于生产力。物质生产力发展到一定阶段便给生产关系、上层建筑提出新的要求。马克思主义的创始人在科学分析资本主义矛盾的基础上，预见到社会主义的本质特征是有计划地发展经济，创造比资本主义高得多的劳动生产率。社会主义社会只有大力发展生产力，不断提高人民的物质文化生活水平，才能充分体现社会主义制度的优越性。马克思曾批判过十九世纪空想社会主义理论，认为他们的"和谐制度"不是建立在生产力发展的基础上，而是靠"人类理性"。经济体制的改革、主要是改革生产关系、上层建筑不适应生产力、经济基础的环节和方面，但是改革的得失成败不能由生产关系、上层建筑本身来检验。检验的标准只能是是否发展社会生产力。列宁曾经把生产力作为衡量社会进步的标准。我们的经济体制改革是为了解放生产力、发展生产力，是促进社会进步。生产力的发展将证明改革的强大推动力、证明一系列改革措施的正确。过去我们受僵化模式的影响，把生产关系的变革理解为所有制的不断变革、认为生产关系落后于生产力，急于搞"过渡"，用"一大二公""共产风"等生产关系的变革促生产力，过多地在"促进"上做文章，不是在"适应"上做文章，结果使生产关系超过了生产力实际发展水平，犯了"左"的错误，严重地破坏了生产力，阻碍了生产力的发展。走弯路、犯错误的原因，就在于变革离开了生产力实际发展状况这个标准。当前，我们面临的经济体制改革涉及面广，任务艰巨复杂，对于每一项改革提出的要求，都必须从实际出发，自始至终必须以是否适应现阶段生产力状况为根据。我们的目的是根据生产力的要求，把妨碍生产力发展的那些方面改掉，这就是经济体制改革的实质。邓小平同志对经济体制改革提出三条原则：一是有利于建设有中国特色的社会主义，这个利于是最根本的；二是有利于国家的富强；三是有利于人民的物质文化水平的提高。这三条归结起来，就是为了使社会主义的生产力能够更快地发展起来，这也是经济体制改革的标准。只有遵循了上述原则，掌握生产力这个客观标准，才能使经济体制改革顺利发展。

经济体制改革是在党的领导下广大人民群众的伟大实践。我们要坚持马克思主义的世界观和历史观，要从我国的实际出发，振奋精神勇于探索，在改革的实践中不断总结经验，有所发现，有所发明，有所创造，有所前进。只要我们依靠群众的智慧和力量，就能够取得改革的胜利，开拓建设社会主义的新局面。

（原载《河北学刊》1985 年第 2 期）

恩格斯对待马克思主义的科学态度

恩格斯是马克思主义创始人之一，他在理论研究和实践活动中，把马克思主义看成是发展的理论，主张因地制宜地应用马克思主义，在实践中不断推进马克思主义。学习恩格斯对待马克思主义的科学态度，对于我们坚持实事求是，一切从实践出发，理论联系实际，建设有中国特色的社会主义，具有十分重要的意义。

一

恩格斯坚持马克思主义理论是发展的理论。马克思和恩格斯在创立新世界观的过程中，曾批判过黑格尔的包罗万象的哲学体系，批判过机械唯物主义形而上学观点，确立了辩证唯物主义的发展观。恩格斯在谈到黑格尔辩证法的意义和革命性质时指出："它永远结束了以为人的思维和行动的一切结果具有最终性质的看法，哲学所应当认识的真理，在黑格尔看来，不再是一堆现成的、一经发现就只要熟读死记的教条了。现在，真理是包含在认识过程本身中，包含在科学的长期的历史发展中。"[①] 黑格尔的这一合理思想，为马克思和恩格斯在唯物主义基础上所吸收。马克思和恩格斯以科学的态度用这一辩证发展观点，看待他们已经形成和当时正在形成的

---

① 《马克思恩格斯选集》第四卷，人民出版社 1972 年版，第 212 页。

理论。他们从来不认为自己已有的认识和理论是终极的和包罗万象的固定模式；也不同意别人把他们关于未来社会的预想作为绝对真理。他们在实践中总是以发展的观点回过头来检查、修改和补充先前的认识和理论，正如恩格斯说的："我们的理论是发展的理论。"《共产党宣言》（简称《宣言》）作为无产阶级第一个纲领性文献，它是国际工人运动经验的总结和科学世界观的理论概括，它标志着马克思主义的正式诞生，标志着国际工人运动的新纪元。无论在理论上和实践上对无产阶级实现远大理想，都具有深远的意义。但是，马克思和恩格斯仍然以科学态度来对待它，坚持在实践中不断完善和补充它。他们并没有把它看成是包医百病的灵丹圣药和终极的理论。马克思和恩格斯在 1872 年共同起草的《共产党宣言》德文版序言中，在充分肯定《共产党宣言》中一般基本原理是完全正确的同时，也还认为它的个别结论要"做某些修改"。他们认为，《共产党宣言》发表25 年来大工业已有很大发展，工人阶级政党也随着发展起来，根据巴黎公社的实际经验，特别是工人阶级不能简单地掌握现成的国家机器，并运用它来达到自己的目的。《共产党宣言》中有些观点已经过时了。10 年以后，马克思在俄文第二版序言中提到，《共产党宣言》制定时无产阶级运动所包括的地区还很狭小，当时没有对俄国和美国无产阶级情况进行分析。因此，马克思在这个序言中进行了补充分析和说明。从 1876 年至 1879 年，马克思在通信中曾四次谈到要和恩格斯共同审定和修改《共产党宣言》的问题。这充分体现了马克思和恩格斯尊重实践、尊重辩证法，体现了他们以发展观点对待自己理论的科学态度。

恩格斯和马克思一样，不愿意就未来社会的详细特征作出具体的回答。他指出，关于未来社会详细情况的某种结论，在他和马克思那里"连它的影子也找不到"[1]，申明他"所在的党没有提出任何一劳永逸的现成方案"[2]。恩格斯总是把这种关于未来的具体理论问题放到发展着的实践中去，让实

---

[1] 《马克思恩格斯全集》第二十二卷，人民出版社 1972 年版，第 629 页。
[2] 《马克思恩格斯全集》第三十六卷，人民出版社 1975 年版，第 419 页。

践作回答。他不想超越现实条件过早地下结论。在恩格斯看来，对未来非资本主义社会特征的具体观点和看法，必须从历史事实中不断总结经验和对发展过程的实际考察和研究，坚持"理论的方案需要通过实际经验的大量积累才臻于完善"，如果脱离这些发展着的客观事实和过程，即使作出某些结论，提出某些方案，也"没有任何理论价值和实际价值"①。恩格斯认为，马克思主义理论是对客观事物的相互衔接各阶段发展过程的阐明。共产主义者关于社会变革的理论，不是从现成的哲学思想原则出发的模式，而是从客观的经济发展的事实中，在实践的发展过程中总结和概括出来的。恩格斯坚持对社会实践的具体条件的分析和研究，认为我们只能在我们时代的条件下进行认识，而这些条件达到什么程度，我们便认识到什么程度。人们的认识、理论观点之所以正确有力，在于它是随实践的发展、客观具体条件的变化，而不断发展变化。恩格斯认为，马克思主义理论作为科学理论体系，有自己的发展规律和发展的自由。马克思主义理论"没有发展的自由是不能存在的"，它依靠实践证明自己的科学性，依靠实践获得发展的动力。马克思主义从诞生的那天起，就作为发展的理论在实践中不断丰富和完善。

二

恩格斯坚持在实践中不断推进和发展马克思主义理论。从 1844 年开始，马克思和恩格斯便开始了他们共同的战斗历程。他们为了回答和解决实践中提出的问题，第一次合作完成了《神圣家族》一书的写作，批判和清算了鲍威尔兄弟及其伙伴为代表的黑格尔唯心主义哲学，初次从理论上论述了思维和存在的关系问题，探讨了决定历史发展的动力问题，阐明了无产阶级必须自己解放自己的理论。恩格斯在《神圣家族》出版后不久，针对社会上对唯物主义和社会主义思想的攻击，深入社会面对现实，进行了广泛的社会调查，收集了大量材料，撰写了著名的《英国工人阶级状况》一

---

① 《马克思恩格斯全集》第三十六卷，人民出版社 1975 年版，第 419 页。

书，找到了"当代一切社会运动的真正基础和出发点"①，对无产阶级的状况和历史使命，对于无产阶级和社会主义的联系作了第一次内容丰富的分析和阐述。马克思和恩格斯共同完成的《德意志意识形态》一书，反驳了鲍威尔、施蒂纳的攻击，批判了"真正的"社会主义的观点，为各国工人运动的发展扫清了思想、理论上的障碍，阐明了与费尔巴哈直观唯物主义相对立的"实践唯物主义"的基本观点。他们第一次全面确立了唯物史观的理论体系，发展并揭示了人类社会最普遍的发展规律，论证了共产主义实现的历史必然性。马克思和恩格斯在合作中制定的理论观点，为马克思主义的继续发展奠定了基础。

19 世纪八九十年代，国际工人运动向纵深发展，自然科学相继取得新成果。在新形势下如何在实践中继续推进马克思主义，已经成为当时理论上和实践上的迫切任务。这个时期，恩格斯和马克思一样，坚持辩证唯物主义的发展观，汲取自然科学和社会实践的新成果，致力于完善、系统马克思主义理论。他撰写的《自然辩证法》《反杜林论》《家庭、私有制和国家的起源》和《路德维希·费尔巴哈和德国古典哲学的终结》等著作以及晚年关于历史唯物主义的通信，就他所处的时代特点及所面临的理论和实践问题，站在马克思主义立场上，作出了科学论断。在马克思和他共同创立的辩证唯物主义和历史唯物主义、政治经济学和科学社会主义学说的理论宝库中增添了他独立的贡献。在他和马克思共同得出的科学结论的基础上，有所创新，有所前进，从而推进了马克思主义理论的发展。恩格斯根据《哲学的贫困》和《共产党宣言》问世以来，国际工人运动实践的新情况，根据当时自然科学领域所取得的新进展，从理论上批判了杜林和新康德主义对马克思主义的攻击，于 1876 年至 1878 年写了《反杜林论》，于 1886 年完成了《路德维希·费尔巴哈和德国古典哲学的终结》的写作。在这些著作中，恩格斯在相当广泛的领域"连贯地阐述"了马克思主义的"辩证方法和共产主义世界观"，系统地阐明了马克思主义的三个组成部分及其内在

---

① 《马克思恩格斯全集》第 2 卷，人民出版社 1965 年版，第 278 页。

联系。在哲学上，恩格斯系统论证了物质和意识、世界的统一性、物质存在的形式等基本原理，第一次科学的论述和解决了哲学基本问题，把实践范畴引入全部哲学，提出了实践是检验真理标准的科学论断，从而使认识论建立在实践基础上。恩格斯结合哲学发展的历史和自然科学的新进展，对唯物主义和辩证法的内在联系进行了科学概括，阐明了唯物主义辩证法的基本特征及其规律的客观性和普遍性，论证了唯物辩证法的三个基本规律和它们相互之间的联系。恩格斯对辩证唯物主义和历史唯物主义相互联系的科学分析，对于建立马克思主义哲学理论体系作出了贡献。他在批判杜林唯心史观和分析费尔巴哈哲学思想过程中，进一步发展了《德意志意识形态》中的观点，着重从社会发展规律上论述了历史唯物主义的基本原理，对唯物史观的基本观点的论证，在马克思和恩格斯以前的著作，特别是 1859 年马克思的《〈政治经济学批判〉序言》中曾做过科学的概括。恩格斯根据变化了的实际情况和新的实践经验，在《反杜林论》和《路德维希·费尔巴哈和德国古典哲学的终结》中，对历史唯物主义做了就他所知的"最为详尽的阐述"。恩格斯在理论上的贡献同马克思是联系在一起的。恩格斯在谈到《反杜林论》的合作时说，如果没有马克思的同意他是不会完成的。按照马克思和恩格斯两人之间形成的习惯，在付印之前把原稿念给马克思听。马克思为本书写了"政治经济学史"一章。《反杜林论》对马克思主义三个组成部分所作的系统阐述，是马克思和恩格斯共同智慧的结晶。值得指出的是，恩格斯把唯物史观运应于史前时期的研究，揭示了人类起源和原始氏族社会的基本特征和发展规律，这对历史唯物主义是一个新的补充和发展，他写的《劳动在从猿到人转变过程中的作用》和《家庭、私有制和国家的起源》等著作，是对马克思《资本论》中关于劳动不仅是改造自然的过程，而且也是转变人本身的过程的思想的进一步推进。摩尔根的《古代社会》一书出版后，马克思曾对它进行了专门研究，并做了详细摘录，原打算写一部关于原始社会的著作，但这一愿望没能实现。马克思留下的《〈古代社会〉一书摘要》后来成为恩格斯写作《家庭、私有制和国家的起源》一书的理论根据和基础。恩格斯在这一著作中，论证了家庭、私有制和国家的起源、发展以及国家的阶级实质。在上述问题上，进一步补充、完善了唯物史观的基本原理，是《德意志意识形态》写作以来，对唯物史观基本原理的又一次推进。正如恩格斯自己说的，这本书对于整个世界观"将有特殊的重要性"。

恩格斯在马克思逝世后，一直担负着领导国际工人运动的繁重任务，进行着艰苦的理论研究工作，但他一刻也没有放松对现实问题的观察和思考。在他看来，马克思主义是在斗争中不断发展的。从 1890 年起直到逝世前，他针对资产阶级学者和党内机会主义对马克思主义的歪曲和攻击，在许多通信中进一步论述了唯物史观的基本观点，特别是对经济基础和上层建筑关系的原理作出了新的解释和论证。19 世纪 40 年代，当马克思和恩格斯在创立新世界观理论体系时，为了同论敌进行斗争，他们"把重点首先放在从作为基础的经济事实中摸索出政治观点、法权观念和其他思想观念以及由这些观念所制约的行动"，他们认为在当时来说"是应当这样做的"。但是，"这样做的时候为了内容而忽略了形式方面"①。恩格斯说，他和马克思以前的著作中对上层建筑的反作用及其各因素之间的相互作用问题，"通常也强调得不够"，而敌人正是抓住了新世界观被忽视的这些方面，对马克思主义进行歪曲。在历史唯物主义的通信中，恩格斯根据马克思主义的基本原理，着重对生产力和生产关系、经济基础和上层建筑之间的相互关系进行了论述。他在强调经济关系的决定作用的同时，论证了上层建筑诸因素的反作用。恩格斯关于经济基础和上层建筑以及上层建筑各因素之间的相互作用推动历史发展的观点，是唯物辩证法在社会历史观上的体现。

恩格斯在新的历史条件下，根据自己的实践，推进了马克思主义经济理论。他在整理出版《资本论》第二卷和第三卷的过程中，对马克思留下的手稿进行了"修改和发挥"，对原稿中不完备的地方作了补充。《资本论》第三卷中，马克思就价值向生产价格、剩余价值向平均利润的转化问题作了科学论述，解决了价值规律同等量资本获得等量利润之间的关系问题。

---

① 《马克思恩格斯全集》第 39 卷，人民出版社 1974 年版，第 94 页。

恩格斯针对《资本论》第三卷出版后，资产阶级经济学家对马克思经济理论的歪曲，根据 1865 年以后资本主义经济关系发展的新变化，对《资本论》第三卷作出了新的补充，以便使《资本论》所阐明的原理"符合当前的状况"。在他逝世的前几个月抱病所写的《价值规律和利润率》和《交易所》的文章中，恩格斯运用历史唯物主义观点，考察分析了商品交换和商品生产发展的历史，论证了价值规律的历史必然性，从而丰富和推进了马克思的劳动价值理论。恩格斯对价值规律同平均利润率规律的历史联系的客观历史过程的论述，对资本主义制度下交易所的垄断性质的分析，对资本主义垄断阶段主要特征和关于级差地租问题的论述，都是在新的历史条件下，对马克思主义经济理论的丰富和发展。

1880 年恩格斯根据《反杜林论》第三章内容改写成的《社会主义从空想到科学的发展》是被马克思称之为"科学社会主义入门"的著作。它从辩证唯物主义和历史唯物主义、政治经济学的广泛领域，分析了资本主义经济关系，揭示了资本主义生产方式的发展规律，论证了社会主义代替资本主义的历史必然性。阐明了科学社会主义的哲学、政治经济学的理论基础，使科学社会主义理论更加科学化、系统化。19 世纪 90 年代，恩格斯根据资本主义生产方式在经济、政治和社会生活各方面的新变化，针对工人运动中机会主义对马克思主义的歪曲，在总结新的斗争经验的基础上，在马克思主义国家学说、无产阶级革命的理论和策略、关于农民同盟军、关于团结和造就工人阶级知识分子大军问题以及维护和反对战争等问题上，捍卫和推进了科学社会主义学说。

三

恩格斯主张因地制宜地宣传和应用马克思主义理论。恩格斯在理论研究和实践活动中，注重具体问题具体分析，把握事物的特殊性。他认为，应当根据各个国家的经济和政治条件的不同特点，从实际出发，应用马克思主义理论。在他看来，马克思主义理论是对事物发展阶段过程的阐明，每个阶段都在前一阶段的基础上向前发展，每个阶段都表现出自己的特点。

社会历史发展的各个阶段是如此，就某一社会形态发展本身也有不同的运动阶段，因而表现为不同的情况和特点，这是认识问题和解决问题的出发点。恩格斯认为，在应用马克思主义原理时，必须"实事求是地考察运动的实际出发点"①，必须考察"本国的经济条件和政治条件"的特殊性，只有这样才是从事实出发，而不是从原则出发，根据自己的具体情况决定自己的事情，只有这样才使马克思主义富有生命力。1894年恩格斯应意大利劳动社会党领导人库利绍娃和屠拉梯的请求，写了《未来的意大利革命和社会党》一文，他在文章中坚持实事求是的科学态度，主张应当根据各个国家的具体情况来应用马克思主义的立场、观点和方法。他在谈及意大利社会党的策略时说："至于一般的策略，在我的一生中我已确信到它的正确性，它从来没有使我失望过。但是说到怎样把它运用到意大利目前的情况，那是另一回事；这必须因地制宜地决定。"② 恩格斯一生对马克思主义的信念，对共产主义的远大理想始终不渝，坚定不移。也正因为马克思主义揭示了社会发展的客观规律，指明人类的未来发展目标，恩格斯才为之奋斗了一生，贡献了自己的一切。但他和马克思历来主张在应用马克思主义理论和策略时，要认真分析各国的历史条件和现实条件，以科学的态度，采取不同的方式，灵活地加以运用，以求得马克思主义在实践中的丰富和发展。在恩格斯看来，衡量政策和策略是否正确，必须看它对于奋斗目标的实际效益，而不是纸上空谈。他指出："依我看，对每一个国家来说，能最快、最有把握地实现目标的策略，就是最好的策略。"③ 马克思主义的策略原则的实质就在于它同实际的结合，在实践结果上所体现出来的规定性和科学性。

恩格斯和马克思一样，历来反对把他们的理论变成僵化的教条，不加思考地囫囵背诵和死板地套用。他们多次强调马克思主义不是教条，而是

---

① 《马克思恩格斯全集》第三十六卷，人民出版社1975年版，第576页。
② 《马克思恩格斯全集》第二十二卷，人民出版社1972年版，第518页。
③ 《马克思恩格斯全集》第三十九卷，人民出版社1974年版，第47页。

行动的指南。恩格斯在逝世前几个月，在给桑巴特的信中指出："马克思的整个世界观不是教条，而是方法。它提供的不是现成的教条，而是进一步研究的出发点和供这种研究使用的方法。"① 他主张只有把马克思主义理论同实践结合起来，才能发挥它的指导作用，才能真正作为科学方法论来指导实践。恩格斯在一封给威士涅威茨基夫人的信中，曾谈到如何把马克思主义理论同美国工人运动的实践相结合的问题，他指出，不能离开美国的具体条件，从外面把马克思主义硬灌输给美国人，以教条的形式搬给他们，而必须由他们"通过自己亲身的经验去检验它"，在实践中认识它，根据自己的情况运用它，只有这样才能使马克思主义理论"深入他们的心坎"。恩格斯曾经批评那些担负美国工人运动领导工作的、侨居美国的德国马克思主义者和美国社会民主联盟中的改良主义者，说他们不懂得把马克思主义理论"变成所推动美国群众的杠杆"，而是用学理主义和教条主义的态度对待马克思主义的理论。他们不理解马克思主义是"活的行动理论"，讥笑他们对待马克思主义"像魔术师的咒语或天主教的祷词一样"，批评他们不了解美国和英国的生活情况，把理论硬塞给别人。恩格斯特别提出按"英国方式"根据英国的特色灵活运用马克思主义理论，而不能只懂得熟记和背诵，并以此应付一切。恩格斯认为不懂得在实践中灵活应用理论，就像黑格尔哲学所说的从无通过无到无。恩格斯反对教条主义的理论与实践，为因地制宜应用马克思主义，为各国从自己特点出发创造性地发展马克思主义指明了正确方向。

恩格斯不仅以严谨的科学态度和马克思共同创立了无产阶级的世界观，而且在实践中开辟了宣传和传播马克思主义的途径。恩格斯认为，宣传马克思主义理论，必须注意客观情况的需要，讲究实效，主张在群众中进行通俗的马克思主义的宣传。《资本论》出版后，恩格斯不仅出色地利用资产阶级报刊，而且利用党内各种刊物和阵地，以通俗易懂的语言宣传《资本论》的最重要原理。他强调对马克思主义理论宣传要注意理论联系实际，

---

① 《马克思恩格斯全集》第三十九卷，人民出版社 1974 年版，第 406 页。

注意有的放矢。恩格斯看到《资本论》在群众中的巨大影响，考虑到如何以简明扼要的形式进行马克思主义理论的普及。他原打算为工人写一本通俗易懂的小册子，阐释《资本论》的理论观点。1887 年他在给左尔格的信中谈到，如何进行理论宣传，注重从实际出发，便于群众所接受的问题，谈到他曾建议威士涅威茨基夫人把《资本论》中主要章节和观点改写成若干通俗小册子，进行理论普及工作。后来他直接给威士涅威茨基夫人写的信中，扼要谈了通俗小册子的内容结构和写作构想。恩格斯为了创立科学世界观和有效地宣传马克思主义，在他青年时代就十分重视外语的学习。从 19 世纪 50 年代起，他总共能用 12 种语言讲话、写文章，能阅读 20 种文字。他利用外语工具广泛进行了马克思主义理论宣传和普及。恩格斯为宣传马克思主义理论作出了光辉榜样。

（原载《河北学刊》1985 年第 5 期）

马克思恩格斯研究科学社会主义的方法论

　　科学社会主义学说是马克思主义的重要组成部分。马克思恩格斯在创立这一科学学说的过程中，坚持辩证唯物主义和历史唯物主义，实现了科学社会主义理论的系统化、科学化，同时也为它的研究提供了科学的方法论。恩格斯指出："社会主义自从成为科学以来，就要求人们把它当做科学看待，就是说，要求人们去研究它。"学习和研究科学社会主义理论，学习和研究马克思恩格斯创立科学社会主义学说的方法论原则，对于认识社会主义及其发展规律，顺利进行改革，都是有意义的。

一

　　马克思恩格斯坚持唯物论原则，把唯物主义历史观的方法应用于社会主义的研究过程中。马克思恩格斯以科学的态度对以往的社会学说进行扬弃，对各种社会主义学说进行科学分析和批判。他们曾经把科学社会主义称为"唯物主义的批判的社会主义"。在他们看来，现代科学社会主义也和任何新的学说一样，必须"首先从已有的思想材料出发"。历史上各种空想社会主义学说中，最有影响的还算是 19 世纪初，圣西门、傅立叶和欧文的空想社会主义，他们的学说后来成为马克思主义的三个来源之一。在马克思恩格斯看来，空想社会主义者对资本主义制度的揭露和批判有不少可以借鉴的东西。但是，空想社会主义者是从理性和正义出发来考虑改造社会的方案，企图通过宣传、示范和感化来消除资本主义社会的弊病。他们所设想的社会主义的理想模式从本质上是脱离社会的生产状况、阶级状况的实际，是从头脑中产生再强加于社会的所谓万应良方。所以，恩格斯认为他们那种"新的社会制度是一开始就注定要成为空想的，它愈是制定得详尽周密，就愈是要陷入纯粹的幻想"①。空想社会主义者提出的理论之所以是空想的，最根本的是这种理论还缺乏现实的基础，它是不发达的经济关系产生的不成熟的理论。空想社会主义者颠倒了思维和存在的正确关系。当然，由于他们本身的局限性也找不出科学的方法论，所以，解决社会问题的办法只能从头脑中产生出来。19世纪的杜林曾经发明过"社会主义"的模式，并宣称他的理论是"最后真理"。杜林也是不从现有的经济材料而是"从自己的至高无上的脑袋中制造出一种新的空想的社会制度"。恩格斯称杜林是"最新的空想主义者"，批判他的研究方法是从先验主义出发。无论是空想社会主义者还是杜林，他们关于社会主义的各种议论和观点，虽然在形式上不同，但在历史观和方法论上却有着共同之处。马克思和恩格斯在创立科学社会主义学说过程中，经同形形色色的冒牌社会主义进行过斗争，批判过封建的社会主义、小资产阶级的社会主义、保守的或资产阶级的社会主义以及所谓"真正的"社会主义，等等。马克思恩格斯在批判中指出，他们或者不理解现代历史的进程，或者企图用个人的发明活动来代替社会活动，用幻想的条件代替历史的条件。形形色色的所谓社会主义者，都是"同历史的发展成反比的"。在马克思恩格斯看来，原则不是研究的出发点，而是它的最终结果，原则不是被拿来应用于自然界和人类社会，而是从它们中抽象出来，不是自然界和人类去适应这些原则，而是原则只有在适合于自然界和历史时才是正确的。这是马克思主义世界观和方法论统一的科学原则。在理论研究和实践活动中，马克思恩格斯始终遵循上述科学原则，他们认为："历史上一切社会变迁和政治变革的终极原因，不应当在人们的头脑中，在所谓永恒的真理和正义中去寻找去探索，而是应当

---

① 《马克思恩格斯选集》第三卷，人民出版社1972年版，第409页。

在生产方式和交换方式的变更中去寻找，不应当在有关的时代的哲学中寻找，而应当在有关的时代的经济学中去寻找。"① 要认识社会的现实的生产方式和交换方式及其运动规律，就是要从社会的物质生产方式，从生产力和生产关系、经济基础和上层建筑的矛盾运动中，观察历史、认识社会发展的客观规律。马克思恩格斯正是从对资本主义生产方式的唯物主义的科学分析中，发现并揭示现代科学社会主义的。由于历史唯物主义和剩余价值的发现，社会主义变成了科学。唯物主义历史观的创立，找出了变革资本主义社会，实现社会主义、共产主义的终极原因，从根本上克服了空想社会主义者从理性原则出发研究社会主义的方法，为创立科学社会主义提供了唯物主义的方法。剩余价值学说揭露了资产阶级剥削的秘密，找出了解决资本主义的基本矛盾和实现社会主义的手段。这两大发现使社会主义的理论更加科学化、系统化了。

二

现代社会主义只有借助唯物辩证法才能成为科学。普列汉诺夫曾经说过："马克思则把辩证的方法输入社会主义，使社会主义成为科学。"② 唯物主义历史观的应用只有借助辩证法才能彻底，才能深刻揭示社会发展的客观规律。恩格斯指出："唯物主义历史观及其在现代的无产阶级和资产阶级之间的阶级斗争上的特别应用，只有借助于辩证法才有可能。"马克思和恩格斯运用唯物辩证法的基本原理，注重从事物的联系、事物的运动以及事物自身的产生和消失方面来研究问题和分析问题。他们首先运用唯物辩证法的矛盾分析方法，研究分析资本主义生产方式的矛盾运动及其发生、发展、灭亡的客观规律。马克思用 40 年的心血完成的《资本论》，就是这种研究的光辉成果。在《资本论》中，马克思着重揭露近代社会即资本主义社会的经济运动规律，马克思在他的全部研究过程中，既联系研究了封建社

---

① 《马克思恩格斯选集》第三卷，人民出版社 1972 年版，第 425 页。
② 《路德维希·费尔巴哈和德国古典哲学的终结》，人民出版社 1972 年单行本，第 142 页。

会和家长制的个体农业，又探索了未来的"自由人的公社"，即社会主义社
会产生的必然性。马克思恩格斯是在研究资本主义社会的基本矛盾中，考
察社会主义必然代替资本主义的客观依据的。正如恩格斯说的，资本主义
性质的矛盾"已经包含着现代的一切冲突的萌芽"。资本主义社会的社会化
生产和资本主义占有的不相容性，是资本主义社会基本矛盾的集中反映，
这一基本矛盾的运动，必然"表现为无产阶级和资产阶级的对立"，表现为
个别工厂中的生产的组织性和整个社会的生产的无政府状态之间的对立。
资本主义生产方式内部的生产力和生产关系的矛盾说明，资本主义占有关
系已经不能容纳现代生产力本性所表现出来的冲击力，资本主义生产方式
已经不能继续驾驭生产力，生产力的增长对它的资本属性进行反抗，寻找
新的出路。马克思恩格斯正是通过对资本主义制度的基本矛盾运动地分析
中，才对未来社会主义社会进行了天才的构想。他们从中预见到"行将到
来的社会主义社会的计划生产"，预见到随着社会对生产力的占有"，生产
资料和产品的社会性"将为生产者完全自觉地运用"，预见到"当人们按照
今天的生产力终于被认识了的本性来对待这种生产力的时候，社会的生产
无政府状态就让位于按照全社会和每个成员的需要对生产进行的社会的有
计划的调节"①。马克思恩格斯认为，社会主义社会的生产资料的占有方式
是与资本主义的占有方式根本对立的。它是以现代生产资料的本性为基础
的产品占有方式，即社会直接占有和个人直接占有。社会主义能保证一切
社会成员有富足的和一天比一天充裕的物质生活。社会主义将使"人们第
一次成为自然界的自觉的和真正的主人"，未来社会主义社会保证人们的体
力和智力获得充分的自由的发展和运用。社会主义、共产主义将使劳动者
成为自己的社会结合的主人。马克思恩格斯认为，只有从那时起，人们才
完全自觉地自己创造自己的历史，并将是人类从必然王国进入自由王国的
飞跃。马克思恩格斯运用辩证唯物主义和历史唯物主义的基本观点和方法，
对历史发展的客观规律的揭示，体现了唯物辩证法的革命性和彻底性。

---

① 《马克思恩格斯选集》第三卷，人民出版社 1972 年版，第 437 页。

　　马克思和恩格斯把辩证法原则贯彻于未来社会主义社会的研究过程中，在他们看来，社会主义社会本身是充满生机的社会，是一个经常改革不断发展的社会。他们曾经批判过机械唯物主义的形而上学观点，认为在社会历史观上，不在于仅仅解释世界，而问题在于改变世界。在《反杜林论》这一著作中，恩格斯坚持唯物辩证法的社会发展观，批判了杜林的最后终极真理的社会主义，认为社会主义并不是一个先验的固定模式。他于1890年致伯尼克的信中讲的社会主义社会是一个变化的社会，认为对社会主义社会不应看成是一成不变的东西，"而应当和任何其他社会制度一样，把它看成是经常变化和改革的社会"。在马克思恩格斯看来，社会主义科学学说的任务，不再是想出一个尽可能完善的社会制度，而是研究社会的经济过程、经济状况并从中找出解决问题的手段。这本身就是一个唯物辩证法的应用过程。对未来社会主义社会的发展规律及其特征的揭示和推想，马克思恩格斯历来坚持历史辩证法的发展观。坚持对未来非资本主义社会区别于现代社会的特征的看法，是从历史事实和发展过程中得出确切结论。他们认为，社会主义社会的特征是在发展中显现出来的。恩格斯于1890年5月曾经就《柏林人民论坛》报发表的题为《每个人的全部劳动产品归自己》的文章，批评那种在未来社会主义社会的分配问题上的错误观点，指出，那种所谓"唯物主义"的观点，根本没有想到，分配方式本质上是取决于可分配的产品的数量，而这个数量随着生产和社会组织的进步而改变，从而分配方式也应当改变。社会主义社会应当是"不断改变、不断进步"的社会，把社会主义社会看成是一成不变的东西是不符合历史发展的辩证法的。恩格斯不愿意就未来社会的分配方式发表具体见解，认为社会主义社会的具体分配方式，能随着社会主义社会的发展进程而不断变化，马克思恩格斯吸收辩证法的合理形态，使之成为科学方法论。在他们的理论研究和社会实践中，始终坚持了下述原则：一方面，对现存事物的肯定的理解中同时包含对现存事物的否定的理解。在肯定资本主义生产方式在历史上的进步作用的同时又揭示了它的必然灭亡的客观规律，探索社会主义制度之所以产生的历史必然性和客观条件；另一方面，坚持辩证法对每一种既成的形式是从不断的运动中去理解，在研究未来社会主义、共产主义的具体形态和特征时，是从不断发展变化中去分析，从运动中去理解。所以，社会主义不论是从作为科学学说，还是作为社会制度来说，都不是封闭的。社会主义发展到今天之所以蓬勃向上，放出异彩，也正是马克思主义的辩证唯物主义和历史唯物主义的科学世界观和方法论的威力。

三

坚持奋斗目标和策略的有机统一。马克思恩格斯奋斗一生的崇高理想和最终目标是共产主义，在他们领导国际工人运动的实践中，把实现最高理想和为实现这一理想所采取的政策和策略看成是一个整体。《共产党宣言》指出："共产党人为工人阶级的最近的目的和利益而斗争，但是他们在当前的运动中同时代表运动的未来。"① 就是说，共产党人在为无产阶级和劳动人民的目前利益而工作而斗争时，一刻也不应忘掉未来的远大理想和奋斗目标，要坚持现阶段任务与远大理想的有机统一。马克思恩格斯在领导第一国际的实践中，始终坚持了当前斗争任务和策略与未来共产主义目标相统一的正确原则，在理论和实践的结合上正确引导国际工人运动的发展。在理论上，他们曾经批判过蒲鲁东、拉萨尔、巴枯宁以及欧文主义者的错误观点和主张，正确引导第一国际把日常的斗争及政策策略同最终目标结合起来。在国际共产主义运动中曾经出现过小资产阶级社会主义思潮，这种思潮割裂当前政策和策略与远大目标的有机联系，主张抽象的平等，把平等、自由、正义等口号奉为最神圣的理想。魏特林主张"一切财产必须平均分配"，蒲鲁东鼓吹"最高的幸福，真正的实际目的就是平等"，巴枯宁要实行"各阶级和个人（不分男女）在政治、经济和社会方面的平等"，杜林主张"普遍公平原则"的人人平等的社会，等等。这些都是以种种错误主张把人们的视线局限于眼前暂时的利益之中，而取消整个阶级的未来奋斗目标和理想。马克思恩格斯在同小资产阶级社会主义思潮的斗争

---

① 《马克思恩格斯选集》第一卷，人民出版社 1995 年版，第 284 页。

中，始终坚持共产主义的远大理想，用科学社会主义理论启迪教育无产阶级和广大群众，坚持了目标和策略的辩证法。

马克思恩格斯主张共产主义理想必须同各国的实际相结合，远大目标同具体的策略相统一，他们曾针对国际共产主义运动中的教条主义者的错误，批评他们空谈理论而不注重联系实际，割裂马列主义理论同具体策略的联系，坚持主张从实际出发制定党的斗争策略。1894 年，恩格斯应意大利社会党的要求，写了《未来的意大利革命和社会党》一文，谈了他对意大利社会党斗争策略的意见。认为意大利的资产阶级取得政权之后，并没有消灭封建残余，劳动人民必然起来反对双重压迫，甚至可能爆发起义。恩格斯指出："我们不能希望立即取得社会主义的胜利。全国的农村人口远远地超过了城市人口；在城市里，大工业很不发达，因此真正的无产阶级人数很少。大多数人是手工业者、小商贩和失掉阶级性的分子即摇摆于小资产阶级和无产阶级之间的群众。"[①] 就是说，根据当时意大利的具体情况，只能制定民主革命的策略和政策，只能从事民主革命并通过民主革命为未来社会主义革命创造条件。马克思恩格斯教导各国无产阶级政党要科学地对待马克思主义，辩证地运用马克思主义的理论，要它们在科学地总结群众斗争经验的基础上，根据本国的具体的实际制定政策和策略。他们认为，要使所有国家的运动采取统一的形式是荒谬的。他们尖锐地批评那些"不费脑筋，想永久地采用一种只适宜于某一时期的策略"的社会主义者。正如恩格斯指出的："我们的策略不是凭空臆造的，而是根据经常变化的条件制定的。"[②] 马克思恩格斯拒绝对未来具体策略方案作出回答，他们认为："在将来某个特定的时刻应该做些什么，应该马上做些什么，这当然完全取决于人们将不得不在其中活动的那个特定的历史环境。但是，现在提出这个问题是虚无缥缈的，因而实际上是一个幻想的问题。"[③] 他们一贯坚持策

---

① 《马克思恩格斯全集》第二十二卷，人民出版社 1972 年版，第 515 页。
② 《马克思恩格斯全集》第三十九卷，人民出版社 1974 年版，第 439 页。
③ 《马克思恩格斯全集》第三十五卷，人民出版社 1971 年版，第 153—154 页。

略上的辩证法原则，主张"必须依据情况改变策略"，允许根据不同的实际情况和特殊性提出相应的策略。在他们看来，由于每个国家所处的发展条件极不相同，它们目前所达到的发展阶段也不一样，因此"它们反映实际运动的理论观点也必然各不相同"，马克思主义的最终奋斗目标和所采取的策略是统一的。社会主义、共产主义的理想的实现，总是离不开一个个具体的政策和策略。无产阶级的政党所制定的各项政策和策略目的在于保证远大理想的实现。正因如此，马克思主义的基本理论和策略思想是一个整体，但是二者又是辩证的统一关系。在马克思主义的基本理论原则指导下，政策和策略又因为具体条件的变化而有所改变，这就是根据形势的变化灵活地改变政策和策略的思想。马克思恩格斯关于社会主义社会的预见和设想，是一种科学的论证，它是根据历史发展的总体规律提出来的，否认这种设想和论证对于社会主义的指导意义是错误的。同样，把马克思恩格斯关于社会主义社会特征的一些设想，把他们在一定历史条件下所达到的一些认识成果，当成固定模式，不在实践中进行修改、补充和发展，甚至用以裁决社会主义的新条件下的实践，也是错误的，是不符合马克思主义辩证发展观的。马克思恩格斯曾经郑重申明，他们的理论不是教习，而是行动的指南，并且告诫人们在运用马克思主义的基本原理时，"随时随地都要以当时的历史条件为转移"①。这些基本观点和方法对于今天的社会主义的实践仍然具有重要的指导意义。在建设有中国特色的社会主义的实践中，在社会主义物质文明建设和精神文明建设的过程中，学习和掌握马克思主义的基本原理，运用马克思主义的立场、观点、方法阐明当前遇到的实际问题，根据马克思主义的基本原理，制定我们的政策和策略，在实践中坚持马克思主义的基本原理与政策策略的统一。只有这样，我们才能在新的实践中，丰富和发展马克思主义。

（原载《河北学刊》1986 年第 2 期）

---

① 《马克思恩格斯选集》第一卷，人民出版社 1972 年版，第 228 页。

人民群众和个人在历史上的作用

　　社会历史的发展是生产力与生产关系、经济基础与上层建筑的矛盾运动。但是，社会的发展，离不开人的活动，人是社会的主体，是社会发展规律的体现者，因此，是人们自己在创造着自己的历史。历史唯物主义从生产方式是社会存在和发展的基础这一原理出发，不仅肯定人民群众是历史的创造者，对历史的发展起决定作用，同时，也承认个人在历史发展中的重要作用，从而科学地解决了人民群众和个人在历史上的作用问题。

一、　人民群众是历史的创造者

　　是人民群众创造历史，还是英雄创造历史，这是两种历史观斗争的重大问题之一。历史唯心主义从社会意识决定社会存在的基本观点出发，夸大个人的作用，否认人民群众是社会历史的创造者，宣扬少数英雄人物创造历史的观点。这种唯心主义的历史观，主要表现为两种基本形式：一种是唯意志论，认为英雄人物的思想、动机决定着历史的发展，而人民群众只不过是"盲目的追随者"，只能听凭"大人物"的摆布。梁启超认为大人物"心理之动进稍易其轨，而全部历史可以改观"。实用主义者胡适认为圣人一言可以兴邦，一言可以丧邦，英雄吐一口痰在地上，也可以毁灭一村一族，起一个念头，就可以引起几十年的血战。德国的尼采则主张个别"超人"的"权力意志"决定一切，认为一个人可以使千万年的历史生色。

另一种是宿命论，即认为历史的发展是由一种神秘的精神力量决定的。如西方的"上帝"、中国的"玉皇大帝"，都是这种神秘的精神力量的化身，而少数英雄人物是"上帝"命令的执行者或"宇宙精神"的体现者，他们主宰着人类的命运、历史的进程，如孔子从天命论出发，宣扬"上智下愚"，把奴隶主贵族的代表人物说成是受"天命"来统治人民的。古希腊奴隶主贵族的代言人柏拉图鼓吹：奴隶主贵族是"神"用"金子"做的，是"具有统治的能力而适合于统治的人"；农民和手工业者是"神"用"铜和铁"做成的，他们只能接受统治；广大的奴隶则不过是会说话的工具。不论是唯意志论还是宿命论，它们的共同点都是否认社会历史的发展是有客观规律的，它们都夸大个别人物的作用，否认人民群众是历史的创造者。

与历史唯心主义相反，历史唯物主义则从社会存在决定社会意识的基本观点出发，认为物质资料生产方式是社会存在和发展的基础，人类的历史首先是物质资料生产发展的历史，因此基本上也是物质资料生产者的历史，是劳动群众的历史。人民群众是推动社会历史前进的决定力量。

人民群众是指以劳动人民为主体的，推动历史发展的社会力量。人民群众，是一个历史范畴。在不同的国家和同一国家的不同历史时期，人民群众这个概念包括着不同的阶级、阶层和社会集团，有着不同的内容。例如，18世纪法国资产阶级革命时期，由资产阶级、城市平民、农民和无产者组成的第三等级，都属于人民的范围。在我国抗日战争时期，一切抗日的阶级、阶层和社会集团也属于人民群众的范围；在解放战争时期，一切反对帝国主义、封建主义和官僚资本主义的阶级、阶层和社会集团都属于人民群众的范围；在建设社会主义的新的历史时期，人民群众的范围则包括一切赞成、拥护和参加社会主义建设事业的阶级、阶层和社会集团，包括工人、农民和知识分子等劳动人民，以及其他拥护社会主义的爱国者和拥护祖国统一的爱国者。"人民"这个范畴，所包含的内容虽然是变化的，但是，不论在什么历史条件下，从事物质资料生产的广大劳动群众，则始终是人民群众的主体。劳动群众不仅包括体力劳动者，同时也包括脑力劳动者。我们说人民群众创造历史，本质上就是劳动群众创造历史。人民群众不仅是社会物质财富和精神财富的创造者，而且是社会变革的决定力量。

（一）人民群众是物质财富的创造者

历史唯物主义认为，物质资料的生产是人类社会存在和发展的基础。人类为了生存首先需要衣、食、住等生活资料，没有物质资料的生产，人类社会便不能存在，更谈不上进行政治、科学和文化艺术等活动。马克思指出："任何一个民族，如果停止劳动，不用说一年，就是几个星期，也要灭亡。"① 所以，物质资料的生产是整个人类社会的基本前提，而人类社会赖以生存的物质资料，正是由人民群众的双手创造出来的。没有人民群众所创造的物质资料，任何社会都不能存在，任何社会活动都不可能进行。

物质资料的生产方式，制约着整个社会生活、政治生活和精神生活，物质资料生产方式的变化和发展，决定着社会历史的变迁和发展。人民群众是生产力的首要因素，人民群众在生产的过程中，不仅创造出物质资料，而且还不断改造生产工具，积累生产经验，使社会生产力不断提高，从而创造了人类社会的物质文明。

社会物质财富的创造者，包括体力劳动者和同生产劳动直接联系着的脑力劳动者。随着科学技术的发展，劳动日益趋向智力化，因而对脑力劳动的需求也大大增加，而脑力劳动者所创造的成果也就会越来越显得突出。体力劳动者和脑力劳动者是创造物质财富的主力军。在创造物质财富的过程中，对于生产工具的改革和生产技术的发展，都作出了贡献，起了重要的作用，推动了人类社会由低级阶段向高级阶段的发展。生产发展的历史表明，从古代原始石器的使用到现代各种生产自动线的采用；从古代的运河开凿到今天的南京长江大桥的架设；从古代火的使用到今天的原子能发电；都是劳动群众的辛勤劳动和智慧的结晶。所以，社会历史首先是物质资料生产者的历史。劳动群众创造了物质财富，也创造了人类社会的历史。

---

① 《马克思恩格斯选集》第四卷，人民出版社 1972 年版，第 368 页。

（二）人民群众是精神财富的创造者

人民群众不仅是物质财富的创造者，而且也是精神财富的创造者。

首先，人民群众创造了从事科学文化活动的物质基础和前提。人们要从事科学、文化等的精神活动，就必须具备一定的物质生活条件。恩格斯指出："一个很明显而以前完全被人忽略的事实，即人们首先必须吃、喝、住、穿，就是说首先必须劳动，然后才能争取统治，从事政治、宗教和哲学等。"[1] 没有人民群众创造的物质生活资料，任何政治、科学、文化活动都是不可能进行的。同时，要进行精神财富的创造，还必须具备从事科学文化活动的物质手段，如仪器设备等。而这些物质手段，也是由劳动群众创造和提供的。没有这些物质手段，精神财富是难以创造出来的。

其次，人民群众的实践活动是一切精神文化财富的源泉。马克思主义认为，知识来源于实践，人民群众是社会实践的主体。一切精神文化都是在人民群众的社会实践的基础上产生和发展起来的，都是对人民群众实践经验的概括和总结。一切科学理论知识，一切有价值的文学艺术，无不来源于生产斗争、社会斗争（在阶级社会里主要是阶级斗争）和科学实验等的实践活动。人类历史发展的事实表明，生产的历史先于自然科学、技术科学的历史。是先有人民群众的生产实践，然后才有自然科学、技术科学的。离开人民群众的生产实践活动，便没有科学理论的产生，任何科学的发现和发明都是不可能的。例如，我国明末清初的科学家宋应星，就是在深入民间实地考察的基础上，总结劳动人民的农业和手工业生产的经验，才写成了《天工开物》这部生产技术著作的。明代李时珍的《本草纲目》，也是在总结了劳动人民同疾病作斗争的实践经验的基础上写成的。社会科学是阶级斗争和一切社会斗争经验的总结。如作为观念形态的文学艺术作品，也是一定的社会生活在人们头脑中的反映。我国历史上许多优秀的古典文艺作品，就是艺术家根据劳动群众提供的素材，在民间口头文学和传

---

[1] 《马克思恩格斯选集》第三卷，人民出版社 1972 年版，第 41 页。

说的基础上，经过加工整理而形成的，如《水浒》《三国演义》《西游记》等。作为精神财富生产的重要工具的语言，也为人民群众所创造。所以，人民群众的社会实践为科学家、思想家、艺术家的创造活动提供了丰富的经验和素材。如果没有以广大体力劳动者为主体的社会实践为基础，就不可能创造出任何精神财富。

最后，劳动群众不仅为思想家、科学家和艺术家的精神生产创造了物质前提，而且还直接参加了社会精神财富的创造。历史上许多科学家、艺术家就是直接从劳动群众中涌现出来的。他们作为劳动人民的一员，在创造精神财富的过程中发挥了聪明才智。但是，在剥削阶级占统治地位的社会里，剥削阶级垄断了科学文化，劳动人民处于被剥削被压迫的地位，他们的创造才能受到极大的摧残和压迫，即使如此，他们中间也仍然出现了许多思想家、科学家和艺术家。例如，中国隋朝设计和组织建造赵州大拱桥的李春，宋代发明活字印刷的毕昇，美国电学理论家富兰克林，英国发明蒸汽机的瓦特，德国唯物主义哲学家狄慈根，俄国无产阶级文豪高尔基，法国《国际歌》的创作者欧仁·鲍狄埃和皮埃尔·狄盖特等，他们都是劳动人民出身。他们在长期的实践活动中，总结了人民群众的经验，为人类的科学文化作出了贡献。

（三）人民群众是社会变革的决定力量

人民群众不仅是物质财富和精神财富的创造者，而且是社会变革的决定力量。人民群众创造历史的伟大作用，在社会变革的过程中表现得特别明显和突出。在历史上，生产关系的变革，社会制度的更替，不是自发完成的，都是要通过人民群众的斗争实现的。阶级社会的各个社会形态中的阶级斗争，实际上是统治阶级和被统治阶级的斗争，是压迫者和被压迫者的斗争。处于被统治被压迫地位的劳动人民在任何阶级社会形态中都是社会革命的主体，都是阶级斗争的主力军。在历史上，无论是推翻奴隶主统治建立封建主的统治，还是推翻封建地主阶级的统治建立资本主义的社会制度，都是劳动人民和统治阶级长期斗争的结果。如果没有奴隶暴动，奴隶制不会自行崩溃；如果没有农民起义和农民战争，封建制度就不会被资本主义制度所代替；没有无产阶级的革命斗争，资产阶级也不会自动退出历史舞台，社会主义制度也不会代替资本主义制度。由此可见，人民群众是阶级斗争和社会革命的主体，是社会变革的决定力量。一切真正的革命运动，都是千百万受压迫受剥削的劳动人民自己起来反抗统治阶级，摧毁旧的上层建筑，大规模地改变旧的生产关系，从而推动了社会制度的变革。当然，在一定历史时期和一定的历史阶段，某些新兴的剥削阶级，也能参加社会变革的斗争甚至成为领导者，因而对社会历史的发展也曾起过不同程度的进步作用。但是，这种进步作用，只有借助于人民群众的力量才能发挥，因为革命的基本力量是人民群众，人民群众是推动社会变革的主力军。例如，1789 年的法国资产阶级革命，虽然领导者是资产阶级，但如果没有以农民为主体的法国广大人民群众参加，就不可能摧毁封建制度。正如恩格斯指出的："在 17 世纪的英国和 18 世纪的法国，甚至资产阶级的最光辉灿烂的成就都不是它自己争得的，而是平民大众，即工人和农民为它争得的。"① 这就说明了社会变革的主力军始终是劳动人民群众。无论任何时候，革命的主体和最终决定胜负的力量，都是占人口绝大多数的劳动人民。

人民群众是历史的创造者，但这并不是说人民群众可以随心所欲地创造历史。马克思指出："人们自己创造自己的历史，但是他们并不是随心所欲地创造，并不是在他们自己选定的条件下创造，而是在直接碰到的、既定的、从过去承继下来的条件下创造。"② 就是说人民群众创造历史的活动本身，是在一定的历史条件下进行的，受着一定历史条件的制约。因此，科学地研究人民群众创造历史的作用，还必须对人民群众所处的具体历史条件进行具体分析。在不同的历史时期，在不同的社会制度下，人民群众创造历史的作用是不同的。在剥削阶级占统治地位的社会中，人民群众在

---

① 《马克思恩格斯全集》第十八卷，人民出版社 1965 年版，第 325 页。
② 《马克思恩格斯全集》第八卷，人民出版社 1965 年版，第 121 页。

经济上、政治上和思想上受到种种压迫，他们的聪明才智受到扼杀和埋没，他们被剥夺了学习科学文化的权利，因而不了解社会发展的客观规律，不能把创造历史的能动性同社会发展规律的客观性很好地结合起来，行动上不可避免地带有盲目性，因此，人民群众创造历史的作用就受到了很大的限制。

社会主义社会为人民群众创造历史的活动开辟了广阔的天地，为人民群众发挥创造历史的主动精神提供了良好的条件。因为社会主义革命的胜利使无产阶级和广大劳动人民得到了解放，人民群众掌握了生产资料，成了国家的主人，人民群众能够真正以社会主人翁的姿态施展自己的才干。人民群众在无产阶级政党的领导下，在马克思主义科学理论的指导下，有可能自觉地遵循自然的和社会的发展规律去创造历史。到了共产主义社会，全人类都自觉地改造主观世界和客观世界，人民群众创造历史的伟大作用必将得到更充分的发挥。

每一特定历史时代的人民群众创造历史的力量，都是有限的。但是人民群众世世代代延续下去，其创造历史的力量则是无限的，人类历史正是在这种从有限趋向于无限的矛盾运动中不断向前发展的。看不到人民群众创造力量的无限性，就会丧失前进的信心；只看到人民群众创造力量的无限性，而看不到具体历史条件下人民群众力量的有限性，就会夸大主观意志的作用，犯急躁冒进的错误。可见，掌握这一历史辩证法，对于正确总结历史经验，指导社会主义现代化建设事业，具有重要的现实意义。

二、 个人在历史上的作用

历史唯物主义确认人民群众是历史的创造者，同时又承认个人在历史上的作用。坚持人民群众和个人在历史上的作用的一致性。

（一）杰出人物在历史上的作用

杰出人物是指那些在历史上能够反映时代的要求，代表进步阶级利益，在历史上起进步作用的代表人物，包括杰出的政治家、军事家、思想家、科学家和艺术家等。他们可以是被压迫阶级的代表人物，也可以是剥削阶级的代表人物。历史唯物主义着重研究的杰出人物，主要是那些站在历史潮流的前头，组织和领导人民群众前进的政治代表和领袖人物。历史唯物主义所要论述的个人在社会发展中的作用，主要是那些政治上的杰出人物，特别是无产阶级领袖的伟大作用。

历史唯物主义认为，任何时代的杰出人物都不是天生的、命定的，而是适应社会发展的客观要求和群众斗争的需要而产生的，都是历史发展的必然产物。在社会历史发展中，尤其是在社会变革的时期，先进的阶级和人民群众，为了推翻反动统治，变革社会制度，就需要有先进的思想、理论来指导，需要强有力的组织领导，动员和领导本阶级去实现自己的目的，这时就会有一批杰出人物顺应群众斗争的需要而产生，这就是通常说的"时势造英雄"。每一个杰出人物，都是社会关系的产物，都是在一定历史条件下，在时代和阶级的需要中出现的。中国历史上，陈胜、吴广之所以成为秦末农民起义的领袖，是因为当时广大农民和封建地主阶级的矛盾达到了一触即发的程度，农民起义已成必然。陈胜、吴广顺应了这一历史发展的必然要求，领导广大农民起义，因而成为时代的英雄。19世纪中叶，当资本主义有了巨大发展，无产阶级和资产阶级的矛盾日益加剧，无产阶级在反对资产阶级的斗争中迫切需要组织和领导本阶级进行斗争的伟大人物时，正是适应这一伟大斗争的需要，才产生了像马克思、恩格斯这样的无产阶级的导师和领袖。20世纪初，孙中山成为我国资产阶级民主革命的先驱，也是我国民族资本主义的迅速发展，人民群众同帝国主义、封建主义的矛盾空前加深，世界各国民族民主革命运动新高潮的影响，这些客观历史条件所造成的。历史发展的规律表明，每一个时代的阶级斗争、生产斗争都需要有自己的伟大人物，如果没有这样的伟大人物，各个时代的人民斗争也或迟或早必然造就出来这样的人物。正如马克思指出的："每一个社会时代都需要有自己的伟大人物，如果没有这样的人物，它就要创造出这样的人物来。"①

　　杰出人物的出现，是历史的必然性和偶然性的统一。历史唯物主义在强调杰出人物是历史发展的必然产物时，并不否认偶然因素的作用。当某一时代的群众斗争需要自己的组织者和领导者时，恰巧某个伟大人物适应这种需要而出现，就这一点来说，则是偶然的。但是偶然中有必然，偶然性是必然性的补充和表现形式，它是受必然性支配的。就是说，假如某一伟大人物没有出现，那么就会由另一个伟大人物适应时代的要求而出现。正如恩格斯所说："恰巧某个伟大人物在一定时间出现于某一国家，这当然纯粹是一种偶然现象。但是，如果我们把这个人除掉，那时就会需要由另外一个人来代替他，并且这个代替者是会出现的——或好或坏，但是随着时间的推移总是会出现的。"② 这就是说，当历史提出某种需要解决的历史任务时，杰出的历史人物便会应运而生。杰出人物作为社会历史发展的产物，有其必然性。历史唯物主义坚持必然性和偶然性的辩证统一观点，既反对把历史必然性绝对化，从而降低个人的历史作用；也反对根本否认历史的必然性，从而把个人看成是历史的主宰。

　　杰出人物是适应时代的要求，在人民群众斗争中产生的。由于主观和客观条件，使他们比本阶级的其他成员更富有斗争经验和组织才能，使他们能够集中本阶级的意志、愿望和智慧，提出革命的纲领和口号，制定革命的计划和政策，领导本阶级和广大人民群众为实现一定的革命目标而斗争，使人民群众创造历史的作用有效地发挥出来。正因为这样，他们能够对历史事件产生巨大影响，加速历史发展的进程。

　　任何杰出人物都是时代的产物，他们的历史作用都是有限的。这是因为，他们的历史活动不可避免地要受到其所处的历史条件的制约，受到各种社会因素的制约。因此，对杰出人物及其作用，要进行历史的、具体的和阶级的分析。任何杰出人物的活动总是要受社会发展的客观规律的制约，

　　① 《马克思恩格斯选集》第一卷，人民出版社 1972 年版，第 450 页。
　　② 《马克思恩格斯选集》第四卷，人民出版社 1972 年版，第 506—507 页。

他们只能在当时的生产力水平和社会经济结构所提供的条件下发挥作用，而不能超出这些条件起作用。他们的活动只能顺应而不能改变历史发展的基本趋势。他们的活动舞台只能是在特定的社会历史条件的基础上。杰出人物在历史上的进步作用与人民群众在历史上的决定作用是一致的。个人在历史上的作用，总是以人民群众在历史上的作用为基础的。杰出人物的历史作用不可能超越人民群众创造历史的决定作用。因此，他们的作用都要受到各个时代人民群众实践的制约，杰出人物在历史上的作用如何，关键在于他们在多大程度上得到人民群众的支持和拥护。杰出人物是阶级的代表，是群众的一员，他们只有依靠群众的斗争，才能在不同程度上对历史的发展作出贡献。任何杰出人物如果违背了人民群众的意志和愿望，脱离了人民群众创造历史的伟大实践，他们的作用就不可能得到正确的发挥。同时杰出人物在阶级社会里都是一定阶级的代表，他们的面貌由所属的阶级来决定。他们在一定社会历史条件下活动的性质和作用的大小，都必然受到他们所属的那个阶级的制约。他们的政治立场和思想必定要反映本阶级的利益、意志和愿望，他们的历史命运也取决于本阶级的历史命运。历史上奴隶起义和农民起义的领袖，曾对历史发展起过进步作用，但是，由于他们所属的阶级都不是新的生产方式的代表，因此都不可能使奴隶和农民得到彻底的解放。而农民起义的结果往往遭到失败，即使得到胜利，不是起义的成果被剥削阶级篡夺，就是农民起义的领袖人物蜕化变质，成为地主阶级的代表人物。处于上升时期的剥削阶级的一些代表人物，他们的活动在一定程度上顺应了社会发展的客观规律，能在一定程度上认识社会发展的趋势，也能反映人民群众的部分利益和要求，因此，他们对社会历史的发展也有一定的进步作用，如中国的秦始皇、汉高祖、唐太宗，法国的拿破仑一世，美国的华盛顿等。但是，由于他们是剥削阶级利益的代表者，是劳动群众的统治者和压迫者，他们活动的目的是为维护本阶级对劳动群众的统治地位，因此，他们的历史进步作用的发挥总是受到这一局限的。由于阶级的局限决定，他们不可能充分发动群众，并且总是把群众斗争限制在自己阶级利益许可的范围之内。而一旦他们取得了统治地位，就会反过来镇压人民群众，成为阻碍历史前进的反动力量。

对杰出人物及其作用要进行具体分析，不同的杰出人物对社会历史发展所起的作用，由于客观条件和主观条件的不同，在不同的历史时期有着不同的情况。在客观条件方面，杰出人物的作用总是受他们所处的时代、环境和他们所代表的阶级所左右。在主观条件方面，杰出人物在推动历史发展上所起的作用的大小，取决于他们认识社会发展趋势和反映人民群众要求的正确程度。在评价某一杰出人物对社会历史发展所起的作用时，既要反对脱离当时的历史条件，苛求于前人的错误倾向，又要反对脱离当时的历史条件，把古人现代化、理想化。

人民群众是推动社会历史发展的决定力量，杰出人物是阶级、群众的代表，他们只能依靠群众的斗争，以人民群众创造历史的决定作用为基础，遵循社会发展的客观规律，才能在不同程度上对历史发展作出贡献。他们在历史上的作用，包括在人民群众创造历史的过程之中。任何杰出人物只能顺应历史发展的趋势，而不能改变历史发展的趋势，决定历史发展进程的只能是人民群众的力量。

（二）无产阶级领袖的伟大作用

马克思主义关于群众、阶级、政党和领袖的相互关系的学说，为正确认识领袖的作用指明了方向。列宁指出："谁都知道，群众是划分为阶级的……阶级通常是由政党来领导的；政党通常是由最有威信、最有影响、最有经验、被选出担任最重要职务而称为领袖的人们所组成的比较稳定的集团来主持的。这都是起码的常识。"[1] 在马克思列宁主义看来，群众、阶级、政党、领袖，是不可分割的统一整体.一个无产阶级革命政党，如果"不学会把领袖和阶级、领袖和群众结成一个整体，结成一个不可分离的整体，它便不配拥有这种称号"[2]。

---

[1] 《列宁选集》第四卷，人民出版社 1972 年版，第 197—198 页。
[2] 《列宁选集》第四卷，人民出版社 1972 年版，第 206 页。

　　人民群众是历史的创造者，但在阶级社会里，人民群众总是由一些不同的阶级、阶层组成的，而阶级通常是由政党来领导的。在阶级社会里，各阶级之间由于经济利益的根本对立，就需要有一个能代表本阶级利益的要求、能把本阶级的力量组织起来的政党。所以，政党是阶级斗争的产物和工具，敌对的政党之间的斗争，集中地反映了相互对立的阶级之间的斗争。一定阶级的政党，通常是由比较稳固的集团来主持的，这个集团又是由最有威信、最有影响、最有经验、被选出担任最重要职务而称为领袖的人物组成的。无产阶级的领袖，是无产阶级革命事业取得胜利的重要保证。列宁指出："培养一批有经验、有极高威信的党的领袖，这是一件长期的艰苦的事情。但不这样做，无产阶级专政、无产阶级的'意志统一'，就会成为一句空话。"①无产阶级是人类历史上最进步的阶级，它肩负着解放全人类的伟大历史使命。无产阶级在领导人民群众推翻资产阶级和一切剥削阶级统治的斗争中，要求有一个用革命理论武装的、密切联系群众的战斗司令部，需要有自己的革命政党。无产阶级政党要领导无产阶级和人民群众，完成消灭私有制、消灭阶级和阶级差别，实现共产主义这一历史上最复杂、最艰巨和最伟大的斗争，就需要有一批最有威信、最有影响、最有经验的领袖人物。

　　无产阶级的领袖，是人类历史上最革命、最先进的阶级的杰出代表，无产阶级的领袖不是天生的，而是适应无产阶级革命斗争的需要，在长期的、艰苦的斗争中涌现、成长和锻炼出来的。他们来自群众，他们来自党。他们不仅有卓越的才能和丰富的知识，而且是无产阶级优秀品质和革命风格的集中体现者，他们是自己阶级和政党的代表，能够代表人民的利益和要求，他们杰出的才能是靠党、靠阶级、靠群众的智慧形成的。因此，无产阶级的领袖同历史上的其他阶级的领袖相比，有着根本不同的特点。他们的伟大历史作用，是历史上任何其他阶级的杰出人物所无法相比的。

　　他们在历史上的伟大作用表现在：第一，他们能以辩证唯物主义的科

---

　　① 《列宁全集》第三十二卷，人民出版社1986年版，第505页。

学态度，坚定地站在无产阶级的立场上，批判地继承人类的优秀文化遗产，在总结无产阶级革命斗争的实践经验的基础上，创立和发展马克思主义理论，从而揭示社会发展的客观规律，为无产阶级和劳动人民的革命斗争提供理论武器，制定出正确的路线、方针和政策，指明正确的方向和道路。第二，无产阶级的领袖能够真正代表无产阶级和广大人民群众的利益，能够和人民群众同呼吸、共命运，他们来自人民，忠于人民，全心全意为人民服务，相信群众、依靠群众，尊重群众的首创精神，虚心向群众学习。第三，无产阶级的领袖是团结全体劳动人民的核心，是人民群众团结、斗争、胜利的一面旗帜。他们能够自觉地了解和掌握社会发展规律，站在斗争的最前面，组织和领导无产阶级和广大人民群众，战胜各种艰难险阻，不断取得新的胜利，朝着共产主义的目标前进。第四，无产阶级领袖坚持民主集中制的原则，重视集体领导的作用，正确地把集体领导和个人分工负责结合起来，维护党的团结和统一，因而能够团结全党和全国人民，从胜利走向胜利。

马克思、恩格斯、列宁、斯大林、毛泽东等作为无产阶级的伟大领袖，对历史发展起了重大的推动作用，为无产阶级革命事业立下了丰功伟绩。毛泽东同志和他的战友们把马克思列宁主义的普遍真理同中国革命的具体实践相结合，缔造了中国共产党、中国人民解放军，领导我党、我军和我国人民，战胜了国内外的强大敌人，取得了新民主主义革命的彻底胜利，建立了人民民主专政的新中国，进而取得了社会主义革命和社会主义建设的伟大胜利。半个多世纪以来，他们把马克思列宁主义的普遍真理同中国革命的具体实践相结合，丰富和发展了马克思列宁主义。毛泽东思想是马克思列宁主义普遍原理同中国革命的具体实践相结合的产物。

无产阶级的领袖具有伟大的历史作用，他们对革命和建设作出了卓越的贡献，但是他们并不是完美无缺的。无产阶级的领袖是人而不是神。无产阶级的领袖在历史中的作用，同样是受社会发展的客观必然性和历史条件的制约的。他们所起的作用，取决于他们对社会历史发展规律认识和理解的程度，以及同人民群众结合的程度。领袖人物对历史规律理解得深，同群众结合得好，所起的作用就大。领袖人物在特定的条件下也会犯错误，如果要求一个革命领袖没有错误和缺点，那就不是马克思主义。领袖人物犯了错误，只要依靠党的集体领导就可以纠正。毛泽东同志是伟大的马克思主义者，是伟大的无产阶级革命家、理论家，在他的晚年虽然也犯有严重的错误，但他的功绩是第一位的。党的十一届六中全会通过的决议，既对毛泽东同志晚年的错误作了科学的分析和批判，又维护了毛泽东同志的历史地位，是运用唯物史观正确评价无产阶级领袖的光辉典范。

（三）无产阶级政党的群众观点

党要实现对人民群众的正确领导，除了首先在政治上代表人民群众的利益，还要正确地处理党和人民群众的关系，树立群众观点。人民群众是历史的创造者这一历史唯物主义基本原理，是无产阶级政党的群众观点的理论基础。群众观点是无产阶级政党的基本观点，其主要内容如下。

第一，相信人民群众自己解放自己的观点。

无产阶级的解放事业是无产阶级和广大人民群众自己的事业，人民群众在无产阶级政党的领导下能够自己解放自己。人民群众的力量和智慧是无穷无尽的。人民群众的敌人，只有人民群众自己起来才能打倒；人民群众的解放和幸福，只有人民群众自己起来斗争，才能获得和巩固。所以，无产阶级政党在工作中，必须坚定地相信和依靠群众，尊重群众的首创精神，放手发动群众，使之成为群众的自觉行动。因此，必须反对任何恩赐和包办代替的观点，反对任何压制群众的积极性和创造性的错误倾向。列宁指出："只有相信人民的人，只有投入人民生气勃勃的创造力泉源中去的人，才能获得胜利并保持政权。"[1]

第二，全心全意为人民服务的观点。

为人民谋利益是无产阶级政党的根本宗旨，是无产阶级政党同一切剥削阶级政党的根本区别，在党的一切活动中。除了无产阶级和广大人民群

---

[1] 《列宁全集》第二十六卷，人民出版社 1986 年版，第 273 页。

众的切身利益以外,无产阶级政党没有自己任何特殊的利益,无产阶级政党把自己看作是人民群众进行斗争的工具,是人民的公仆。无产阶级政党是人民利益的代表者和人民意志的执行者,所以,任何共产党员和无产阶级革命战士,不论职位高低,都应该是人民群众的勤务员,而不允许谋私利搞特权,高居于群众之上当官做老爷。因此,无产阶级政党把全心全意为人民服务当作自己的唯一宗旨。

第三,一切向人民群众负责的观点。

无产阶级政党把无产阶级和广大人民群众的最大利益看作是自己的根本利益。共产党人的一切言论、政策和行动都必须向人民负责。向人民负责就是向党负责,要把向人民负责和向党负责统一起来。对人民的事业,不能采取轻率的态度,而应采取严肃负责的态度。要敢于为人民的利益修正错误,要关心人民群众的富裕幸福和疾苦,反对漠视群众利益的官僚主义和损害群众利益的不正之风。

第四,一切向人民群众学习的观点。

无产阶级政党要真正做到全心全意为人民服务和一切向人民群众负责,就必须向人民群众学习。人民群众中蕴藏着无穷的智慧和力量,这是无产阶级政党智慧和力量的源泉。因此,无产阶级政党要求遇事和群众商量,虚心向群众学习,甘当群众的小学生。无产阶级政党只有置身于群众之中,倾听群众的呼声和要求,随时接受群众的批评和监督,才能形成正确的思想,制定正确的方针、政策和路线。

三、 个人和群众的关系

历史唯物主义不仅研究群众、个人历史的作用及其与社会历史条件的关系,而且还要研究个人和群众的关系问题。个人和群众的关系是辩证的统一,这个辩证统一的关系,集中表现为个人和集体、个人和社会、领袖和群众的关系问题。

（一）个人和集体、个人和社会

在一定的社会历史条件下，每个现实的人通常与之发生最直接、最密切关系的，是大小不等的群众集体。集体是指由某种共同的社会纽带联系起来的人们的集合体，而不是单个人的简单相加。个人都是处于一定社会关系中的个人，集体是由社会关系联结起来的众多个人的有机整体。集体有着不同的范围和层次，不同的集体有不同的联系纽带。集体不仅有量的差别，而且有质的不同。

个人和集体及其相互关系，在不同性质的社会里、不同的历史条件下，有着不同的内容和性质。在生产资料私有制的社会，个人和集体的关系受阶级对抗这个基本事实的制约。在剥削制度下，不仅两大对抗阶级之间存在着对抗性的矛盾，而且在同一阶级的不同阶层之间、个人和集体之间有时也存在着利益上的对抗。在私有制的社会里，个人和集体的关系是在统一中充满着对抗和分裂的关系。在社会主义社会里，由于广大人民群众共同占有生产资料，人民群众有着共同的利益，因此个人和集体之间，是平等的互助合作的，个人和集体之间存在相互依赖和相互作用的辩证关系。一方面，个人依赖于集体，无集体即无个人。个人利益和集体利益是基本一致的。个人利益的实现，靠集体和社会的发展来满足。没有集体的利益就没有个人的利益。只有集体事业发展了，国家繁荣富强，个人的日益增长的物质和文化生活的需要才能得到满足。在社会主义条件下，集体为个人的发展创造了条件，集体为个人的聪明才智和个性的发展打下了基础。另一方面，个人影响集体，集体也依赖于个人。集体由个人所组成，没有一定数量的个人，就没有集体。个人力量发挥的程度影响集体的力量，如果集体的每个成员都齐心协力，集体的力量就能增强，相反就会削弱。个人的才能、品质发展状况也会影响集体，个人的品质和作风好，会影响和带动周围的人，会给集体带来好的风气和荣誉。所以，在社会主义社会里，每个个人的利益和集体的、社会的利益是密切联系在一起的，个人和集体、整个社会的根本利益是一致的。由于根本利益的一致，就决定了个人和集体、集体和集体之间的关系是互助合作的关系。在个人和集体的关系中，集体对个人的影响和作用是根本的、主要的。在处理集体利益和个人利益的关系上，要先集体后个人，个人利益服从集体利益。要发扬集体的忘我精神，克服狭隘的个人主义，为国家和集体多作贡献。当然，在社会主义社会里，由于还存在着个人、集体、社会之间的差别，因此它们之间也还会存在着一些矛盾，但这些矛盾是在根本利益一致的基础上的非对抗性的矛盾，因此是可以通过社会主义制度本身自觉地加以解决的。

个人和社会之间的关系是相互制约、相互影响的关系。社会是由个人所组成的，个人是社会的一个成员，整个社会的存在有赖于一个个社会的人的个体存在。马克思主义讲的人，不是离开社会关系的抽象的人，而是具体的、现实的人。离开个人同他人、同集体、同阶级、同社会的关系，也就不可能有个人的存在和价值。在研究个人和社会的关系时，必须正确认识"人的价值"问题。资产阶级人道主义抽象地谈人的价值，把个人的价值放在第一位。与此相反，历史唯物主义则从个人和群众、个人和社会的相互关系中来评价人的价值，认为历史上从来不存在什么抽象的"人的价值"，也不存在统一的"人的价值"观。不同的时代、不同的阶级、不同的人有着不同的"人的价值"观。资产阶级的"人的价值"观，是个人主义的。例如存在主义者萨特，就否认"人的价值"的社会性、历史性，只讲个人价值，不讲社会价值；只讲个人主观需要，不讲社会的物质条件和精神条件对个人的制约。他们宣扬人的价值就在于自由，它是通过个人的"自由选择"来实现的。这种离开社会和集体谈个人，离开历史规律来谈自由，离开个人对社会、对集体的贡献只讲个人从社会获取的观点，就是资产阶级意识的表现。无产阶级的、社会主义的"人的价值"观，是集体主义的，首先强调的是集体的、社会的利益，强调人民的价值。只有在人民的价值的基础上，才谈得上个人的价值。历史唯物主义认为，在社会主义社会，在个人和集体、群众、社会的关系上，人的价值包括两个方面：社会对个人的尊重和满足；个人对社会的责任和贡献。评价一个人的价值，不仅在于他的存在和需要是否从社会、从他人那里得到承认和满足，而更重要的是在于他为社会、为他人尽了什么责任，作了什么贡献。个人的价值归根结底取决于他是否顺应历史潮流，能否同广大人民群众相结合，能否把个人对社会和集体的贡献放在社会对个人要求的满足之前。从共产主义世界观、人生观看来，人的价值首先在于为共产主义事业、为无产阶级和全人类的解放作出贡献。今天，我们在建设有中国特色的社会主义的实践中，首先就是为建设社会主义物质文明和精神文明作贡献。只有为人类社会进步，为人民事业而辛勤工作贡献一切的人，他的人生才是有价值的、崇高的。在为共产主义事业斗争的过程中，一个人的能力有大小，但只要有全心全意为人民服务、为共产主义事业献身的精神，就是一个高尚的人、纯粹的人，一个真正有价值的人。这就是马克思主义的人的价值观。

（二）领袖和群众

在个人和群众的关系上带有全局性意义的，是领袖和群众的关系问题。领袖和群众的关系是互相依赖、互相作用的。列宁指出："历史上，任何一个阶级，如果不推举出自己善于组织运动和领导运动的政治领袖和先进代表，就不可能取得统治地位。"[①]无产阶级的历史使命，要靠高度自觉的革命运动才能实现，而要达到这种高度自觉性，就必须有党和领袖的领导。人民群众在斗争中需要自己的领袖的正确领导。这是因为：领袖能够创立和制定群众运动所需要的理论、路线、方针和政策，而群众只有在正确的路线、战略和策略指引下，才能不断前进。无产阶级的领袖能够以马克思列宁主义启发和教育群众，使他们认识到自己的历史使命和阶级力量，认识到资本主义必然灭亡，社会主义必然胜利的客观规律，使群众由自发斗争变为自觉斗争，而且取得革命斗争的胜利。无产阶级的领袖是群众队伍团结的旗帜和核心，有了这个核心，群众就能团结起来、少走弯路、少犯错误，并且取得最大的成功。无产阶级的领袖必须依靠群众，这是领袖和群众关系中最根本的方面。首先，领导是群众中的一员，是从群众中产生

---

① 《列宁选集》第一卷，人民出版社1972年版，第210页。

的，是群众自己的领袖，而不是群众之外的什么超人。所谓"时势造英雄"，这不仅对历史上的一切杰出人物的产生是真理，而是对于无产阶级领袖的产生也同样是真理。无产阶级的领袖，既不是天生的或命中注定的，也不是自封的，而是群众运动中涌现和由群众推出的。其次，无产阶级领袖提出的思想、路线、方针和政策都是来自于无产阶级和人民群众的，都是集中了群众的正确意见，总结了群众的丰富经验的结果，可见，领袖的智慧和力量是来自群众的。作为无产阶级领袖，如果不集中广大人民群众的意见，加以提炼，并回到群众中去实践和检验，就不可能形成正确的思想、理论、路线、方针和政策，也就不可能成为实行正确领导的无产阶级领袖。最后，无产阶级领袖还要善于正确处理个人和党、阶级、群众的关系，把自己看成是人民的公仆，保持同人民群众的紧密联系，一切为了群众，一切向群众负责。无产阶级领袖的正确的思想只有得到群众的拥护并为人民群众所掌握，才能变为改造世界、推动世界前进的物质力量。如果脱离了群众，领袖的思想、理论和组织领导，便失去对象、失去依据、失去基础。那么，无产阶级领袖的领导作用也就不能体现。

总之，领袖和群众的关系，是公仆和主人的关系。人民群众是历史的主人，领袖是社会的公仆。无产阶级群众需要自己的领袖，领袖是群众的领导。而无产阶级领袖必须依靠群众，因为群众是领袖的基础。

（三）热爱无产阶级领袖，反对个人崇拜

要正确处理领袖和群众的关系，就要依据历史唯物主义的原理，把热爱人民领袖和反对个人崇拜统一起来。无产阶级的领袖在长期的艰苦复杂的斗争中，为党、为人民建立了巨大的功绩，因而在全党和全体人民中间享有崇高的威望。领袖的这种崇高威望是和人民的事业连在一起的。人民群众尊敬和爱戴自己的领袖也是对自己事业的尊重和热爱。无产阶级领袖的伟大作用，不是孤立于无产阶级和人民群众之外的一种什么独立作用，而是人民群众创造历史过程的组成部分。所以，无产阶级领袖的威望绝不是单纯的个人的威望，而是全党、全阶级乃至全民族威望的集中表现。人

民群众对自己领袖的尊敬和爱戴"本质上是表现对于党的利益、阶级的利益、人民的利益的爱护"。对无产阶级领袖的爱护,也就是对阶级、人民利益的爱护。因此,充分肯定无产阶级领袖在历史上的作用,自觉地拥护和热爱那些真正代表人民利益、毕生为人民的事业奋斗的领袖,是阶级的、民族的利益的需要。无产阶级的和人民的事业,需要有自己的领袖的威信和经验。尊敬和爱戴领袖,是无产阶级革命事业发展的客观要求。因此,要反对那种否定或贬低无产阶级领袖及其历史作用的自发论倾向和无政府主义思潮。

但是,热爱无产阶级的领袖同个人崇拜具有本质的区别。个人崇拜的特征是神化个人、贬低群众,借口维护领袖威信、无限夸大领袖的作用,去把领袖神化。个人崇拜不但不是什么热爱领袖,相反却是把领袖变成偶像,变成与世隔绝的天神。搞个人崇拜不仅极大地贬低和损害了领袖的伟大作用,而且也极大地贬低和损害了党和阶级的历史作用,贬低和损害了党和阶级的崇高威信和形象。个人崇拜不是对领袖的真正热爱,不是无产阶级自觉性的标志,而是蒙昧主义、唯心主义的表现。个人崇拜是资产阶级野心家、阴谋家用来腐化无产阶级政党及其领袖的腐蚀剂和篡党夺权的工具。国际共产主义运动和我党的历史经验证明,个人崇拜给党和人民的事业所造成的危害是很大的。搞个人崇拜就会使领袖脱离群众而成为凌驾于党和人民之上的特殊人物,助长"家长制""一言堂",使党和群众的民主权利受到破坏和践踏,破坏党的民主集中制和社会主义法治;搞个人崇拜就会使人们心目中只有个人而没有党,用个人代替党,甚至使党组织变成个人的工具,因而大大削弱党的领导作用;搞个人崇拜就会造成奴隶主义、形式主义,造成党内外思想僵化,挫伤广大党员、干部和人民群众的积极性,削弱党和无产阶级的战斗力。个人崇拜在实质上就违背了历史唯物主义关于人民群众和个人在历史上作用的原理,它是唯心主义英雄史观的表现。个人崇拜这一社会现象的产生,有其深刻的社会根源。剥削阶级思想,特别是封建专制主义思想残余的长期存在,是无产阶级政党和社会主义国家产生个人崇拜的社会根源。同时,执政党的地位和领袖人物因胜利而产生的骄傲情绪，也是产生个人崇拜的内部原因。

个人崇拜在理论上是错误的，在实践上是有害的。反对个人崇拜是马克思主义的一项重要原则。马克思、恩格斯参加共产主义同盟的一个条件，就是要把一切助长盲目崇拜个人的东西统统除掉。列宁也多次强调反对"推崇个人""夸大个人"。他曾反对在党的"九大"闭幕会上为他祝贺五十寿辰。我们党长期以来，坚持反对个人崇拜这一基本原则。在党的七届二中全会上，党中央做出了反对突出个人的决定和相应的规定。在"八大"会议上，邓小平同志在关于修改党章的报告中，又强调了反对个人崇拜的问题。党的十一届三中全会以来，党中央根据马克思主义的基本原则，总结了五十年代后期开始在我国出现个人崇拜并造成严重危害的教训，不仅从理论上纠正了由于个人崇拜所造成的各种严重错误，而且从制度上作出了一系列必要的规定，坚决地克服了个人崇拜，恢复和发扬了我党在民主革命时期和社会主义革命初期所形成的反对个人崇拜的优良传统和作风，从而在理论和实践的结合上正确地解决了领袖和群众的关系问题。

（原载《马克思主义哲学原理》，中共河北省委，讲师团编，河北人民出版社 1986 年版）

试谈马克思恩格斯产业革命思想

当前，在迎接新的技术革命到来的时候，重温马克思恩格斯关于产业革命的思想，具有十分深刻的现实意义。

一

从社会发展观点看，产业革命标志着由前工业社会向工业社会的转变，是生产力发展的新阶段。它并不是在自身基础上产生的，而是在先前已经具备的手工业劳动的基础上酝酿产生的。马克思认为，生产力是人们的实践能力的结果，它是一种既得的力量，这种能力本身决定于人们所处的条件，决定于先前已经获得的生产力。标志生产力发展新阶段的英国产业革命，也是在以往已经取得的生产力的基础之上发生的，它的技术基础和物质条件是在手工业、工场手工业的社会条件中孕育形成的。18世纪前期，在英国已经拥有相当规模的手工工场。这个时期的手工工场还主要依靠自然动力和手工劳动。手工工场的发展为机器的发明和应用提供了物质技术前提。正像手工业内部孕育着工场手工业的萌芽一样，在工场手工业内部也孕育着大机器生产的萌芽。在由手工业转向大工业生产的过程中，科学技术是关键性的因素。马克思恩格斯在研究产业革命时，尤其注意当时的科学技术的发展以及它的社会作用。他们认为沃康松、阿克莱、瓦特等人的发明之所以能够实现，是因为这些发明家吸收和继承了在工场手工业时期就已经产生和积累起来的科学技术成果，同时找到了在工场手工业时期就已经初步形成的技术工人队伍。在马克思恩格斯看来，在手工工场时期就已经有了"大工业的直接的技术基础"，标志产业革命的纺纱机和蒸汽机的制造是以制造这些机器的手工业以及这个时期已经发展起来的力学科学为基础的，而技术工人队伍是一支骨干力量。

产业革命的深入和进一步发展，日益同原来的技术基础、生产方式发生矛盾。手工业和工场手工业在技术上和生产方式上越来越不适应以科学技术为中心的大工业的发展。马克思分析说："正像在单个机器还要由人来推动时，它始终是一种小机器一样，正像蒸汽机还没有代替现成的动力——牲畜、风以至水以前，机器体系不可能自由发展一样，当大工业特有的生产资料即机器本身，还要依靠个人的力量和个人的技巧才能存在时，也就是说，还取决于手工工场内的局部工人和手工工场外的手工业者来操纵他们的小工具的那种发达的肌肉、敏锐的视力和灵巧的手时，大工业也就得不到充分的发展。"① 工业社会的大机器生产中的发动机、传动机构和工具机在技术上提出的新要求和规模日益扩大，新的工具机以力学理论为基础所决定的形式摆脱了最初旧式的手工业工具机，它的各个组成部分在技术上日益复杂、多样并且有日益严格的规则性，自动体系的日益发展，难于加工的材料日益不可避免地被应用等，要解决这些问题都碰到人的体力、智力的局限，受到工场手工业生产方式的束缚。马克思恩格斯认为，产业革命是在解决科学技术矛盾中前进的，如现代印刷机、现代蒸汽纺织机和现代梳棉机这样的机器，就不是工场手工业所能制造的。机器生产过程无论在规模上还是在工艺上都超过了工场手工业的工人的体力和手工劳动的局限。产业革命以蒸汽为动力，以机器代替人力，以科学技术为主导，带来的直接结果是机器生产机器的新局面，而手工业生产是以人的体力为主。在由手工劳动向机器生产的转变中，是人的智力的发展，是生产力发展的新高度，当然随之而来的是生产方式的变革。"生产方式的变

---

① 《马克思恩格斯全集》第二十三卷，人民出版社 1972 年版，第 419—420 页。

革，在工场手工业中以劳动力为起点，在大工业中以劳动资料为起点。"科学技术的发展和机器的应用，是对工场手工业分工为基础的生产方式的扬弃。在产业革命中新出现的自动工厂是适应机器体系的较完善的生产方式，它越是成为完备的机械体系，而单靠人的直接劳动所完成的个别过程也越少。这时已经意味着劳动的新特点和生产方式的新变革。正如马克思分析的："这里已经不再是工人把改变了形态的自然物作为中间环节放在自己和对象之间，而是工人把由他改变为工业过程的自然过程作为媒介放在自己和被他支配的无机自然界之间。"①这就是说，这时生产过程的主要当事者已经不是主要靠人力，而是主要靠机器生产。在产业革命中，适应机器体系的新的专业分工以及劳动者在生产中的新变化是科学技术发展的必然结果。

所以，由前工业社会向工业社会的转变，首要的因素是科学技术。马克思认为，工场手工业之所以不能掌握全部社会生产，并且不能根本改造它，就是因为工场手工业本身的狭隘的技术基础的局限。产业革命带来的工业社会之所以能够迅速发展，关键也在于它在科学技术上打破了经验的成规。

二

马克思和恩格斯在深入研究英国发生的产业革命时所阐明的观点和得出的结论，已经远远超过了时代。他们不仅看到产业革命对当时生产力发展的巨大作用和深远的社会影响，并且从他们的科学研究中，已经预见到未来社会的发展趋势和特征，预见到由于生产力的高度发展，人的智力劳动的地位和未来社会的基本特征。

产业革命开辟了从简单劳动过程向科学过程转变的新途径。由于蒸汽机的出现和技术上的进步，打破了各部门之间在技术水平上的传统界限，使整个社会的生产形成一个有机的统一体并在技术上提高到一个新的水平。蒸汽机的发明和应用，尤其是蒸汽纺织机的出现，异常迅速地推动了整个

---

① 《马克思恩格斯全集》第四十六卷（下），人民出版社 1979 年版，第 218 页。

棉纱工业的发展，使所有的棉纺织业部门实现了机械化。棉纺织业在技术上的突破很快传到了其他工业部门。"一切生产部门"都像纺织业一样，"一个跟着一个地受到了蒸汽、机器和工厂制度的支配"。毛纺织业由旧式的简陋纺车改变为用蒸汽纺纱机纺羊毛，于是毛纺织业也迅速地发展起来。随之而来的是麻、丝纺织业普遍采用机器生产。由于蒸汽纺织机的发明，使棉、毛、麻、丝纺织业四个部门都发生了根本的变革。这一变革促使手工劳动由蒸汽动力和机器作业代替了。这是一个根本的转变，它的特点是人类劳动朝着科学化转变。马克思指出："生产过程从简单的劳动过程向科学过程的转化，也就是向驱使自然力为自己服务并使它为人类的需要服务的过程的转化。"① 蒸汽机代替手工劳动就是人们用科学的力量征服自然力，驾驭自然力的标志，而自然力的应用是同科学作为生产过程的因素的发展相一致的，生产过程成了科学的应用。纺织部门的机械化直接影响到染色、印花和漂白等工业部门，由于这些部门的发展，随之而来的是机械工业和化学工业的发展。因此，这时力学和化学得到了广泛应用和飞速发展。例如，印染工业自从使用蒸汽机和金属滚筒印染以后，一个工人就做200人的工作。由于漂白时改用氯气，漂白时间由几个月缩短到了几小时。蒸汽机的发明和应用，带来了产业结构的新变化。过去纺织业是工业的主要部门，自从科学技术的广泛应用，工业部门普遍蒸汽动力化，纺织业不再是主力，铜、铁矿的开采，炼铁、炼钢业的兴起，火车的发明，公路、铁路运输事业的大发展都是空前的。工业部门因科学技术的迅猛发展而朝着一个新阶段迈进。

马克思把提高劳动生产率作为工业进步的标志，他认为"缩短生产时间的主要方法是提高劳动生产率"。马克思恩格斯在研究产业革命时，十分注重分析由于科学技术的进步必然带来的生产效率的新变化。他们经常举例英国的统计材料，指出在纺织机械革命普遍发展的1770年，科学技术造成的生产率和手工劳动生产率之比是4：1，而在英国基本上完成蒸汽机革

---

① 《马克思恩格斯全集》第四十六卷（下），人民出版社1979年版，第212页。

命的 1840 年，科学技术造成的生产率和手工劳动生产率之比是 108：1，70
年间科学技术造成的生产率提高了 27 倍。这时劳动过程所呈现的特点，正
是像马克思所说的："劳动表现为不再像以前那样被包括在生产过程中，相
反地，表现为人以生产过程的监督者和调节者的身份同生产过程本身发生
关系。""工人不再是生产过程的主要当事者，而是站在生产过程的旁边。"①
由于机器代替人的手工劳动，所造成的是劳动力节约，生产效率的提高。
一个人控制的机器代替了许多人的直接的手工劳动。在生产中人成为监督
者和调节者，主要是取决于劳动者对科学技术的掌握和应用。马克思把科
学看成是历史的有力杠杆，看成是最高意义上的革命力量，认为大工业把
巨大的自然力和自然科学并入生产过程，必然大大提高劳动生产率。马克
思曾经把财富的创造和科学联系起来，认为随着大工业的发展，现实财富
的创造较少地取决于劳动时间和消耗的劳动量，较多地取决于在劳动时间
内所运用的"动因的力量"。这里所说的"动因的力量"指的就是科学水平
和技术进步，就是科学在生产上的应用。马克思所分析的既是工业社会的
特征，也是对未来信息时代的预见。

产业革命表明，从手工业和工场手工业向大工业的过渡之所以在不停
地进行，很重要的原因是科学技术知识的迅速传递。从当时来看，纺织业
中的珍妮纺纱机的构造不断在改进，技术上呈现日新月异。如 1764 年詹姆
斯·哈格里沃斯发明的珍妮纺织机比旧式纺车多生产 15 倍，可是过了不久，
又发明了水力纺纱机。在科学技术不断发展的形势下，又有人综合珍妮纺
纱机和水力纺纱机的技术特点，发明了一种更先进的骡机。由于蒸汽机的
推广和应用，1804 年发明了动力织机，一下子压倒了手工织工，工作效率
比以前提高了 40 倍。由于采用新技术和新机器，使一些生产部门"仅在很
短的时间内是用手工方法进行的"。产业革命带来了高效率、高速度。使科
学技术更新的周期也大大缩短。马克思高度评价蒸汽机的发明，把它看成
是大工业普遍应用的发动机。他曾分析说，阿克莱的环锭精纺机最初是用

---

① 《马克思恩格斯全集》第四十六卷（下），人民出版社 1979 年版，第 218 页。

水推动的，但使用水作为主要动力有种种困难。水不能随意增高，在缺乏时不能补充，有时完全枯竭，而更重要的是，它完全受地方的限制。直到瓦特发明第二种蒸汽机，才找到了一种原动机，它消耗煤和水而自行产生动力，它的能力完全受人控制。这种原动机具有普遍应用的价值。马克思说，瓦特的伟大天才表现在1784年4月他所取得的专利说明书中，他没有把自己的蒸汽机说成是一种用于特殊目的发明，而把它说成是大工业普遍应用的发动机。马克思有时还把蒸汽机称为"普遍适用工业的万能原动机"。蒸汽机等的发明和应用，说明人类对自然力的驯服，它证明"人类所支配的生产力是无穷无尽的"。可贵的是，马克思从中看到人类智力的巨大潜在力和它对社会生产力发展的深远意义。马克思说："自然界没有制造出任何机器，没有制造出机车、铁路、电报、走锭精纺机等。它们是人类劳动的产物，是变成了人类驾驭自然的器官或人类在自然界活动的器官的自然物质。它们是人类的手创造出来的人类头脑的器官，是物化的知识力量。"① 按照马克思的分析，蒸汽机、走锭精纺机等机器的制造，是科学知识的物化，科学知识变成了直接的生产力，说明"社会生产力已经在多么大的程度上，不仅以知识的形式，而且作为社会实践的直接器官，作为实际生活过程的直接器官被生产出来"②。

三

产业革命推动了社会各方面的变革，它也预示了无产阶级在未来社会发展中的历史使命。恩格斯在1845年出版的《英国工人阶级状况》一书的导言中，首先使用"产业革命"这个概念，把产业革命的内容概括为技术变革和社会变革两个方面。从珍妮纺纱机的发明开始，英国的社会发生了根本变革。在纺纱机出现之前，纺纱织布是在工人家里一家一户进行的，纺织工人多数是散居在农村，他们除了纺纱织布还能够积蓄一些钱，并租一

---

① 《马克思恩格斯全集》第四十六卷（下），人民出版社 1979 年版，第 219 页。
② 《马克思恩格斯全集》第四十六卷（下），人民出版社 1979 年版，第 220 页。

小块土地在空闲的时候耕种。由于生产的狭小，交通的不便，使他们和城市隔离，乡村和城市很少发生来往。乡村生产的纱和布只好交给包买商代卖和买。当时生产规模狭小、技术落后，城乡的商业不发达，贸易来往很少。散居在乡村的手工工人在道德和智力上和农民一样。但珍妮纺纱机出现之后，却发生了新的变化，因为织工在纺机旁能赚更多的钱，所以他们逐渐抛弃原来经营的少量土地，从事专门织布。随着生产的发展，打开了他们的眼界，使城乡的交流日益增多，商业迅速兴起。产业革命冲击了过去那种闭关自守、与世隔绝的落后局面，改变了过去那种为了自己的织机和小小的园子而活着的状况，改变了对村子以外席卷了全人类的强大运动一无所知的境地。

马克思和恩格斯对产业革命、大工业所产生的巨大的社会历史作用，曾经做过充分肯定，认为产业革命首次开创了世界历史，使每个文明国家都依赖于整个世界，消灭了以往自然形成的各国的孤立状态。它使自然科学从属于资本，它建立了现代化的大工业城市，使它们像闪电般迅速地成长起来，迅速代替从前自然成长起来的城市。它破坏了手工业和工业的一切旧阶段，使商业迅速发展起来，商业城市的各种渠道扩展到了乡村。产业革命的第一个前提是自动化体系，它的发展造成了生产的突飞猛进。产业革命向人们说明，资产阶级在历史上曾为技术革命和工业的发展起过促进作用。为了工业的发展它扫除了封建生产关系的种种羁绊，为了自身的利益和资本的需要，它也做过新科学技术的促进者。但是在资本主义社会生产力（也可以说劳动本身的生产力）的任何增长，例如科学、发明、劳动的分工和结合、交通工具的改善、世界市场的开辟、机器，等等，都不会使工人致富，而只会使资本致富，也就是只会使支配劳动的权力更加增大，只会使资本的生产力增长。[①] 在资本主义条件下生产力的发展必然使生产的社会化同生产资料的占有形式之间存在尖锐的对抗矛盾。虽然如此，从产业革命以来，工业发达的国家在企业组织管理和经营上进行某种调整，

---

① 《马克思恩格斯全集》第四十六卷（上），人民出版社 1979 年版，第 268 页。

并且沿着"开发智力"的方向发展，使工业社会逐步转入"信息化社会""智力化社会"，在产业结构、劳动力结构、资源结构以及在组织决策上都发生了新的变化。但是，在资本主义制度下，无论在组织管理上采取什么措施进行调整，都改变不了它获取超额利润、占有更多剩余劳动的剥削实质，这些调整也只能激化资本主义的基本矛盾。马克思恩格斯认为，解决冲突只能是在事实上承认现代生产力的社会本性，要充分发挥生产力的社会本性，就必须消灭剥削制度。"一旦社会占有了生产资料……社会内部的无政府状态将为有计划的自觉的组织所代替。"在生产资料公有制度下，无产阶级的根本利益和长远目标与生产力的发展是一致的。社会主义制度为生产力的高度发展开辟了广阔的前景。社会主义制度是先进的社会制度，它能够充分吸收和利用人类共同创造出来的科学技术成果。它能够在生产力的发展上最终战胜一切剥削制度。恩格斯说："历史的发展使这种社会生产组织日益成为必要，也日益成为可能。一个新的历史时期将从这种社会生产组织开始，在这个新的历史时期中，人们自身以及他们的活动的一切方面，包括自然科学在内，都将突飞猛进，使以往的一切都大大地相形见绌。"①这就是说，社会主义、共产主义制度能够为科学技术的发展、生产力的进步提供有利条件，它能最大限度地发挥人民群众的聪明才智和创造力。

当前在世界范围内，正从工业社会转入"信息化社会"，科学技术以超乎人们的预料飞速向前发展，以信息为中心的新的技术革命正要到来。在这场新的技术革命中，社会主义制度下的产业结构变化将使人本身，使广大劳动者逐步从直接劳动过程中解脱出来。面临新的劳动力结构的变化，将使劳动发生质变，使更多的劳动者逐步成为智力劳动为主的新式劳动者。社会主义制度为智力开发和提高文化、科学水平开辟了道路，它将使一般社会知识在愈益广大程度上变成直接的生产力，它将使"社会生活过程的条件本身……受到一般智力的控制并按照这种智力得到改造"。社会主义制度在信息化时代，将会发挥出更大的优越性，社会主义制度将为人类的未

---

① 恩格斯：《自然辩证法》，人民出版社 1975 年版，第 20 页。

来开拓美好的前景。

（原载《晋阳学刊》1986 年第 6 期）

试谈生产力标准的客观性

生产力是人类征服和改造自然的能力。生产力是一种社会力量，是一个复杂的系统，是一切社会发展的最终决定力量，是检验社会进步的客观标准。

一

生产力的发展是一个自然历史过程。人类的进步，社会的变迁，不是由什么人凭主观愿望决定的，而是取决于生产力发展的客观要求。生产力有自身的发展和运动的规律，任何生产力都是人们实践能力的结果。人们的实践能力也是一个积累的过程，它取决于人们所处的历史条件，决定于先前已经获得的生产力、决定于在他们之前的前一代人创立的社会形式。社会生产力作为一个客观标准，总是同生产关系共居于生产方式这一辩证统一体之中，决定生产关系的性质的变化。生产力决定生产关系，这种"决定作用"是由社会生产方式运动规律所支配，不是由人们的主观意志所左右，其本质含义就是它作为标准的客观属性。第一，任何一种新的生产关系的出现，有赖于一定物质条件的具备。新的更高的生产关系，在它存在的物质条件在旧社会的胎胞里成熟以前，是决不会出现的。第二，无论哪一个社会形态，在它所能容纳的全部生产力发挥出来以前，是决不会灭亡的。社会形态的变迁和生产关系的变革，要以生产力为依据。第三，社

118

会形态、生产关系无论是在质变状态还是在量变状态，检验的标准只能是生产力。有利于生产力发展的生产关系的量变质变都是合理的、顺应社会历史发展的。

生产力作为社会进步的标准，之所以具有客观的规定性，主要在于生产力本身有其内在的动力。生产力和生产关系在社会发展过程中，经常表现为主要和从属的关系，决定社会发展的最后的基础力量是生产力，而不是生产关系。生产力在生产中表现得最革命的原因，不能从生产关系中去找，也不能从生产力与生产关系的矛盾中去找，而只能从生产力系统中去找。生产力能够相对独立增长，具有"自行增殖"的内在因素。因为生产力内部的诸方面的矛盾在不停地运动，主要是社会劳动与生产条件处于经常的矛盾运动，因为生产力的增殖能够引起新的需要，而需要又会反过来推动着生产力发展。当然，我们并不否认，生产力和生产关系在运动发展中要对生产力的发展产生作用，这就是生产关系对生产力的反作用。但是，生产力自身的动力则是决定性的、主要的。正因为生产力的内在动力推动生产力的发展，所以，就决定了它作为社会进步的标准，是客观的、独立的因素。例如，社会主义社会的生产关系就其本性来说，对生产力的发展起着积极的促进作用，但是这种作用不能超出生产力自身的动力。生产关系的反作用不能代替生产力的自身发展。资本主义的社会制度就其本性讲已经阻碍生产力的发展，但是资本主义的生产力并没有因此而停滞，其原因就是生产力内部动力作用的结果。特别是在新技术革命的推动下，资本主义国家的生产力还在不断发展，社会产业结构发生新的变化，劳动人民的物质生活有一定程度的提高。由于生产力的巨大发展，发达资本主义国家的生产关系也发生了一些相应变化。这正说明，生产力本身是一个客观存在的动力因素。

历史唯物主义在评判任何一种社会形态时，首先坚持的是生产力的客观标准，不是哪一个人的主观臆想。判断社会形态的更迭和社会制度的优劣，不是单从哪个社会的生产关系、上层建筑本身而论，而是以社会生产力的标准来衡量，离开生产力这个客观标准就无法解释历史。历史上的空想社会主义者，站在正义的立场上，对旧制度进行无情批判，从对过去的否定中，推演出了未来社会的美好前景，这是可贵的，在很多方面启迪了后人。但是他们陷入空想的根本原因就是超越了客观生产力，离开了生产力的现实要求。这种不成熟的理论，是和当时不成熟的资本主义生产状况、不成熟的阶级状况相适应的。解决社会问题的办法在当时还隐藏在不发达的经济关系中，所以只有从头脑中产生出来。在他们看来，旧制度之所以必然灭亡就是因为它失去"人性"，不符合"理性"原则。他们坚持的不是生产力的客观标准，而是"人性""理性"的标准，所以不能付诸于实践。

从理论和实践上讲，社会主义制度把生产关系、上层建筑同坚持生产力标准有机地统一起来，所以从总体上是适合于生产力发展要求的。但是，社会主义的生产关系和上层建筑是在不断自我完善中前进的，在不断调整、完善过程中，仍然存在脱离生产力标准的现象。联系我国在生产资料私有制的社会主义改造基本完成后的一系列失误，这是不难理解的。长期以来，我们在理解生产关系一定要适合生产力性质的原理时，夸大生产关系对生产力的反作用，忽视生产力对生产关系的决定作用，更不讲生产力这个客观标准，总是就生产关系讲生产关系，或者单纯以社会主义的生产关系同旧社会的生产关系相对比，往往过多强调生产关系的优越性，而忽视社会主义自身生产力的发展，更不重视我国生产力和发达国家生产力之差异，其结果是众所周知的。所以，在理解生产关系一定要适合生产力性质的原理时，仅仅强调生产力决定生产某种生产关系是不够的，还必须强调生产力的标准，强调生产力不仅是检验某种生产关系建立时的标准，同时强调生产关系的变革、调整、发展过程中，也必须坚持以生产力为标准。

二

生产力是一个复杂的系统，生产力标准是一个系统性的标准。生产力一般是由劳动者、劳动资料和劳动对象构成，但是，不能简单地把生产力说成几个因素的相加。在生产过程中，生产诸因素形成一个有机统一体，成为现实的生产力。劳动者和生产资料在彼此分离的情况下只是可能的生产力因素，并不构成现实的生产力。构成现实生产力除了劳动者、生产资料和劳动对象诸因素的有机结合外，还应当有形成现实生产力重要环节的社会分工和生产管理。

社会分工作为生产力形成的环节，它集中反映了生产资料特别是生产工具的技术状况。社会分工与生产工具的技术水平紧密联系，分工的发展随着生产的发展而变化。社会分工最直接地体现了生产力的性质和水平。分工产生了新的或扩大的生产力。从社会分工上可以看出生产力内部因素的有机联系。社会分工的出现和发展反映着生产力的发展历程。人类社会的几次大的分工，都带来了生产力的发展。无论是工场手工业还是现代化的生产，都存在不同形式和特点的社会分工。社会分工体现了生产力诸因素在技术结构上的结合和统一。社会分工既是生产力的重要环节也是生产关系的重要环节，成为生产力和生产关系联系的中介。过去我们既不重视作为生产力重要环节的社会分工，也不重视作为生产关系重要环节的社会分工。在考虑生产力和生产关系时把社会分工的技术结构因素抛在一边，脱离我国农村家庭为单位的自然分工结构，离开劳动者和生产工具技术结构落后的现实状况，搞生产关系上的"过渡""变革"。党的十一届三中全会以来，根据我国农村生产力十分落后，生产工具还基本上是牲畜和锄头，劳动者文化素质很低的状况，实行"包产到户""联产承包责任制"，从而大大调动广大农民的积极性，带来了农业战线的大好形势。这说明，在进行生产关系变革过程中，一方面要看到生产工具的现状和水平，另一方面还必须看到，劳动者的素质和他们与生产工具结合的方式和特点。正因为如此，我国社会主义初级阶段，仍然是以家庭为单位的自然分工结构，所以生产关系必须符合这种以家庭为单位的分工状况。

研究生产力标准固然要重视物质资料的增长，国民生产总值和国民收入的增长，因为它们不仅标志着生产力发展的水平、状况，同时也说明生产力发展的社会结果。但是，还必须注意研究社会分工的技术结构，特别是人本身这种生产力因素。人的文化素质、知识技能等都涉及到人的主体能力的实现。随着新技术革命的到来，今后生产力的发展，越来越依靠人的素质、科技知识。现代科技革命引起的生产力的巨大发展。在劳动社会化的社会分工形式上新的表现之一，就是脑力劳动大量加入生产劳动过程，忽视人本身的发展。不注意开发人本身的智力资源，生产力的发展就会受到影响。我们强调人在生产过程中的积极性和创造性，强调人的主体能力，并不意味着忽视生产工具和其他各因素的作用。只有从生产力系统各因素的相互关系、相互作用中，从它们的联系中，才能发挥其各自的作用。从这个意义上说，生产力标准具有全面和系统性的特征。

随着现代科技革命和生产力的发展，生产管理成为重要的社会劳动分工形式。管理已经成为一门科学，是发展生产力不可缺少的环节。过去受"左"的思想影响，把发展生产力同对外开放搞活对立起来，把资本主义制度好的东西，一味说成是反动的，不重视"软科学"的研究，不重视生产中科学管理，导致了科学管理落后和生产力的落后。党的十一届三中全会以来，随着改革开放的深入，我们重视学习和引进西方发达国家的管理经验，在生产中越来越重视科学管理。近几年来，为了改善企业的经营机制，开始发行债券、股票，在所有权和经营权分离的基础上，推广承包、租货经营，进行企业股份化的试点，等等。所有这些应当看成是生产力的内容和组成部分。"满负荷工作法"是改革深化的产物，是提高社会生产力的科学管理方法。它的"人尽其力、物尽其用、时尽其效"的核心就是最大限度调动人的积极性和创造性，科学地做到人的因素和物的因素的最佳结合和统一。实践证明，生产管理是一种专门的社会劳动分工形式，它是生产力发展的体现。生产管理越来越成为生产力标准的客观内容。

三

生产力是一切社会发展的最终决定力量，是衡量社会进步的重要标准。马克思和恩格斯在研究如何建立公有制的问题时，始终强调生产力在新旧社会转变中的决定作用。恩格斯在《共产主义原理》中，曾经分析过英国、法国和德国在无产阶级夺取政权后，建立社会主义的问题。他认为，英国、法国和德国究竟哪一个国家最快建成社会主义，要由这些国家生产力发展水平的高低来决定。当时他认为英国工业比较发达，可能先进入社会主义，而法国次之，德国因为工业落后，进入社会主义可能最慢最困难。马克思恩格斯坚持生产力一元论观点，坚持生产力标准，观察问题分析问题，创立了科学社会主义学说。

我们必须坚持生产力和生产关系、经济基础和上层建筑的辩证统一的观点。强调生产力的决定作用时，要看它在生产关系、上层建筑上的体现，同时注意生产关系、上层建筑的反作用；强调生产关系、上层建筑的作用时，要看到生产力的制约和决定作用。强调某一方面而忽视另一方面，都不是辩证统一论者，在实践上就会带来严重后果。但是，这种辩证统一关系始终以生产力为基础，以生产力为标准。就人类社会发展史看，从一个社会形态到另一个社会形态的过渡都是由生产力的发展所决定的。社会主义的建立，社会主义从一个阶段到另一个阶段的推进，以至共产主义的实现，都必须依靠社会生产力的发展。我们党在坚持生产力标准，处理生产力和生产关系辩证统一关系的过程中，走过曲折的道路，有过沉痛的教训。早在革命战争年代，我们曾经强调，一切政党的政策及其实践在中国人民中所表现的作用的好坏、大小，归根到底看它对于中国人民的生产力的发展是否有帮助及其帮助大小，看它是束缚生产力的还是解放生产力的。当时我们之所以把阶级斗争摆在中心的位置上，完全是为了推翻反动阶级的统治，使劳动人民不受压迫和剥削，为了解放生产力。这正是坚持了生产力一元论的观点，坚持了生产力和生产关系、经济基础和上层建筑的辩证统一。对中国国情的认识，实际上是对中国生产力和生产关系、经济基础和上层建筑历史发展和现状的认识。在认识中国国情特点过程中，由于"左"倾错误的影响，在生产资料的社会主义改造完成后，剥削阶级已经消灭的情况下，却以"阶级斗争为纲"，用"阶级斗争"代替发展生产力，把发展生产力的任务推到次要地位，实际上是忘掉了生产力标准，割裂了生产力和生产关系的辩证统一关系。而违背生产力标准的客观规律，离开生产力自身发展的需要，任何形式的生产关系，都是没有现实基础的，最终必定为生产力的发展所否定和抛弃。

123

社会主义条件下的生产关系、上层建筑之所以优越于旧社会的生产关系、上层建筑，从本质上说是因为它们符合生产力标准的要求。在社会主义条件下，有利于生产力发展的东西，都是社会主义所需要的，阻碍生产力发展的东西，都是社会主义所抛弃的。长期以来，我们不重视发展生产力，没有始终坚持生产力是推动社会发展的根本动力的观点。而是离开了生产力的客观标准，把许多束缚生产力发展的，并不具有社会主义本质属性的东西，或者只适合于某种特殊历史条件的东西，被当做"社会主义原则"加以固守；许多在社会主义条件下有利于生产力发展和生活商品化、社会化、现代化的东西，被当成"资本主义"的东西加以反对。所以，只有坚持生产力标准，才能有科学的是非观，才能有符合历史发展的认识观念。

对我国国情的认识集中到一点，就是对我国生产力现状的认识。社会主义初级阶段所有制的结构和分配形式之所以表现为多层次和多样化，是由生产力的多层次的要求和不同特点决定的。目前全民所有制以外的其他经济成分，如城乡合作经济、个体经济和私营经济，之所以成为公有制经济必要的和有益的补充，在各自适应的范围内促进生产力的发展和社会经济的繁荣，其客观依据是生产力的要求。对所有制内部层次的认识，也主要是坚持生产力标准的结果。而生产力标准，也是我们认识和实践的标准。

生产力的发展是一个量的积累和质的提高过程，坚持生产力标准也是具体实践的过程。必须根据生产力自身发展的每一个阶段在量的增长和质的提高方面的不同表现，来寻找适合的生产关系的具体形式，制定不同的政策。坚持生产力标准的过程，也是以辩证唯物主义观点，具体认识生产力发展规律的过程。党的十三大作出的社会主义初级阶段的发展战略，就是坚持生产力标准所得出的科学结论。它根据我国国情特点所确立的奋斗目标，反映了生产力质和量的积累过程和不同发展水平。生产力的发展具有阶段性和连续性的特点。生产力反映人与自然斗争的实践发展的具体结果，本身是一个自然推进的发展过程，表现为连续性的特征；但在发展过程中又是具体的，呈现为阶段性的特征。坚持生产力标准，就是坚持生产力的阶段性和连续性的统一。离开生产力的阶段性和连续性特征，就不能坚持生产力标准。在实践过程中，既要正确认识生产力在每一发展阶段上的质和量的水平，又要看到生产力总的发展趋势和方向。所以，只有坚持马克思主义的实践观和发展观，才能正确认识生产力发展的客观规律性，才能坚持生产力标准。在建设有中国特色的社会主义的过程中，只要坚持生产力标准，按照生产力发展规律的要求，制定方针、政策，我们就会无往而不胜。

（原载《社会科学论坛》1988 年第 8 期）

经济体制综合改革的哲学探索

　　唯物辩证法关于普遍联系的学说，揭示了自然界、人类社会的各要素之间的相互联系，相互作用的本质关系。马克思说："不同要素之间存在着相互作用，每一个有机体都是这样。"恩格斯在阐述自然界联系本质时，也认为"整个自然界形成一个体系，即各种物体相互联系的总体……这些物体是相互联系的，这就是说，它们是相互作用着的，并且正是这种相互作用构成了运动"[①]。社会机体的生产力、生产关系，经济基础、上层建筑之间是相互联系、相互作用的系统，它们反映了社会有机体普遍联系的客观发展规律。经济体制综合改革，是唯物辩证法普遍联系学说的运用。本文仅就事物的普遍联系原理与经济体制综合改革之间的关系作初步探索。

一

　　生产力与生产关系之间的相互作用，决定了综合改革的客观必然性。马克思在分析生产力和生产关系之间的联系时指出："人们在自己生活的社会生产中发生一定的、必然的、不以他们的意志为转移的关系，即同他们的物质生产力的一定发展阶段相适合的生产关系。"[②] 就是说，社会物质生

---

　　① 《马克思恩格斯选集》第三卷，人民出版社 1972 年版，第 492 页。
　　② 《马克思恩格斯选集》第二卷，人民出版社 1972 年版，第 82 页。

产力决定生产关系，生产关系总是与一定发展阶段的生产力相适应而存在。但是，这种联系又是一个自然历史的复杂过程。任何社会形态的物质生产力并不是一个单一的因素，它本身的结构是一个复杂的体系。在一定历史发展阶段，人们一方面继承着前人所创造的一定水平的生产力，另一方面也创造着新的生产力。就一个社会形态的生产力总和说来，总是呈现着不同状况和水平，表现为生产力发展水平上的多样化结构。在资本主义生产方式发展的初期，手工工具和机器生产并存，在当今信息化发展的时代仍然有机器生产、手工工具相伴随。由于生产力发展的不同水平和要求，生产关系也同样存在着不同形式。社会主义社会是在旧社会基础上建立的社会制度，它为生产力的高度发展开辟了广阔的天地。但是，社会主义社会本身的生产力同样具有多样化的特征。适应这种生产力的不同水平的生产关系，也必然是多样化的形式，反映出生产力与生产关系之间多方面的联系关系。

我国是在半殖民地半封建社会的基础上建立起来的社会主义国家。旧中国生产力发展状况极不平衡，发展极其缓慢。在旧中国除了有少量的现代工业和机器生产之外，相当广大的地区和部门基本上是手工式劳动，技术落后，生产效率低。中华人民共和国成立以后，我们消灭了剥削制度，建立了全民所有制经济和集体经济，使解放了的生产力与新的生产关系达到新的统一。新的生产关系的建立从客观上反映了生产力与生产关系之间的本质联系。这种本质联系的特点在于，生产资料所有制的多元结构与生产力的不同状况和水平相适应。中华人民共和国成立初期，我国存在着人类历史上存在过的各种社会经济形态，当时不仅有社会主义的国营经济、合作社经济，而且有私人资本主义经济，个别地区还有原始公社经济和农奴制经济。在社会主义改造基本完成之后，除全民所有制和集体所有制经济占优势以外，还有集体农民经营的自留地和家庭副业，在城镇和农村存在一定数量的个体商户、个体手工业者和个体农民。当时，我们坚持从生产力发展的实际状况和水平出发，采取灵活政策，在所有制形式上与生产力的多样化水平相适应。正确处理了生产力与生产关系的辩证关系，因而促进了生产力的发展。在社会主义建设时期，我们建立了基础工业，发展了科学技术，生产力发展速度和水平都超过了以往的历史时期，显示了社会主义制度的优越性。但是，我国目前的生产力的发展仍然是不平衡的，表现为多样化的状况。农、轻、重部门内部生产水平不平衡，具有世界先进水平的技术还不多，中间技术或落后技术大量存在。既有自动化半自动化的生产，也有一般水平的机械化，又有半机械化半手工劳动的生产，同时存在大量的手工劳动。在轻工业中，手工劳动还占百分之四十左右。农业生产基本上是人工和畜力。同时，由于地区上的客观条件的不同，生产力水平相差也很大。城市和农村、大城市和中心城镇、沿海地区和内地、平原和山区生产水平存在着先进与落后的差别。应当肯定，社会主义建设时期我国在生产力上表现出来的多样化水平与解放初期相比，是在新的基础上表现出来的多层次。无论在质和量上都大大前进了一步。但是，在以后的年代里，在很长一段历史时期，由于"左"的思想干扰，使我们离开了生产关系一定要适合生产力发展状况和水平的客观规律。在认识和变革生产关系的过程中，违背了辩证法关于普遍联系的学说，以主观热情代替对客观规律的认识和把握，使生产关系离开生产力的实际水平的要求，人为地割裂了生产关系与生产力的内在联系，破坏了生产力与生产关系之间决定被决定的关系。"大跃进""穷过渡"，急于把多种形式的所有制结构变成单一的全民所有制结构。这种形而上学的错误，在"文化大革命"中达到了顶点。因为人为地把多元结构的所有制变为单一结构的所有制，所以不仅没有促进生产力的发展，反而阻碍和破坏了生产力的发展。一种离开生产力一定水平的生产关系，它对生产力的反作用就失去了生产力的要求，它的反作用就失去了积极意义。应当说，我们在认识生产力和生产关系辩证联系上，教训是十分深刻的。

十二届三中全会《关于经济体制改革的决定》中指出："社会主义社会的基本矛盾仍然是生产关系和生产力、上层建筑和经济基础之间的矛盾。我们改革经济体制，是在坚持社会主义制度的前提下，改革生产关系和上层建筑中不适应生产力发展的一系列相互联系的环节和方面。"在进行经济体制改革过程中，如何把握生产力与生产关系、经济基础与上层建筑之间的联系，从它们的相互作用中寻找改革的基本线索是十分重要的。在进行改革的过程中，一方面要分析我国现有生产力的特点和发展状况，根据现有生产力的水平和要求，变革与之不相适应的生产关系、上层建筑的环节和方面，建立适应当前生产力发展水平的生产关系和管理体制。另一方面还要分析新技术革命所带来的生产力的新变化。新生产力的客观发展对生产关系的变革提出的新要求。党的十一届三中全会以来，我们实现了工作重点的转移，明确了总任务、总目标，我们已经逐步纠正了过去工作中的错误，从我国生产力的实际状况出发，建立了与生产力相适应的生产关系。由农村开始的联产承包责任制，发展了合作制原则，调动了广大农民的社会主义积极性，从而开辟了在社会主义条件下发展农业生产力的新途径。目前，我国农村推行的各种形式的联产承包责任制，是在更大范围内的一次生产关系上的新变革。农村的联产承包责任制是在所有制上适应了农业生产力实际发展水平的需要。城市的承包经济责任制的推行，企业自主权的扩大，为生产力的发展创造了有利条件。应当看到，城市推行的经济体制改革，特别是生产关系诸因素的变革，是从我国城市生产力总的发展状况出发的。根据生产力多样化发展的要求，也必然要建立与之相联系的各种形式的生产关系和经营形式。在我国，一部分社会化了的生产力居于主导地位，这样的生产力要求占有上也社会化，因此决定了全民所有制的主导地位，同时也存在集体所有制经济。几年来，我们在大力发展全民所有制经济和集体所有制经济，在发挥国家和集体的积极性的同时，充分调动了个人的积极性，实行多种多样的经济形式。在全民所有制占主导地位的前提下，发展各种形式的个体经济。我们把个体经济作为社会主义经济的必要的和有益的补充，充分发挥它在发展生产、活跃市场、方便人民生活、扩大劳动就业方面的特殊作用。这种补充作用也是生产力多样化结构相互作用的必然要求和反映，生产力多样化结构决定了生产关系中所有制关系上的互相作用的关系。彭真同志在《关于中华人民共和国宪法修改草案的报告》中说："国营、集体和个体这三种经济，各在一定范围内有其优越性，虽然它们的地位和作用不同，但都是不可缺少的。"多种经济形式之所以有其优越性，就在于它们与一定状况的生产力发展的要求相联系。一定状况的生产力决定一定形式的所有制关系，同时它们又成为一定状况生产力的推动者和促进者。所以，一定的经济形式总是与一定状况的生产力相适应而存在，而一定的状况的生产力也不能离开相应的经济形式而独立发展。经济体制改革要从生产力发展的现状出发，同时把是否有利于发展生产力作为检验改革得失成败的标准，把经济体制改革的成效通过生产力来显示。在综合改革中，只有以辩证法关于普遍联系的学说为思想武器，才能从理论上和实践上认识和把握生产力和生产关系、经济基础和上层建筑之间的本质联系，取得行动上的自由。

二

生产关系系统各因素之间的相互影响决定了综合改革的整体性、系统性。马克思在《〈政治经济学批判〉导言》中，把生产关系分为生产、分配、交换、消费四个环节。它们"构成一个总体的各个环节"，是"一个统一体内部的差别。"这些不同的环节、要素作为一个统一体的各要素相互间有着密切的联系，它们相互作用、互相影响，形成一个"有联系的交往形式的序列"，形成生产关系的运动和发展。生产过程中生产资料所有制是生产关系的基础，生产资料所有制支配着生产关系中其他要素。其他要素也会对生产起一定的反作用，生产关系系统各因素之间的相互作用，相互影响，形成一个协调发展的机体。

过去，由于受"左"的思想影响，我们在生产关系的变革中，总是割裂生产关系内各个环节的相互联系，不注意它们之间的相互影响关系。搞所有制的"升级"和"过渡"不顾生产对分配、交换、消费的决定作用，也不讲分配，交换、消费各因素对生产的反作用，只讲计划经济，不讲商品交换，只讲生产不讲生活，只讲积累不讲消费，分配上搞"大锅饭"、平均主义、不讲按劳分配，等等，因而破坏了生产关系系统各要素之间的协调关系和自身运动的规律。党的十一届三中全会以来，党和国家在以主要精力进行全面拨乱反正和国民经济调整的同时，逐步开展了经济体制改革。几年来，我们在城市进行的综合改革中，把企业作为工业生产、建设和商品流通的直接承担者，作为社会生产力发展的主导力量，实行了多种形式的经济责任制，贯彻责、权、利相结合的原则，做到国家、集体、个人利益的统一。

随着企业的经营管理自主权的扩大，要求企业外部的各项经济管理体制的配套改革作为条件，承认企业作为生产力的承担者，作为动力对生产关系系统各要素，从相互联系上进行考察。企业作为一个相对独立的经济实体，要发挥自主经营、自负盈亏的社会主义商品生产者和商品经营者的作用，就需要打破所有制的界限，与其他经济形式建立广泛的联系，形成多元化的结构，建立全民、集体、个体经济相互之间的灵活多样的合作经营。这种多种经济形式的合作经营、专业协作，反映了不同所有制之间的相互联系。在改革中，在所有制结构多元化基础上出现了经营的交叉形式，如在公有制经济中实行个体经营方式，在公有制企业中吸收个人投资入股。城市的个体经济有的为全民或集体经济单位加工产品，有的按规定价格为全民所有制商业代销商品。允许同公有制相联系的利用外资兴办的合资、独资企业经济作为社会主义经济的必要补充。在综合改革中，企业与企业、城市与乡镇之间建立的经济联合体、专业协作就是生产关系系统内不同所有制之间和同一种所有制之间的不同单位在更广泛的领域里的内在经济联系。这种横向的经济联系，反映了生产关系系统各因素之间的联系。这种联系不是"合并同类项"式的捏合，而是事物的辩证联系关系，目前这种横向的经济联系形式多种多样：有以大厂为依托的合资联营；有对外联合辐射，对内"拆全改专"实行专业化生产的联合体；有以城市工业企业为依托，与乡镇企业的联合和工艺专业化协作；有工商、工贸联合；有工业企业与科研单位、大专院校的联合；有跨地区的从经济到社会生活各个领域的协作和联合。这种多形式多渠道的经济联合协作，是在生产和经营上的联合，它打破了过去那种条块分割、城乡分割和生产资料隶属关系范围。在不改变原所有制性质的前提下，坚持自愿协商、平等互惠、利益均沾、风险共担的原则，如城市企业与乡镇企业建立的经济联合，达到互相促进，协调发展。联合协作提高了城市企业专业化程度，进一步使生产工艺系列化，使名牌优质产品增加，提高了企业的竞争能力。联合协作使乡镇企业得到扶植。技术水平得到提高，促进了农村商品经济的发展。这对于缩小城乡差别是有深远的意义的。

　　社会主义企业是一个相对独立的经济实体，它本身体现着生产力和生产关系在一定范围内的统一，作为生产力的承担者，要求在生产关系上与自身相适应，这本身是一种撞击的原动力。因为生产关系是一个系统，具有相互联系的特点，所以，生产关系变革决不是单一的，而是一个系列结构的变化。要扩大企业这个作为经济实体的自主权，就必然联系到计划体制、财政体制、价格体制、流通体制、劳动工资制度、人事制度等方面的相应改革。应当说这是由于社会有机体各因素之间的内在联系的客观需求。随着企业自主权的扩大，企业作为商品生产者和商品经营者，要求在经济活动中充分运用价值规律，发挥价值规律的作用。改革用行政手段管理经济，发挥经济杠杆的作用，有步骤缩小指令性计划，扩大指导性计划，发挥市场调节的作用。但是指导性计划和市场调节不是没有宏观控制的，完全自发的，这样，就要通过价格、税收、信贷等经济杠杆的环节，来保证和促进计划的实现。就要求价格体制、税收体制、信贷体制进行改革，而这些环节的改革直接与生产关系的因素相联系。而价格、税收、信贷体制的改革不仅与所有制相联系，影响着人与人之间的关系，也直接影响到国家资金的积累和人民生活的改善，影响到工农之间，各地区、各部门之间的经济利益，影响到国家、集体、个人之间的利益和经济关系。运用经济杠杆的联系环节，就在生产关系系统内部协调了生产者之间的关系，使生产关系更加适应生产力的发展。企业要成为相对独立的经济实体，就要解决国家和企业、企业和个人的分配关系。正确处理好国家、企业和个人的利益关系，就必然涉及到财政体制、税收体制、工资制度等体制的改革。中华人民共和国成立后，我们根据"统一领导、分级管理"的原则，对财政体制进行过多次改革，但基本上是"统收统支"，吃"大锅饭"较普遍，在综合改革中对财政体制进行改革，较好体现了资、权、利相结合的原则，调动了企业的积极性。财政体制的改革扩大了企业的自主权，把一部分利润留归企业支配，正确处理了国家和企业之间的分配关系。这样就从经营管理权上调动了企业的积极性。为完善企业的经济责任制，把企业的责、权、利密切结合起来，在逐步向利改税过渡后，企业对国家依法交纳税收，企业有了自行安排使用的机动权，这样就从税收体制的改革上体现了国家、企业和个人的物质利益关系。由于有了自身的经济利益，企业的积极性和职工的积极性得到新的提高，这就把分配关系和生产直接联系起来。但是分配关系的解决不仅联系到财政体制、税收体制的改革，还与工资制度有着密切的联系，工资制度直接体现着分配原则，改革工资制度，妥善处理好各类劳动者之间的物质利益关系，直接关系到劳动者的积极性的提高。

在改革中，我们改变了过去那种"统得"过多过死，不利于按劳分配原则贯彻执行的弊端，做到国家、集体、个人三者利益的有机结合。而工资制度的改革又涉及消费和积累的关系，涉及社会需要和个人需要、长远利益和当前利益的问题。要处理好积累和消费之间的关系，它又同生产、交换、消费有内在联系。要承认人们在劳动熟练程度和劳动力强弱上客观存在的差别，承认社会主义企业从经营管理好坏上体现出来的集体劳动差别，真正贯彻按劳分配原则和物质利益原则。随着企业的商品生产和商品经营的发展，随着不同所有制在经济上的广泛联系和商品经济发展，社会主义的交换关系成为生产和消费之间的重要媒介。交换关系实质上是反映着国营企业和集体企业之间、国营企业相互之间以及劳动者之间的互助互利的关系，反映着国家、集体、个人三者的不同利益，反映着经济活动中各单位的内在联系。而交换关系又涉及流通体制和价格体系，它们之间也是相互联系、相互依赖的关系。几年来，我们改革了独家经营、渠道单一的旧体制，实行多种经济形式、乡种流通渠道、多种经营方式，在流通网络的建设上，实行国营、集体、个人一起上的方针，从而促进了商品交换的发展，繁荣了市场。同样，合理的价格管理体系，将调动生产者的积极性，促进生产的发展，因为它直接影响到工农之间、各地区、各生产部门之间的经济利益。所以，生产关系系统内部各环节的相互联系，相互影响，形成一个总体，各个环节不能离开与其他环节的联系而孤立存在。同时，生产关系各因素之间在相互联系中运动，发展决定了生产关系系统的有机联系的运动规律。也正因为如此，改革生产关系不适应生产力的环节，也必然是综合的改革，是同步配套的改革，这种综合改革是一个有序的自我完善过程。总之，生产关系适合生产力状况的规律要求综合改革必须是全面的、配套的。只有这样，才能使综合改革符合生产力发展的客观要求。

三

生产力与生产关系在发展过程中的相互制约决定了综合改革的阶段性和连续性。生产力和生产关系处于对立统一体中，双方各自制约着对方。综合改革就是对生产力与生产关系两体系的相互制约关系的正确认识和实践。生产关系系统中不适应生产力发展的环节的存在，反映了生产力发展的一定阶段上与生产关系的矛盾，同时也表现出生产关系与生产力相互制约的程度。对于已经暴露出来的不适应环节和方面，要采取有的放矢的措施进行改革，使生产关系系统各环节和方面适应生产力发展的状况，这种由不适应到适应的过程，说明生产力在一定发展阶段的客观要求得到解决。当一种生产关系适合一定水平的生产力并对生产力起促进作用时，它本身以适合的方面占主导，表现为相对稳定性。综合改革过程中对生产关系不适应生产力发展的环节所进行的调整，是人们对于客观规律的反映。应当说，任何一项改革措施只要真正坚持了唯物主义路线，正确反映了物质生产力的要求和状况，这些改革就是可行的和成功的。对在改革中群众创造出来的好经验好措施，应当加以肯定和坚持，因为它来自实践，适应生产力的发展。但是，事物是不断变化和发展的，某一阶段的改革方案和措施只是反映了生产力一定阶段的要求，随着生产力的进步发展，又会提出新的要求，提出新的改革任务。就是说，改革必须是有计划地、有步骤地进行，必须是稳妥的、扎扎实实的。邓小平同志说，改革的方针必须坚持，"但是，方法要细密，步骤要稳妥"。陈云同志也指出："我们要改革，但是步子要稳，因为我们的改革问题很复杂，不能要求过急"。所以，改革是科学的实践过程，是一个根据客观条件的要求的自觉行动过程。如果我们不顾客观条件，一味追求所谓改革形式，搞无内容的花架子，就不是一种科学的、实事求是的态度。在改革中，有的单位满足于做表面文章，一说成立联合公司，大家都挂起了联合公司的牌子，不顾条件是否成熟到处成立起所谓"中心"，等等。不少所谓联合公司的空架子，就是没有根据客观条件的要求，超出了生产力的实际状况，在改革上要求过急，结果是违背了生产关系适应生产力状况的规律，割裂了生产力和生产关系相互制约的关系。经济体制综合改革是解决新问题的新实践，对于一个复杂过程，复杂事物的认识不是凭一时的热情，更不能用搞群众运动的方式变革生产关系，否则带来的是生产力和生产关系形而上学的割裂，使生产力受到破坏。在今天新形势下的改革，是按经济规律的要求对现行管理制度的改革，是在新生产力基础上对生产关系的调整。要按规律办事，就要坚持实事求是，认真调查研究，从实际出发，制定出切实可行的方案和措施。客观事物总是相互联系的，矛盾的暴露和解决也是有序的。每一项改革都是与其他方面的改革相互联系，相互制约，同时事物矛盾的暴露和解决总是有先后之分、缓急之别，这就决定了改革是有步骤地进行，因此呈现出若干层次和若干阶段。综合改革的层次性和阶段性是客观事物发展的必然。

人类的生产活动是不停地进行的，生产力永远不能停留在一个水平上，生产力不仅是生产中最活跃、最革命的因素，而且是生产发展的决定因素。生产关系系统各因素总是受制约于生产力发展的状况。生产力对生产关系的制约作用，表现为生产力系统各因素不同性质和特征对生产关系系统各因素的不同要求。首先，生产力中决定生产关系形式的主要因素是生产工具，不同质的生产工具对生产关系提出不同的要求，决定着生产关系发展的趋向。其次，生产力中人的因素特别是知识和智力在生产力中的地位日益显著，也对生产关系产生影响和制约，劳动者的智力水平的提高，劳动技能的增长以及积极性和创造性的发挥，都直接和间接影响、制约生产关系。最后，新技术革命的挑战，特别是信息论，控制论、系统论的广泛应用，新的装备和工艺、新的市场条件也为生产关系的变革提出新课题。同时还应看到，一定形式的生产关系也制约着生产力的发展。生产关系落后和超越生产力的发展对生产力都是一种阻碍和破坏。同时，物质生产力的发展是一个继承性的序列，是一个在质和量上不断增殖变化的系列。因此，它本身的连续性也决定着生产关系发展的连续性。经济体制改革从农村到城市，从农业到工业普遍展开，充分反映了由生产力发展的连续性决定生产关系和管理体制改革的连续性。生产力发展的连续性决定生产关系变革的连续性，生产力系统和生产关系系统在协调发展中相互制约。改革是一个协调生产力和生产关系的过程，它要求人们对这个客观过程，采取唯物主义的态度，运用唯物辩证法的发展观点，对待当前的改革。要站在改革的前列，坚持调查研究，总结改革的经验，从总结中找出规律性的东西，把握经济体制改革中各个阶段、各个环节的内在联系。要研究分析将改革引向深入的客观条件和积极因素，以及改革各阶段的上下衔接的环节和联系的因素。借鉴好的经验，发展已有经验，在新的基础上研究新问题，创造新经验。

改革是一种新的实践，困难和挫折是难免的，但是困难往往成为前进的起点。在改革中，那种因循守旧、固步自封、抱残守缺、不求进取的旧的习惯势力和思维方式，已经不适应新形势的要求。中共中央《关于经济体制改革的决定》中指出："人类总得不断地总结经验，有所发现，有所发明，有所创造，有所前进。"要使综合改革稳步前进，就要从生产力和生产关系的辩证统一关系的总体出发，从生产力和生产关系矛盾运动中把握生产关系和管理体制的运动规律。研究改革的实际内容和措施，从改革的总体联系中，开拓新局面。改革的连续性，决不是一味追求无内容的形式，也不是凭主观臆想、靠搞所谓"群众运动"，而是在不断总结经验上的基础上，在已有的成功经验的基础上，寻找开拓新路子新方法。要使综合改革适应生产力不断发展的需要，就要继续坚持解放思想、实事求是，坚持调查研究，坚持理论和实践的统一、主观和客观的统一。综合改革是一个错综复杂的实践过程。我们还有许多没有认识的东西，在客观规律面前，人的认识是一个发展过程，今天认识和掌握了的规律，不等于明天认识和掌握的新规律。改革是一个不断发展着的实践过程，人们每一次新的实践，都将是对客观经济关系运动规律的新认识。新的实践就是新的出发点，新的高度。我们今天的每一项改革都是发展中的改革，是不断创新的改革。改革本身所体现出的社会效果直接反映在对生产力的推动上，改革本身就是社会的进步。只要我们从社会经济结构的总体联系中，从生产方式运动的客观规律的联系中，把握改革的发展趋势，我们就能有所创新，有所前进，有所开拓。改革是一个开放型的实践过程，新技术革命所带来的生产力的新发展，已经超越地区范围，成为世界总的发展趋势，生产力的冲击波已辐射到各个角落，它所带来的社会结构的新变化，已经成为世界性的现实。人们面对当今世界范围的技术革命，必将在理论上和实践上有新的发现和创造。改革促进了社会的进步，社会的进步要求不断改革。

只要把马克思主义的普遍原理同中国具体实践相结合，我们就能在社会主义的改革实践中作出新的贡献。

（提交 1986 年全国"历史唯物主义与当代现实"学术讨论会，并被选入《历史唯物主义论丛》一书，由福建人民出版社出版）

人的素质与现代化企业

——对河北省冀东水泥厂树立国有企业形象活动的思考

　　生产力的基本要素是生产资料和劳动者，而劳动者是生产力中占主导地位的要素。社会主义现代化企业为发挥劳动者的积极性、创造性，挖掘人的潜能创造了良好的客观环境，也为人的思想现代化和技能现代化提出新的要求。人的素质的提高，关系到现代化企业的生存和发展，冀东水泥厂在实践中，注重提高人的素质，在树立国有企业形象活动中，在人的素质与现代化企业的关系问题上，积累了丰富的经验，给人以深刻的启迪。

一

　　人在现代化企业发展运行中，发挥着巨大的能动作用。人是生产力中最活跃的因素，现代化企业的发展必须依靠科学技术进步，需要职工的科学技术文化素质的提高，需要精神文明提供精神动力和智力支持。河北省冀东水泥厂，是在改革开放中诞生的现代化大型水泥企业，1985年正式投产。水泥厂第一条日产4000吨生产线的全套设备是从国外引进的，日本专家撤离后，"冀东人"发扬自尊、自信、自强的奋进精神，依靠自己的力量，消化引进技术，管好现代化的设备，投产3年达到设计能力，投产不到6年收回近4亿元建厂总投资，比国家原计划18年收回投资缩短13年，经济效益居全国建材行业第一，年创利税由2800万元提高到2.3亿元，人均年创利税由1万多元提高到10万元。国有资产总值由3.96亿元增长到13

亿元，相当于建厂总投资的 3 倍。企业被评为"全国先进集体"，荣获"全国思想政治工作优秀企业""中国能源材料行业利税十强企业""国家二级企业""省级文明单位"等称号。

冀东水泥厂成绩的由来，主要的一条是不断提高职工的思想政治素质和科技文化素质，塑造职工主人翁形象。该厂各级领导把人的素质的塑造，作为一项系统工程，纳入议事日程，把提高职工的思想政治素质放在首位。他们坚信"马克思主义哲学，是完备的唯物主义，它把伟大的认识工具给了人类，特别是给了工人阶级"的真理性，从 1989 年开始组织工人学习马克思主义哲学。在全厂建立起 20 多个工人学哲学小组，形成 200 余人的工人理论队伍。8 年来，工人从学习马克思主义哲学到学习毛泽东哲学思想、邓小平建设有中国特色社会主义理论，对树立正确的世界观、人生观、价值观打下了扎实基础，这是树立国有企业工人主人形象的前提。冀东水泥厂从 1985 年起，就开展文明职工活动，到目前已经有 12 个年头，他们集职业道德、社会公德、家庭美德于一体，实施"三德"塑造工程。要求职工在工厂讲职业道德做文明职工；在社会上讲社会公德做文明市民；在家庭讲家庭美德做文明居民。用多数带少数、用积极因素克服消极因素，充分发挥职工在"三德"塑造中的主体作用，把职业道德、社会公德、家庭美德落实到每一个职工。针对企业特点，着重强调职业道德塑造，从职业责任、职业技能、职业行为、职业纪律、职业形象五方面进行职业道德教育和培养，使职业道德规范具体化，促进职业道德形象的塑造。在社会主义职业道德规范下的劳动，是一种发挥潜能的创造性的劳动，它不仅"具有社会性"，而且"具有科学性"，为职工主体能动性的发挥，提供了主观的和客观的条件。这些条件下的劳动将成为吸引人的劳动，"成为个人的自我实现"，人"将是作为支配一切自然力的那种活动出现在生产过程中"[1]。社会主义的精神文明建设，使每个职工把自己的岗位同企业的兴衰、同国家的振兴和发展联系起来，形成企业与职工的相互依存关系。职工在精神文

---

[1] 《马克思恩格斯全集》第四十六卷下，人民出版社 1979 年版，第 113 页。

明建设中焕发出来的积极性和创造潜能，自然释放在生产上和技术革新上。这个厂的水泥窑原设计能力为年运转率85％，为了开拓创新，他们围绕提高水泥窑的运转率，开展"做主人、比贡献"活动，充分调动每一个职工的积极性、创造性。组织工人进行技术攻关，设备维修改造，使水泥窑运转率达到设计水平。1992年提高到89.11％，比原设计能力提高4.11％，比日本小野田水泥厂在大连的合资企业水泥厂大窑运转率最高年份的88.36％还超过0.75个百分点。1993年这个厂的水泥窑运转率达到92％，超过国际先进水平，投产10年为国家赚回3个冀东水泥厂，创出了我国水泥行业的奇迹。"冀东人"的主创精神充分说明现代化的设备，只有和现代化的人结合起来，才能产生高效益。在市场经济体制下的国有大型现代化企业，不仅具备提高人的素质的客观条件，而且为人的潜能的释放提供了广阔天地。

1991年，冀东水泥厂开展社会主义教育，曾对全厂职工的主人翁意识进行问卷调查，有82％的职工填写自己是主人。职工以主人翁姿态参与企业管理，从事生产劳动，在大修设备一个月的情况下，当年实现利税超过上年1000万元，创出了历史好水平。职工在生产中真正"把他的生产的自然条件看作是属于他的，看作是自己的、看作是与他自身的存在一起产生的前提"①。正因为职工把工厂看作是与自身发展息息相关的"自然条件"，看作是自身能动性的延伸，才最大限度地发挥出巨大的潜能。这种潜能集中表现为主人翁责任感和主人翁作风。这也是和他们经常开展"十佳主人翁""做主人、比贡献"活动分不开的，这些活动坚持10多年来，文明职工由80％提高到99％。职工们被评为文明职工意味着主人翁意识进一步增强，肩上的担子又加重了。开展文明职工活动，是提高主人翁素质，塑造主人翁形象的实际步骤。主人翁责任，主人翁形象表现在生产实践中，就是一种建立在充分调动人的智能创造力的拼搏精神。为扩建第二条生产线建成第二个"冀东"，他们挖掘企业的内部潜力，依靠工人的巨大潜能，提出三

① 《马克思恩格斯全集》第四十六卷上，人民出版社1979年版，第491页。

年增收两个亿的奋斗目标，经过努力实现利税2.5亿元，与大连的小野田合资企业相比，冀东水泥厂吨水泥成本低百余元。坚持内外挖掘潜力，使冀东水泥厂经济效益保持继续增长。

二

实现跨世纪奋斗目标的两个根本性转变为国有现代化企业提出了新的战略任务。经济增长方式的转变，使现代化企业对职工素质提出了更高要求。这种要求一是对职工科技文化素质的塑造提出新任务；二是对职工在企业向集纳型转变过程中发挥出更大的知识潜力，技能潜力。冀东水泥厂坚持以人为本，提出20字的办厂方针："设备是基础，技术是动力，管理是关键，人员是根本。"他们认为，人的现代化包括两个方面，就是人的思想现代化和人的技能现代化。社会主义现代化企业的职工，要真正成为企业的主人，不仅要有主人翁意识和主人翁精神，而且要有主人翁的技能。因为现代化企业的设备是知识的物化，技能的物化，整个生产运作过程都是知识和技能的运行过程。马克思曾指出："自然界没有制造出任何机器，没有制造出机车、铁路、电报、精纺机等。他们是人类劳动的物化，是变成了人类意志驾驭自然的器官或人类在自然界活动的器官的自然物质。它们是人类的手创造出来的人类头脑的器官，是物化的知识力量。"[①]没有科学技术知识，就不能掌握"物化的知识力量"，更不能驾驭现代化的机器设备。正是从这种长远战略观点出发，冀东水泥厂为了提高人的素质塑造新型职工，制订了全面的职工技术文化培训计划，建立了培训中心，规定新入厂的工人，必须经过两年培训才能上岗，技术文化素质不合格的人，一个也不准上岗。近一年来，全厂职工人均参加培训达3次以上。同时，这个厂还与大专院校联合办学，培养自己的技术人才。建厂后已经培养出130多名有职称的工程技术人员，有200多名班组长经过技术文化素质培训，成为有技术专长，有较宽知识面，有较高管理素质的全面人才。几年来，冀东水泥

---

① 《马克思恩格斯全集》第四十六卷下，人民出版社1979年版，第219页。

厂用于智力投资专项经费达 470 万元，办起了夜大、电视中心、培训中心，每年参加专业学习的达 600 多人。工厂不仅把现代化设备作为物化的知识力量，要求职工消化驾驭，而且要求职工所生产的每一件产品要包含精神含量和科技含量。用他们的话说就是，冀东水泥厂生产的每一吨水泥，创出的每一元利税，都有技术进步和精神文明两个含量。产品的两个含量是人的精神、人的技能的统一，它反映着人的整体素质的发展水平。

十多年来，冀东水泥厂从提高人的综合素质入手，把质量管理放在首位，建立了三级质量管理体系，健全了质量控制网，制定了高于国标及英国 BS12 标准的企业内部标准，开展全面质量管理，出厂水泥合格率 100%，富裕标号合格率 100%，盾石牌水泥 525# 硅酸盐水泥获省优，526# 波特兰水泥获部优，两个品种水泥均达到国际先进水平。获得全国水泥产品质量行检行评标兵企业"三连冠"。社会主义现代化国营企业要想求得生存和发展，就要靠质量，靠信誉。质量管理也是人的管理，人的素质高，产品的质量就高。冀东水泥厂把质量管理同人的管理统一起来，把质量管理作为一项系统工程常抓不懈。他们把质量管理纳入工厂方针目标管理之中，列入党委、厂部议事日程，明确质量管理目标，建立岗位责任制，质量管理目标变成人的岗位目标。为了健全质量管理机制和相应保证体系，全面质量管理工作由厂 TQC 委员会负责，厂长主持 TQC 委员会工作，TQC 委员会下设全面质量管理组，全厂各部门都成立有 TQC 领导小组，各工序设立质量管理点，从而形成质量组织保证体系。为了保证出厂水泥百分之百合格，建立健全质量管理制度。从原材料进厂到产品出厂，制定了质量控制指标，运用控制图、因果图、排列图等方法，严格了工作纪律，加强了工序质量管理。在质量管理体系中，人不是被动的客体，而是能动的主体。人在技术标准、管理标准和工作标准面前是执行者和操作者，质量标准是人的活动的尺度。在质量管理过程中，"劳动是积极的、创造性的活动"。管理出人才，管理出效益，管理也带来人的积极性和创造性。冀东水泥厂用一流的管理生产出一流的产品，赢得了市场，受到用户的好评。秦皇岛港建设中，过去用的是台湾出产的水泥，但质量不稳定，影响工程质量。

后来交通部决定采用冀东水泥厂的产品，保证了秦港二期工程潮差段混凝土的质量。亚运工程有70％的建筑用的是"盾石"牌水泥。在市场经济中，企业的竞争力来自管理，来自人的综合素质。产品的竞争也是人的素质的竞争。

现代化的企业要有现代化的管理。一个企业的经济效益和发展速度，不仅靠设备资源而更主要的是靠人的潜能资源。挖掘人的潜在智能，充分发挥人的主体能动作用，是现代化企业发展的杠杆。现代化企业的活力是在不断革新中为工人提出新任务、新课题，现代化企业的动力是职工的不断进取精神和创造精神。冀东水泥厂建厂仅3个月，矿山遥控传输系统的自动控制中枢两块插件板被雷击毁，近9千米长的石料传输系统陷入瘫痪。如果再向日方购买，两块插件板需要90万元，而且半年后才能供货。等半年就意味着减产60万吨水泥，少收入4000万元。在困难面前，他们依靠本厂技术人员，挖掘自身的技术潜力，发扬科学精神和实干精神，经过上百次的对比试验，仅用1个月的时间，便修复了设备，使9千米长的自动送料系统重新投入正常运转。

现代化企业凭借自身的现代设备，在生产力发展中占着重要位置，但是现代化的设备作为物化的知识力量，它本身也是发展的，不断改进和完善的。这一过程体现了人与设备的更高基础上的统一关系。人始终是现代化设备进一步完善和发展的动力因素。人正是在这种新的统一关系中展现出进取精神和创新精神。冀东水泥厂建厂时的全套设备都是从国外引进的，随着时间的推移，机器设备能力也会老化，也会出现故障，引进设备并不是完美无缺。他们并没有抱残守缺，而是结合实际，对洋设备大胆革新改造。对已有设备的革新改造同样是靠人的科技素质，靠人的技艺和智能。这个厂原有的回转窑是整套设备的主体，投产初期密口铁经常被烧坏而引发掉砖停产，几乎两个月更换一次砖，不仅开支五六万元，而且停产三四天，直接影响百余万元的产值。为了解决这个难题，工程技术人员经过现场分析论证，采用窑口浇注耐火混凝土新工艺，把国外引进的窑口铁甩到一边，使窑炉运转串提高了3个月。随后，他们相继改造了石灰石破碎机锤头，解决了矿山送料系统的越级跳闸这个老大难。现在这个厂的 70％ 的机械配件和 20％ 的电气配件实现了国产化。冀东水泥厂的实践证明，人的素质在生产力中是积极的因素、创造性的因素。人的素质不仅包括思想道德素质，而且包括人的思维能力、科学知识水平、生产经验和劳动技能。人的素质的能动作用是综合素质的体现。邓小平同志说，劳动者只有具备较高的科学文化水平、丰富的生产经验、先进的劳动技能，才能在现代化的生产中发挥更大的作用。人只有具备全面素质，才能使现代化企业在竞争中不断发展。

三

社会主义市场经济条件下的国有现代化企业，在国民经济中起着骨干作用，关系到社会主义制度的巩固。搞好国营大中型企业，关键是科技现代化，管理现代化和人的素质现代化。企业的现代化要求人的素质的现代化；人的素质的现代化，又推动企业的现代化。企业的经济增长方式由粗放型变为集约型，科技发展的总趋势，对人的全面发展提出了新课题。

社会主义市场经济条件下人们的交往关系是多层次的现实关系，个人全面发展，个人的全面性"不是想象的或设想的全面性，而是他的现实关系和观念关系的全面性"。社会主义国有现代化企业的现实关系和观念关系，主要表现为国有企业的工人是企业的主人，人与人是平等的关系，这是社会主义企业同资本主义企业的根本区别。全心全意依靠工人阶级办好企业，是社会主义企业的宗旨和理念。增强主人翁意识，树立主人翁形象，应当是人的观念关系全面性的重要方面。冀东水泥厂建厂以来，以人为本注重职工的现代化人格塑造，在培养"四有"新人方面进行了可贵的探索。邓小平同志在谈到培养有理想、有道德、有文化、有纪律的"四有"新人时最强调的是有理想。他认为人的因素重要，但"不是指普通的人，而是指认识到人民自己的利益并为之奋斗的有坚定信念的人"，他指出，没有理想和纪律，建设四化是不可能的，所以要在军队里讲信念，在人民中间、在青年中间，也要讲信念。理想信念是培养"四有"新人，实现人的全面发展的首要内容。作为一个现代化企业，能否培养出一代代"四有"新人，关系到国民经济发展的全局和社会主义制度的巩固。操作机器设备的人有了正确的理想信念，也就意味着机器设备有了灵魂，因为机器设备是受人支配的，人始终是主导因素。所以，企业的现代化，关键是人的现代化。具有高度政治思想觉悟的"四有"新人，是社会全面进步的根本。

社会主义现代化企业的职能，一是出产品为社会增加物质财富，为发展生产力发挥应有作用：二是塑造社会所需要的"四有"新人。而塑造"四有"新人是现代化企业的战略任务和目标。社会主义现代化企业对"四有"新人的塑造，从根本上说是塑造全面发展的人。人的全面发展必须在改造社会的实践活动中才能实现，社会也是在人的劳动过程中创造并不断发展的，它是人的智力和体力发展水平的客观尺度，同时一定时代的社会条件，作为人类活动的基础和前提又制约着人的发展。人和社会的发展正是处于这种辩证统一关系中。马克思曾把人类历史的发展划分为三种社会形态，在这三种社会形态中人与社会的关系表现为不同特征。他把资本主义以前的社会形态称之为"最初的社会形态"，在这种社会形态下，人的生产能力只是在狭窄的范围内和孤立的地点上发展。以商品经济为特征的社会化大生产的资本主义形态，是第二种形态，人的能力"以物的依赖性"为特征。"建立在个人全面发展和他们共同的社会生产能力成为他们的社会财富这一基础上的自由个性，是第三个阶段。"[1] 前两种社会形态下，没有实现人的全面发展的社会条件，只有在公有制条件下的社会形态，才能达到个人与社会协调统一，并在这种统一关系中实现人的全面发展。而社会主义的国有现代化企业，正是人们共同的社会生产能力的社会财富基础。劳动者促进这种社会生产能力的发展，同时，社会的生产能力又对人提出新的要求。社会主义市场经济的建立，国有现代化企业的自身发展，要求个人能力朝着普遍性和全面性的综合方向发展。当代自然科学正以空前的规模和速度，在广阔的领域应用于生产，电子计算机、控制论和自动化技

---

① 《马克思恩格斯全集》第四十六卷上，人民出版社 1979 年版，第 104 页。

术飞速发展，迅速提高生产自动化程度，使社会物质生产的各个领域，使人们生活的各个方面发生着新的变化。社会全面发展最根本的是发展人自身的综合能力。社会化大生产和科学技术的进步，要求劳动者具有多种素质和创造才能，只有具备全面发展的素质和能力，才能适应现代社会发展的需要，才能适应社会协调发展的需要。

（原载《经济论坛》1987 年第 11 期）

简议群体矛盾

社会主义社会进行改革的目的在于促进和发展生产力。充分肯定人在生产中的主体地位，调动人在社会活动中的主动性、积极性和创造性，就不能不经常注意不同群体之间的矛盾。研究和正确处理社会不同群体的矛盾是社会主义改革的重要课题。

一

对社会主义社会人民内部不同利益群体矛盾的认识是一个发展过程。马克思、恩格斯、列宁对此虽然提出了一些基本原则，但因受历史条件的限制，没能具体阐述。毛泽东在新的历史条件下，第一次提出了两类社会矛盾的学说，提出了正确处理两类不同性质矛盾的方针和方法，但是并没有得到认真贯彻。这主要是因为对当时的形势没有作出科学的估计，在《关于正确处理人民内部矛盾的问题》中没有对社会主义社会的主要矛盾进行分析，而在修改稿中过多地强调了阶级斗争。阶级斗争绝对化的思想淹没了正确处理人民内部矛盾的原则。这种历史教训是深刻的。但是，社会自身的发展总有自己的规律，过去不能认识或认识不全面的东西，随着实践的发展，就会逐步有所认识或使认识趋于科学化。党的十一届三中全会，在总结中华人民共和国成立以来历史经验的基础上，提出把全党工作的着重点和全国人民的注意力，转移到社会主义建设上来，这就抓住了社会主义社会的主要矛盾，从而为正确认识和处理人民内部矛盾，奠定了理论基础。社会主义社会的主要矛盾应当决定和支配人民内部矛盾。但是，社会主义社会主要矛盾的逐步解决，本身又是一个历史发展过程。在某一发展阶段，在一定的实践范围，社会主要矛盾并不能完全代替社会群体的各个方面的矛盾。解决社会主要矛盾的过程虽然包含解决不同群体的矛盾，但解决群体之间的矛盾过程更复杂。应当肯定，人民内部不同群体间的矛盾的解决，必然会促进社会主义社会主要矛盾的解决。人民内部群体的矛盾得到正确处理，人们的利益得到社会的肯定，人际关系得到良好的协调，人们就会气顺、劲足，把全部智慧和力量奉献给社会主义建设事业。人的凝聚力不是自发形成的，它本身需要正确处理各方面的关系，才能自觉发挥出来。人们的社会主义的凝聚力的加强，所带来的将是社会的安定，生产力的发展，经济的繁荣。把不同群体利益的矛盾作为社会主义人民内部的中心环节，这就在新形势下，向前推进了人民内部矛盾的学说。承认不承认社会主义初级阶段人民内部矛盾的这个新的特点，这不仅是一个理论问题，而且是关系到经济体制和政治体制改革能否健康发展的实践问题。所以，正确处理和协调各种不同的社会利益和矛盾，是社会主义条件下的一个重大课题。

二

　　社会主义初级阶段不同利益群体矛盾的特点，表现为多层次、多方位。

　　社会主义社会经过自身不断完善发展的必然结果将是全体人民的共同富裕。因此从根本上说，人民内部不同群体的利益具有长远的共同性、一致性。也正因为如此，社会主义才更需要人民的凝聚力。社会主义初级阶段实行有计划的商品经济，而商品经济秩序则要求按平等交换、竞争原则办事。有交换有竞争，就会有利益上的差别和矛盾。同时在经济体制改革过程中，企业实行所有权和经营权分离，把经营权交给企业，使企业自主经营、自负盈亏。实行承包经营责任制，也必然带来职工群众利益上的差异，而这种利益上的差异往往与企业经营机制密切相关，这样必然存在社会性的不同群体利益上的差别和矛盾。同时我们实行的是以按劳分配为主体的分配原则，但是实际带来的结果却是不相同的。行政、科研、教育部门和工厂、企业的实际收入水平是有差别的。社会上的分配不公现象，明显表现在脑力劳动和体力劳动、复杂劳动和简单劳动之间。读书无用、知识贬值的出现固然不是一方面的原因所造成，而社会存在的分配不公则是导致上述现象的重要原因。人们同时也对社会上一些乘改革开放之机，钻空子、搞投机，进行非法经营牟取暴利者越来越不满。至于那些利用职权，进行官倒发财的人，已经引起社会的公愤。我们还应看到，我国目前财富有限，不能不出现物质生活资料的短缺，而人口的连年增长，也给工农业生产和生活资料的供给造成越来越大的压力。所以，我国现阶段不同利益群体之间在物质利益上的矛盾，是人民内部矛盾的主要表现形式。

　　不同利益群体之间的矛盾不仅表现在物质利益上，而且还直接反映在政治领域。应当肯定，随着社会主义改革的深入，人民群众参政议政大大加强，政府机关与群众进行对话，使办事制度民主化、透明化的程度有所提高，但不容忽视的是在一部分干部中出现的腐败现象。这种腐败现象的滋长和蔓延，已经严重阻碍了党和政府与群众之间的沟通与联系，损害了党和政府在人民群众中的形象，动摇着人民群众对社会主义的信仰。人民群众对腐败现象义愤、不满的背后潜伏着矛盾的冲突。毛泽东曾经把人民内部矛盾产生的原因之一归于干部的官僚主义。当然今天社会群体之间的矛盾产生的原因，不能说没有官僚主义的因素，因为官僚主义现象有其思想和认识上的根源，是很难一下子消除的，而这种官僚主义往往容易和封建思想结合起来，给社会主义民主化建设带来阻力。但是，今天社会群体矛盾的产生原因具有更复杂的情况。政治领域中人民内部不同群体的矛盾，往往和经济的、思想的因素相联系。一些人在商品经济条件下由于受腐朽思想的影响，利用手中的权力，为个人谋取私利，进行"权钱""权物"交易，这就造成思想、政治和经济的结合因素。这些综合动机因素形成腐败的行动，其后果必然是扩大、加深人民群众同领导的矛盾。政治体制改革的一个最终目标，是逐步走上社会主义的政治民主化。干部队伍中存在的腐败现象，是政治体制改革的绊脚石。权力和金钱的交易过程，往往使群体矛盾不易立即暴露。掌权一方凭手中的权力，打着为群众服务的招牌而索取财物，办事单位往往处于被动和不得已而为之。如果各种形式的腐败现象得不到根治，就会加深社会矛盾，社会群体之间的矛盾就有可能激化甚至变为对抗。

对待改革的态度往往首先在思想领域表现出来。要改革开放就需要打破过去那种闭关锁国意识。那种封闭自足、求稳怕乱、思想保守的心态，不仅在改革之初，而且在改革过程中总要表现出来。开放与封闭、改革与守旧的矛盾，有时表现得十分尖锐。这些思想领域中的矛盾，有时表现在领导者与被领导者之间，有时表现在群体中一部分人同另一部分人之间。在改革之初，人们的思想容易观望甚至怀疑，当改革为自己带来实惠时，人们的思想表现出赞同和支持改革。但是，随着改革的深入，人们的暂时利益往往因包含在长远利益之中而表现不十分明显。特别是当改革碰到暂时困难时，人们的心理也往往发生变化，在社会承受力面前，因得不到某种需要的满足，而议论，而发牢骚，甚至留恋改革之前的东西。同时，在对外开放的情况下，西方文化不断传入我国，传统的人生观、价值观也受到一定影响，在人生观、价值观和伦理观上，年轻的一代与年老的一代，表现出不同的评判标准，在这两代人之间的代意识也日益明显。就整个社会群体之间的关系而言，这种思想领域中的矛盾也越来越值得重视。思想领域中的矛盾，有些是属于政治思想方面的，有些则是属于文化思想方面的，在现实生活中往往表现出复杂的情况，它本身是多维的。思想领域中的人民内部矛盾同经济领域、政治领域里的人民内部矛盾相互交织，而又具有不同的特点。

政治领域、经济领域和思维领域的群体矛盾，也是不平衡的。有时在政治领域表现得突出一些，有时在经济领域表现得突出一些，至于思想领域里的矛盾，虽然它本身往往借助于其他领域表现出来，但是，它自身也有着一定的规律，也会随着环境和时间的变化而变化。群体与群体之间，在一定的地区、一定时间内的矛盾，可能集中在政治领域，也可能表现在经济领域或思想领域。

　　同时也应看到，在社会的某一群体内部，个人与个人、个人与群体之间，在人际关系上会存在着直接利益与间接利益、暂时利益与长远利益的矛盾。在商品经济的条件下，人际关系会表现出竞争的趋向，竞争本身就是一种矛盾，一旦竞争失利，就会产生消极意识，甚至因为某种利益的矛盾，变成人与人的直接冲突。个人与群体之间的矛盾，往往在涉及个人切身利益时变得尖锐，特别是在职称评定、分房、调整工资和奖金问题上，容易使矛盾由潜在变成公开，由意见分歧变成矛盾冲突，所以，在社会的某一群体层内部矛盾冲突表现出来的形式具有一定的行业、地区特点，不注意研究群体内部的矛盾特殊性，就不能解决好群体之间的矛盾。而社会群体之间以及群体内部诸种矛盾，则构成为一个矛盾的系统，呈现出相互制约、相互联系的特点。因此，对人民内部不同利益群体的矛盾，应当用系统工程的观点进行观察和分析，在处理过程中防止简单化、片面化。不仅如此，不同利益群体的矛盾，也是不断发展变化的，这也会给矛盾带来新的特色。在改革的道路上，人们在不同利益面前，往往表现出复杂的反差心理，使不同利益群体矛盾具有明显的心理特点，因此在对待这些群体矛盾的新特点的态度上，就应当避免过去那种非此即彼的形而上学思维方法，应该从多元的角度去认识、去分析。

三

　　要正确处理人民内部不同利益群体矛盾，最根本的前提是发展生产力。因为生产力落后同人民群众日益增长的物质和文化的需要，是社会主义初级阶段的主要矛盾，也是人民内部不同利益群体矛盾存在的主要原因。过去在处理人民内部不同利益群体矛盾时，有过失误，走过弯路，往往把不同利益群体的矛盾看成是政治问题，单纯从政治思想上寻找解决的途径，很少重视人的文化和技术素质的提高。应当看到，提高人的素质，是处理好人民内部不同利益群体矛盾的途径之一，特别是在科学技术飞速发展的今天，要求一个国家、一个民族尽快赶上世界现代科技水平，只有这样才能提高生产力，也只有这样，才能从根本上提高全民族的凝聚力，才能从利益上统一人们的目标和意志。如果不注重提高人们的文化素质，就不可避免地让愚昧占领人们的心灵阵地。很难设想，一个文盲众多，素质低劣的民族，会形成坚强的力量；也很难设想，在人的素质低、社会腐败现象不断滋生的情况下，会出现人民的团结和社会的安定。提高人的文化素质和技术素质，就要重视教育事业，促进教育事业的发展。提高人的文化素质和技术素质，这不仅是社会主义精神文明建设的重要内容，也是正确处理人民内部不同利益群体矛盾的重要途径。

要正确处理好群体矛盾，就要依靠有效的制度，把制度的协调作为解决矛盾的途径，把正确处理人民内部群体矛盾的方针和方法，纳入制度化的范围。社会主义的各项制度是建立在人民根本利益一致的基础之上的，制度反过来又维护这种根本利益。过去对制度的力量和作用不够重视，因而在很多方面难以持久和规范化。党的十届三中全会以来，在建设社会主义民主政治的过程中，使民主作为制度逐步渗透到国家政治生活的各方面，人民群众参政议政的权利得到更广泛的保障。民主政治建设越来越成为我国政治生活的主题。

要努力造成一种良好文化环境和百家争鸣的气氛，过去我们坚持和提倡过许多优良传统、社会主义和共产主义的人生观、价值观和道德观，经过实践检验证明是正确的东西，就应当坚持而不能丢掉。这些作为一种文化，也在不断发展更新。我们长期坚持的社会主义的新文化具有自己的特色，当然不能排斥和拒绝吸收西方文化中的为我所用部分，但对其腐朽的道德观和生活方式应当加以抵制。所以，在文化领域，要坚持百花齐放，百家争鸣。只有造成一种民主的环境和气氛，才能有利于社会主义新文化的发展，有利于社会主义精神文明的建设，才能抵制腐朽思想的侵蚀。

实践在发展，正确处理不同利益群体矛盾的途径和方法也在不断增加新的色彩。

（原载《社会科学论坛》1989 年第 4 期）

也谈企业文化

企业作为社会的经济细胞，不仅生产物质产品，而且生产精神产品。每一个企业内部都有自己特定的价值标准、基本信念和行为准则，它们是企业的灵魂，决定着企业的生存和发展，因此，企业优胜的关键是它的文化。

一

企业的目标是企业价值的体现，它是企业的内导因素。作为社会生产活动的主体，企业直接实践的结果是生产出物质产品满足人的需要。一个企业生产出物质产品达到生产和经营的预期目的的过程，也就是企业价值实现的过程，这本身就是一种"经营文化"。一个企业的经营文化应当以人为中心，企业价值的实现、目标的确立不能离开人，不能脱离人的物质和精神的需要。脱离开社会的实际需要，离开人们现实生活的需求，单纯为生产而生产，或为赚钱而生产，不能说是合理的目标意识和企业精神。如果离开社会和人的实际需要，就谈不上企业的定向机制，也谈不上企业的价值文化。所以，没有正确目标文化的企业是盲目的、前途灰暗的企业。

同时应当看到，人的需要是一个发展着的过程，无论是物质产品还是精神产品的需要，都不会停留在一个固定水平上，它总是随着社会的进步、生产力的发展而逐步提高。社会对物质产品质量的要求，反映着人们生活方式、思维方式的新取向，实质上是社会的文化力量的要求。企业能否树立正确的质量观，关系到企业的生命。"用户至上""质量第一""优质高效""争创名牌"已经成为许多企业经营的目标和宗旨，已经成为企业文化的重要内容。高质量的产品代表着一个企业的文化素质，体现着企业的精神，凝聚着一个企业的文化力量。优质产品是企业智慧的物化和升华。很难设想，一个文化素质很低的企业，会创造出人们所青睐的优质产品。在商品经济条件下，企业总是处于竞争者的行列中，市场竞争的加剧，要求企业确立自己的战略发展目标，明确生产经营方向，以优质求生存，以人的需要求企业的发展。企业为了适应市场需求，必须形成自己的经营战略文化，因为企业产品的竞争力来源于企业的文化力量，企业优胜的关键在于它的文化。

以人的需要求质量，既体现了企业的发展目标，也反映了企业管理的客观要求，围绕质量进行管理是企业文化的内容。改革开放以来，有不少企业在经营中越来越重视质量意识的培养，以正确的质量观制定企业经营战略，把产品质量战略渗透到决策、管理的各个环节中去，无论是"引进技术""开发新产品"，还是"择优配套""精心管理"等，都是贯彻质量第一的原则，体现质量战略文化的要求。目前企业中推行的质量保证体系，是以全面质量管理为中心，以岗位责任制为基础的现代化管理体系。把信息、决策、成效纳入一个科学系统，使企业管理提高到一个新水平，这充分体现出企业经营战略文化的功能，它使企业的整体战略目标同各项管理环节、同每一个职工紧密地联系在一起，使企业的战略目标变成凝聚职工心理和行动的作用力。同时，通过质量管理协调和密切了人际关系，调动了职工的积极性，形成强大的聚合力。全面质量管理体系是一种企业文化系统，质量管理体系的建立，推动了企业文化的发展。

任何一个企业都有自己的价值取向，有自己的目标意识。企业作为生产者和经营者满足人们物质和文化生活的需要，这是每一个企业实现自身价值的共性。正因为如此，企业之间都有着共同的文化观，这是企业经营战略文化的共性。但是，社会的各行各业分工不同，而且不同企业又有着自身的特性，这决定了各企业的具体目标及其实现途径不同，由此带来企业和职工心理形态文化上的特殊性，在思维方式、行为模式、价值取向上都会带有本行业的特征。正因为这些原因，不同企业便逐步形成带有本企业特征的文化形态，每一个企业在提出自己的企业精神、形成自己的企业文化时，都力求概括出反映自身特点的内容。所以，在制定企业的发展战略、研究企业的目标文化过程中，既要看到共性也要看到特殊性，在前进中把握二者的统一。只有在注重宏观目标的同时也注重微观目标的实施，才能把握职工的凝聚力和向心力。

企业的总目标和各个下属单位以及每个职工的具体目标是统一的，具体目标为总目标服务，总目标又通过具体目标来实现。企业的总目标和各个具体目标体现了企业价值和职工个人价值的统一。在实施过程中如何达到这一统一，涉及企业管理的各个方面，涉及企业的制度文化和职工的心理文化。目前，企业实行的各种形式的承包经营责任制，就是通过层层承包、层层负责、分解组合来实现企业整体经营目标的。企业经营责任制的推行，使企业的目标同每一个职工联系在一起，职工与企业在利益共享、风险共担、荣辱与共的关系中，培养一体化意识，增强使命感。由于企业与职工利益和责任一致，便逐渐形成了企业和职工在价值观念、思维方式、道德评价上的共存共识，形成企业与职工的相互依赖关系，这种"心理文化"就是企业文化的深层结构。

二

企业的经营与发展依靠的是凝聚力，凝聚力是一种群体文化，它是企业文化的组成部分。"凝聚力""向心力"的产生是由社会心理因素，由"认同意识""归属意识"所决定，它是企业心理形态文化的表现。一个企业的心理形态文化，对于企业的兴衰至关重要。国外企业十分重视企业整体的和谐与统一，把企业内部的聚合因素看成是企业发展的动力，提出企业就是一个命运共同体，一荣皆荣，一损俱损，把企业管理者同职工连在一起，形成自己的合作文化。中国传统文化讲"天人合一"，比较重视人与自然、人与人之间的和谐统一关系，但对这种和谐统一关系，却很少从凝聚力的含义上来理解。长期以来，在企业中占主导地位的是"指挥文化"，是上级说了算、领导做决定，职工只讲服从，没有或很少有参与的权利。职工的"安身""安分"意识浓厚，参与意识淡薄。经济体制改革以来，由于权力下放，企业自主权逐步确立，企业与职工的关系也相应发生了变化。职工的民主权利进一步得到保证，企业管理者和管理作风进一步民主化，并且使参与渠道法律和制度化。职工从切身利益上关心企业，参与意识进一步增强，主动献计献策，发挥企业主人翁的作用。

参与意识的树立，不是一个孤立的文化心理现象，它与企业的管理制度、管理方法、行为准则、道德规范有着密切关系。特别是企业的规章制度等外在因素的制约，往往使文化心理受到影响，没有制度的保证，就很难讲参与的自觉性和主动性。应当看到，随着决策、管理的民主化和各项规章制度的建立健全，企业管理者在决策过程中吸收职工参与，听取职工意见越来越得到保证，在决策中达到协商与共识。没有民主管理的加强，没有职工的主人翁和参与意识，就无法达到管理者和职工的共识。共识是一种价值观，共识意味着管理者与职工对于一个问题在认识上取得一致，由认同达到行动上的统一。这个过程是双方价值观的聚合。共识的过程实际上是一个逐步由"指挥文化"到"参与文化"的过程。在改革中，许多企业创造出行之有效的管理方法，逐步促进了决策中的参与和共识。职工通过职代会、恳谈会、职代会意见箱等多种渠道、多种形式，参与企业的重大决策；通过信息网络进行信息交流与反馈，增强企业管理者与职工的信息沟通，达到信息的共识；通过企业基层质量管理组织（如 QC 小组即质量管理小组）的活动，参与质量管理、提出合理化建议、进行技术革新，在经营活动中，达到目标和成效的共识。所谓"QC 活动"就是使每个生产岗位上的职工都可以参与生产管理、研究决策、提出建议，在每个岗位上体现对企业的参与与关心。职工对企业经营活动的参与，是职工主体地位和作用的表现。参与过程本身在于充分挖掘蕴藏在职工中的智慧和能量，发挥职工的积极性和创造性，实现每个人的自身价值。

企业的凝聚力和向心力，不仅取决于参与和共识，同时还来源于企业的人际关系。企业的人际文化决定着企业的风貌。企业的人际关系涉及方方面面，但都离不开一定的文化环境，离不开带有行业特点的文化氛围。许多企业重视自身的人际文化建设，为人际关系创造良好的文化环境。联系人际关系的纽带是人们之间的感情沟通。应重视树立团结协作、顾全大局、肝胆相照、同舟共济的团结观和关心企业荣辱兴衰及命运的荣辱观，以此作为职工的共同信念和企业哲学。创造一定的环境，人与人之间才能和谐一致、团结协作，才能造成相互间的依赖感和信任感。应当看到，解决好人际关系是一个过程，随着经济体制、政治体制的改革，人际之间在利益关系上会逐步得到协调，企业内部的人际聚合力会逐步加强。但是，体制上、思维方式上和道德观念上旧东西的积淀还不会一下子消除，在企业内部也由于制度不健全，人们在利益上、思想观念上仍然存在着这样那样的矛盾，官僚主义和腐败的现象依然存在等，这些矛盾无不妨碍着人们之间的感情融合。人际之间的团结协作、感情融合是企业文化建设的中心环节。国外企业在进行体制调整过程中，也十分重视人际关系的协调，重视人们之间的感情沟通。日本企业家松下幸之助在经营中注重人与人之间的感情沟通，认为沟通人与人之间感情的是"体谅之心"，他把体谅之心比作甘泉，比作凝聚土壤的水分。当前，国际管理界流行着这样的名言："人的知识不如人的智力，人的智力不如人的素质，人的素质不如人的觉悟。"许多企业家把人心作为企业管理的重要课题，由此可见人心的沟通对于企业文化建设的重要性。

企业职能作用的发挥，关键在于使职工达到"自我启动"，要达到"自我启动"就要重视人际之间的感情融合，重视企业的文化心理建设。企业在实施管理过程中，不能忽视人的管理，忽视人际关系的管理，应当逐步由对物的管理为主，转向对人的管理，由对人的行政管理转向人情化管理。物是由人来管理和支配的，只有人的管理搞好了，才能更好地对物进行管理。当然，对人的管理首先要从人本身出发，尊重人的价值，肯定人的地位。过去那种"革命文化""阶级斗争文化"式的管理方式，并不是人情化的管理，这种管理不利于人的"自我启动"，不利于人的潜在能动性的发展。企业内部各部门之间的关系，虽然表面上看是来物的关系、信息关系，但实质上是人与人之间的关系。逐步创造良好的团结气氛，形成人与人之间团结友爱的新型关系，无疑是企业文化建设的重要内容。人与人之间的相互尊重、相互理解、相互信任和相互亲密等意识，本身是一种文化纽带，也是一种文化氛围。人们由这种文化纽带所联结，由这种文化氛围所陶冶，同时，人们也创造了文化纽带和文化氛围。当然，这些文化心理产生的基础除了传统文化中的积极因素，最根本的还是在于人们物质利益的一致、目标的一致和价值观的一致。应当看到，人与人之间的感情沟通本身也是一种均衡，是一种心理形态文化的反映。许多企业在创造人际文化氛围过程中，采取多种多样的形式，从生产到生活、从群体到文人、从工厂到家庭，都以沟通人与人之间的感情关系作为深化企业文化建设的内容。通过这些活动使管理者和职工的深层心理结构发生变化，因而必然影响到人们的价值观念、思维方式、抒情方式和礼仪习惯等。文化心理的变化，为企业文化建设带来生机，这些都在广度和深度上超出了政治思想工作的范围。国外学者认为，人的积极性、主动性和创造力的发挥，同人与人之间具有亲密感、依赖感的文化氛围有着极其紧密的关系。

增强企业的凝聚力和向心力，不能不重视人的价值。《中共中央关于加强和改进企业思想政治工作的通知》中指出："要把尊重人、理解人、关心人作为思想政治工作必须遵循的一个基本指导原则。"人的价值在于自觉能动性，有创造能力，通过自身的实践创造出满足自身和社会需要的物质财富和精神财富，尊重人的价值就要以人为本，调动人的积极性、主动性和创造性。人的体力、智力是人的潜在价值因素，它决定着人创造能力的发挥。如何发掘人的体力、智力的潜在能力，是企业文化建设的中心环节，是文化心理研究的重要课题。只有尊重职工的主人翁地位，使其自身价值得到实现，才会带来强大的凝聚力和向心力，这是企业得以生存和发展的关键。

三

　　培养"文化型劳动者"是企业文化建设的另一关键。无论是企业的外显文化还是内隐文化，实质上都是人的素质的不同表现，所以企业文化问题说到底是一个人的素质问题。建设新型企业文化的核心是人，没有人的素质的提高，就没有企业文化的发展，人是企业文化的主体，是企业文化内在导向的动源。

　　人在实践中创造了文化，同时也受这种文化的塑造。受文化塑造的人应当是全面发展的人。马克思曾经分析过人的全面发展的内容和条件，认为人在生产劳动中逐步使自己全面化。人的实践是全面的，而全面的实践促进了全面发展。企业"文化型劳动者"的塑造，应当以"人的全面发展"为原则和尺度。企业文化应当塑造劳动者对企业的存在和发展具有责任感，对自身在企业中的地位和作用有正确估价，并且对企业未来有较明晰的预测和清醒的是非观。他们应当对知识和技能有强烈的渴求欲望和自强不息的学习精神，不应当有较强的拥有心理、所有权精神，应当将自己的命运和企业前途紧密地结合起来。不能把职工仅仅看成是体力劳动者，他们既是处于一定组合中的从事物质生产的体力劳动者，又是受一定文化塑造、处于一定文化氛围中的智力劳动者。人本身总是具备一定素质的，人的素质应当是全面的。他既不是"经济人"，也不是"政治人"，而应当是文化型劳动者，文化型的劳动者应当具有明确的价值观、高尚的道德观、严格的科学态度、求实的工作作风、严明的纪律观念。人的素质也是一种文化，企业的物质产品作为劳动者体力和智力的物化，反映着人的文化素质和精神风貌。工艺精湛的产品体现着劳动者的技术水平和职工的职业修养，粗制滥造的物品往往与生产者的素质低下有直接关系。一个企业的物质产品是商标、造型、包装等这种显型文化的承担者，是企业隐型文化的反映，这当中也反映着企业与社会、企业职工与社会的文化沟通。产品的质量以及商标、造型、包装的转换，随时适应着市场的需要，实际上是适应人的物质和文化的需要，否则产品就没有市场。这说明，企业文化并不是孤立存在的东西，而是在与社会的沟通中完善并发展着的，人的素质也在其中得到提高。

企业"文化型劳动者"的塑造，与企业的整体文化结构及其发展战略密切相关。当代国内外的企业家已经普遍关注文化型劳动者的培养，并把这项任务纳入企业的战略决策中。这本身就是企业文化建设中提出来的问题。马克思在他的著作中曾经分析过，工业化时代生产力发展对人的智力的要求，认为随着大工业的发展，直接劳动要变成"看管"和"调节"活动，自然力将服从社会智力。当代世界发生了很大变化，一个世界性新技术革命的掀起，对劳动者提出了新的要求。新的科学技术的发展对人的素质的要求将是全面的、超前的，适应这种新技术要求的将是智力劳动者。

改革开放以来，摆在企业面前的一项带有战略性的任务是培养新型劳动者，塑造新型企业人才。许多企业着眼建设一支高素质的职工队伍，采取多种形式进行职业理想、职业道德、职业技能、职业纪律等职业意识的教育和培训，立足于企业文化建设，立足于岗位成才。对职工进行各种培训，组织职工参加"五大"的学习等，都是着眼于企业的全员文化，所有这些措施和形式，无疑提高了职工的文化技术素质，促进了企业文化的发展。企业文化对于人的要求不仅在于文化技术素质的提高，而且要塑造全面发展的人，在进行文化技术培训的同时，应当重视从多方位、多角度陶冶人们的情操，培养人们的审美意识和生活情趣。职工丰富多彩的业余活动是企业文化所要求的内容和形式，这些内容和形式无疑会拓宽职工的文化视野，提高职工的文化技术素质。对职工的内心世界的陶冶，正是企业文化力量的发挥，也是促进企业文化发展的实际步骤，职工通过技术培训和各种文体活动，使思维方式、审美意识、生活情趣更加适应时代的要求，从而使企业的观念形态文化和心理形态文化都得到提高。人们创造着文化，而文化又塑造着自己。新的一代劳动者正是在这个过程中成长。

有人认为企业的发展与前途"关键在文化，而不是经济政策"。企业的生命在于培养造就人才，而这个过程就是企业文化的发挥与再造过程。一定的企业文化的大潮总会把自己的精英推上岸来。国内外的经验证明，凡是发展兴旺的企业都有一批有才干的企业家。一个有才干的企业管理者的价值不在于他按部就班地贯彻指示、指挥生产，而在于他的思考素质和创造素质。思考素质和创造素质是一种文化素质，思考过程是文化力量的发挥过程，是人的主体力量、智慧能动性的表现。没有思考能力，就不会作出正确的判断和决策。有人说，管理者的第一要务是思考，就是说，要做到科学决策、科学经营，不善于思考不行，而思考是创造性的思维，也是一种管理哲学。企业管理者的思考素质能决定一个企业的长期生存能力。无论是马胜利的"投入产出优化法"，还是张兴让的"满负荷工作法"，都是企业生产经验的升华，这些经验作为企业文化渗透着管理者的思考能力和科学精神。这些先进的管理方法为企业文化增添了新内容，推动企业文化向着深层发展。所以，企业振兴发展的关键，在于企业自身的"生机"，在于不断培养造就出自身的思考家、决策家。

企业管理人才的培养应该着眼于人本身的文化心理素质的提高。现代化企业的管理者绝不应安于现状、墨守陈规，而应富于创造性思维。一个好的管理者，必须有改革意识、开发意识、创新意识和竞争意识，必须具备求实精神、拼搏精神、奉献精神和创业精神。对管理者的要求不仅仅是使其自身具备这些素质，还在于使他自己的文化心理与职工的文化心理相沟通，以管理者的文化素质去发掘职工的文化素质。这是企业文化建设和发展的客观要求。

（原载《经济论坛》1989 年第 11 期）

论改革意识

社会意识是社会发展的精神动力，它对人的行为起着调节和支配作用。改革是社会主义的实践活动，改革实践呼唤着改革意识，改革意识促进着改革的实践。

一

改革需要变革意识。变革意识从多层次、多角度、多侧面影响着人们的行为。从宏观上讲，变革意识要求能够主动地意识到，人类社会是一个发展前进的序列。任何一个社会制度，都不是停止在一个水平上，而是一个不断由量变到质变的自然历史过程。人类社会不是一个僵化的群体组织，而是一个自身变化的机体。这个过程不是一般的机械运动，而是一个充满着新旧交替的辩证运动。任何社会变化的过程，都是社会的物质生产和生活以及人们的观念不断更新变化的过程。这种社会自身不断变化的机制，已经超越了制度之间的界限，而形成人类社会发展的趋同现象。从20纪70年代后期开始，尤其是从80年代以来，一个世界范围的改革调整潮流正在兴起。大多数国家都在不同程度地改革经济体制和调整经济政策。社会主义国家和发展中国家，引入市场机制，发展商品生产，探索把计划经济同市场经济结合起来。资本主义国家也在加强自由市场经济、保持自由竞争。从世界改革调整潮流看，社会主义国家主要是改革管理体制，力求创造出既有活力又有效率的新体制、新模式，而西方资本主义国家主要是调整经济政策和产业结构。当前世界改革调整潮流本身，不仅包括了社会存在的客观发展要求，同时也包含着社会意识的变化，首先是人们社会变革意识的变化，从而在更深层次上表现了人们的意识和心态。这种改革调整的实践向人们提出了重新认识自己及周围世界的要求。它要求人们重新认识自己的国力、自己的强点和弱点，重新认识自己的经济、政治体制，重新认识世界的发展动向及自己的地位。这本身是一种价值观的体现，它无疑在影响着人们的行动。世界性的改革调整潮流的发展，说明人们的变革意识的趋同性，而这种变革意识的趋同性，大大促进了改革调整潮流的深入发展。

社会主义社会是一种崭新的社会制度。作为一种社会制度当然不能不具备人类社会的共性。但是社会主义制度的强大生命力并不在于它同其他社会制度的共性，而是在于它的特性。正因为如此，它在其自身发展的道路上才优越于其他的社会制度。社会主义的优越性并不是一个僵化的概念，而是一个随着时间和客观条件的变化而不断变化的概念。这是因为，社会制度的优越性总是具体的。社会主义制度的优越性是在其总体运动发展中显示的。在这个过程中，并不排除变化的可能性，过去一直认为唯一优越的东西，随着实践的发展，证明又有新的优越性的出现，代替了原来的优越性，原来的优越性便失去了唯一性。长期以来，我们总是把公有制程度的大小作为社会主义优越性的重要标准，认为公有制程度越高越能表现社会主义制度的优越性，甚至想超越阶段搞纯而又纯的社会主义公有制。实践证明，社会主义初级阶段搞单一的公有制，并不是生产力的客观要求，而多种形式的所有制的并存，才能促进生产力的发展。也正因为如此，人们对社会主义的优越性的认识才随着实践的发展而发展。社会主义改革实践的不断发展，使人们的观念不断更新，逐步形成人们的变革意识。

改革是社会主义发展的必然要求，改革也是社会主义社会发展的客观规律。暂且不提我国社会主义的模式主要来自苏联，而必须根据自己的国情特点，寻找前进的道路，就连苏联这个建设了 70 多年的社会主义的国家，也还需要改革。苏联的体制也在不断变革、调整，以适应生产力的发展。苏联提出的"新思维"也是要人们树立变革意识。在改革中求发展，在改革中增强自己的"全球意识"和"竞争意识"。改革是社会主义发展中的飞跃，是实现其本质特性的飞跃。社会主义社会是一个在发展中改革的社会，只有在改革中社会主义社会才能充分实现自己的本质特征。改革是社会主义社会由量变到质变发展过程中的重要环节。

改革是社会主义自身新陈代谢的过程，也是新旧体制交替的过程。改革给社会主义社会开辟了新的发展道路。拿我国来说，改革十年来，旧的体制格局已被打破，新体制的框架正在形成。我国的全民所有制企业开始由过去行政机构的附属物向拥有法人地位的独立商品生产者和经营者转变；所有制的结构开始由过去单一的公有制向以公有制为主体的多种所有制形式转变；经济运行机制开始由过去通过指令性调拨分配，逐步向"国家调节市场、市场引导企业"的方向转变；社会分配方式开始由过去平均主义、吃大锅饭的供给式分配，向以按劳分配为主体的多种分配方式转变；等等。目前我国的改革正在由单项突破进入全面展开阶段，逐步进入综合配套、由浅层次转入深层次阶段，深化改革的任务更加艰巨。我们改革的十年首先是农村经济大发展的 10 年，农村以家庭联产承包为基础，形成了新的农村经济组织结构和运行机制，抛掉了"组织军事化、行动战斗化、生活集体化"的"左"的旧观念。随着农民的自主地位的提高，积极性、创造性意识大大增强。应当说，我国农村改革的成功，是广大农民的主体意识的增强。主体意识的宏扬，必然带来变革意识的宏扬。如果没有自立地位，思想和行动仍然受到禁锢，也谈不上变革意识。实践证明，变革意识是在改革实践中形成，又在改革实践中发挥其能动的反作用。

改革是社会主义初级阶段的主要动力。改革道路上最大的困难就是人们在以往所形成的思维框架。而这种思维框架往往以保守思想，停滞观念为其内容。树立变革意识就要发挥主体意识的能动作用，首先要有创新观念。当今的社会主义社会已经不存在一个统一模式，并且已经形成根据各自国情特点进行改革的局面。现在世界上的社会主义国家中，无论是改革时间长的国家，还是改革刚刚起步的国家，都认识到社会主义社会不改革不行，不改革就意味着后退，可以说在改革中都在摸索从传统习惯和传统观念解放出来的具体道路。改革成功的经验一再证明，改革必须和本国的国情特点紧密结合，改革必须有自己的民族特色。改革没有现成的方案和模式。同时，就具体的方法和步骤来说，又各有自己的特点。苏联的改革是从上而下、从城市到农村逐步展开的；南斯拉夫的改革是从城市自治组织开始的；而中国的改革是先从农村酝酿开始，承包制由农村扩展到城市，进而带来全面改革的局面。所以，改革道路首先以创新观念为先导，没有改革中的创新观念就谈不上变革意识，我国改革的实践证明，要改革就要发展商品经济，要发展社会主义的有计划的商品经济，就要克服小生产传统习惯，树立改革创新意识，树立发展商品经济的社会意识。那种重自给，轻交换，重储藏、轻流通的习惯势力和心理，必然与商品经济原则相矛盾。要发展商品经济，就会有竞争，那种维护平均主义的平庸心理，惧怕竞争的心理，与发展商品经济的创新观念是相违背的。要实行开放，发展外向型经济，就要克服"闭关锁国"的封闭心理，就要克服作坊意识。应当看到，在商品经济很不发达，而且长期闭关锁国、自我封闭的我国，要发展商品经济，要从世界的角度看我国，从世界的改革，调整大潮中撞击我国的改革就需要创新观念。改革需要创新观念，创新观念的增强，推动着改革的发展。

树立变革意识还必须有自我调节的观念。从社会主义的本质出发，就是它能够在发展中不断进行自我更新、自我调节，以达到自我完善和发展。历史唯物主义认为，正是在不断调整和变革生产关系和上层建筑不适应生产力的环节，才能适应生产力的发展要求，才能促进生产力的发展。人们在实践中对社会主义的生产关系和上层建筑进行自我调节，正是认识和掌握社会主义自身发展规律的表现。当前进行的经济体制和政治体制的改革，是从宏观上进行的自我完善和调节。应当看到进行经济体制改革和政治体制改革的目的在于推动生产力、发展生产力，在于推进社会主义制度的发展。但是，改革的发展并不是直线型的，其中充满着各种复杂的关系和矛盾，进行某一项改革时，往往牵涉到其他各方面的关系，这些关系有的表现为促进作用，有的表现为阻碍作用。进行经济体制的某项改革时，要牵涉到政治体制，与政治的、法律的、文化的各个领域产生横向和纵向的联系。协调各方面的关系，调动各方面的积极性，以使社会主义有机体的各个环节之间协调平衡发展。当工业生产速度增长过猛，基本建设成线过长，带来物价上涨、通货膨胀时，就需要进行宏观调控，采取措施，进行自我调节。这种调控和调节，就是改革过程中的自我完善，也是一个合乎规律的过程，是前进中的自我调节。不仅不会影响改革的总进程，而且更能促进改革。在社会主义建设和改革的实践中，进行自我调节是前进中的正常秩序，是不可少的环节。只有树立自我调节观念，才能巩固变革意识。

二

探索意识是改革意识的重要环节，进行改革需要具备探索意识。在人类改造自然、认识社会的历史长河中，人作为主体，在实践中总是贯穿着探索意识，而人在改造客观世界过程中，突出的特点是探索活动。人类历史上，万千科学家和政治家的活动首先是探索，没有为人类认识自然和社会而不断追求的探索意识，科学就不能发展，社会就不能前进。人类的历史就是不断探索的历史，不断变革的历史。马克思在一百多年前就说过："在科学上没有平坦的大道，只有不畏劳苦沿着陡峭山路攀登的人，才有希望到达光辉的顶点。"① 这就是说，人类要掌握科学，认识自然和社会，就必须具有攀登精神，具有探索意识。当马克思和恩格斯以科学态度研究和揭示资本主义制度发展趋势，预示共产主义终将胜利时，他们正是探索人类社会发展的客观规律，给人们指明了未来的道路。社会主义的理论和实践本身正是人们对社会发展规律认识的产物，是人们在社会历史长河中不断探索的结果。马克思主义经典作家们历来主张探索精神，他们所揭示社会发展规律，社会主义道路是探索的道路，而不是封闭的道路。社会主义、

---

① 《马克思恩格斯全集》第二十三卷，人民出版社 1972 年版，第 26 页。

共产主义理论的创立是探索、社会主义的实践也是探索，而且是更重要的探索。

社会主义改革是一个不断实践、不断探索的过程。从第一个社会主义国家诞生之日起，就没有一个统一的现成的模式，后来一批社会主义国家相继建立，也不存在统一方案。社会主义的实践表明，只有积极的探索，不断总结经验，不照搬照抄才能求得自身的发展。现在，社会主义国家都在探索，都在改革。我们的改革是要探索适合于中国国情的改革模式和途径。改革是一个复杂的实践过程。赵紫阳同志指出，我们的社会主义是在实践中不断丰富和发展的科学社会主义。凡是有利于生产力发展和人民生活改善的，我们都应该承认、应该试验、应该探索。生活、实践的观点，是认识论的第一的和基本的观点。没有探索，没有创新，没有不同试验的比较和不同意见的讨论，我们的事业就没有生气。墨守成规、固步自封的旧观念是改革的大忌。当然改革本身是一种探索性的选择，改革的路子可能有很多，而且都各有其利弊。选择本身就是探索。要在改革中进行纵向比较和横向比较，在比较中进行选择。就大的范围而言，可以从总结历史经验中来选择好的方案、方法、措施，也可以就现实的方案、方法、措施进行比较。因此在改革中要树立选择观念，要在比较中探索，在探索中比较。如在生产关系适应生产力发展问题上，如何找到适合我国生产力现状的生产关系，决不能以政治倾向为依据；不仅应当以我国现阶段生产力状况为依据，而且还要同不同性质的生产关系进行比较，才能选择我们变革生产关系的方案。在这种比较中，也有不同性质的生产关系的比较，也有性质相同而管理体制不同的生产关系之间的比较，这本身就是一种探索。我们在进行经济体制和政治体制改革的过程中，在从事调节、扬弃、理顺、配套的工作中，都可能出现不同的结果，无论是优化方案取得最佳效果，还是达到较为理想的结果，都伴随着无数挫折和困难，至于出现的失败和失误也是不可避免的。所以，探索本身就有成功和失误两种可能，害怕失败，畏惧风险，就谈不上探索，更谈不上攀登精神。

改革本身是新旧体制交替的时期，是实现从封闭、僵化的经济模式向

167

开放的充满活力的商品经济新秩序的过渡。新旧体制的交替过程是一个处理各种矛盾和不断克服困难的过程。这个过程必然涉及社会集团和个人的切身利益，会出现各种社会心理的交织和物质利益之间的矛盾、冲突。在改革中，大量人民内部矛盾已经不是主要表现为思想上的矛盾，而是集中表现为物质利益上的矛盾，而且这种矛盾往往以直接冲突的形式表现出来。随着改革的深入，物价、工资问题的改革先后提到日程上来，进行物价、工资的改革本身是一个带有风险的探索。特别是在有计划的商品经济条件下，如何理顺物价、解决分配问题上的社会不公现象，我们没有前人的经验可以借鉴，也没有其他国家的现成方案，唯一的办法是靠我们自己在实践中摸索。进行物价、工资改革会触及到许多人的利益，波及到整个社会。同时对于这些改革措施和内容，人们的承受能力不同，表现出来的心态也各有特色。有些问题如果处理得不好，也会带来社会的不安定因素。当前进行的治理经济环境、整顿经济秩序，目的在于为改革扫清道路，保证改革的健康发展。采取这些措施是前进的重要环节，本身也是改革中的探索。改革就像在大海里航行一样，有时风平浪静，有时是巨浪滔天。只有不畏艰险迎着风浪前进，才能到达胜利的彼岸。在改革的道路上，现在有、将来也会有困难和风险。所以，在树立探索意识的同时，还要有风险意识。探索意识是人的主体意识的表现之一，没有探索意识，人的主体的能动作用就不能得到很好发挥。社会改革本身是革故鼎新，只有树立稳固的探索意识，才能克服困难推进改革。

三

前景意识是改革意识不可缺少的组成部分。所谓前景意识就是对社会改革的结果和前途、对社会进步的向往目标意识。对于前景意识，社会发展的不同时期，社会各阶级集团都有着自己的不同理解。自从人类社会产生以来，出现过形形色色的社会理想理论，有着不同的社会前景观。当资产阶级起来推翻封建统治时，提出的口号是自由、平等、博爱，他们向往的目标是"合乎永恒正义"的"理性王国"。为了这个目标所进行的资产阶级革命，是资产阶级的前景意识的具体化。巴黎公社作为无产阶级进行统治的首次尝试，第一次提出了自己的目标。历史上曾经有过代表早期无产阶级利益的空想主义思想理论，有莫尔提出的"乌托邦"蓝图、康帕内拉的"太阳城"社会。这些思想和理论，并不是科学的社会变革理论。至于19世纪出现的空想社会主义理论，也不是建立在社会自身发展的客观要求之上。无论是傅立叶的"法朗吉"也好，还是欧文的"和谐公社"也好，也都不是科学的社会观，他们的前景意识中贯穿着"理性"精神，他们对未来社会的构思蓝图蒙着一层"理性"的色彩。马克思和恩格斯把社会前景意识建立在科学基础之上，提出了无产阶级的近期目标和长远目标，把社会前景意识具体化为科学社会主义理论。马克思主义经典作家的社会前景意识，是建立在对社会发展规律科学认识的基础上的，因此是科学的社会前景观。

社会主义社会的理论和实践，是劳动人民社会前景意识的体现。党的十一届三中全会以来，我们党在对社会主义再认识的过程中，在哲学、政治经济学和科学社会主义等方面，发挥和发展了一系列科学理论观点，提出了社会主义初级阶段的理论。社会主义初级阶段的理论、方针、政策，体现着我们的前景意识。社会主义初级阶段的基本路线所规定的，把我国建设成为富强、民主、文明的社会主义现代化国家的目标，就充分体现了我们的社会前景观。我们党提出的社会主义初级阶段的发展战略和任务，更加凝聚了全国各族人民的前景意识，从而调动了人民的建设社会主义的积极性和创造性。

改革是实现社会主义初级阶段战略任务的重要途径，在改革过程中树立前景意识，就能凝聚人们的思想和行动朝着一个统一目标前进。要树立前景意识，就要同机械论和空想论划清界限。党的十三大指出，在近代中国的具体历史条件下，不承认中国人民可以不经过资本主义充分发展阶段而走上社会主义道路，是革命发展问题上的机械论，是右倾错误的重要认识根源；以为不经过生产力的巨大发展就可以越过社会主义初级阶段，是革命发展问题上的空想论，是"左"倾错误的重要认识根源。无论是机械论还是空想论，都不是建立在科学的前景意识的基础之上，机械论从右的方面歪曲了前景意识，空想论从左的方面歪曲了前景意识。在如何建设社会主义的问题上，回顾我们所走过的道路，教训是很多的。例如，1958年的"大跃进""人民公社"化，那种"一天等于二十年"的过热情绪，妄想一步迈进共产主义的"左"的口号。虽然人们口头上喊的是共产主义，但实际上并没有共产主义存在的现实基础，无论是物质基础，还是人们的道德所达到的水平，不仅不能实现共产主义，而且就连社会主义也还是不够格。因为社会主义社会乃至共产主义社会，并不是不需要发展生产力而轻而易举就能实现的。在"左"的思想指导下，提出的战斗口号，企图超越现阶段的任务，并不是科学的前景意识。所以，前景意识并不等于随意空想。树立科学的前景观，就要坚持唯物主义立场，从分析社会现状出发，从现实生产力发展状况及发展趋势出发，按照社会发展规律，提出近期和远期奋斗目标，才是实事求是精神指导下的前景观。

树立科学的社会前景意识，就要把现实任务同社会发展一定阶段的总任务统一起来，把近期目标同长远目标统一起来。社会主义建设的任务要一项一项来完成，近期目标要一个一个来实现，只有这样才能逐步完成总任务，实现长远目标。没有一项项现实任务的完成，总任务就无从谈起；没有总任务作为长远目标，完成现实任务就没有方向。所以，在完成某项具体任务时，不能忘记行动的总任务、总目标，只有这样才能在受挫折、有困难的情况下，不致丧失信心，失去前进的动力，只有这样才能使我们的事业不断向前发展。如果割裂现实任务和总任务、当前目标和长远目标的统一关系，孤立地看待现实任务和近期目标，就容易在困难面前产生畏难情绪，在挫折面前徘徊、在风险面前退却。我们从事的经济体制改革和政治体制改革，是社会主义的新的实践，也是对社会主义再认识基础上的具体步伐。社会主义社会的改革是一个大的系统工程。拿政治体制改革来说，改革的近期目标，是建立有利于提高效率、增强活力和调动各方面积极性的领导体制。各项具体的改革措施都要围绕着这个目标。改革的长远目标，是建立高度民主、法制完备、富有效率、充满活力的社会主义政治体制。但是，无论政治体制改革还是经济体制改革所要达到的目的，都是为了在社会主义制度下更好地发展社会生产力，充分发挥社会主义制度的优越性。

改革过程中，遇到挫折、困难和痛苦是不可避免的。例如，当前改革中出现的问题，是经济生活中出现的通货膨胀，物价上涨幅度过大。物价上涨助长了流通领域的违法乱纪，流通领域的违法乱纪又影响着物价的上涨。党的十三届三中全会提出的治理经济环境、整顿经济秩序、全面深化改革的指导方针和所采取的措施，并不是改变价格改革的方向和目标，而是为改革创造更好的环境和秩序，是为扫清改革道路上的障碍。这些措施不是在改革之外，而是改革本身的内容。所以，治理经济环境、整顿经济秩序的改革措施是和整体改革目标相统一的，是不可分割的。在治理环境、整顿秩序中强化前景意识，把当前采取的改革措施同改革的长远目标联系起来，就不会在暂时出现的通货膨胀、物价上涨面前惊慌失措，影响改革信心，就能坚信改革会最终取得胜利，坚信社会主义制度的优越性通过改革会充分体现出来。

树立科学的前景意识，就要把个人利益同国家的长远利益统一起来。人是生产力中最活跃的因素，只有重视劳动者的个人的物质利益，才能在最大限度上发挥人的主体能动作用，调动劳动者的积极性和创造性。发展生产力，最大限度满足人民群众物质和文化生活的需要，这是社会主义建设的根本目的，也是改革所要达到的目标。所以，个人利益同整体的利益在根本上是一致的。但是在社会群体中，这部分人同另一部分人、个人与个人相互之间的利益又是多层次的。有的因为暂时的利益得不到满足，就对前途失去信心，抱怨消极。有的为了谋取个人的私利，损害人民和国家的利益。那些趁改革之机，利用商品经济的流通领域，大发横财的"官倒""私倒"，只顾个人或小集团的私利而忘记国家的利益，就谈不上有什么社会前景意识。科学的社会前景意识是同奉献意识相联系的。奉献意识是主体能动作用的思想基础。一个人在社会中的主体地位的发挥，要看他在社会发展中的作用的大小，有了为社会奉献的观念，就能在社会实践中展示自己的创造性和能动性。改革本身是千百万人的实践活动。改革是一个社会的大课堂，改革又是一个客观标准，改革实践也需要人们的奉献精神，需要从广阔的领域内发挥每个人的主体责任心。有了为改革而奉献的精神，有了改革的主体责任心，就能正确处理个人利益和国家利益、局部利益和全局利益、暂时利益和长远利益的关系。有了主体意识，就会从全局上、从长远上关心改革的每一步骤和措施，而不致于在困难面前彷徨、苦闷，就会凝聚主体意识，宏扬前景意识，为实现既定目标而努力。

树立前景意识需要坚持实事求是的原则。前景意识贯穿于全部人的实践活动，前景意识对人们实践结果加以预示，激励人们的实际行动。在建设社会主义的实践中，人们的前景意识是随着每一项事业的成功而得到不断加强，在完成某一项具体工作中，人们的前景意识也是随着工作成绩的获得不断深化。我们要建设有中国特色的社会主义，要建成富强、民主、文明的社会主义现代化国家，就要在改革实践中不断强化中华民族的前景意识。改革需要前景意识，而人们的前景意识必然随着改革的不断深入和胜利，而得到加强。

（原载《河北学刊》1989 年第 2 期）

新时期思想政治工作的思考

思想政治工作是一门科学，它具有自身的特点和规律。在社会主义物质文明和精神文明建设中占有重要地位。这次北京发生的政治动乱和反革命暴乱，再一次告诉我们，社会主义现阶段思想政治工作绝不能放松，它关系到党和国家的前途和命运。痛定思痛，对思想政治工作认真地进行思考，是非常必要的。

一

继承和发扬思想政治工作的优良传统，是社会主义现代化建设的客观要求。

历史唯物主义认为，在一定经济基础上形成的上层建筑，都有其自身发生、发展的过程。作为社会主义上层建筑重要组成部分的思想政治工作，是为巩固和发展社会主义经济基础服务的，它同样具有本身的特点和发展规律。思想政治工作的优良传统和宝贵经验，是我们党的传家宝，它最集中地反映了思想政治工作的无产阶级实质。在长期的革命战争年代，我们党依靠思想政治工作的优势，团结和领导全国人民，推翻了"三座大山"，建立了新中国。在社会主义革命和社会主义建设过程中，我们靠强有力的思想政治工作，克服重重困难，取得一个又一个的胜利。党的十一届三中全会以来，我们在实行改革开放和现代化建设的新的历史时期，运用了思想政治工作的宝贵经验，继承和发扬了思想政治工作的优良传统，为思想政治工作增添了新的内容和活力。在这期间，我们曾经纠正过去思想政治工作领域里的"左"的倾向，使它更好地适应了新形势的要求。我党的思想政治工作的优良传统和宝贵经验，经过长期实践检验已经形成科学体系，蕴含着丰富的内容。无论是过去的革命战争年代，还是当前的社会主义现代化建设时期，坚持党的领导，坚持全心全意为人民服务的宗旨，坚持用马克思列宁主义、毛泽东思想和党的正确路线教育人民群众，坚持理论联系实际和群众路线，坚持爱国主义和革命英雄主义的教育，坚持自力更生、艰苦奋斗的教育，坚持思想政治工作同业务工作的结合，坚持发挥党在一切工作中的核心领导作用，等等，都是党的思想政治工作的基本内容和基本经验。党的思想政治工作的优良传统和宝贵经验，体现了我们党的阶级实质，反映了思想政治工作的强大生命力。

思想政治工作的强大生命力以及它的优良传统和经验不是抽象的，它体现在人民群众的理想信念、道德观念、价值取向和精神风貌之中。在革命和建设的长期斗争中，涌现出无数的英雄模范人物，培育出了井冈山精神、长征精神、延安精神、大庆精神、孟泰精神、铁人精神、雷锋精神、焦裕禄精神等。这些精神代代相传，激励着人民群众为国家为民族的振兴奋斗不息，这一切都是党的思想政治工作的硕果。但是，每一个形象和每一种精神除了反映它所处历史时期的具体内容，同时也继承前历史时期的优良传统和经验。我们的思想政治工作之所以具有强大的延续性的功能，这是因为：首先，党的历史上所创建起来的思想政治工作是以马克思列宁主义、毛泽东思想为理论指导的。马克思主义的立场、观点、方法渗透在思想政治工作的全过程和每一个环节。其次，党的思想政治工作的优良传统代表了人民群众的愿望和要求，体现了民族精神，是群众利益的集中表现。因此，它有深厚的群众基础，有发展、壮大的肥沃土壤，成长于群众之中。最后，思想政治工作的优良传统和经验，是千百万革命先烈流血牺牲换来的。血的代价时刻提醒着人们，如果丢掉了思想政治工作的优良传统和宝贵经验，党就会失去战斗力，革命和建设事业就没有希望。

在社会主义现代化建设的新的历史时期，为发扬党的思想政治工作优良传统和运用它的宝贵经验，创造了良好的社会环境和条件。这就要求我们在实践中要处理好继承和发展的关系，要在继承基础上发展，在发展过程中继承。党的思想政治工作的传统和经验在社会主义现代化建设过程中，没有过时，也不会过时，它仍然保持着强大生命力。社会主义现代化建设仍然需要革命的传统和精神，需要思想政治工作的保证作用。邓小平同志指出，毛泽东同志曾经说过，人是要有一点精神的。在长期革命战争中，我们在正确的政治方向指导下，从分析实际情况出发，发扬革命和拼命精神、严守纪律和自我牺牲精神、大公无私和先人后己精神、压倒一切敌人、压倒一切困难的精神，坚持革命乐观主义、排除万难去争取胜利的精神，取得了伟大的胜利。搞社会主义建设，实现四个现代化，同样要在党中央的正确领导下，大大发扬这些精神。所以，继承和发扬党的思想政治工作的优良传统，学习和运用它的宝贵经验，关系到革命和建设事业的成败。赵紫阳同志提出的"改造思想政治工作"，并不是在继承和发展我党历史上已经形成的思想政治工作的传统和经验，而是借口适应新形势，对它百般挑剔、贬损和丑化，其根本目的在于取消党的思想政治工作，取消党对思想政治工作的领导地位。在"改造"论的影响下，党的思想政治工作被严重削弱，资产阶级自由化思潮泛滥成灾，无产阶级的思想阵地愈来愈严重地受到侵袭。在这方面的教训是极为深刻的。

二

社会主义现阶段提出的现实问题，决定了强化思想政治工作的紧迫性。

党的十一届三中全会以来，在党的领导下，在实现四化建设过程中，如何发挥思想政治工作的优势，调动人民群众的积极性和创造性，努力建设社会主义物质文明和神文明方面，作出了有益的探索。但是，一个时期以来，党的主要领导人淡化党的领导作用，严重忽视党的建设，不依靠党的组织进行工作，不强调发挥党组织的战斗堡垒作用和党员的先锋模范作用，精神文明建设和思想政治工作受到严重削弱。邓小平同志指出，十年最大的失误是人民的思想教育和思想政治工作的薄弱。从思想政治工作失误的教训中，我们深刻认识到加强思想政治工作的紧迫性。

首先，必须加强坚持四项基本原则，反对资产阶级自由化为主要内容的思想政治教育。四项基本原则讲得少了，资产阶级自由化思潮就必然乘虚而入、大肆泛滥；思想政治工作得不到重视，就必然为资产阶级自由化让出阵地。由于放松了四项基本原则为主题的思想教育，一些人特别是一些青年学生对四项基本原则的观念愈来愈淡薄，盲目崇拜西方资本主义制度，幻想在中国实行多党制，把国家的前途和民族的希望，寄托在西方资本主义制度上。四项基本原则是立国之本，是我们党的根基，国家的根基。离开了它就会失去方向、陷入迷雾。四项基本原则是思想政治工作的准绳，任何时候也不能放松。

其次，必须进行马克思主义基本理论的广泛宣传和系统学习。马克思主义、毛泽东思想，是我们思想的理论基础和行动的指南，它已经载入《党章》和《宪法》。历史经验证明，没有马克思主义的理论指导，就不会有革命的胜利，也不会有今天社会主义建设的巨大成就。马克思主义、毛泽东思想，是我们的思想支柱。党的思想政治工作，之所以成为我们的优势，能够激励和鼓舞人民群众，最根本的是靠马克思主义的指导。这个用血的代价换来的真理，应当永远记取。但是，那些顽固坚持资产阶级自由化的人，散布种种奇谈怪论，从理论上集中攻击马克思主义、毛泽东思想，鼓吹马克思主义"过时"论、"僵化"论、"教条"论，等等，其目的在于釜底抽薪，动摇我们的理论基础，从根本上取消马克思主义、毛泽东思想。这些年来，他们贩卖了资产阶级名目繁多的"思想"和形形色色的"主义"，通过各种渠道，侵袭和占领着我们的理论阵地，甚至公开地向马克思主义发起进攻，明目张胆地全盘否定马克思主义的指导地位和理论基础。在一些单位特别是一些高等学校，马克思主义理论教育被看成是可有可无，被认为是"额外负担"。马克思主义理论教材压缩了再压缩，马列主义课堂上冷冷清清。正因为马克思列宁主义、毛泽东思想理论基础地位被贬低，理论学习被削弱，一些同志在资产阶级思想理论面前失去了分辨能力、防御能力和批判能力，对资产阶级的思想理论由新鲜感变为自觉接受，有的则变为"食洋不化"的洋奴学者。在改革开放中，对广大人民群众、广大青年学生、全体干部和共产党员，进行系统的马克思主义基本理论教育，乃是新时期思想政治工作的重要内容和有效途径。

第三，进行革命传统教育是思想政治工作的重要内容。一个时期以来，革命传统教育受到严重削弱，而资产阶级自由化思潮却到处泛滥，人们的是非标准模糊了，行动准则淡化了。崇高的理想追求，坚定的革命信念，良好的道德风尚，无私的奉献精神讲得少了。一些人对革命传统教育、理想教育、道德教育、法制和纪律教育，产生"逆反心理"，认为是"老生常谈"，是"唱高调"；共产主义理想和目标被说成是"超越"，是"乌托邦"；爱国主义受到冷漠，一些人面对某些发达资本主义国家比较先进的生产力和比较丰富的物质生活，失去了分析判断能力，动摇了民族的自尊心和自信心，盲目崇拜资本主义，向往资产阶级的生活方式；大公无私、助人为乐的奉献精神得不到发扬，个人主义、利己主义、拜金主义反而大有市场；自力更生、艰苦奋斗、艰苦创业的精神被抛之脑后，利己主义、拜金主义侵蚀着人们的灵魂，甚至出现"一切向钱看，离钱玩不转""前途前途，有钱就图"的反常现象，谁要讲为人民服务、学习雷锋，就受到讥讽和挖苦。只有不断加强革命传统教育，爱国主义教育，社会主义、共产主义远大理想教育，才能使人们树立坚定的社会主义、共产主义信念，树立正确的人生观和价值观，才能在改革开放过程中，在纷繁复杂的商品经济关系面前，不转向不迷路。

最后，做好思想政治工作的关键是加强党的思想建设。在改革开放中，只有全党在政治上、思想上和行动上的一致，才能保证党的战斗力和凝聚力，才能团结全国各族人民进行现代化建设。一个时期以来，资产阶级自由化思潮泛滥，一些人借口"观念更新"，淡化党的领导作用，否定党组织的战斗堡垒作用，使党的领导作用受到严重削弱，在一些部门和单位"党的工作业余化，党的干部兼职化，党的作用被淡化"，不少企业的党委成了空架子，政工部门被取消，政工队伍涣散软弱，出现后继乏人，后继无人的状况。所以，在社会主义现阶段，在改革开放的今天，尤其要搞好党的自身建设，充分发挥基层党组织的核心作用，经常地、系统地对党员干部进行共产主义理想、道德教育，坚持全心全意为人民服务的宗旨，保持正确的政治方向，发挥党组织的战斗力。只有这样才能使思想政治工作发挥应有的作用。

三

社会主义初级阶段社会发展的总趋势，决定了思想政治工作的长期性。

社会主义初级阶段是一个长期的历史发展过程，社会主义的根本特征是优越的社会制度和高度发达的社会生产力。党的十三大规定的社会主义初级阶段的基本路线，概括起来就是"一个中心，两个基本点"，这是社会主义建设时期的三大法宝。在三大法宝中，以经济建设为中心，努力发展社会生产力。没有这样一个中心，四项基本原则和改革开放就没有物质基础。然而，不坚持四项基本原则，发展生产力和改革开放就会失去正确的方向。在建设社会主义现代化长过程中，无论哪一项任务，哪一个环节，都离不开正确的政治方向的指引，离不开做人的思想政治工作。思想政治工作虽然不是直接的物质生产过程，但它能帮助人们树立正确的世界观、人生观、价值观和高尚的道德情操，能够激励人们的革命斗志，调动人们的积极性和创造性，能指引经济建设沿着正确的方向发展。因此，社会主义现阶段基本路线的执行和实现战略目标的长期性，客观上要求思想政治工作必然是长期的不断强化的过程。社会主义现代化建设把思想政治工作看成是短期行为、权宜之计，既不符合我国国情，也不符合社会主义发展规律的要求。

社会主义初级阶段的阶级斗争的特殊形式，也反映出不断强化思想政治工作的必然性。党的十一届六中全会决议中指出，在剥削阶级作为阶级消灭以后，阶级斗争已经不是主要矛盾，由于国内因素和国际的影响，阶级斗争还将在一定范围内长期存在，在某种条件下还有可能激化。这是对社会主义初级阶段阶级斗争特征的科学概括。这次由学潮到动乱，由动乱再到反革命暴乱，充分反映了社会主义初级阶段阶级斗争的特点：在社会主义初级阶段，总是贯穿着资产阶级自由化与四个坚持的对立和斗争。"和平演变"与反对"和平演变"的斗争，不仅是国际范围内阶级斗争的一种特殊形式，也是我国社会一定范围存在的阶级斗争的表现：国内剥削阶级残余分子、反革命分子、"四人帮"的残渣余孽和没有改造好的刑满释放分子，总是寻机兴风作浪，进行破坏活动。在社会主义初级阶段，一定范围内的阶级斗争还是复杂的。在现阶段社会矛盾错综多变，敌我矛盾总是和人民内部矛盾交织一起，而且在一定条件下相互转化，在一定情况下坏人和好人混在一起。在复杂的社会矛盾面前，思想政治工作是有力的武器。我们依靠思想政治工作的优势，凭借这个锐利武器，就可以透过纷繁复杂的社会现象，正确区分和处理不同性质的矛盾，团结人民、孤立和打击敌人。国际反动势力一天也没有放弃对社会主义国家进行"和平演变"的阴谋，国内那些顽固坚持自由化的人，总是与国外反动势力相勾结，妄图颠覆社会主义制度，而政治工作的削弱，资产阶级自由化思潮的泛滥，导致理论上和思想上的的混乱，必然使一些人在社会主义现阶段阶级斗争的特殊表现形式面前，迷失方向，丧失战斗力。

社会主义现代化建设的客观要求，需要造就有社会主义觉悟的一代新人，这是思想政治工作的一项长远战略任务。邓小平同志从提高民族素质，从适应社会主义现代化建设需要的高度，提出培育"四有"新人的理论具有深远的意义。培育"四有"人才的要求，不仅是社会主义精神文明建设的根本任务和主要内容，同时也为社会主义条件下人的全面发展指出了正确方向。人的素质是历史的产物，同时又给历史以巨大影响。提高全民族的素质，建立人与人之间的新型关系，就会使社会精神面貌发生深刻变化。因此，塑造"四有"人才是社会主义精神文明建设的根本任务。

造就社会主义的"四有"新人，蕴含着丰富的内容。有理想、有道德、有文化、有纪律之间是有机的统一。培育"四有"新人，促进人的全面发展，首要是把"坚定正确的政治方向放在第一位"，做到又红又专。社会主义现代化建设需要大批又红又专的人才。应当看到，培育"四有"新人，是精神文明建设的一项艰巨的系统工程。人的革命理想、高尚的道德和严明的纪律性、组织性的树立和形成，决不是一蹴而就的事，它是一个艰苦的教育过程。在这个过程中，思想政治工作的作用占有重要地位。没有经常的深入细致的思想政治工作，没有有力的正面教育和马克思主义的灌输，没有一支坚强有力的政治工作队伍，要塑造出一代有高度社会主义觉悟的新人是不可能的。一个时期以来，在一些高等学校没有明确的育人目标，重才轻德、重专轻红的现象比较严重，在社会主义的学校里培养出来的人反对社会主义，反对党的领导，难道不值得人们深思吗？为了造就"四有"新人，思想政治工作的任务愈来愈成为人们关注的重要课题。思想政治工作不仅仅是政工部门的事，而且也是全社会的事；不仅是社会的责任，而且也是每一个家庭的责任。只要社会的各行各业齐抓共管，都来关心人的培养，都来做人的思想政治工作，思想政治工作就会深深扎根于人民群众之中，一代代"四有"新人就会茁壮成长起来。

任何一门科学都有自己的产生、发展和完善的过程，思想政治工作是一门科学，它也需要在实践中不断发展和完善，也需要进行长期探索。在建设社会主义精神文明，发展教育、科学、文化的同时，必须加强共产主义理想、信念、道德教育，这是一个长期的任务，也是思想政治工作这门科学发展的新途径。应当肯定，在社会主义现阶段，思想政治工作的根本任务、根本内容虽然与过去没有变化，但是，时间、对象和条件都发生了新的变化，思想政治工作的方法也必然要适应新的环境、新的形势和新的任务，采取新的科学方法。要研究新情况，解决新问题，总结新经验。

要树立思想政治工作长期性的观念，就要运用历史唯物论的观点，分析和研究社会的深层结构的问题。关于社会的经济基础和上层建筑、生产力和生产关系的相互作用以及人在其中的地位；关于生产关系中的人与人之间的联系；关于商品经济关系中的群体利益关系及其矛盾；关于人的本质和人的价值问题，等等，这些都应当从思想政治工作的角度进行探索和研究。既然思想政治工作是一门科学，就要用科学的态度对待它、完善它、发展它，而不是采取实用主义的态度歪曲它。不能把思想政治工作当作

"像冬天的棉被,冷了拽,热了踹"。那种时紧时松,一阵风、赶时髦、走过场的做法都是与思想政治工作的科学性背道而驰的。做好思想政治工作需要掌握唯物辩证法,采取灵活的方式方法,才能收到良好效果。运用透彻说理、从容讨论、因人施教、联系实际以及批评与自我批评的一整套思想政治工作方法,在新的形势下运用思想政治工作的辩证法,就能使思想政治工作发挥威力,常做常新。

(原载《河北学刊》1989 年第 5 期)

企业文化：凝聚力和向心力

　　企业的经营与发展依靠的是凝聚力，凝聚力是一种群体文化，它是企业文化的组成部分。"凝聚力""向心力"的产生，是由社会心理因素，由"认同意识""归属意识"所决定，它是企业心理形态文化的表现。一个企业的心理形态文化，对于企业的兴衰至关重要。企业就是一个命运共同体，一荣皆荣，一损俱损。

　　参与意识的树立，不是一个孤立的文化心理现象，它与企业的管理制度、管理方法、行为准则、道德规范有着密切关系。职工的参与意识的形成，作为一种文化心理现象，无不受到企业其他文化因素的制约，特别是企业的规章制度等外在因素的制约，没有制度的保证，就很难讲参与的自觉性和主动性。应当看到，随着决策、管理的民主化和各项规章制度的建立和健全，企业管理者在决策过程中，吸收职工参与，听取职工意见越来越得到保证，在决策中达到协商与共识。没有民主管理的加强，没有职工主人翁的参与意识这一心理形态文化素质，就无法达到管理者和职工的共识。共识是一种价值观，共识意味着管理者与职工彼此对于一个问题取得在认识上的一致，由认同达到行动上的统一。这个过程是双方价值观的聚合。共识的过程实际上是一个逐步由"指挥文化"，达到"参与文化"的过程。在改革中，许多企业创造出行之有效的管理方法和形式，逐步达到决策中的参与和共识。职工对企业的经营活动的参与，是职工主体地位和作用的表现。参与过程的本身在于充分挖掘蕴藏在职工中的智慧和能力，发挥职工的积极性和创造性，实现每个人的价值。

企业的凝聚力和向心力，不仅取决于参与和共识，同时，还来源于企业的人际关系。企业的人际文化，决定着企业的风貌。联系人际关系的纽带是人们之间的感情沟通。企业人际关系涉及方方面面，但都离不开一定的文化环境，离不开带有行业特点的文化扭转。许多企业重视自身的人际文化建设，为人际关系创造良好的文化环境。在概括和提出企业文化内容时，重视团结协作、顾全大局、肝胆相照、同舟共济的团结观，关心企业荣辱兴衰和命运的荣辱观，以此作为共同信念和企业哲学。创造一定的环境，人与人之间的关系才能和谐一致，团结协作，才能造成对企业的依赖感和信赖感。应当看到，解决好人际关系是一个过程。随着改革的不断深化，人际之间在利益关系上会逐步得到协调，企业内部的人际聚合力会逐步加强。但是，思维方式上和道德观念上旧的东西的积淀还不会一下子消除。在企业内部，也由于制度不健全，人们在利益上、思想观念上仍然存在着这样那样的矛盾，官僚主义和腐败现象有存在等，这些群体内部矛盾无不妨碍着人们之间的感情融合。人际之间的团结协作、感情融合是企业文化建设的中心环节。

一个企业职能作用的发挥，关键在于使职工达到"自我启动"，要达到"自我启动"就要重视人际之间的感情融合，重视企业的文化心理建设。企业在实施管理过程中，不能忽视人的管理，忽视人际关系的管理。应当逐步由对物的管理为主转向对以马列主义、毛泽东思想为指导的人的管理。物是由人来管理和支配的，只有人的管理搞好了才能更好地对物进行管理。企业内部各部门之间的关系，虽然表现上看来是物的关系、信息关系，但实质上是人与人之间的关系。逐步创造良好的团结气氛，形成人与人之间的团结友爱的新型关系，无疑是企业文化建设的重要内容。人与人之间的相互尊重意识、相互理解意识、相互信任意识和相互亲密意识，本身是一种文化纽带，也是一种文化氛围。人们由这种文化纽带所连结，由这种文化氛围所陶冶，同时，人们也创造了这样的文化纽带。当然，这些文化心理产生的基础除了传统文化中积极因素的继承，最根本的还是在于人们物

质利益的一致，理想目标的一致和价值的一致。许多企业在创造人际文化
氛围过程中，采取多种多样的形式，从生产到生活，从群体到个人，从工
厂到家庭，都以沟通人与人之间的感情关系，作为深化企业文化建设的
内容。

　　增强企业的凝聚力和向心力，不能不重视人的价值。《中共中央关于加
强和改进企业思想政治工作的通知》中指出："要把尊重人、理解人、关心
人作为思想政治工作必须遵循的一个基本指导原则。"人的价值在于有自觉
能动性，有创造能力，通过自身的实践创造出满足自身和社会需要的物质
财富和精神财富。尊重人的价值就要以人为本，调动人的积极性、主动性
和创造性。人的体力智力是人的潜在价值因素，它决定着人的创造能力的
发挥。如何发掘人的体力、智力的潜在能力，是企业文化建设的中心环节、
是文化心理研究的重要课题。因此，只有不断加强企业中的思想政治工作，
发挥人在生产中的主体地位和作用，尊重职工的主人翁地位，才会给企业
带来强大的凝聚力和向心力，这是企业得以生存和发展的关键。

（原载《中国文化报》1989 年 8 月 27 日）

论妇女就业与解放

　　随着社会的进步与发展，妇女就业问题日益成为社会普遍关注的热门话题。从理论和实践的结合上深入研究妇女就业与解放问题，是社会主义改革实践的需要。

一

　　妇女就业是社会发展的必然，是社会进步和文明的表现。从人类发展史上看，妇女在社会生产中的地位和作用，是一个自然历史发展过程。在人类社会的原始阶段，曾经存在过母系氏族制度，即母权制社会。其所以称之为"母系氏族制度"，主要是根据妇女在当时社会生产、生活中的地位。当时妇女主要从事采集和原始农业，制作食物缝制衣服等活动，由于采集经济在当时是社会的主要生产活动，这就决定了妇女在维系氏族集团的生存和繁衍中的地位和作用。在原始社会妇女受到尊敬，被推举为氏族的主持者和领导者是很自然的事情。在原始社会妇女从事的生产活动，虽然是简单而粗放的，但它毕竟是人类生产活动的初始阶段，是社会文明发展的表现。所以，从人类社会的早期，妇女的"就业"（当然这种"就业"具有原始特点）就与社会的文明发展、人类的文化进程紧密地联系在一起。后来，随着农业、畜牧业和手工业的发展，社会生产出现了新的劳动分工。男子逐步掌握了主要的生产资料和生活资料，社会地位也随之提高，而妇女主要从事手工业和家务劳动。这时社会便由母系氏族转变为父系氏族。

应当说，这样的转变，并非意味着社会的倒退，而是社会的进步，因为这种转变的动因是社会生产力的发展。在社会文化发展进程中，男子和妇女共同创造了人类文化，推动了社会的文明发展。

母系社会的崩溃，妇女地位的失落，有着深刻的社会根源，它也是一个长期演变的历史过程。从阶级社会出现后，妇女在社会和家庭中的地位和自身价值的实现，往往是和阶级压迫分不开的。在奴隶社会里的女奴，被作为祭品和殉葬品，在封建社会里的妇女受着有形和无形的摧残与压迫，她们不仅没有社会经济地位和政治地位，而且也失去了家庭地位。政权、神权、族权、夫权条条绳索套在妇女身上，把妇女束缚在家庭的小圈子里。同原始社会里的母权制相比，奴隶社会和封建社会的妇女在社会中的地位，已经由社会分工性质，变为阶级压迫性质。我国几千年来的男权统治，重男轻女、男尊女卑的观念根深蒂固，广大妇女失去了参与政治、经济和社会活动的条件。男尊女卑和虐待妇女的现象，在我国有其深厚的社会基础，尽管其表现形式有着自己的特点，但是在对文化的摧残和泯灭妇女的本性上与其他国家有着许多共同性。恩格斯曾分析过古代希腊妇女的情况，认为母权制的被推翻，是"女性的具有世界历史意义的失败"，丈夫在家庭中掌握了权柄，妻子被奴役，变成丈夫淫欲的奴隶和生孩子的工具。这种现象早在古代希腊人那里，已经表现得特别露骨。所以，社会的文明程度是和人的社会地位相联系的，妇女的地位最能表明社会文明的程度。当资产阶级行将起来推翻封建专制统治时，提出的自由、平等、博爱的口号，为资产阶级争得民主权利，这在人类社会历史进程上是个进步，其中无疑为使妇女摆脱封建羁绊，获得人身解放创造了条件。正像一种社会意识形态能够跨越时代体现延续性一样，封建社会歧视妇女的道德观念，在资本主义的发展进程中，并没有立即消失。应当肯定，资本主义现代工业兴起的初期，劳动妇女也曾经获得一定的就业机会，许多妇女从穷乡僻壤走进了现代化的工厂、企业，为资本主义的发展起到了奠基作用，为人类社会文明的发展作出过贡献。与封建社会相比，妇女在就业的深度和广度上都是一个明显进步。但是，妇女仍然不能摆脱单纯生产工具的地位，夜工和对妇女身体有损害性的劳动普遍存在。在资本主义社会存在着的娼妓现象，和这种社会所形成的文明形成鲜明对比。

妇女就业问题是一个社会问题，妇女的解放有赖于社会的进步。关于妇女自身的社会就业问题，长期以来，成为思想家们所注视的问题。19世纪初的空想社会主义者傅立叶提出过妇女解放，男女平等的主张。当然，他们并没有在理论上解决妇女解放的社会条件，也没有找到妇女就业的正确途径。马克思和恩格斯早在19世纪初就提出妇女解放道路问题。在他们的许多论著中对妇女就业的社会条件、妇女就业的现实状况以及妇女就业未来发展趋向等问题进行过深入的研究。他们坚持历史唯物主义的观点，把妇女就业同社会制度、同文明发展联系起来。他们讲的妇女解放的含义，主要是指政治地位、经济地位和劳动中的地位的解放，妇女应当在上述的广泛领域中实现自身的本质，实现自己的价值。

在我国，早在辛亥革命初就曾正式明令禁止缠足，发出过妇女走向社会的信号。孙中山也曾大声疾呼要实现男女平等，希望提高中国的文明程度来解决男女平等。但终因没有解决社会制度问题，男女平等、妇女解放也无从实现。"五四"运动为妇女解放开创了新纪元，对封建传统观念、旧的伦理道德是个巨大的冲击。中国共产党把妇女的解放同劳动的解放联系起来，这是在中国特殊国情条件下，从理论和实践的结合上开始找到妇女彻底解放的道路。这是"五四"以来新文化的发展和升华。

中华人民共和国成立以来，我国妇女在经济生活、政治生活、家庭生活等领域中的地位发生了根本改变。这种主体地位集中表现在妇女参加劳动的变化，真正实现了妇女在社会实践中的主体地位。这种主体社会生产劳动，促进社会生产力的发展上。妇女参加劳动的范围越来越宽广，体现了妇女自身解放的程度和自身价值的实现。随着社会的进步，妇女就业的含义已经有新的变化，就业已经不是一个狭义的范畴，而是一个广义的范畴。科学技术越进步，社会文明越发展，妇女就业越来越向高层次发展，广大妇女的潜在智力将得到进一步发挥。党的十二届三中全会以来，我国的改革开放，为妇女就业开辟了广阔天地，1987年，在全民所有集体所有企事业中有 4800 万人，在私营企业和个体经济中有 500 万人，在乡镇企业中有 3500 万人。目前全国妇女干部超过 870 万人，相当县（处）以上职务的女干部比 1978 年增长了近 3 倍，有的还担任了中央、国家机关部、委主要负责人，有的被选为省、地、县的主要负责人，有的在竞争中中标应聘为各类企业、公司的厂长、经理。我国目前女企业家已近 3 万名。我国各类专业技术人员中，女性有近 700 万人，约占各类专业技术人员总数的 1/3 强。高中级专业技术人员中，女同志已达 128 万人，比 10 年前增长 33.7 倍。女专业技术员在工业、科研、交教、卫生等各条战线发挥着日益重要的作用。这说明，随着社会主义社会的改革与进步，妇女在经济建设和文化建设中是不可缺少的力量。社会的进步必然要求妇女更广泛地参加社会活动，妇女参与意识的加强是社会文明的表现，同时也是对社会文明的推进。

二

就业是妇女社会角色的选择，是妇女自身价值的实现。妇女能否在就业过程中实现自身价值，取决于社会的文明发展程度，存在着双向选择。一是社会对妇女就业的取向存在多维性；二是妇女自身的社会角色选择存在着自主性。妇女就业的双向选择随着科学技术的进步和社会的发展而日益加强。在自然经济条件下，由于生产规模的狭小、技术的落后，社会各种陈旧观念的束缚和限制，社会对妇女就业的选择性还受到极大局限。商品经济的发展，现代工业的兴起，为妇女在竞争原则基础上提供了就业的社会条件。在我国解放后，妇女的社会地位不断提高，妇女参加社会生产活动的合法权益受到法律保护，从事体力劳动和脑力劳动的女职工人数逐年增加。改革开放以来，随着有计划的商品经济的发展，农村妇女由从事单一的农业生产发展到从事多种经营，由参加自给半自给的生产劳动发展到专业化商品化的劳动，大批妇女已经从生产领域进入流通领域。在改革实践中涌现了大批的女企业家、女技术专家、女干部、女劳动模范。妇女在更大范围实现着自身的价值，充当着越来越重要的社会角色。应当看到，妇女就业的社会取向，社会对妇女就业的选择，往往受到许多客观条件的制约，而社会制度则是先决条件。在社会主义条件下，已经不存在制度意义上的不平等，社会为妇女广泛就业提供了制度上、法律上的保障，从而保证了妇女在生活方式的选择上有了自主权。社会主义制度虽然为妇女就业与解放创造了良好条件，但是由于传统的文化积淀，尤其是在人们的观念中和一些具体政策和措施上，还存在着对妇女的偏见和不平等待遇。在许多社会活动中，妇女往往被排在第二位，被视为"第二小提琴手"；妇女干部姓"副"的多，姓"正"的少；在改革中甚至出现不愿招女工，女经理反对聘用女职员的现象；一些工厂企业把女工从劳动组合中"优化"下来，等等。看不到妇女在生育、操持家务所付出的代价，看不到社会对妇女为生育付出代价进行补偿的必要性，就是对妇女作为人的地位的鄙视，就是抹杀妇女的社会价值。

一个国家的社会生产力发展状况，往往直接制约着妇女就业的深度和广度。妇女就业必须与生产力发展水平相适应。妇女在就业的取向上有些不同于男子，妇女本身因为生理、体力上的客观限制，致使有些部门和领域暂时不适宜吸收妇女参加，这并不说明妇女永远不能涉足这些部门和领域。随着科学技术的进步和生产力的提高，无疑会扩大妇女的就业面。科学技术发展了，生产力水平提高了，就会为妇女克服生理、体力上的局限性提供条件。但是如果不重视科学技术，不提高生产力，不顾妇女的自身特点硬要妇女从事技术落后不适宜妇女特点的劳动，片面强调"男子能做的，妇女也能做""男女劳动一个样"，让妇女扮演男子的角色，只能是摧残妇女的身心健康，破坏生产力。所以，妇女就业的社会取向并非单一因素，而是多种因素决定的。

妇女就业的过程，是妇女自身社会角色选择的过程。随着社会的进步和文明的发展，为妇女创造出更多的社会角色选择权。几千年的封建统治，传统伦理道德观念的束缚让妇女在社会上和人际关系中，谈不上什么社会角色选择上的自立意识。旧社会妇女在"从一而终"的伦理道德禁锢下，总是以别人为主，依附于别人，服从于别人。她们的"自我肯定"总是借助别人的表态，依附意识胜过自立意识。所谓"妇女以顺从为务"就是妇女以顺为本。在社会上和家庭中都只能是附属身份，只能是配角，不敢想也不敢争取自己的角色权利和地位。她们始终是以夫为纲为大，以贤妻为德，以良母为荣。旧的伦理纲常泯灭了妇女的自立意识，使妇女自轻、自贱、自卑、自怜，既不敢正视自身的价值，也不能实现自身的价值。

妇女就业是一个复杂的社会问题，其中首要的是妇女自身的价值观。妇女的人生目的和对客观事物的评价标准，一方面有赖于妇女自身的社会地位；另一方面也取决于妇女的主体意识。没有自身的主体意识，就不能实现自身的价值。妇女就业的过程，也是实现自身价值的过程。妇女就业必须树立主体意识，而主体意识的具体化就是妇女的自主意识、自立意识、自强意识、自信意识。妇女就业中的社会角色的选择，必须树立"自我形象"，在实践的大河中游泳，在风浪中搏击。在社会上选择什么工作，扮演什么角色，不应当靠什么人来恩赐，而是靠自己去争取，妇女要求得解放，就要扮演自致角色，同时还要做自觉角色。扮演好就业过程中的自觉角色，就要做到扬长避短，发扬求实精神。应当承认，因为生理和体力的特殊性，妇女在就业中受到一些部门和行业限制，特别是目前还不能在科学技术上保证妇女达到这些领域。所以，有些部门和行业妇女就业人数少也是正常现象；相反，有的行业部门妇女人数多也不完全说明妇女已经彻底解放。妇女在就业过程中根据自身的特点进行选择正是主体性发挥的表现。妇女在自身的成长过程中，因结婚、生育歇产假、抚养孩子等，自然要牵扯精力，影响工作和学习。在竞争中要自立于岗位获得成功，就要付出比男子更大的代价。但这种代价不仅是个人的，而且是社会的。有不少妇女在付出代价的同时，也赢得了社会的补偿。妇女社会角色自主选择所获得的结果，标志着她们自立自强的精神的加强。党的十一届三中全会以来，女知识分子显著增加，许多女科技人员作出了突出成绩，如 51 岁的谢又予，是第一个参加我国南极科学考察的女科技工作者，她同男同志一道冒风雪胜严寒完成了考察任务。用她自己的话说，就是只知道自己是个科技工作者，很少想到"妇女"这个性别特征。世界上第一位深入南极腹地的女科学家金庆民，随同有关考察队深入"死亡地带"的文森峰，在荒原冰海中进行地质考察，在海拔 3000 米高度的山脊上发现了大铁矿。两位赴南极考察的女科学工作者，是万千女科技工作者的代表，从她们的角色选择上，说明了妇女就业中的自立意识的增强。

妇女的就业和选择生活方式，应当具有"自我概念"。妇女就业的社会对象是多方位的，存在着主体对客体的多种选择，有着多种方案。在选择过程中要避免"霍布森选择效应"，就要具有自己对自己认识的"自我概念"，根据自身的不同情况进行适当多种选择，这就是社会就业选择的多元性。也正因为这样，妇女在就业过程中才有充分自主权利。但就某一个人来说，面对着多种方案和多种目的，必须进行选择，这种选择如果符合自身实际，又符合社会需要，应当说是合理的。由于历史原因，我国妇女的文化素质普遍比男同志低，这种文化素质的现状，已经与当前世界科学技术的飞速发展形成鲜明的对比，尤其是我国农村，这种矛盾日益突出。这样就带来了一种现象，一些妇女由原来的技术劳动岗位回到了家庭上。大邱庄是工农副各业都比较发达的农村典型。在他们那里有部分年龄较大、文化程度低的妇女自愿放弃工厂的技术劳动，而去承担家务劳动。用她们的话说，就是"听其自然"，因为她们的文化水平已经不适应现代技术了，所以，还是"实事求是"的好。还有的为了保证丈夫的工作，而自觉回家从事家务劳动，认为使丈夫吃好穿好，把孩子养育好，把家庭管理好，就是一种乐趣。这种"自愿"和"听其自然"，是妇女在新形势下的一种职业选择，是妇女自立、自主意识的表现。干家务劳动也是一种社会角色的选择，因为任何家务劳动虽然从形式上看是个人的，但实质上它也是社会的。它本身作为妇女的自愿选择，作为一种角色也是一种就业形式。这种形式同一般意义上讲的妇女政治地位、经济地位、文化地位的解放并不矛盾。所以，讲妇女的解放并非指从某种具体劳动形式转到另一种具体劳动形式。当然，我们所说的家务劳动只是多种社会角色中的一种选择，并不是主张妇女都回到家务劳动岗位上，而不从事其他形式的劳动。因为多数妇女从来没有离开过家务劳动。妇女充当着多种社会角色，只不过有主次之分。

在改革中农村出现的家庭工业形式，为妇女就业提供了多项选择，在农工兼营的家庭，定行按业分工，男的从工、女的务农兼管家务。在一些地方的家庭工作中，妇女不但是厂长、经理、推销员，同时还兼管家务。在农村家庭工业中，妇女在多种就业形式下，一般是以一种职业选择为主，兼职其他工作。农村有些地方出现的庭院经营方式，进行种植、饲养、加工、商业服务活动，妇女在庭院经营中也是扮演着多种角色，发挥着多种职能作用。无论是家庭工业经营形式，还是庭院经营形式，就妇女就业的范围和性质来讲，已经超出了原来意义上的家庭范围和传统家庭成员个人活动的性质。事实上它已经和社会性的就业紧密联系在一起，成为整个社会就业的组成部分。应当看到，我们目前还处在社会主义初级阶段，妇女就业的深度和广度还受到种种限制，无论是社会上的就业还是从事家务劳动，只能是初级形式。随着科学技术进步和生产力的提高，必将为妇女的全方位就业提供有利条件，同时也带来家庭劳动的进一步社会化。随着社会的经济、文化进步，妇女在选择社会角色中更能发挥主体性。妇女就业的自主性就是妇女的解放形式。妇女的解放实质上是人的解放、家庭的解放、社会的解放。

三

妇女的就业与解放是一个广泛的社会问题，只有不断加强社会主义物质文明和精神文明建设，才能为妇女的就业选择创造良好的外部条件。

妇女的就业与解放有赖于社会生产力的提高。马克思主义认为，生产力是一切社会发展的最终决定力量。妇女的解放也是人的解放，人自身的发展不能离开生产力的发展。生产力的发展标志着人对自然认识和驾驭的程度。人总是社会的人，是处于一定生产关系的人。生产关系的协调和变革对于生产力的促进作用，不是一个自发过程。中华人民共和国成立后，我国在发展生产力过程中，认识上有过错误，实践上走过弯路。生产力发展的缓慢直接影响着妇女的就业与解放。党的十一届三中全会以来，我国把发展生产力摆在首要地位。目前，我国实行改革开放，对经济体制和政治体制进行改革，改革和完善各项制度，是为发展生产力扫清障碍。妇女是社会生产力中的重要因素，能否在实践中体现妇女的主体地位，发挥妇女的积极性和创造性，也是衡量各项工作好坏的标准。所以，在体制改革过程中，应当强调妇女在整个政治生活、经济生活中的地位的改革与完善。这种改革与完善，在于保证妇女对自身所处社会地位的发现、理解和自由选择。妇女的自我意识、自我感觉和自我表现的增强，就意味着生产力的解放。同时，社会生产力发展了，也为妇女就业和解放开辟广阔的天地。当代新技术革命迅速发展并且正在促进生产力的突飞猛进，将会带来人类社会的新的进步。新技术革命带来的生产力的巨大发展，直接影响到社会经济结构和管理方式，影响到人们的物质和文化生活方式。我国科技水平虽然落后于先进国家，但是也在不断向前发展着。新的科学技术在生产中的运用，为人的本质的实现，对妇女的解放影响是巨大的。科学技术发展的微型化，在生产中应用的轻型化、系列化，为妇女的广泛就业提供了良好的外部环境。随着生产力的发展，新科学技术越来越普及，新科学技术已经大量进入家庭，迅速使家务劳动现代化。这样将大大促进社会劳动和家务劳动的一体化，同时将大大提高整个社会就业的广度和深度。妇女就业面的拓宽是妇女的进一步解放。

要促进妇女的就业与解放，就要提高全民族的文化素质。改革开放以来，人们的思想进一步解放，改革意识大大加强。但是传统文化和旧的思维方式，还影响着人们的思想观念，特别是在妇女观上，"重男轻女"的旧观念影响着生育观、价值观、家庭观，还影响着家庭文化结构，父母对子女上学读书的态度存在着重男轻女倾向，许多女孩失去求学的机会，受着不平等待遇。目前我国有 2.3 亿文盲，妇女就占 70%。妇女文盲的众多，反映了社会文化素质的低下。所以，只有在两个文明建设中，不断提高全民族的文化素质，才能树立正确的妇女观、生育观和家庭观，才能使妇女作为人在社会活动中实现自身的价值。

妇女的就业程度标志着妇女解放的程度。妇女的就业不是自发的过程，而是一个自觉的发展过程，它必然随着制度的完善与发展得到保证。我们的政治体制改革，正朝着政治民主化迈进。没有政治民主化，就没有妇女自身的民主权利的扩大和进一步解放。克服就业中对妇女的偏见，补偿妇女生育所付出的代价，还必须有制度和政策的具体措施。在改革和建立一系列具体制度中，也应当改革和建立有关妇女就业的特殊制度。要把关于妇女就业的各项具体制度和政策，作为政治体制改革的重要内容。应当在改革中制定《妇女保护法》，使妇女的各项权益纳入法规。政治体制改革的深入，社会主义精神文明建设的发展，将会推进妇女进一步解放的进程。

（原载《妇女理论研究》1989 年）

略论列宁的群众观

　　列宁关于人民群众观点的理论与实践，是列宁主义的重要组成部分，在马克思主义唯物史观理论体系中占有重要地位。当前，在贯彻执行《中共中央关于加强党同人民群众联系的决定》的实践中，学习列宁关于人民群众观点的理论与实践，对于我们树立马克思主义的群众观点具有重要的意义。

　　马克思主义在肯定人民群众的历史地位时，始终坚持从人民群众在创造社会物质财富和精神财富过程中的决定作用出发，划清同历史唯心主义的界限。列宁把群众观点作为唯物史观的重要内容，从理论上充分阐明人民群众在创造历史中的决定作用。他认为要彻底发挥唯物主义，把唯物主义运用于社会现象，想到人民群众，看到人民群众，就要消除以往历史理论的缺点。过去的历史观理论，至多是考察人们历史活动的思想动机，而不注重考察产生这些动机的原因，没有摸到社会关系体系发展的客观规律性，没有看出物质生产发展程度是这种关系的根源，没有说明人民群众的活动。所以，马克思以前的"社会学"和历史学，不过是积累了片断的收集来的未加分析的事实，只是描绘历史发展的个别方面。列宁认为，关于一切思想和各种趋向的根源，关于人们全部历史活动基础的客观物质生活条件以及这些条件的发展规律，是以科学态度研究历史的途径，并给予充分注意。列宁从人民群众创造历史的基本立场出发，把相信人民群众，不脱离人民群众作为无产阶级政党的基本原则。把人民群众看成党的力量源泉和胜利之本，"坚决地承认"群众的"革命毅力、革命创造力、革命首创精神"。他说，党"不是在比喻的、象征的意义上同群众一起前进，而是真正地同群众一起前进"①。在列宁的领导下，布尔什维克党无论是在反对沙皇统治的战争岁月，还是在抵御外国武装干涉以及残酷的国内战争中，始终是依靠群众发动群众，和群众在一起。列宁认为，单靠先锋队是不能胜利的。当整个阶级，当广大群众还没有采取直接支持先锋队的立场，或者还没有对先锋队采取至少是善意的中立态度并且完全不会去支持先锋队的敌人时，单叫先锋队去进行决战，那就不仅是愚蠢，而且是犯罪。所以，无产阶级政党就必须充分依靠群众路线这个法宝，才能取得十月革命的胜利。无产阶级在取得政权以后，如何保持同群众的鱼水关系，这是列宁非常关注的一个问题。他及时告诫全党要时刻注意同群众的密切联系，处理好公仆与主人的正确关系。他在《国家与革命》一书中指出：要防止国家工作人员"由社会公仆变为社会主人"，"防止这些人变成官僚"。列宁认为，无产阶级在取得政权以后，最容易导致党脱离人民群众的因素是党的干部，特别是领导干部容易产生强迫命令、官僚主义的毛病，容易受到资产阶级思想的腐蚀。1920年，列宁指出："我们党目前可能陷于十分危险的境地，即陷于骄傲自大的境地。这是十分愚蠢、可耻和可笑的。大家知道，一些政党在它失败和衰落之前，往往会骄傲自大。②"所以，骄傲自大不仅是脱离群众的开始，而且也往往是导致一个政权衰落的开端。无产阶级政党不仅要依靠群众取得政权，而且要依靠群众保持和巩固政权。列宁从参加革命活动开始就特别注意同群众的联系，他经常亲自深入到工厂、农村，向工人、农民宣传马克思主义，去动员和组织群众。他以身作则教育全党。1918年，列宁曾经建议，每个星期五召集群众集会，由中央委员和有关负责人员发表演说，列宁经常参加这项活动。列宁虽日理万机，但始终坚持深入基层了解民情，他外出调查走访从不坐专车，从不搞迎送。他经常住

---

① 《列宁全集》第八卷，人民出版社1984年版，第138页。
② 《列宁全集》第三十卷，人民出版社1988年版，第486页。

在农民的草棚里，吃自己带的干粮。为了使苏维埃国家机关密切同群众的关系，要求机关工作人员热情接待群众的来访，耐心听取群众的意见，并要及时作出处理。列宁在给人民委员会总务处的特别命令中规定，凡是写给他的控诉信，收到后24小时之内，必须向他报告。

列宁坚持马克思主义关于历史是由千百万劳动群众创造的观点，强调为无产阶级和人民群众谋利益，不图少数人的私利，是无产阶级政党区别于一切政党的显著标志。正因为这样，无产阶级政党必须彻底摒弃一切形式的英雄史观。在革命和建设中充分肯定人民群众的力量。组织和发动群众，用人民群众自己的力量来改变自身的地位。列宁说："在我们看来，一个国家的力量在于群众的觉悟。只有当群众知道一切、能判断一切、并自觉地从事一切的时候，国家才有力量。"① 在十月革命胜利之后，为了使国家摆脱贫困，尽快提高人民群众的物质和文化生活水平，布尔什维克党领导全国人民开展生产建设，大力提高劳动生产率，迅速发展了国民经济。当时国民经济之所以得到恢复，人民生活得到改善，就是因为列宁领导下的党，在制定自己的纲领、路线、方针和政策时，实实在在体现了群众观点，有一条正确的群众路线，反映了群众的愿望和利益，得到了群众的拥护和支持。正如列宁指出的："劳动群众拥护我们。我们的力量就在这里。全世界共产主义运动不可战胜的根源就在这里。"②在革命和建设实践中，列宁领导的布尔什维克党要求每个成员，都必须把人民的利益放在第一位，把为人民谋利益作为自身行为的准则，把个人利益同党和人民利益融为一体，做到个人利益服从党和人民的利益。列宁为布尔什维克党起草的党章明确规定了党员个人利益同党和阶级利益的一致性。党对每一个党员提出严格的要求，在战争年代要求他们勇往直前、前仆后继；在经济恢复和建设时期要求他们吃苦在先、享受在后，发挥先锋模范作用，克服重重困难，夺取了一个又一个的胜利。

---

① 《列宁选集》第三卷，人民出版社1972年版，第361页。
② 《列宁选集》第四卷，人民出版社1972年版，第78页。

列宁把尊重和支持人民群众的首创精神，看作是党代表人民、领导人民群众的具体体现。他指出，在任何社会主义革命中，因而也在我们于1917年10月25日所开始的俄国社会主义革命中，无产阶级和它所领导的贫苦农民的主要任务，都是进行积极的、或建设性的工作，就是要把极其复杂和精密的新的组织系统建立起来，对千百万人生存所必需的产品进行有计划的生产和分配。"这种革命，只有在人民大多数，首先是劳动群众大多数表现出有历史意义的独立创造精神之下，才能顺利实现。"①在列宁看来，只有在广大群众能够表现充分的自觉性、思想性、坚定性和忘我精神的情况下，社会主义革命和建设新国家的胜利才有保障。所以，共产党人要相信人民群众的力量，支持人民群众的创造性和主动性。列宁曾经尖锐地批评社会革命党人和孟什维克害怕群众、脱离群众的错误，指出：他们"不相信群众，怕他们发挥创造性，怕他们发挥主动性，在他们的革命毅力面前发抖，而不能全心全意从各方面去支持他们，这就是社会革命党人和孟什维克的领袖们最严重的罪过"②。列宁非常重视人民群众的首创精神，1919年他写了著名的《伟大的创举》一文，高度地评价和赞扬了"共产主义星期六义务劳动"所具有的伟大意义，指出它向人们表明了工人自觉自愿提高劳动生产率、建立新的劳动纪律、创造社会主义的经济条件和生活条件的首创精神。列宁说："实行'共产主义星期六义务劳动'，从事不领任何报酬的额外工作，并且大大提高了劳动生产率。难道这不是极伟大的英雄主义吗？难道这不是具有世界历史意义的转变的开端吗？"③在列宁看来，社会主义所以能够最终战胜资本主义，就是因为社会主义能够创造出新的更多的劳动生产率，而社会主义的更高的生产率的创造，是同广大群众的劳动热情和首创精神分不开的。共产主义星期六义务劳动实质上是一种共产主义奉献精神的具体体现。列宁十分珍视广大群众这种首创精神，

---

① 《列宁选集》第三卷，人民出版社1972年版，第495页。
② 《列宁全集》第二十五卷，人民出版社1988年版，卷第361页。
③ 《列宁选集》第四卷，人民出版社1972年版，第16页。

主张把这种精神引导到经济建设和管理国家上来。他认为有组织才能的人在农民和工人阶级中间是很多的，他们才刚刚开始认识自己，觉醒起来，投入生动的、创造性的、伟大的工作，独立地从事着社会主义建设。所以，"重要的就是普遍吸收所有的劳动者来管理国家。这是十分艰巨的任务。社会主义不是少数人——一个党所能实现的。只有千百万人学会亲自做这件事的时候，社会主义才能实现 ①。"

列宁认为，无产阶级政党应当用革命理论和革命规律的知识把自己武装起来，只有这样才能担负起教育群众的责任。无产阶级政党最重要的最基本的任务是教育群众认识自身的目的和任务，这就是经常地宣传群众，使群众走自己解放自己的道路。列宁在《我们同自由派论战的性质和意义》一文中指出："要是群众漠不关心，没有觉悟，缺乏朝气，不积极，不坚决，不独立自主，那无论在任何方面都将一事无成。"②所以，宣传、动员群众认识自身的利益以及为自身的利益而努力工作，是共产党人的重要责任，因为共产党人没有与人民群众利益不同的利益。列宁总是以身作则做好群众的宣传教育工作。仅在国内革命战争和反对外国干涉的两年时间内，他就向广大工人、农民、战士发表各种演说 200 多次。他用生动的语言，具体的事例阐明革命道理，宣传党的路线、方针和政策，以动员和组织群众。列宁十分重视通过各种群众组织去宣传教育群众，他认为，革命和建设事业需要把广大群众组织起来，成立各种群众组织。党要经常通过群众组织，对群众进行思想教育，启发他们的觉悟。在革命战争时期利用战争这个特殊的课堂来教育群众；在经济建设时期，党更应当经常用共产主义思想启发、教育群众。列宁认为，这个教育应当着眼于广大的基本群众，他要求各级党的工作者要把注意力放在"下面"，放在基层，通过对基本群众的扎实、细致的教育工作，启发和引导他们朝着党所指引的方向前进。同时，还要相信群众能够通过教育不断提高觉悟，这是一项艰巨的长期的任务。

---

①《列宁选集》第三卷，人民出版社 1972 年版，第 483 页。

②《列宁全集》第十八卷，人民出版社 1984 年版，第 116 页。

所以，宣传、教育群众使其认识自身的目的和任务，既要反对尾巴主义，又要反对命令主义，这正是马克思主义群众观点的生动体现。

（原载《太行论坛》创刊号 1990 年第 1 期）

论和平演变与反和平演变的斗争

　　国际资产阶级，妄图把社会主义国家演变成为资本主义国家的"和平演变"战略，有它产生的历史条件和背景。分析和研究国际资产阶级的"和平演变"战略，对于认识渗透与反渗透、颠覆与反颠覆、"和平演变"与反"和平演变"斗争的长期性，对于防止"和平演变"，巩固和发展社会主义制度，具有十分重要的理论和现实意义。

一

　　"和平演变"战略是国际垄断资本主义政治的产物，是它侵略、垄断政策的继续。社会主义制度是人类社会历史上崭新的社会制度，社会主义代替资本主义是社会发展的必然趋势，是不以人们的意志为转移的客观规律。但是，社会主义代替资本主义并不是自发的过程，而是一个彻底推翻剥削制度，消灭剥削阶级的革命变革。剥削制度和剥削阶级总是违背历史发展的客观规律，不甘心退出历史舞台，总是进行反抗。资产阶级在其整个衰亡的历史过程中，出于它的本性，总是施展种种策略，千方百计地向社会主义进攻，这种进攻除了直接发动侵略战争之外，就是通过种种渠道对社会主义国家进行渗透、颠覆和"和平演变"，即所谓战争与和平的两手策略。只不过随着历史发展的不同阶段和不同情况，它所采取的策略有所侧重罢了。

　　列宁曾经分析过帝国主义政治同战争的关系，认为战争是帝国主义政治的继续。就是说，帝国主义的战争手段从来都是为它的政治服务的，是为维护剥削制度、殖民统治的政策服务的，目的在于用武装颠覆社会主义制度。国际资产阶级的"和平演变"战略是在社会主义制度建立后，用以对付社会主义国家的特定战略和策略。"和平演变"作为国际资本主义的特定战略，毫无疑义是为了它全球的霸权政治服务的，"和平演变"战略是国际资本主义政治的继续，是它的武装干涉不能奏效的法宝。第二次世界大战后，一批社会主义国家相继建立，力量日益强大。在这种情况下，国际资产阶级惊恐万状，他们一方面扩充军事实力进行冷战，同时处心积虑地采用非军事手段来对付社会主义国家。1947年美国驻苏联代表凯南写了《苏联行动的根源》一文，首次提出"遏制"战略，主张设法使社会主义国家限定在一定势力范围之内，然后使其内部发生有利于资本主义世界的变化，这就是凯南所说的"让肉烂在锅里"。新中国建立后，杜勒斯沿袭凯南的模式设计了对中国的"遏制"政策，一方面对中国实行严密封锁，另一方面把社会主义中国演变的希望寄托于第三代、第四代人身上。从杜勒斯时代开始，西方垄断资产阶级就把"和平演变"作为对社会主义国家进行渗透、颠覆的主要策略。50年代中期，杜勒斯在我国实行"百花齐放""百家争鸣"方针后的一次国策声明中，公开宣称美国的政策就是促进苏联、东欧和中国等社会主义国家的自由化。60年代，美国总统肯尼迪把"和平演变"策略具体化为"鼓励演变"，提出要在社会主义国家内部"培养自由的种子"。70年代，国际资产阶级又提出要采用现代化的宣传手段，宣传西方的"自由、民主"思想和价值观，实现资本主义对社会主义的"不战而胜"。80年代后，由于直接武装入侵和干涉遭到越来越大的失败，迫使国际垄断资产阶级不得不把"和平演变"作为对付社会主义国家的主要手段。这个时期也造成国际资本主义对社会主义实行"和平演变"的特殊的国际环境和条件。一是西方资本主义国家从第二次世界大战以来，在现代科学技术上有了较迅速的发展，社会经济力量膨胀，为国际垄断资本主义在经济上和科学技术上向外扩张提供了条件。二是从70年代开始，中国和其他一些社会主义国家进行社会主义体制改革，这本来是社会主义制度的自我完善，但国际资产阶级把社会主义在前进过程中所碰到的社会和经济困难，体制上的弊端以及改革中出现的种种挫折和资产阶级自由化思潮，看成是他们实行"和平演变"社会主义的可乘之机。这个时期的"和平演变"战略在沿袭过去策略的基础上，又具有新的特点，这就是它的全方位性。布什鼓吹"超越遏制"战略，主张在确保军事实力的同时，要通过各种渠道、各种手段，从经济、政治、技术、思想和文化等领域，主动诱压社会主义国家，以达到"和平演变"社会主义的目的，取得"没有硝烟的新的世界大战"的全胜。所以，国际资产阶级采用"和平演变"，是另一种方式的侵略战争，是没有硝烟的侵略和干涉。它的"不战而胜"并不是不对社会主义制度作战，而是改武装干涉为渗透和演变的方式战胜社会主义。"和平演变"与"反和平演变"的斗争实质是两种制度的根本对立与斗争。

二

反渗透、反颠覆、反"和平演变"的斗争是长期的。党的十一届六中全会决议中指出，在剥削阶级作为阶级消灭以后，阶级斗争已经不是主要矛盾，由于国内因素和国际的影响，阶级斗争还将在一定范围内长期存在，在某种条件下还有可能激化。这里讲的国际的影响，在现阶段主要是来自国际资产阶级对社会主义的"和平演变"战略。从社会主义制度建立的那天起，就在世界范围内存在着两种制度的对立和斗争，一个国家的社会主义制度的建立，就意味着国际垄断资产阶级的失败，因为"资产阶级始终是国际的"，一个国家的资产阶级的失败，也往往带有国际性。它们会联合起来对社会主义国家或进行武装干涉，或进行渗透颠覆，虽然形式不同，但总是为了消灭社会主义制度，这是不言而喻的。列宁虽然没有看到今天国际垄断资本主义对社会主义施展的"和平演变"战略，但他预见到帝国主义的垄断性、腐朽性和垂死性。列宁的这个论断从社会发展的客观规律性来看是科学的论断。列宁在当时的历史条件下，预见到无产阶级在夺取政权之后，两种制度的对立和斗争形式会有新的变化，指出："阶级斗争还在继续，只是改变了形式。"所以，只要资本主义存在，只要意识形态领域还存在着两种思想、两种世界观，斗争就不会停止。

西方垄断资产阶级已经将"和平演变"社会主义，作为全面的长期的战略，纳入全面规划、进行整体布局。早在 1957 年肯尼迪就提出，对社会主义进行"和平演变"就要"制定计划"。而后尼克松声称，这种计划和任务不是几十年就能完成的，而是要许多代才能完成。尼克松认为西方资产阶级面临的任务"是制定一项长期的战略"，以增加社会主义国家"和平演变"的可能性和现实性。在现阶段，国际资产阶级的"和平演变"战略带有长期性、整体性的特点，对于社会主义的演变不求速战速决，而是进行长期准备和策划，逐步渗透、逐步演变的方法，特别是促进社会主义国家的经济、政治、思想、文化等各个方面的变化，以达到从量变到质变，改变社会主义制度的目的。基于"和平演变"的战略规划，西方垄断资产阶级千方百计通过各种舆论宣传渠道，对社会主义国家进行意识形态上的渗透。西方世界的代表人物曾声称，"美苏之争的根源在于意识形态"，认为"如果在意识形态战中败北"，西方所有的武装、条约和贸易都将"变得毫无意义"，因此他们特别重视对社会主义国家进行舆论宣传，鼓吹"在宣传上花一个美元等于在国防上花 5 个美元"。所以，他们不惜以巨资用于对外广播经费，宣传资产阶级的文化价值观、自由和民主价值观。同时提出"在思想战"中要优先利用新技术、新设备，利用卫星电视、无线电广播，挑起和激化社会主义国家人民内部矛盾、民族矛盾，煽动和支持非法的宗教活动，制造社会主义国家的动乱和暴乱。长期以来，西方各主要资本主义国家的电台、电视台都极力改进技术，增加频率，延长播放时间，对社会主义国家进行诬蔑攻击，造谣惑众、煽风点火，成为他们实行"和平演变"的重要工具。如果说在社会主义国家刚刚建立时，国际资产阶级以武装干涉、经济封锁为主要手段，那么，在现阶段他们特别重视通过经济上的信贷、技术上的交流、文化上的往来，施加政治思想、文化观念、价值观念的影响与渗透，具体实施其"和平演变"计划。在国际资产阶级看来，80 年代以来，西方资本主义国家在经济上具备了向社会主义国家进行"和平演变"的物质手段和实力。他们利用社会主义国家进行改革之机，对社会主义国家实行经济上的诱压。他们提供的贷款、"最惠国待遇"，从来是有区别有条件的。无数事实证明，就整个国际资产阶级来讲已经把经济、贸易、技术作为实现对社会主义国家进行"和平演变"政治目的的物质手段。在利用信贷和技术问题进行"和平演变"过程中，西方垄断资产阶级是贯彻了区别对待原则的。他们的对外经济政策，始终以他们的所谓人权观念为原则，难怪西方资产阶级代表人物声称"人权问题是贯穿于所有关系的一条主线"。所以，人权问题也和信贷、技术问题一样，成为他们搞"和平演变"的综合手段之一。

国际资产阶级对社会主义进行"和平演变"，不仅通过经济的、技术的、思想的、文化的诱压与渗透，还往往从组织上采取"打进来、拉出去"的策略。一些西方首脑人物声称，要采取温和策略"有选择地拉拢东欧国家领导人"，支持社会主义国家领导人的自由化措施，有目的地向他们提供经济信贷，提供先进技术等。同时，他们还培植、拉拢、支持社会主义国家内部的敌对分子、反动势力和资产阶级自由化分子，或支持地下反党反社会主义的派别组织，或利用合法身份合法社团进行反党反社会主义的非法活动，甚至直接支持一些社会主义国家的"自由化"活动，促使这些国家加快"和平演变"。在"和平演变"社会主义问题上，无论通过思想渗透、精神瓦解的"和平"方式，还是通过动乱和暴乱的形式，国际反动势力总是与国内搞资产阶级自由化的人、剥削阶级残余分子、反革命分子、"四人帮"的残渣余孽和刑事犯罪分子内外勾结，遥相呼应。社会主义国家内部的敌对分子是国际反动势力进行"和平演变"的代理人，是"和平演变"策略的社会基础和条件。只要这些敌对分子还存在，就有国际资产阶级进行"和平演变"的土壤。所以，"和平演变"与反"和平演变"，渗透与反渗透、颠覆与反颠覆，实质上是国际范围内的阶级斗争，是资本主义与社会主义两种制度的对立和斗争。随着世界的进步、人民力量的强大、社会主义事业的发展，迫使国际资产阶级改变策略，更多依靠"和平演变"手段的可能性大大增强。所以，"和平演变"与反"和平演变"的斗争将是长期的、复杂的，而且这种斗争并不因为资本主义的日益衰亡和社会主义的日益胜利而减弱、消失。

三

防止"和平演变"的战略重点在国内，社会主义制度的加强和巩固是抵御"和平演变"的万里长城。唯物辩证法认为，外因是变化的条件，内因是变化的根据，外因通过内因而起作用。尽管国际垄断资产阶级千方百计对社会主义施展"和平演变"伎俩，但毕竟是"和平演变"的外因，如果不具备"和平演变"的内因，或外因和内因不相配合，任何"和平演变"是不可能的。西方资产阶级对社会主义的"和平演变"战略，是一个综合的、长远的规划体系，它包括经济、政治、科学文化等各个领域的具体实施计划和安排，它的整个计划和安排，都围绕着一个中心，就是改变社会主义的政权性质。所以，社会主义国家防止"和平演变"，应当立足于国内，从社会主义发展前途着眼，制定防止"和平演变"的综合战略体系，这个综合战略体系的基本出发点，是如何加强和巩固无产阶级的政权和社会主义制度，同时也要有相应的防御措施和反对"和平演变"的对策方案。只有这样，才能使社会主义立于不败之地。

第一，要搞好经济建设，发展社会主义的生产力，这是综合国力的基础，也是防止"和平演变"的物质条件。

第二，应当经常地、深入地进行马克思主义的宣传和教育，这是防止"和平演变"的重要思想武器。国际资产阶级对社会主义进行"和平演变"的重要内容之一，就是宣传和传播他们的意识形态，利用他们的价值观、道德观向社会主义意识形态阵地发动进攻。西方资产阶级千方百计，处心积虑地利用自己的理论、观念来否定马克思主义理论，制造种种谬论，鼓吹马克思主义"过时论""无用论"等。马克思主义是我们的指导思想，是政策和策略的理论基础。所以，我们应当把马克思主义的宣传、教育作为防止"和平演变"战略的重要手段。战胜西方资产阶级的意识形态上的进攻，粉碎他们的"和平演变"战略，最强大的理论武器就是马克思主义。放弃了马克思主义就等于解除武装，失去信仰。没有马克思主义就没有社会主义。所以，宣传和学习马克思主义是防止"和平演变"的根本途径。

第三，加强党的自身建设，是防止"和平演变"的关键。中国共产党之所以成为中国革命和建设的领导核心，是人民在长期的斗争中作出的选择。党的状况如何，对于国家和民族的命运具有决定性的意义。在过去的几十年，中国共产党在领导我国人民革命和建设中取得了辉煌成就，党有崇高威望和坚强战斗力。正因如此，才挫败国内外反动势力的种种阴谋。但是，不可否认，这些年来由于党的建设和思想政治工作被削弱，党内出现了某些官僚主义、命令主义以及腐化堕落脱离群众的现象，削弱了党的战斗力，影响了党和群众之间的凝聚力，不利于社会主义建设事业，不利于社会主义制度的巩固。党内不正之风带来社会风气的败坏，必然给国际反动势力进行"和平演变"提供土壤。党的建设，特别是她的思想作风和组织纪律建设，关系到社会主义建设事业的成败，关系到社会主义制度的存亡。

第四，应当把反渗透、反颠覆、反"和平演变"作为思想政治工作的内容，作为社会主义精神文明建设的战略任务来抓。西方垄断资产阶级对社会主义施展"和平演变"，有政治的、经济的、思想的、文化的具体内容和渠道，有长期的战略也有短期的计划和步骤。因此，对国际反对势力的渗透、颠覆、"和平演变"的内容、性质、特点及规律的研究便日益提到日程上来。从某种意义上讲，在和平环境下，在正常交往中，学会分辨是非，认清敌我，透过物质关系与人们的交往关系，抵制和消除危害社会主义的思想、文化、抵制和消除资产阶级的腐朽价值观念，比战争年代更具有艰巨性和复杂性。应当制定在新形势下反渗透、反颠覆、反"和平演变"的长期战略规划和全社会的防范体系，要克服那种认为反渗透、反颠覆、反"和平演变"与己无关的思想。应当充分利用我们的舆论宣传工具，利用广播、电视、报刊等阵地，深入宣传社会主义的理论和实践。

国际垄断资本主义对社会主义进行"和平演变"，往往寄希望于几代人，他们把眼光对准年轻一代。因此，摆在我们面前的任务之一，是如何把我们年轻一代教育好，使他们真正成为社会主义事业的接班人。只要我们从现在起，认真研究反"和平演变"的对策，我们就会立于不败之地，社会主义事业就会一代一代坚持下去，最终代替资本主义，实现人类美好的未来。

（原载《晋阳学刊》1990 年第 6 期）

辩证思维与科学自然观

——纪念恩格斯《自然辩证法》发表 65 周年

辩证唯物主义自然观是马克思主义世界观的重要组成部分。辩证唯物主义自然观的创立,是辩证思维与自然科学历史发展相统一的科学根据。辩证唯物主义自然观作为科学的自然观,有它产生、形成和发展的历史必然性。随着人类对客观世界发展规律认识的不断深入,必将显示出科学自然观的强大生命力。

一

自然科学的发展总是同一定形式的思维方式相结合。人类在改造客观世界的实践过程中,不断加深对自然发展规律的认识,也完善和发展自身的思维方式。自然科学的发展状况和一定形式的思维方式,总是相互联系,相互制约。在古代,自然科学还处于萌芽状态,没有精密的科学实验,人们普遍使用的是观察方法,对自然现象只能做简单解释,而不能作出分门别类的研究。正是由于自然科学的发展状况,人们才逐渐形成了这个时期的思维方式,就是直觉的猜测和简单的逻辑推理,其主要表现为归纳和演绎。在古代无论是朴素的唯物主义自然观还是唯心主义的神学自然观,都同它们的思维方式有着直接联系,而思维方式与自然科学的发展水平是紧密相关的。

近代自然科学的发展伴随着思维方式的进步。由于生产力的提高,以探索自然为主要目的的科学实验得到相应发展,人们的抽象思维能力也得到提高，特别是数学分析的方法使科学知识定量化、条理化。在近代史上培根和笛卡尔等人对思维方法的研究，比亚里士多德前进了一步，对当时的自然科学研究起到了推动作用。培根强调认识自然，力图找出探索和研究自然界的新方法。他不赞成三段论的演绎逻辑，认为三段论的方法不能帮助认识自然。他主张要借助经验归纳对事物进行分析，强调观察和实验，强调对事物原因的分析，认为真正的知识是通过原因的研究而取得的。培根的归纳思想对自然辩证法作为科学和逻辑思维的发展有重要意义。而与培根同时代的法国哲学家笛卡尔则提倡科学研究中的演绎法，提出运用理性方法的四条规则，强调演绎、看轻归纳。培根和笛卡尔的思维方法对后来的自然科学研究产生了很大影响。亚里士多德和培根的思维方式在科学史上形成的影响便产生了不同派别，形成了全归纳派和全演绎派。全归纳派以洛克为代表，全演绎派以莱布尼茨为代表。洛克崇尚培根的经验方法，认为演绎完全不能作为发现新真理的工具。莱布尼茨则从唯心论观点出发，反对洛克的狭隘经验论，主张建立一种新的演绎逻辑作为认识的普遍科学。培根和笛卡尔的思维方式的形成并不是偶然的，它首先是自然科学发展一定阶段的产物。由于他们把这种思维形式从哲学上加以概括，便形成了长达几个世纪的形而上学自然观。

思维方式是时代的产物。如果说古代的思维方式取决于当时科学发展的落后水平，带有简单的朴素的特点的话，那么近代在分门别类科学研究基础上形成的形而上学思维方式，是一个进步。但是这种形而上学的思维方式，又不得不被科学的思维方式所代替。与19世纪自然科学的进步相适应的就是辩证的思维方式，这一辩证思维方式天然地和辩证唯物主义自然观结合在一起。马克思恩格斯在创立辩证唯物主义自然观的过程中，坚持了辩证思维的基本原则，使科学自然观科学化和系统化。

辩证唯物主义自然观作为人类对客观自然界及其规律的科学反映，有着自身发展的过程。马克思主义的辩证唯物主义自然观是对历史上已经存在过的各种类型自然观的扬弃，是一个严整的科学体系。恩格斯说："随着自然科学领域中的每一个划时代的发现，唯物主义也必然要改变自己的形式。"① 恩格斯这段话，不只是指唯物主义，而且也是指整个自然观的发展。随着自然科学在不同历史阶段的发展，哲学自然观经历过朴素辩证自然观、形而上学自然观和唯物辩证自然观三个不同的发展阶段和形态。古代朴素的辩证自然观在对待主体与客体关系上有着独特的观点，在关于自然界万物的本源，关于天体系统的模型，关于物质结构，关于运动和时间、空间，关于生命起源、生物进化和人体生理等问题上，都是以承认自然界的统一性为前提的。古代自然观作为一个历史时代的产物，它也反映了当时哲学同自然科学结合在一起的特点。这个时期的自然观的发展充满着矛盾和斗争，突出表现为灵魂与肉体的对立，唯物主义和唯心主义的对立。应当肯定，在古代自然观中既包括朴素的唯物辩证的成分，也包含原始宗教的唯心主义的成分，所以，作为这个时代的自然观有合理的东西，也有错误的东西。

17世纪和18世纪的形而上学思维方式的出现，有着深刻的自然科学发展阶段上的认识论根源，也有其深刻的社会根源。建立在形而上学思维方式基础上的自然观，虽然在整体观察上比不上古代自然观，但是对自然现象总联系中的细节方面却比古代自然观前进了一步，使自然观上升到一个新的阶段，但是这种自然观在当时却有其历史作用和地位。

实验科学以唯物主义经验论批判经院哲学的神学唯心论上有其历史功绩。这个时期的哲学家和自然科学家都坚持知识从经验中来，十分重视经验在揭露自然奥秘过程中的作用。应当肯定，牛顿力学体系是对经验事实进行概括的最高成果，他的经验科学原则影响了科学家们对自然事物观察和研究的观点，对同时代和其以后的科学家的思维方式有着明显的影响。英国化学家道尔顿的原子论，德国化学家维勒发明的尿素，17世纪三四十年代由迈尔、焦耳、赫姆霍兹、格罗夫等人建立的细胞学说，达尔文提出的进化论，俄国的门捷列夫的化学元素周期律等，这些科学成果都是以科

---

① 《马克思恩格斯选集》第四卷，人民出版社1972年版，第224页.

学实验为基础，也是在本体论上坚持了实验和观察方法的结果，这实际上是坚持了唯物主义的认识论原则。这个时期虽然是形而上学的理论思维占统治地位，但未能阻碍辩证思维的某些思想因素的成长。一些唯物主义思想家虽然从整体上坚持的是形而上学的机械的自然观，但并没有妨碍他们从客观物质世界本身来说明世界。从斯宾诺莎到法国唯物主义者都是如此。所以，恩格斯称赞说这是"当时哲学的最高荣誉"。应当说，带来这种变化的动力是在自然科学本身的发展，由于它的发展打破了这种僵化的自然观。

恩格斯在《自然辩证法》中指出："在自然科学中，由于它本身的发展，形而上学的观点已经成为不可能的了。"[1] 自然科学在 19 世纪的发展，客观上给形而上学自然观打开了一个缺口，为人们提供了一个新的自然图景和思维方式。这个图景向人们展示，整个自然界都处于不断流动，处于不断运动和变化中，处于永恒的产生和消灭中。这种不同于形而上学自然观的理论观点和思维方式，是在新的基础上对古希腊朴素辩证自然观的复归。

辩证自然观并非一下子就形成和完善起来，它的初级形态首先是一些哲学家或自然科学家提出来的。在德国古典哲学中比较早地出现了辩证自然观的思想。康德创立的星云说，谢林提出的斥力和引力理论，黑格尔对自然科学成就的概括，都在各自的理论体系内，论及了辩证自然观的有关内容和问题。他们的思维方式实质是辩证的，初步做到了辩证思维和自然观的结合。这种结合并非是纯粹观念中的结合。无论采取什么形式，实质是 19 世纪自然科学成就的客观反映。

马克思和恩格斯在《资本论》《经济学手稿》《反杜林论》《自然辩证法》和《费尔巴哈与德国古典哲学的终结》等著作中，深刻地总结了他们生活的时代的科学技术成果，吸收了前人特别是黑格尔自然科学的合理成分，全面地系统地论证了辩证唯物主义自然观。这一科学的自然观之所以立足于牢固的基础之上，就是因为它"不过是对自然界本来面目的朴素的

---

① 《马克思恩格斯选集》第三卷，人民出版社 1972 年版，第 521 页。

了解，不附加以任何外来的成分"。恩格斯指出："对自然观的这种发展阶段来说，旧的形而上学的思维方法就不再够了……辩证法是唯一的、最高度地适合于自然观这一发展阶段的思维方法。"① 所以，辩证唯物主义自然观的创立具有划时代意义，它不仅在当时对于启迪人们的思维、树立科学的自然观有重大意义，而且对于当今乃至将来人们树立正确的世界观、发展自然科学、解放生产力都有着深远意义。

二

辩证唯物主义自然观的确立，为人们认识世界提供了犀利武器。它的形成并不是一个自发的过程。在 19 世纪，当科学自然观业已形成和逐步完善时，大多数自然科学家已经从科学发现中摆脱了传统自然观的束缚，已经不再像 18 世纪和早先人们坚持天体的不变性、元素的不变性、生物的不变性的观点，也不再相信有不能转化为他物的热质、热素和电液体等观点。这虽然经过了一个漫长过程，是科学家们逐渐领悟到的一个真理，即促使这个过程前进的是自然科学本身发展的力量，这种力量与人们头脑中的旧传统是个矛盾。矛盾斗争而后转化，树立正确的科学观点，就是一个从不自觉到自觉的过程。应当看到，在 19 世纪虽然大多数科学家摆脱了旧的传统观念，但他们中仍有不少人还未自觉接受黑格尔或马克思主义的辩证哲学，还没有从根本上摒弃形而上学自然观。在他们当中，有的力图用力学原理去解释物理、化学运动甚至生命现象，认为物理学是分子的静力学和动力学，化学是原子的静力学和动力学，海克尔甚至认为在生理学中只有物理化学的力，即所谓的"广义的机械力"起作用。赫尔姆霍兹主张"整个自然科学的最终目的溶解在力学之中"，在他看来，有多少自然现象就有多少种力，只有在使用了力的名称时才能使自然规律客观化。麦克斯韦和赫兹发现和证实了电磁波，因而动摇了将力学当作物理学的最终基础的信念，但他们仍然坚持把一切归结为机械运动。一些科学家提出的物理学的

---

① 《马克思恩格斯选集》第三卷，人民出版社 1972 年版，第 353 页。

任务在于把自然现象归结为简单的力学定律。可见，这种把牛顿力学绝对化的思想，造成了一些自然科学家不能正确地解释 19 世纪的重大科学发现，特别是后来的物理学革命。这样不可避免地使许多科学家做了唯心主义、形而上学的俘虏，造成理论思维的混乱。19 世纪末 20 世纪初，自然科学开始跨入微观世界，出现了 X 射线、放射性元素、电子等新发现，提出了量子论和相对论。由于科学家受机械论和形而上学思维方式支配，不能抵御唯心主义思想的侵袭，再次出现理论上的混乱。一些人对物质和物质概念提出怀疑，有的重新提出"可分不可分"的问题。

这些都说明，自然科学家需要世界观的指导，科学家需要在实践中确立辩证唯物主义自然观。恩格斯指出："不管自然科学家采取什么态度，他们还是得受哲学的支配。"① 任何自然科学工作者在科学研究过程中，总是自觉不自觉地在一定世界观支配下工作的。只有确立正确的世界观，才能有科学的自然观，才能在科学发展中作出贡献。科学史上，有不少科学家能够坚持正确的哲学世界观，坚持辩证唯物主义自然观，因而作出卓越贡献。20 世纪伟大的物理学家爱因斯坦、玻尔、海森堡等之所以取得科学成就，创立新的科学理论，原因之一就在于他们既是科学家又是哲学家。爱因斯坦自己就说过："与其说我是物理学家，倒不如说我是哲学家"。提出量子力学波函数的统计解释的著名物理学家波恩指出："关于哲学，每一个现代科学家，特别是每一个理论物理学家，都深刻地认识到自己的工作是同哲学思维错综地交织在一起的，要是对哲学文献没有充分的认识，他的工作就会是无效的。"量子力学创始人之一的海森堡认为，自然科学与哲学之间有着深刻的内在联系的原因在于，自然科学理论中的基本概念与基本假设都带有哲学的普遍性的特征。20 世纪 30 年代末，日本物理学家武谷三男把唯物辩证法运用于物理学史的研究，提出了"三段论"的方法论，认为人类认识自然是经过现象论、实体论与本质论三个阶段实现的。著名化学家迈雅写出的一部巨著《生物学思想的发展：多样性、进化与遗传》，就

---

① 《马克思恩格斯选集》第三卷，人民出版社 1972 年版，第 533 页。

是运用了辩证思维方法来分析生物发展的，他赞同恩格斯的观点，认为生物学思想的发展是合乎辩证法规律的。日本的坂田昌一可以说是一个自觉坚持辩证思维，坚持辩证唯物主义自然观的科学家。在科学实践中，以辩证唯物主义观点为武器，遵循恩格斯关于分子、原子不过是物质分割的无限系列中的各个"关节"的观点，和列宁关于"电子和原子一样，也是不可穷尽的"思想，深刻地批判了"基本粒子是物质的始原"的错误理论，提出"把基本粒子看作构成自然界的有质的差异的无限个层次之一"的辩证观点。根据物质层次的观点来研究复合模型，这就是有名的"坂田模型"。坂田昌一能够自觉坚持和运用辩证思维，以辩证唯物主义自然观为武器，揭示"基本粒子"的内部结构，为"基本粒子"模型的研究开辟道路，事实本身正说明辩证思维、辩证唯物主义自然观的强大威力和真理性。然而有的自然科学家虽自发坚持唯物主义观点，得出一些正确结论，但因为没有自觉坚持辩证唯物主义的自然观，最终还是不能得出正确结论，不可避免地陷入错误的境地。著名化学家门捷列夫，1869年自发地根据量转化为质的观点，发现了化学元素周期律，取得成果。但是自发性毕竟不是自觉性，后来在对待科学问题上他却坚持错误观点，认为"自然界没有飞跃"，反对物理学在原子结构方面的新发现，结果使他的结论前后矛盾，终究停留在原来的成果上，不能对周期律作出新的探索和结论，问题的关键就在于他没有自觉运用辩证思维，没有自觉坚持辩证唯物主义自然观。

现代自然科学的新发展，证明了辩证思维和辩证唯物主义自然观的正确性。就拿爱因斯坦创立的狭义相对论和广义相对论来说，在相对论之前，人们不完全知道时间、空间和物质运动之间的联系。牛顿力学也曾反映时空和物质运动之间的某些联系，但只限于机械运动的描述，把时空看成是绝对的与物体运动状态无关。空间时间是绝对的量，不依其参考系的运动速度为转移。而狭义相对论证明空间缩短和时间变慢是物质的时间空间形式的真实的客观的变化，随着物体运动速度的变化，空间缩短和时间变慢的变化是相互联系的。这就揭示了时间空间和运动状态之间的本质的辩证联系，丰富了时空观的辩证法，同时也揭示出时间和空间二者之间的深刻联系，再次证明不存在没有空间的时间，也不存在没有时间的空间，二者同时存在，这种本质联系的揭示，深刻地说明了自然界的物质统一性。广义相对论科学地论证了时间、空间与物质的关系，空间时间不是独立存在的，而是物质存在的形式。广义相对论的建立，充分说明辩证唯物主义自然观的时空观的科学性。关于时空观，恩格斯在《反杜林论》中，列宁在《唯物主义和经验批判主义》等著作中，曾论证了时间空间是物质的存在形式的辩证唯物主义原理，那时也有了一些自然科学的证明，而广义相对论的创立，使辩证唯物主义的时空观得到进一步的科学证明。爱因斯坦的狭义相对论和广义相对论分别克服了牛顿力学绝对时空观的第一方面和第二方面的缺陷，这本身就是用雄辩的事实证明了辩证唯物主义自然观对形而上学自然观的胜利。恩格斯根据新原子论的事实，提出过物质结构无限层次的理论，认为物质结构向下分析，不存在最终的绝对单纯的实体，总是有内部矛盾，总是有结构的。物质结构存在着不同质的层次，每一层次有其特殊的规律，各个层次的分的方式、结构形式、运动形式都各有不同。而对于每一特定的层次说，是有限的、间断的、不可分的。各个层次是量变到质变的关节点，是一个从简单到复杂的过程。当时恩格斯提出这个理论时，人们对物质微观结构的认识，还只认识到两个层次，即分子和原子。

20 世纪以来自然科学取得了新的进展，在物质结构上突破了两个层次，即原子和原子核，新发现了两个层次，即原子核和基本粒子，而且正朝着新的层次迈进，即夸克（层子），而夸克和粒子的内部结构问题也提到日程上来了。美国学者于 1964 年提出夸克模型，我国科学工作者于 1965 年到 1966 年提出"层子模型"，认为层子本身也还是无限可分的。目前人们已经发现的"基本"粒子已达 300 多种。实践证明物质是无限可分的。关于可分与不可分的两种思维方式历来争论激烈。辩证思维在可分不可分问题上坚持矛盾的观点、发展的观点，认为每一个物质新层次的发现只能证明上一个层次的可分性。20 世纪微观物理学的巨大成就不仅表现在物质结构的新层次的发现，而且更重要的是发现微观粒子的运动规律——量子力学。量子力学和相对论都是现代物理学的两大理论基础。爱因斯坦在历史上第一次提出波粒二象性的概念，认为光不仅具有波性，而且具有粒子性。海森堡等人后来建立了量子力学，这可称之为是对经典物理学粒子概念的突破。波和粒子在经典物理学当中是绝对对立的，而在量子力学中粒子性和波性二者的对立消失了，实物和场的绝对对立也消失了。粒子性和波性是对立的统一构成微观客体的内部矛盾。量子力学的发现进一步丰富和发展了辩证唯物主义的自然观。它向人们说明波粒二象性这个自然界的新的基本矛盾的发现是对立统一规律的佐证，物质的两个基本形态，实物和场的共同矛盾的发现，是物质统一性的证明。现代自然科学的发展不是说明辩证唯物主义自然观不适用或已经过时，而恰恰相反，证明辩证唯物主义这个科学自然观在新的形势下具有强大生命力。

恩格斯在谈到自然科学家如何摆脱旧传统，确立科学自然观时曾经指出，自然科学家摆脱形而上学自然观的纷扰而复归到辩证的自然观，可以通过各种不同的道路达到，一是依靠自然科学的发现本身所具有的力量而自然实现，这是一个长期的缓慢过程；二是通过自觉地研究辩证哲学来缩短这个复归过程。所以，自然科学家需要科学的世界观来指导，自然科学家需要掌握科学自然观这个锐利武器。只有这样才能有所发现，有所创新，在科学研究中作出新的成绩。

（原载《河北师大学报》1991 年增刊）

试论马克思主义人权观

在人权问题上存在着两种根本对立的观点。国际反动势力总是从资产阶级立场出发，把自己打扮成人权的维护者，用抽象的人权理论掩盖其狭隘的资产阶级的民主自由和个人主义的价值观。马克思主义认为，人权总是具体的、历史的。资产阶级的人权是剥削阶级的特权、私有之权。无产阶级代表劳动人民的利益，以争取劳动人民的自由、平等和民主权利为己任。只有无产阶级和劳动人民的人身权利和民主权利，才是建立在科学基础之上的人权，才是符合人类历史发展规律的人权。

一

人权是个历史的范畴。权利总是和一定的生产方式联系在一起，人们的人身权利和民主权利是和阶级性分不开的。马克思和恩格斯赞同黑格尔的观点"人权"不是天赋的，而是历史地产生的。在他们看来，人权这个东西既不是天赋予的，也不是自有人类社会以来就有的。它是与人类社会的经济发展、社会的变迁紧密地联系在一起的，是一定社会生产方式的产物。人权理论的提出有它深刻的社会背景和历史条件。作为人权基本内容的人身权利和民主权利的提出，是一个逐步演变的过程，它的形成无不打上时代的印记。原始社会的自由、平等观念，是个古老的观念，在原始社会公社成员之间是平等的，即作为人，他们是平等的。恩格斯曾经分析过这种人与人之间的平等关系，在那样的社会里"一切人，作为人来说，都有某些共同点，在这些共同点所及的范围内，他们是平等的"①。这个时期的平等观念、权利观念，还是一个自然形成的极其广泛的观念，而并没有阶级社会出现后所包含的社会的和政治地位上的平等权利。随着阶级的产生，那种自然形成的原始社会一般人的平等观念就不存在了。阶级社会的平等与不平等，自由和压迫都已转化为阶级的概念。从欧洲的历史事实来看，公元四至六世纪，随着日尔曼人的西侵，把西欧和中欧卷入历史运动，使这个地区形成封建割据状态。在许多封建割据的王朝里，"等级制""人身依附"被视为天然合理的制度，不平等以严格的法律形式固定下来，这就为后来资产阶级提出平等和"人权"问题准备了条件。自由、平等、"人权"，作为奴役、等级压迫的对立物，有它产生的社会基础，如果没有当时的欧洲封建割据社会的不平等，也不会产生资产阶级的平等和人权要求。正如恩格斯指出的："后来只是在这个基础上才有可能谈人的平等和人权的问题。"②

资产阶级人权理论的提出和形成有一个自然发展过程，它反映了资本主义上升时期，资产阶级反对封建专制和神权统治的政治愿望，反映了资产阶级在经济、政治、法律上的要求，成为资产阶级代替封建阶级取得统治权的思想理论武器。作为资产阶级反对封建统治的斗争，有个舆论准备阶段，这就是资产阶级的文艺复兴和启蒙运动。在那些思想先行者们当中，从孟德斯鸠起就对自由平等问题给予特别关注。伏尔泰提出自由在于宣布不可转让的权利，把自由平等和权利联系了起来。后来，卢梭又发展了这种思想，认为人生来平等，享有充分的自由，认为自由和平等合乎人的天性，是一种天赋予人的权利。法国唯物主义思想家们提出的自由、平等概念，已经不限于个别国度，它很快成为当时的一股资产阶级革命的社会思潮，为资产阶级反封建斗争提供了思想武器，以至成为资产阶级革命的旗帜。应当看到，当时思想家们提出的自由、平等、人权是作为资产阶级的

---

① 《马克思恩格斯选集》第三卷，人民出版社1972年版，第142页。
② 《马克思恩格斯选集》第三卷，人民出版社1972年版，第144页。

意识形态，反映资产阶级利益的理论，它对于反对封建统治、反对宗教神学起到了进步作用。但是，启蒙思想家的理论并未局限于原来的舆论范围，它一旦出现就迅速转化为资产阶级的经济、政治理论要求和法律规范。1776 年的美国《独立宣言》就宣称人人生而平等，每个人都有"造物主"赋予的某些不可转让的权利，其中包括生命权、自由权与谋求幸福的权利，等等。这是历史上第一次以政治纲领形式宣布的民主共和的原则，也是体现资产阶级人权思想的法典。马克思曾高度评价过它的反封建性质，称它是"第一个人权宣言"。但是，资产阶级提出的自由、平等的口号本质上是维护资产阶级的地位和权利的。正如恩格斯指出："可以表明这种人权的特殊资产阶级性质的是美国宪法，它最先承认了人权，同时确认了存在于美国的有色人种奴隶制，阶级特权被置于法律保护之外，种族特权被神圣化了。"① 后来到 1789 年法国资产阶级大革命时制定的《人权和公民权宣言》，通常被称为《人权宣言》，它是资产阶级反封建斗争的纲领性文件。这个宣言同样是以资产阶级人权为中心内容，也宣布人民生来而且始终是自由的，在权利上是平等的。人民有自由、所有权、人身安全和反抗压迫的权利，这种权利是天赋的、不可剥夺的人权，声称最高政权来自人民，全体公民，不论出身如何，都可以担任任何职位。宣言宣布人民有言论、信仰、思想自由等。很明显，法国资产阶级提出的"自由"，针对的是封建的"人身依附"，提出的"平等"，针对的是封建"等级制"。因为"人身依附"和"等级制"是封建统治阶级进行专制统治的社会基础，而对这种权利的要求首先是代表了资产阶级的利益。

从启蒙思想家提出的天赋人权学说，到这种学说的逐步制度化、法律化；从宣言到现行制度，无不体现着资产阶级的意志和愿望。从当时人权所表现的制度和法律看，它本来就是资产阶级的特权。但是，在一定的历史时期内为什么它以普遍人权共同利益的面貌出现呢？为什么资产阶级成为普遍人权的维护者呢？资产阶级把自己的特权转变为一般人权，有其深

① 《马克思恩格斯选集》第三卷，人民出版社 1995 年版，第 145—146 页。

刻的历史原因，恩格斯曾经就资产阶级自由平等观的转化问题进行过分析，认为资产阶级的自由、平等观之所以以普遍"人权"的面貌出现，有着特定的社会经济原因。恩格斯在《反杜林论》中指出："一旦社会的经济进步，把摆脱封建控制和通过消除封建不平等，来确立权利平等的要求提到日程上来，这种要求就必定迅速地获得更大的规模。"① 这种规模可以理解为普遍性，这种要求的普遍性来自资本主义经济的发展。同时，在一定历史时期，资产阶级的人权观也从客观上反映了其他阶层的一些愿望和要求，但这些并不能改变资产阶级人权观的狭隘的阶级实质。

二

人权是一个具有阶级性的范畴。马克思主义认为，人总是处在一定社会关系当中，人总是社会的人，"社会不是由个人构成，而是表示这些个人彼此发生的那些联系和关系的总和"②。讲人权不能离开人的社会关系、阶级关系。人权总是阶级的人权，人的本质是社会关系的总和，讲人权不能离开人权的阶级性，反对抽象的人权理论。马克思和恩格斯从历史唯物主义的基本立场出发，坚持人权的阶级性。他们指出："至于谈到权利，我们和其他许多人都曾强调指出了共产主义对政治权利、私人权利以及权利的最一般的形式即人权所采取的反对立场。请看一下'德法年鉴'，那里指出特权、优先权利符合于等级相联系的私有制，而权利符合于竞争、自由、私有制状态；指出人权本身就是特权，而私有制就是垄断。"③ 所以，从来就不存在什么超越阶级的人权，资产阶级讲的人权，就是它本阶级的一种特权。这种特权往往被它们所谓的自由、平等所掩益，所以，资产阶级在讲人权问题时总是把所谓"自由"和"平等"摆在第一位。马克思和恩格斯早已揭露了它的骗局，其实在资本主义条件下的自由只是自由竞争，只是

---

① 《马克思恩格斯选集》第三卷，人民出版社 1972 年版，第 145 页。
② 《马克思恩格斯全集》第四十六卷上，人民出版社 1979 年版，第 197、220 页。
③ 《马克思恩格斯全集》第三卷，人民出版社 1972 年版，第 228—229 页。

资本的自由。资产阶级所享有的"平等"。"在自由竞争情况下，自由的并不是个人，而是资本。"① 在资本主义上升时期，资产阶级曾经把自由竞争作为最高原则，认为自由竞争是人类自由的理想王国。正如马克思指出："由此也产生一种荒谬的看法，把自由竞争看成是人类自由的终极发展，认为否定自由竞争就等于否定个人自由，等于否定以个人自由为基础的社会生产。但这不过是在有局限性的基础上，即在资本统治的基础上的自由发展。""因此，这种个人自由同时也是最彻底地取消任何个人自由。"② 所以，资本主义生产从本质上讲是否定个人自由为基础的生产。在马克思看来，在现存的资产阶级社会的总体上，商品表现为价格以及商品的流通，只是表面过程，而在这一过程的背后，在深层进行的完全是不同的另一些过程。在这些过程中个人之间表面上的平等和自由消失了，而"平等和自由仅仅是交换价值的交换的一种理想化的表现；作为在法律的、政治的、社会的关系上发展了的东西，平等和自由不过是另一次方的这种基础而已"③。在资产阶级那里，平等和自由就意味着"平等地剥削劳动力"，而平等地剥削劳动力是"资本的首要的人权"④。资产阶级的人权反映了它雇佣劳动的欲望和要求，因为资本主义经济的发展，要求有"自由工人"的存在，而"自由工人"可以和厂主订立契约出售自己的劳动力，成为劳动力这商品的出售者，他们在向资本家订立契约时有"平等权"和"自由权"。这种所谓经济的交换关系，反映了资产阶级剥削工人的愿望，也掩盖了它的剥削本质。恩格斯曾经一针见血地指出，资产阶级的平等最强烈地表现在现代资产阶级经济学的价值规律中。根据价值规律的要求，商品的价值是由其中所包含的社会必要劳动来计量的。资本家和雇佣工人"平等交换""自由贸易""公平合理"，这正是它的欺骗性之所在。马克思在《资本论》中精辟地分析资本家和雇佣工人之间的关系，揭露了资产阶级人权的实质。马克

① 《马克思恩格斯全集》第四十六卷下，人民出版社 1979 年版，第 159、161 页。
② 《马克思恩格斯全集》第四十六卷下，人民出版社 1979 年版，第 159、161 页。
③ 《马克思恩格斯全集》第四十六卷下，人民出版社 1979 年版，第 197、220 页。
④ 《马克思恩格斯全集》第二十三卷下，人民出版社 1972 年版，第 190、199 页。

思说:"劳动力所有者要把劳动力当作商品出卖,他就必须能够支配它,从而必须是自己的劳动能力、自己人身的自由的所有者。劳动力所有者和货币所有者在市场上相遇,彼此作为身份平等的商品所有者发生关系,所不同的只是一个是买者,一个是卖者,因此双方是在法律上平等的人。"① 在市场上,资本家和工人,一个是买者,一个是卖者,好像各有自己的权利,人人都享受着"天赋人权"。在资本主义社会的流通领域或商品交换领域内,对资本家来说"确实是天赋人权的真正乐园"②。所以,资产阶级在这些领域讲"天赋人权",正是掩盖了它的剥削实质。马克思曾深刻地指出:"一旦离开这个简单流通领域或商品交换领域……一个笑容满面,一个战战兢兢,只有一个前途让人家来蹂躏。③"在剥削者面前,工人只有受剥削的权利,并没有真正享受到任何人权。

马克思和恩格斯对资产阶级人权的剖析,始终从资本主义生产方式出发,认为资产阶级人权实际上是资产阶级的财产所有权。在他们的早期著作里,就已经注意从经济上分析资产阶级人权的实质。马克思恩格斯指出,承认人权不过是承认利己的市民个人,承认构成这种个人的生活内容……人权并没有使人摆脱宗教,而只是使人有信仰宗教的自由;人权并没有使人摆脱财产,而是使人有占有财产的自由;人权并没有使人放弃追求财富的龌龊行为,而只是使人有经营的自由。④ 人权从来不是一个抽象物,也不是给各阶级都带来福音的圣典,从它诞生之日起就带着鲜明的阶级性。无论是过去还是现在,人权这个东西始终是和阶级的经济、政治利益联系在一起的。马克思和恩格斯以科学态度对待人权,把资产阶级人权同它的经济基础联系起来,认为保护私有制、维护资产阶级的特权、为资产阶级剥削而辩护始终是资产阶级人权理论的核心。从法国资产阶级革命所诞生的《人权宣言》到当代的资产阶级的形形色色的宪法、法律,无不把资产阶级

① 《马克思恩格斯全集》第二十三卷,人民出版社1972年版,第190页。
② 《马克思恩格斯全集》第二十三卷,人民出版社1972年版,第199页。
③ 《马克思恩格斯全集》第二十三卷,人民出版社1972年版,第200页。
④ 《马克思恩格斯全集》第二卷,人民出版社1972年版,第145页。

的财产所有权说成是神圣不可侵犯的。所以，世界上从来就不存在超阶级的人权。人权总是阶级的人权，它反映一定阶级的利益和要求，为一定阶级服务。

三

马克思主义反对资产阶级的人权观，坚持无产阶级和劳动人民自由、平等、民主的权利和彻底解放的立场。恩格斯曾经批评过费尔巴哈的人本主义的"平等权利"论，认为费尔巴哈提出的适合于任何时代和任何情况的人的追求幸福的平等权利纯粹是种幻想。不仅在古代的奴隶和奴隶主之间，在中世纪的农奴和地主之间谈不上平等权利，就是在资本主义社会"对多数人追求幸福的平等权利所给予的尊重，即使一般说来多些，也未必比奴隶制或农奴制所给予的多"①。所以，从一般意义上，讲人追求幸福的权利，在阶级压迫的社会条件下是不可能实现的。在马克思主义看来，无产阶级能够而且必须自己解放自己，如果不消灭他本身的生活条件，就不能解放自己和全体劳动人民，就不能够获得自身和劳动人民的自由、民主权利。无产阶级只有消灭了他本身的生活条件，即资本主义的生产方式，才能实现自己的根本目的。马克思和恩格斯创立的唯物史观和剩余价值学说，揭示了人类社会发展的客观规律，揭露了资本主义制度的固有矛盾和它压迫剥削劳动人民的真正秘密。要改变无产阶级和劳动人民的现存的生活条件，就必须消灭阶级、消灭私有制。只有这样，才能争得符合于社会历史发展的自由、平等权利。1864 年马克思在他起草的《国际工人协会共同章程》中指出："工人阶级的解放应该由工人阶级自己去争取；工人阶级的解放斗争不是要争取阶级特权和垄断权，而是要争取平等的权利和义务，并消灭任何阶级统治。"② 资产阶级总是把他的特权和垄断权美化成为"天赋人权"，把这种所谓天赋的权利说成是人人都享有的权利，其实正掩盖了

---

① 《马克思恩格斯选集》第四卷，人民出版社 1972 年版，第 235 页。
② 《马克思恩格斯选集》第二卷，人民出版社 1972 年版，第 136、283 页。

他私有之权的真相。马克思和恩格斯揭露了资产阶级的所谓自由、平等权利口号背后的秘密,同时指出了无产阶级运动的真正秘密和伟大目标。1868 年马克思在为国际工人协会总委员会致社会主义民主同盟中央局的信中指出:"各阶级的平等,照字面上理解,就是资产阶级社会主义者所拼命鼓吹的'资本和劳动的协调'。不是各阶级的平等——这是谬论,实际上是做不到的,相反的是消灭阶级,这才是无产阶级运动的真正秘密,也是国际工人协会的伟大目标。"①

无产阶级和劳动人民要获得自由、平等、民主的权利,就必须消灭私有制。私有制是一切剥削阶级赖以生存的经济基础,而资产阶级人权的实质是维护私有之权、垄断之权。马克思曾经说过,要消灭私有财产的思想,有共产主义思想就完全够了,"而要消灭现存的私有财产,则必须有现实的共产主义行动"②。消灭私有制,是共产主义运动的重要组成部分和使命。也只有消灭了私有制,才能根本消除资本主义制度的固有矛盾,只有消灭了私有制,才能消除资产阶级人权的经济基础和阶级属性。马克思主义把消灭私有制,看成是无产阶级的历史使命,同时也是无产阶级取得社会权利的先决条件。因为通过这个行动,无产阶级使生产资料摆脱了它所具有的资本属性,从而也消除了资产阶级的人权。

马克思主义对资产阶级人权理论采取否定态度,始终坚持辩证唯物主义和历史唯物主义的科学方法,既肯定它在反对封建专制主义的"人身依附"和封建特权上的进步作用,又批判它的虚伪性和欺骗性,指出它的狭隘的阶级属性和剥削实质。资产阶级的人权理论,只能反映资产阶级的利益和愿望。这种人权既不能反映人的本质的需要,也不能揭示人的历史使命,更不能反映人的作为社会和自然主体的地位和作用。按照马克思主义的观点,人的本质的实现,人的权利的获得,并不是在经济剥削和政治压迫条件下实现的。无产阶级所主张的人的权利是反映人的本质要求的权利,

---

① 《马克思恩格斯选集》第二卷,人民出版社 1972 年版,第 283 页。
② 《马克思恩格斯全集》第四十二卷,人民出版社 1972 年版,第 140 页。

它本质上体现着"把人的世界和人的关系还给人自己"①。这只有在共产主义条件下，在不存在剥削、压迫的条件下才能实现。恩格斯说："随着社会生活的无政府状态的消失，国家的政治权威也将消失。人终于成为自己的社会结合的主人，从而也就成为自然界的主人，成为自己本身的主人——自由的人。"② 在共产主义条件下，人才真正成为社会结合和自然界的主人，作为这种意义上的自由人，"才完全自觉地，自己创造自己的历史"，"只是从这时起，由人们使之起作用的社会原因才在主要方面和日益增长的程度上达到他们所预期的结果。这是人类从必然王国进入自由王国的飞跃"③。所以，只有消灭了私有制，消灭了阶级，才能真正使人熟练地运用自然规律和社会规律，人作为主体才能自己创造自己的历史，从必然王国到自由王国。只有这时才能真正实现人的自由权利，这种体现人的本质的权利，超出了资产阶级所宣传和主张的人权的千百倍。只有在无产阶级彻底解放的条件下，在共产主义条件下，人们所享有的自由权利才是符合于人的本性的权利，同时也是体现人的全面发展的历史趋势。

（原载《河北学刊》1991 年第 3 期）

---

① 《马克思恩格斯全集》第一卷，人民出版社 1972 年版，第 442 页。
② 《马克思恩格斯选集》第三卷，人民出版社 1972 年版，第 443 页。
③ 《马克思恩格斯选集》第三卷，人民出版社 1972 年版，第 323 页。

论人与自然

人与自然是对立面的统一体，人产生于自然界，同时又是自然界的改造者。人与自然的关系实际上是主体与客体、实践与实践对象的关系。人类认识人与自然的关系经过了一个漫长的历史过程，人化自然是人与自然关系的发展趋势。社会生产力是人类在劳动生产过程中解决社会与自然矛盾的能力，是人化自然的实践力量。人化自然一方面改造着自然界，但同时又不断地破坏着人与自然的整体关联和生态平衡关系。探讨人和自然的辩证关系，正确认识和处理人与自然的关系，对于推动人类社会协调稳定的发展，具有十分重要的意义。

一、人类对自然的认识与改造是一个历史过程

自然作为人类的认识对象和改造对象，并不是一下子被接受和掌握的。在原始社会，人们还不能把主体和客体区别开来，认为自然界直接就是人本身的世界，把自然看成与本身一体化的东西，在天地中无分彼此。在他们看来，自然和自然现象也和人一样，把日月当作双目，将四极五岳当作四肢五体，把天上降雨视作人体的汗流，视风云为气、雷霆为声。原始人由于以自然物为生活资料，便自然形成人对地理环境的依赖，逐步形成对客观事物的图腾崇拜，信奉各种神灵。我国古代的"天命论"就是一种自然力的神话理论。由于知识的贫乏对人与自然关系的认识，往往以想象的

形式表现出来，如用"女娲补天""羿射九日"的神话传说，来说明人与自然相通的关系。我国古代社会就有"天有六气""地有五行"的学说，对人与自然的关系有了进一步认识，认为人们的健康与"六气"相关，与"五行"相依，"五行"为人们提供生活资料。我国西周末年，人们认为土与金、木、水、火相配合，制造人们所需要的百物。随着生产的发展，人们在生产实践中积累了各种知识，意识到人对自然的关系不仅是对立的关系和依赖的关系，而且可以以自然为对象，对自然产生有效影响。荀子曾经认为，人"最为天下贵"就在于人能够"序四时、役万物""制天命而有之"，强调人是自然的主人，人能战胜自然，控制和利用万物，以万物顺应人自身的需要，来发展和完善自身。所谓"得而财之""得而衣食之""得而用之"就是人要通过自己的实践活动，掌握自然规律，向自然求得衣食，逐渐成为自然的主人。

人以自然为对象，人类对人与自然关系的认识，是在对象实践活动中逐步加深的。人的认识在摆脱"天命论""神命论"之后，便由于人与自然关系的简单直观认识，逐步产生了辩证思维的萌芽，初步意识到人与自然的相互关系。人不仅仅是自然界的一部分，而人作为认识和实践的主体，也可以成为自然的"占有者"，成为自然的主宰。唐代思想家刘禹锡主张"天人交相胜"，认为天是各种有形物体中最大的一种，它和其他的物体一样，都是自然物，并不具有神秘性。在他看来，人和自然界既相互排斥，又相互作用。自然界和人类社会各有自己的特性和规律，而人能够掌握客观规律改造自然界、控制自然界。刘禹锡当时能看到人和自然之间存在着"相胜相用"的辩证关系是难能可贵的。黑格尔在论述"自为的存在"与"为自在的存在"的关系时，曾经提出"人与自然"是对立统一的思想。他把人与动物相区别，认为人的特点在于不是消极地对待世界，人不仅要认识世界，而且能够把自己的心灵和意志纳入外在世界。不难看出，在黑格尔的论述中，已经有了"人化自然"的思想，不过他讲的"人化自然"和"自然化的人"都只是一种意识的活动过程。尽管如此，他的关于人和自然关系的辩证思维是可贵的。费尔巴哈是黑格尔之后第一个在唯物主义基础上阐述人和自然关系的哲学家。费尔巴哈不是把自然界理解成一种意识的东西，而认为是意识之外不可感觉的东西，是一种客观的物质实体。他对人的理解也不是从概念出发，而是把人理解为有血有肉的实体，人不是什么精神的产物，而倒是自然的产物，是自然的组成部分，人和自然具有统一性。费尔巴哈对"人化自然"和"对象化的人"也曾进行过有价值的探讨。然而，费尔巴哈关于人和自然的关系的理论并不是科学的，因为在他那里人与自然的统一还仅仅是一种生物学上的统一，人和自然的关键仅仅是生物学上的关系，他没有看到人的社会属性和社会实践的作用。费尔巴哈不能理解人在社会实践过程中确证与自然关系的道理。所以，在他那里，人与自然的关系，既没有社会关系的纽带，也没有将二者相统一的社会实践基础。

在辩证唯物主义看来，人与自然的关系是相互依赖、相互影响的关系，人和自然的同一性的基础在于人类的生产活动，也就是主体因素对自然界客体因素的能动作用的过程。社会生产实践沟通了人与自然的联系。人不单纯是适应者、消费者，而更重要的是改造者和创造者。人与自然关系的协调统一的过程是一个辩证的发展过程。人为了生存和发展自身，总是与自然界产生矛盾，因而促进人类认识自然、改造自然，使二者之间的关系达到部分的协调和统一。随着人类实践的深化和新的需要的增长，又出现了人和自然之间的新矛盾，又将促使人类总结经验，发展生产和科学技术，对自然进行再认识和再改造，从而使人和自然的关系进一步协调和统一。但自然界的反馈也总是伴随人类改造自然的新成果而出现的，人类面临着新的矛盾，继续对自然进行新的认识和新的改造，这样一个无穷的循环往复的过程，就是一个人与自然不断协调统一的发展过程。现代科学技术的发展，标志着人的智力因素的延伸，科学技术是人的第二大脑，人的第二眼和手。从20世纪以来，物理学的新进展已使人类认识从宏观世界和向原子内部的微观世界不断深入，这是人在认识和改造自然过程中的新成就，也是朝着人与自然关系相协调迈进。既然客观世界是个无限的存在，那么人类对客观自然界的认识和改造也永远不会停止，人类将在自身和自然界协调统一过程中求得新进展。

人化自然是人与自然关系的发展趋势。人与自然的统一不仅体现在认识自然，而且体现在能动地改造自然，人通过劳动实践再造自然。人在认识自然和改造自然的过程中，直接表现出来的是"人化自然"和"对象化的人"。人化自然作为人类认识和改造自然的实践活动，本身是一个由非人化自然向人化自然的转化过程，这个过程有着鲜明的特点。

首先，人化自然表现为主体对客体、人类对自然界能动的认识活动。作为主体的人具有把作为认识客体的对象主观化的能力，使自然界变成人的认识、反映的对象。经过人的意识反映、抽象、归纳、加工过的自然界，成为内化了的自然界，也是"人化了的自然界"。在社会生活中，人们通过诗歌、绘画、民间故事传说，对非人化的自然界的描写和反映，本身就是使自然景色进入人的认识领域内，也是内化建构为精神性的观念，使自然界"人化"。这就是人在对认识对象和实践对象的认识过程中，也使客观事物被赋予了主体的属性。马克思认为，人直接的是自然界的存在物，是能动的自然存在物，"动物只是按照它所属的那个种的尺度和需要来改造，而人却懂得按照任何一个种的尺度来进行生产，并且懂得怎样处处都把内在的尺度运用到对象上去；因此，人也按照美的规律来造建"①。这就是说，人在认识自然界的过程中，能够按照美的规律描绘或再造自然界。我国唐代诗人李白的著名诗句"朝辞白帝彩云间，千里江陵一日还。两岸猿声啼不住，轻舟已过万重山"，用夸张的语言，生动地描绘了乘流而下，飞速前进的景象。这种对大好河山的描绘直接反映了诗人的心境和情绪。诗中的自然景物已打上了人的想象的烙印，成为内化了的自然界。我国的黄山是世界上知名的风景胜地，早在 17 世纪就闻名中外。巍巍黄山，奇峰林立，巧石千姿百态，古往今来，人们根据山林巧石的自然形态，把它们比拟为人物和各种动物，并赋予神话故事广为流传，如怪石"五老上天都""猴子观海""仙人下棋""猪八戒吃西瓜"等，都说明人把自然景物变为自己的

---

① 《马克思恩格斯全集》第四十二卷，人民出版社 1972 年版，第 97 页。

认识对象，并使这些自然景物体现人们的想象世界，成为人们意识中的人化了的"自然界"。再如，四川省乐山城区的乌尤山、凌云山和龟城山三座山紧相联，隔江相望像一巨型睡佛仰卧于九重蓝天之下。在人们的视野里这三座绿树覆盖的山，呈现为佛的形象，自然山色被"美化""对象化"了。不仅如此，人们还在凌云山腰开凿成了高71米的自唐代以来世界上最大的石刻佛像。这说明人们已经把对自然的认识、反映同人化自然的实践活动有机结合起来，并按照美的规律来建造。应当看到，自然形式、自然景色取悦于人，成为人们的审美对象，说明这些自然形式、自然景色与人们社会生活的密切联系，自然景色在长期为人们所认识、熟悉的过程中，逐步成为人们观念中的对象。这在基于对自然景物的描写、反映和赞赏本身就是社会的产物，是历史实践的结果。

"人化自然"和"自然的人化"是一个历史的、实践的概念。随着社会生产的发展和人对自然规律的认识和掌握，人与自然的关系也发生了根本变化。我国古代就有"人定胜天"的思想，战国末期思想家荀子就提出过"制天命而用之"和"明于天人之分"的思想。近代英国唯物主义哲学的始祖培根，曾经主张哲学的对象是自然，哲学的目的是控制自然。他提出的"知识就是力量"的口号，其意在于用人的智力改造自然界。人类从依赖自然界，单纯适应自然界到改变生存环境和条件，对自然界进行改造，是人类迈向发挥主体作用的第一步。在古代，人类为了发展农业，改善生活环境，对河流的改道、修渠引水、伐木修路、毁林造田等，都是立足于大自然已有的环境中对自然的改造和利用。公元前256年在我国四川兴建的都江堰水利工程，构思巧妙、设计周密、布局合理，堪称技术一流。它的建成化水害为水利，可灌溉300万亩良田，两千多年来，这项水利工程蜚声中外，至今仍发挥着效益。多少年来，世界各族人民生活在自己的国家，都在改造自然、利用自然力上创造了奇迹。千万项水利工程、纵横交织的道路桥梁、围海造田、建造防护林带等都是人利改造自然的成果，是人化自然的具体表现。千百年来，人类在地球上创造了12.4亿公顷耕地，为50亿人口提供衣食。人类通过对地表的勘察开发矿藏，为工矿各业、为人类自身的生存提供越来越多的生活资料。这就是说，人类在改造自然规律的结果，也是人的智力和体力的结晶。

如果说人类历史上的狩猎、牧业阶段，人以体力与自然进行直接交换是简单的"人化自然"阶段，那么从手工业到大工业，直至现代科学技术，则标志着人类在变革、改造自然的进程中的质的飞跃。但是，人类智力的发展总是随着实践的发展而发展，人的智力的能动作用决不仅仅体现在对自然的改造上，而且还体现人的主体创造性对自然界的特性和自然力的再造上。在古代，人类就已经改造自己的环境和生活条件。我国苏州的园林、杭州的西湖，就是人们根据许多自然山林景色，经过重新构思，在自己生活的一定范围内再造出来的。这一再造过程本身是在认识自然景色和积累经验的基础上，通过人们的活动来实现的。近代化学的发展历史也充分说明人类在人化自然中的再造性是无限的。燃素说曾经是 16 至 17 世纪在欧洲占统治地位的学说，当拉瓦锡的氧化燃烧理论建立时，结束了燃素说实现了划时代的"化学革命"。后来，人们不但认识了大气中的氧，而且能够重新把它制造出来。茜草的色素原来只能从田地里的茜草根中提取，但随着人们对茜草素的认识和科学技术的发展，就能从煤焦油中提取并再造。现代科学的发展，核能的广泛利用，使人化自然在空间上大大延伸，在时间上大大超前。当今人类已经可以把发生在恒星中的核反应过程变为人工控制过程，实现核裂变和核聚变反应，为人类自身提供新的能源。航天技术的发展，使人化自然展现出新图景，当今已有 300 多颗人造地球卫星在运行。由于科学技术的发展，使古代"嫦娥奔月"的神话传说变成了现实。

"人化自然"还表现为它是人无限创造性的过程。现代科学技术的新进展使人与自然的关系日益发生着新变化，人的智力和技能固然来自实践，但人的智力的潜在能力则是巨大的。人类凭借科学技术和自身的需要，可以创造出更加复杂得多、能量大得多的东西来。人类的原始时代穴居于山石之间，当然是没有什么出奇的创造力，打磨石器工具就足以说明刚刚摆脱大自然的人的进步。而当今人类创造的生活条件和环境却无法与过去相比。当人们看到中国的长城、运河，古埃及的金字塔，以至当今世界上最高的塔式摩天楼西尔斯大厦和世界上最长的壳体巴黎的国家工业与技术中心陈列大厅时，就可领略到人们的主体创造力和人类智慧的展现。在人类历史发展中，曾经发生过三次大的技术革命，人们经过了蒸汽时代、电气时代、电子时代。不同的时代反映出人们认识和驾驭自然的深度和广度，反映出人化自然的不同发展阶段和成果。当前世界上发生的新的技术革命，使信息技术、生物技术、新材料技术兴起。特别是信息技术的发展，使电脑部分代替人脑成为可能。电脑代替人脑的记忆，按规定程序处理问题，机器可以代替人们从事各种活动，这说明自然力的人化和人化的自然力的新进展。把发生于生物体内的基因遗传和变异过程运用于生物，生产新的基因生物，这是人类在生物工程领域的创造性的表现，这一创造性使人化自然延以生态系统的基础领域中。在遗传工程中人类能够生产出人胰岛素、生长激素和干扰素；在细胞工程中，人类的新成就已有 70 多种植物能由原生质培养成再生植株；在新材料技术的发展，当今人类已经创造出上万种，并且已经在电子工业、航天工业和化学工业领域广为应用。所以，人化自然过程本身就是人的智力、知识力的凝结和物化，同时，人化的自然又促使人类智力的发展。

二、人化自然与发展社会生产力

衡量人化自然的深度和广度的标志是社会生产力的发展。人化自然，是人作为主体对客体的能动改造过程，生产力发展水平既代表人的智力发展的程度，也代表人化自然的实践效果。在生产力发展中科学技术占据十分重要的地位，科学技术渗透在生产力的各因素中，同时也是推动生产力不断发展的杠杆。马克思曾经指出，生产力中也包括科学"，在大机器生产中，生产过程成了科学的应用，而科学反过来又成了生产过程的因素即所谓职能。这就是说科学已经应用于生产过程，渗透到生产力的各要素之中。在现代生产力系统各要素中，也无不渗透科学因素，科学技术是第一生产力。

人作为生产力的基本要素，也是人化自然过程中的主体因素，在劳动中不仅运用以往的经验，而且还不断创造和积累着新的经验和技术，对生产力的发展起着推动作用。在新的技术革命浪潮中，人的智力因素的作用越来越发挥着巨大的作用。在近代机器大工业和现代化高度自动化的工艺流程，对劳动者掌握科学技术和文化知识的要求日益严格，特别是在信息社会里，人类大量生产知识、生产信息，因而促使劳动者在人化自然的微观改造中掌握知识和信息。在现代，劳动者对科学技术掌握的程度，决定人们对劳动资料的利用水平，制约着人们对劳动对象加工改造的实际效果，也是人化自然过程中的新标志。生产工具是智力和物力的统一，在近代生产工具的发展直接依赖于科学技术的发展，依赖于工业的力量。马克思曾经指出："自然界没有制造出任何机械，没有制造出机车、铁路、电报、走锭精纺机等。它们是人类劳动的产物，是变成了人类意志驾驭自然的器官或人类在自然界活动的器官的自然物质。它们是人类的手创造出来的人类头脑的器官，是物化的知识力量。"① 机器作为生产工具是科学和工业的共同产物，是科学的物化形态，它表明社会智力、科学技术在多大程度上由理论形式变成了直接的生产力。应当看到，社会生产力的发展，人化自然的新成就，是从生产工具的变化和发展开始的。生产工具的发展程度，是衡量人类控制自然和利用自然的尺度。在人类历史发展的长河中，生产工具也呈现由低级到高级、由简单到复杂不断提高的过程，生产工具的不断改进，标志着人类支配自然能力的不断增强。

现代科学的发展极大地扩大了劳动对象的范围，在劳动对象的开放中起着重要作用，劳动对象中凝结着现代科学的因素。在勘探和开发自然资源方面，科学使未被开发的自然资源，成为生产力的要素，如石油工业的发展，充分显示科学对勘探和开发自然资源的威力。空间科学技术、地球资源卫星的发射，为人类开发和利用自然资源创造了条件。现在人们利用海洋开发技术发现海洋深处的锰结核，为人类提供多种金属元素展现了前景。原料和材料是工业生产的主要生产资料，它们的种类随着科学的发展

---

① 马克思：《马克思恩格斯全集》第四十六卷（下），人民出版社 1979 年版，第 219 页。

而不断扩大。在公元前长期能利用的仅有 10 多种天然材料，由于科学的不发达而限制了对劳动对象的开发和利用。随着科学技术的发展，人们对客观物质世界的认识不断深化，对客观物质世界的本性和运动规律的不断掌握，扩大了原材料的开发利用的新领域，材料种类急剧增加，这本身证明了人化自然的巨大力量。到 1976 年，在世界范围内应用的各种新材料达 20 多万种，到 70 年代末，已迅速增加到 30 余万种。大量合成材料的涌现，是近几十年来自然科学的突飞猛进所带来的新成果。塑料、合成橡胶和合成纤维，是现代三大合成高分子材料，它们对于工业、国防和医学的发展，都具有极其重要的意义。随着空间科学技术和原子能技术的发展，出现了强度大、耐高温的新兴合成材料，如玻璃钢、碳纤维、石墨纤维等。例如，有一种新的耐高温合金的喷气式发动机，经受温度可再提高 100℃。一种新的铝合金将使飞机结构减轻 30%，将来可使飞机提高 30% 的有效负荷。随着科学的发展，随着人化自然的扩展，将不断揭示客观物质世界的物理、化学的属性。人们凭借科学的力量，将在新的领域探索物质世界的奥秘和潜在力量。人们在劳动对象上所达到的智力水平，大大推动生产力的发展。正如马克思说的："因为每种物都具有多种属性，从而有各种不同的用途，所以同一产品能够成为很不相同的劳动过程的原料。"① 各种新材料的出现，充分说明人类对自然物质的属性的不同用途的认识逐步深化和具体。人类利用自然物质的机械的、物理的和化学的属性，从而延长了人的自然肢体和器官，这也是自然的人化。科学技术扩大了劳动对象的利用范围，直接表现为人化自觉的生产力效果。

科学技术是生产力中最重要因素，马克思说过，随着大工业的发展，现实财富的创造较少取决于劳动时间和已耗费的劳动量，较多地取决于在劳动时间内所运用的动因的力量。在他看来，这种动因的力量是科学水平和技术进步，财富的创造"取决于科学在生产上的应用"。从这个意义上讲，科学技术是生产力结构中最活跃的因素。马克思把科学技术作为生产

---

① 《马克思恩格斯全集》第二十三卷，人民出版社 1972 年版，第 206 页。

力，是就科学技术对生产力整个结构的关系而言的。但是，科学技术作用
生产力，有它自己的特征。"所谓科学力量，不仅指它自身，而且还包括为
生产所占有的、甚至已经实现于生产中的科学力量。"① 这就是说，科学技
术作为生产力有两种表现形态：一是知识形态的生产力，二是作为科学知
识的物化，从物质生产力中表现出来的科学力量，即科学物化形态的生产
力。一切现代化的工厂、交通工具、电子计算机都是数学、化学、物理学
等科学理论的应用和物化。科学的两种形态是科学技术自身的相互联系、
相互转化的不同形态。它们是不停顿地运动着、转化着。知识形态的生产
力表现为观念的理论的形式，它反映着人们在改造客观世界，人化自然的
实践中所总结出来的规律性的认识，它本身是对物质世界本质属性的认识
和概括。物质生产是一个连续不断的实践过程，它要求知识形态的生产力
不断转化为现实的物质生产力。知识形态的生产力在没有物化之前只能是
间接的生产力，只有转化为物质形态，才构成直接的生产力。在这种转化
中必须依靠人们的实践活动，而这种实践过程是脑力劳动和体力劳动的统
一，这也是现代人化自然的鲜明特点。在当今科学技术蓬勃发展的形势下
所形成的新兴产业，都是知识密集、技术密集的产业，要研制、设计、制
度、调试这些新技术，完成科学知识的物化过程，就需要有新知识、新技
能和创造才能的科学家、工程师、管理人员和熟练工人。在当代信息知识
产业中，发展最快的是电子计算机软件产业。美国从事软件工作的已有 50
多万人，日本从事这项工作的有 30 多万人。新的技术革命越发展，对有知
识的劳动者的需求就更加迫切。科学知识在完成物化的过程中，经常反映
出自我更新的趋势。在新技术革命中，新科学技术一方面取代了许多简单
重复的脑力劳动，同时又创出许多从事信息和知识生产的脑力劳动的新
领域。

随着新的技术革命的发展，科学技术、知识信息作为一个活跃因素增
长十分迅速。目前世界上的科学杂志已经超过 10 万种，每年发表的论文约

---

① 《马克思恩格斯列宁斯大林论科学技术》，人民出版社 1979 年版，第 31 页。

500 万篇，每年出版的科技图书 50 多万种。自 60 年代以来，科学知识每年以 10％以上的速度在增长，尤其是在微电子技术、激光技术、生物工程等新兴科学，发展更为迅猛。这些新兴科学对生产力的推动日新月异。最近 30 年世界科学发明和发现相当于过去 2000 年取得成果的总和。科技成果转化为生产力、转化为经济效益的周期越来越短，18 世纪为 100 年，19 世纪为 50 年，第二次世界大战后为 7 年。近年来，在微型计算机等领域仅隔 6 个月左右就有新一代产品问世，科学技术在经济增长中所占比重越来越大，20 世纪初占 5％至 20％，70 年代占 50％至 70％，80 年代在发达资本主义国家经济增长中科技作用已占 60％至 80％。在 90 年代，以微电子技术、新材料和生物技术为主的高技术将取得重大突破，对世界经济发展和中国综合国力将产生重大影响。

科学技术作为一个活跃因素日益迅速地渗透到生产的各个领域，促进产品的不断更新换代。从 1946 年世界上第一台电子计算机问世以来，已经换代四次，电子计算机的运算速度提高了 100 多万倍。科学在它成为理论形态时，并不是固定不变的，而是不断由理论形态向物质生产力转化，从理论突破到新产品试制成功的周期日益缩短。例如，在 19 世纪以前，蒸汽机从发明到投入生产用了 100 年，蒸汽车用了 34 年，柴油机用了 19 年，电动机用了 57 年，电话机用了 56 年，无线电用了 35 年，真空管用了 33 年，电子管用了 31 年，汽车用了 27 年。进入 20 世纪以来，这种转化步子加快，雷达用了 15 年，电视机用了 12 年，晶体管用了 5 年，而原子能从实验室发明到工业应用仅用了 1 年。科学技术作为生产力的重要因素有个量的积累，这种积累达到一定界限时，就从知识形态转化为直接的生产力。作为社会智力、科学技术积累得越多，这种转化的周期就日益缩短。

科学技术的发展带来产业结构的变化。近几十年来，科学技术发展迅速，使产业结构趋于高级化或软化，应变能力很强。马克思说："现代工业通过机器、化学过程和其他方法，使工人的职能和劳动过程的社会结合不断地随着生产的技术基础发生变革。"① 产业结构的变化是当前新技术革命发展的一个显著标志。在工业革命以前，从事农业的劳动力占了大多数，称之为农业社会。工业革命使产业结构发生了变化，许多工业化国家从事制造业的劳动力上升到首位。美国在 120 年前，农业人口占总人口的47％—48％，其中从事信息工作的人占 5％—6％。但到1988 年，美国国内生产总值中第一、第二和第三产业所占比重分别是 2.3％、26.4％和 71.3％。日本国内生产总值中第一、第二和第三产业所占的比重分别已达到 2.3％、34.9％和 62.8％。一个明显的特点是，随着科学技术的迅猛发展，第三产业内部的知识和技术投入正在不断增加，信息工业还在迅猛发展，第二产业产值在国内生产总值中所占比重日益扩大。

科学技术在生产中的应用，使劳动生产率大大提高。在原始社会劳动生产率只能以平均每万年不超过 1％—2％的增长，从奴隶社会开始到封建社会灭亡，劳动生产率也只是平均每百年大约增长 4％。自从 18 世纪开始，科学技术成为生产力的重要因素，社会生产率得到极大提高。正如马克思恩格斯在《共产党宣言》中指出的，资产阶级在它不到一百年的统治中所创造的生产力，比过去一切世代创造的全部生产力还要多，还要大。从 19世纪下半叶开始，由于电力的发明和应用，由于科学技术的发展，使劳动生产率成几十倍、几百倍地增长着。科学技术的发展，是人的智力在广阔领域的延伸，是人化自然的力量。科学技术的发展与应用，本身是解决人与自然矛盾的途径，人化自然使人与自然的关系更加协调，也是发挥人作为主体作用的标志。

三、人化自然与生态

人类在自然系统中求得生存和发展，无不与大气圈、水圈、岩石圈、生物圈息息相关。在人化自然工程中，人类为自身的生存开辟了更加广阔的领域，但是也带来不同程度的负效应。人们在实践中已经逐渐意识到，

---

① 《马克思恩格斯全集》第二十三卷，人民出版社 1972 年版，第 533—534 页。

保护环境，保持生态平衡是人化自然工程的重要组成部分。

人类的生产和生活正在直接影响着地球表层生物圈、大气圈、水圈和岩石圈的状况。20世纪以来，人类实践活动突出表现出双重效应，一是承认自然界的自身演化平衡人与自然关系的正效应，二是否定自然界的自身演化，破坏人与自然关系的负效应。特别是人类实践活动带给人与自然关系的负效应已经引起全世界的普遍关注。人类生产活动排放大量的二氧化碳、甲烷等温室气体，全球气温在过去100年里上升了0.3℃—0.6℃。据估计到2200年因为二氧化碳增加，会致使地球温度上升6℃，全球变暖将导致海平面升高20厘米。我国是燃煤为主的能源消耗大国，1988年仅化石燃料燃烧排放的二氧化碳就达4.57亿吨。预计到2000年二氧化碳排放量将达到6.43亿吨。这一生态环境的变化将对人类生产、生活带来严重影响。

随着科学技术的发展，人类高空技术也在一定程度上使臭氧层受到破坏，由于在大气平流层高空飞行排放氮氧化合物，含氟烃的释放，氮的释放，致使人类面临疾病的威胁。据估计，因平流层臭氧减少1%，紫外线对地球表面辐射量将增加2%。到2075年，臭氧将比1985年减少40%，将因此导致全球皮肤癌患者达到1.5亿，白内障患者将达到1800万人，农作物产量将减少7.5%，水产将损失25%。同时也将使地球上藻、鱼和甲壳动物的幼虫面临致命的危险，由此使生态系统进一步失去平衡。

由于工业和技术的发展，使水资源不断受到严重污染，如美国就有52条河流受到不同程度的污染。在我国，每年排入江河中的有毒物质约13万吨以上，有的河流五颜六色、臭气四散，地表水和地下水也受到污染，据统计，已有24000多千米河流的鱼类绝迹。同时，农药的有毒物质也在通过各种渠道进入人体，危害着人类的健康。由于工业的发展，需要大量资源，据统计，今后全世界国民生产总值如果每年增长指数为3.6%的话，到2000年将增长145%，这就需要大量资源。目前全世界森林被砍伐日趋严重，统计数字表明，每天有300平方千米的热带雨林从地球上消失，每年被砍伐的森林面积达11万平方千米。到2000年陆地森林覆盖率将减少到1/6，由于过度放牧使草原贫乏，到2000年，世界将失去1/3的草地，沙漠面积将比

1977 年增长两倍。由于水涝、盐化碱化，致使全世界每年失去水浇地 12 万公顷，到 2000 年将失去水浇地 275 万公顷，占全世界灌溉面积的 1.4％。如果 70 年代世界每公顷耕地供 2.6 人，到 2000 年每公顷供养人口将增至 4 人。由于人口逐步迁往城市，致使城市人口不断增加，到 2000 年城市人口将增加到 30 亿，这就加深了人口与自然资源的矛盾。

人类在人化自然过程中发展了自身，同时又面临着人化自然带来的负效应的威胁。这就提出一个十分严峻的问题，人类必须保护生态平衡。生态平衡是人类生存和发展的基本前提，保持生态平衡不是局部的，而是全局的，不是暂时的而是一个长期的战略任务。实践和人们提出，保护生态平衡应当与人化自然过程同步进行，这是一个长期的系统工程。这个过程既需要自然科学也需要社会科学，需要自然科学和社会科学相配合，相济为用，发挥整体功能。在传统的科学体系中，自然科学与社会科学是并行的，但随着人化自然的深入和保护生态科学的发展，使自然科学和社会科学在更广阔的领域内相互渗透和相互融合。自然科学家在实践中越来越认识到，自然科学研究的对象并不是与人无关、与社会相脱离，而是处在人与自然矛盾关系中的人化自然。保护生态平衡既是个自然科学问题，也是个社会问题。而对社会科学家来说，新的环境、生态问题所遇到的问题，使他们摆脱了单纯从政治和经济过程进行考察，而使他们认识到人的生产活动固然离不开自然，就是人们的文化、习俗、宗教活动，也无不与自然有着紧密关系。所以，人化自然和保护生态平衡是综合科学所面临的新课题与新任务。

人类作为道德主体，在人化自然过程中应当讲究生态伦理。由手工业革命的成功和深化，造成的一系列负效应，对生态的破坏和环境的污染，迫使人们不得不从社会、自然综合科学上进行研究，不得不从更大范围内实行生态伦理工程。20 世纪初到本世纪中叶生态理学创立后，有不少学者在研究人化自然和生态平衡问题时，把自然科学和社会科学结合起来进行考察。美国的莱奥波尔德把生态学和哲学结合起来，抨击人类中心主义的伦理观，认为在处理人与自然关系中，不但要借助法律的、经济的手段管理自然，而且要辅之以伦理的手段，以伦理学的观点保护生态平衡。但西方也有的学者把人与自然的关系，单纯看成是一种文化方面的关系，从文化的角度探讨生态伦理问题。世界自从进入20世纪80年代以来，生态伦理学的理论观点呈现多样化的倾向。生态中心论强调保持生物群落的完整，而担心人化自然过程中的负效应，而人类中心论认为人类对环境和生态破坏负有道德责任，认为人与自然相互作用实际上是由人类单方面沟通，人类占主导。人类保护自然是出于保护自己的目的，人类是自然的管理者，如同身体和精神构成有肉有"灵"的人一样，精神方面是控制中心。而生物中心论则坚持所有生物都是道德的主体，主张利用生物中心准则来调整人和自然生物的关系。强调生物的内在价值，而对人类文化价值和参与自然进行的能动作用不够重视。

以上观点都有偏颇性，对人和自然的关系，强调一方面、忽视另一方面，都是不全面的。生态协调论克服了人类中心论和生物中心论的片面性，坚持人与自然互惠共生原则，认为一切个体的价值、幸福和基本的健康、生存条件，依靠生态系统的完整性得以保持。同时强调个人与自然界的联系，建立人与地球的正常关系，人和自然相互依存而保持生态系统的和谐。人类控制论也提出人与自然相互作用的观点，认为人是这一过程中的控制者，但这一理论并没有贬低自然在生态整体中的地位，而是提出自然方面具有的价值，并且十分重视保护生态环境的伦理规划问题。

人化自然和生态生产力的发展，要求在社会领域中进行，需要协调人与人之间的关系。人化自然不仅要服从自然规律，而且要服从社会规律，在客观规律的支配下，调整人与人、利益集团之间的关系，就能防止在人化自然过程中，人们的生产行为对生态环境的污染和对人的危害。人类面对环境危机和生态危机，要求自己的行为不仅要符合自然技术发展的要求，也要符合社会发展的要求。人化自然和保护生态这个系统工程，要求人们在从事生产活动和日常生活中，既要遵循社会经济规律，也要遵循生态经济规律，遵循生态伦理规律。人和自然的关系之所以具有道德的意义，是因为这种关系实际上是人类社会和自然的关系，而社会和自然的关系实质是人与人的关系。人们在改造自然的过程中，对生态的破坏和对环境的污染，不仅损害着当代人们的现实利益，而且也是对后代子孙长远利益的损害。保护生态的平衡，处理好人与自然的关系，也是处理好人与自然的长远关系。在人化自然和生态保护过程中，应当用道德规范来调节人们的行为。既然人化自然体现了人的价值的追求，是人的价值的对象化，是人的劳动的物化过程，它既是人的本质的对象化，又是人的本质的确证。那么这本身就是人的价值观、本质观的统一。人化自然都是在一定社会关系中进行，人与人之间的很重要的联系环节是道德规范，一定的道德规范总是调节着人们的行为，直接关系到人们实践的效果。因此，应当把调节关系扩大到人与自然关系当中去，建立人与自然之间的道德规范。应当把爱护大自然，保护生态平衡作为人类共同的道德准则。在强调保护生态的道德准则的同时，还应把法律作为约束人们行为的必不可少的环节。

人类在人化自然过程中，以道德规范、法律规章来协调自身同自然的关系，这实际上是人与自然界的物质交换在更大程度上获得"自由"，为了获得这种自由，人们需要有保护生态的道德规范和法律规章。马克思认为，人类在改造自然的同时，应当注意合理调节人们在发展生产力时对自然的破坏之间的矛盾，以获得人类在改造物质世界的"自由"。他指出："这个领域内的自由只能是：社会化的人，联合起来的生产者，将合理地调节他们和自然之间的物质交换，把它置于他们的共同控制之下，而不让它作为盲目的力量来统治自己；靠消耗最小的力量，在无愧于和最适合于他们的人类本性的条件下来进行这种物质交换。"① 调节人与自然的物质交换，就要协调为人与自然之间的关系，保持生态平衡，合理利用自然，以符合人类长远利益的需要。人类将在人化自然和保护生态斗争中求得生存和发展。

我们所从事的是建设有中国特色的社会主义的伟大事业，建设社会主义的物质文明和社会主义的精神文明，是实现这一战略目标的重要内容和条件。要搞好物质文明和精神文明建设，就要解决好人与自然的关系，搞

① 《马克思恩格斯全集》第二十五卷，人民出版社1975年版，第926—927页。

好生态工程建设。早在 1978 年，我国人民就作出了历史性的选择，开始了建设五大生态工程的宏伟壮举。横跨我国西北、华北北部、东北西部 13 个省、区、市的"三北"防护林工程，占国土面积 42.4%，经过十几年的建设，造林保存面积达 1.1 亿亩，森林覆盖率由 5.05% 提高到 7.09%。荒漠地带的新疆和田地区、干旱地带的河西走廊以及宁夏、华北地区和东北地区的盆地、滩地、川地已有 1100 万公顷农田实现林网化，黄土高原上 38 个缺林少草、水土流失严重的县，现在林木覆盖率已达 20% 以上，有效地遏制了生态的恶化。这项跨世纪工程建成后，将使"三北"地区的森林面积由工程前 1977 年的 3.7 亿亩增加到 9 亿多亩，森林覆盖率由 1977 年的 5.05% 提高到 14.95%，其生态经济效益累计可达 1.3 万亿元。长江中上游防护林工程已经造林 3990 万亩，造林合格率达 90% 左右。沿海 11 省 195 个县展开的大规模万里绿色海疆工程长达 10630 千米，使沿海地区有林地面积增加到 9900 万亩，农田林网控制面积达到 3255 万亩。平原绿化发展规划已经在全国 915 个平原县铺开，目前已林网化的农田面积有 4.3 亿亩，占适宜林网农田面积的 73.5%。平原有林地面积达 2.96 亿亩，森林覆盖率由解放初的不足 2% 上升到 12.5%，有 508 个平原或半平原县实现绿化达标。1991 年我国又开始了治沙工程，有 25 个省（区）制定了治沙规划，计划在 10 年中治理沙漠和沙漠化土地 9990 万亩。上述五大生态工程建成后，将大大改善我国的生态环境，为人类生存与发展作出贡献。

实践证明，人与自然的辩证法是客观存在的。人类在改造自然的同时必须保护自然，保护生态平衡，只强调改造自然而不重视保护自然，不注重生态平衡的保护，只能给人类自身带来灾难导致毁灭。改造自然和保护自然二者是辩证的统一，在实践中不能把二者对立越来，只强调改造自然，只注重人化自然的效应，而不注重协调自然界与人类的关系，不注重人类自身的协调，就会激化人与自然界之间的矛盾。同时，也不能只强调保护自然，而放弃积极地改造自然，消极适应实际上是一种倒退保守的观点，是一种无所作为的世界观。在辩证唯物主义者看来，改造自然和保护自然是辩证的统一。改造自然和保护自然，就要认识人与自然的整体协调关系，要树立整体宇宙观，必须从整体上改造和利用自然，从整体处理好人与自然界的关系。处理好人与自然界的关系，就要把人类的人化自然活动同自然规律协调和统一起来，自然界的规律是客观存在，人类在生产活动中，顺应了自然规律，就能使自己的意志同自然规律统一起来，达到预期的目的。人类在认识和协调自身与自然规律之间的关系时，还应当遵循社会经济规律，按经济规律办事，人总是社会的人，人们在生产活动中形成的社会关系，最根本的是经济关系，其次才是政治、思想、伦理关系。只有首先遵循社会经济规律，才能处理好人与自然界的规律，获得行动上的自由。科学技术是第一生产力，发展科学技术，促生产力发展，同保护环境、保护生态是对立的统一关系。科学技术的发展意味着人类运用自然规律和社会规律，改造自然和社会的新成果，也表明人类在处理人与自然矛盾过程中的新进展。发展科学技术，发展现代工业，对生态、对环境固然有一定程度的破坏和污染，这说明人类对自然界规律的认识还有局限，人类对自身在自然界和社会中的地位与作用认识上还有局限。科学技术和现代工业的发展，总是朝着缓解人与自然矛盾的方向发展，科学技术的发展，应当是有能力解决生态平衡中出现的问题，有能力解决环境污染，保持整个自然界有良好的生态结构，科学技术的发展将在协调人类与自然关系中起越来越大的作用。

处理好人与自然的关系，达到人与自然的协调发展，这是人类作为主体对自然界客体的长期认识和改造过程，它本身是一个系统工程，完成这样一个系统工程，需要人类世世代代的努力。只要我们人类在物质文明建设和精神文明建设中，学会辩证思维，就能克服盲目性增强自觉性，就能在人化自然过程中获得自由。

（原载《自然观的使命》第十章，香港联华出版社 1992 年版）

邓小平的社会主义本质论

随着社会主义实践的不断发展，人们对社会主义的本质的认识也在不断深化。邓小平同志坚持马克思主义的辩证唯物论和历史唯物论，运用科学的辩证思维方法，从理论和实践的结合上，揭示了社会主义的本质，阐明了社会主义的根本任务，在新的历史阶段发展了马克思主义的科学社会主义理论。学习和研究邓小平同志关于社会主义本质的理论，对于深化改革，建设有中国特色的社会主义具有十分重要的意义。

一、邓小平社会主义本质论的方法论基础

实事求是，是无产阶级世界观的基础。邓小平同志坚持这一马克思主义的唯物论原则，全面总结国际、国内社会主义实践的历史经验，对社会主义的本质进行了科学揭示。结合时代新特点，在我国改革开放不断深入的形势下，发展了马克思主义的科学社会主义观。社会主义作为适应历史发展规律的社会制度，本身也和其他客观事物一样，在被人们认识和实践的过程中，也同样存在着理论和实际、主观和客观是否统一的问题。几十年来，社会主义走过的路曲曲折折，人们的主观认识和社会主义之间经常存在着误区，主观和客观不统一成为人们思想路线上的障碍。十一届三中全会重新恢复了正确的思想路线，这就是解放思想、实事求是的思想路线。这一思想路线成为认识社会主义本质和建设社会主义的思想前提。在十一届三中全会之前，邓小平同志针对"两个凡是"，积极领导和支持了关于实

践是检验真理的唯一标准的大讨论。把真理标准问题的讨论看作是一项思想路线上的"基本建设"。通过真理标准问题的讨论，冲破了"两个凡是"，冲破了对马克思主义、毛泽东思想的教条式的理解，是不是坚持解放思想、实事求是的思想路线，对于改变人们的思想观念、扫清认识社会主义本质道路上的绊脚石关系极大。它们直接成为在新形势下认识社会主义、建设社会主义的障碍。邓小平同志把各级党政领导班子、各行各业领导班子的老化问题，作为中国的特殊问题，指出干部队伍的老化僵化问题的严重性，强调"要用新脑筋来对待新事物"，要解决思想僵化，用新脑筋对待新事物，就必须解放思想、实事求是。社会主义不是固定不变的社会，社会主义的本性是发展的社会、前进的社会，社会主义的模式也不是固定的模式，它总是根据各国的实际情况，创造出新的模式，表现其强大生命力的。在建设有中国特色社会主义过程中，每前进一步都碰到旧体制、旧习惯和传统的社会主义观念的干扰，每前进一步都贯穿着解放思想、实事求是的思想路线。实践证明，解放思想、实事求是已经成为改革开放各项方针、政策和建设有中国特色社会主义的世界观基础和思想的前提。从党的十二大第一次提出"走自己的路，建设有中国特色社会主义"以来，在突破旧的社会主义模式的道路上创造出奇迹，首先是坚持解放思想、实事求是思想路线的结果。邓小平同志坚持解放思想、实事求是的思想路线，认识和分析我国现阶段生产力发展的状况，明确了我国还处在社会主义初级阶段，创立了社会主义初级阶段理论，这是认识社会主义本质的理论准备。我国总体国力虽在世界上位于前列，但我们的经济、文化发展水平还是落后的。我们的人均国民生产总值还居于世界后列。我国人民的科学技术和文化水平还不高，我们还处在生产工业化的早期阶段。所以，邓小平同志说："我们搞社会主义才几十年，还处在初级阶段。巩固和发展社会主义制度，还需要一个很长的历史阶段，需要我们几代人、十几代人甚至几十代人坚持不懈地努力奋斗，决不能掉以轻心。"[①] 邓小平同志从我国国情的现实出发，

_____

① 《邓小平文选》第三卷，人民出版社 1993 年版，第 379 页。

从现象到本质，从历史到现实进行科学分析，首先抓住社会主义生产力这个核心问题，从分析我国社会主义初级阶段生产力发展状况，来揭示社会主义本质的。党的十三大根据邓小平同志的理论观点，正式提出建设有中国特色社会主义的理论，确定了"一个中心，两个基本点"的基本路线，明确了社会主义初级阶段的战略任务。这就是，必须集中力量进行现代化建设，社会主义的根本任务是发展生产力，是否有利于发展生产力，应当成为我们考虑一切问题的出发点和检验一切工作的根本标准。社会主义是在改革中不断前进的社会。在社会主义初级阶段，改革更成为迫切的历史要求。改革是社会主义生产关系和上层建筑的自我完善，是推动一切工作的动力。这些都反映了我们党对社会主义本质认识的深化，是科学社会主义主义上的突破。邓小平同志把运用实事求是这一唯物主义的科学方法论，看成是一个认识和实践的长过程。他在1992年南方视察重要谈话中，从理论上进一步澄清了对社会主义认识上的陈旧观念，解决了改革开放深层发展中遇到的一系列理论和实践问题。邓小平同志视察南方重要谈话中，关于姓"资"姓"社"、计划经济和市场经济、实践标准和生产力标准、社会主义本质、物质文明建设和精神文明建设以及解放思想加快发展等理论观点，是对传统的社会主义模式和观念的突破，是创造性地发展了科学社会主义理论，形成了完整的有中国特色的新的社会主义模式。如果不坚持解放思想、实事求是的思想路线，不把对社会主义认识看作一个过程，始终不渝，建设有中国特色社会主义理论也不会在实践中产生、丰富和发展。

邓小平同志坚持历史唯物论的发展观，分析社会主义本质，把对社会主义本质的认识建立在社会主义发展的客观基础上。社会主义发展生产力是一个很长的历史阶段，而人们对社会主义本质的认识也是长期的。实事求是的世界观基础和辩证的思维方法，是构成邓小平同志社会主义本质论和发展生产力的战略思想，是建设有中国特色社会主义理论的思想前提和方法论基础。

二、社会主义本质论对科学社会主义理论的继承和发展

邓小平同志在新的历史条件下，运用辩证唯物主义和历史唯物主义原理，从中国实际出发，继承和发展了马克思主义关于社会主义本质的理论。恩格斯在谈到马克思的伟大贡献时曾经指出："马克思发现了人类历史的发展规律……人们首先必须吃、喝、住、穿，然后才能从事政治、科学、艺术、宗教等；所以，直接的物质的生活资料的生产，因而一个民族或一个时代的一定的经济发展阶段，便构成为基础。"① 这一唯物史观的基本原理，指明了社会存在的基础和社会发展的真正根源。社会主义理论体系就是根植于这一唯物史观的基础之上。社会主义在其发展过程中，并不像演算数学那样，经过套用公式即可得到证明，它往往被"繁芜复杂的意识形态所掩盖着"。马克思和恩格斯在创立科学社会主义学说之初，就通过批判封建的社会主义、小资产阶级的社会主义、"真正的"社会主义和保守的资产阶级的社会主义等错误思想理论，来阐发科学学说的真理性的。

马克思是第一个给社会主义提供了科学基础的人。由于马克思的唯物史观和剩余价值学说的发现，社会主义便由空想变成了科学。马克思和恩格斯对未来社会的预见，贯彻了历史唯物论原则，在他们的著作中，对社会主义、共产主义的特征及其本质，曾经作过论述。例如，关于推翻资本主义的剥削制度，消除阻碍生产力发展的旧的生产关系，使劳动者摆脱被剥削、被压迫的阶段地位，做社会的主人等思想，就是从社会制度上，从生产关系的角度解放生产力的思想。马克思主义的经典作家，历来都是把每个劳动者的解放，同社会本身的解放联系起来。所以，只有彻底变革旧的生产方式，才能消灭劳动者"受他们自己的生产资料奴役的状态"，这里已经有解放生产力的思想。马克思和恩格斯把消灭剥削，变革旧的剥削制度，作为无产阶级取得政权后发展生产力的前提条件，把在新生产方式下发展生产力提到突出的地位。"在他们所设想的社会主义、共产主义社会，

---

① 《马克思恩格斯选集》第三卷，人民出版社1972年版，第574页。

始终贯穿着把发展生产力作为未来社会发展基础的思想。在未来社会里，在社会生产高度发展的基础上实行全社会共同占有生产资料；个人消费品的分配，在社会总产品中作了各项扣除之后，实行按劳分配；商品和货币退出经济生产；阶级对立和阶级差别已经消灭，体脑之间劳动差别、城乡之间的差别已经消除；随着阶级的消灭国家也随之消亡。在马克思和恩格斯的著作中，总是把消灭剥削，消除两级分化，发展生产力，达到劳动者的共同富裕有机地联系起来。可以看出，上述这些思想已经蕴含着对社会主义、共产主义本质的揭示。任何理论的产生都有其自身的社会条件和时代背景。马克思和恩格斯在当时的历史条件下，对社会主义、共产主义进行的科学预见，对社会主义、共产主义的本质所作的初步分析和探讨，是我们今天认识社会主义本质的理论武器。但是，马克思和恩格斯当时更多注意的是无产阶级如何展开政治斗争、夺取政权的问题，对无产阶级夺取政权之后，如何建设社会主义等问题，因为实践还未提到日程上来，自然论述得较少。对社会主义社会及其本质的认识，自然受到时代的局限。不过他们为后人提供了科学的世界观和方法论。

列宁领导落后的俄国取得了无产阶级革命的胜利，建立了第一个社会主义国家。他强调社会主义革命胜利后，要消灭阶级，建设社会主义，必须集中力量发展生产力，创造高于资本主义的劳动生产率。他提出的著名公式"共产主义就是苏维埃政权加全国电气化"[①]。列宁指出："无产阶级取得政权以后，它的最主要根本的利益就是增加产品的数量，大大提高社会生产力。"[②] 这就是说，列宁把提高生产力作为无产阶级取得政权后，实现社会主义、共产主义的长期奋斗目标。很显然，列宁已经对社会主义本质问题进行着探索。在俄国无产阶级取得政权的初期，由"战时共产主义"进到"新经济政策"，是列宁领导无产阶级向社会主义过渡的战略步骤。实行新经济政策，意味着无产阶级专政的国家必须掌握大工业和大农业、掌

---

① 《列宁选集》第四卷，人民出版社1972年版，第399页。
② 《列宁选集》第四卷，人民出版社1972年版，第586页。

握经济命脉，并不断地发展壮大这一居于领导地位的社会主义经济成分。在这一新经济政策下，准许小生产者有贸易自由，无产阶级国家通过市场、商业，通过商品货币同农民建立经济上的联系，同时通过合作这种农民乐于接受的形式，逐步实行对农业的社会主义改造。列宁认为，利用国家资本主义，是由小生产过渡到社会主义的中间环节。他指出："既然我们还不能实现从生产到社会主义的直接过渡，所以我们应该利用资本主义（特别是要把它引导到国家资本主义的轨道上去）作为小生产和社会主义之间的中间环节，作为提高生产力的手段、途径、方法和方式。"① 列宁实行的新经济政策，从认识社会主义本质的角度看，在理论上是可贵的探索，在实践上是大胆的尝试。应当说，列宁对于社会主义本质问题，无论从理论上还是从实践上已经初步有所接触，但因社会主义实践上的限制和他过早地逝世，没有能全面系统地展开和深化。

列宁逝世后，斯大林领导了苏联人民进行社会主义建设事业。在对社会主义及其本质的认识上作过一些论述。他肯定了社会主义公有制的两种形式，即全民所有制和集体所有制。社会主义公有制的两种形式并存，是社会主义商品生产存在的同时，肯定了价值规律的作用，强调从事经济工作必须学会利用价值规律。斯大林在论述社会主义生产目的时，强调把最大限度地满足整个社会经济增长的物质和文化的需要作为社会主义生产的目的，认为只有实现了社会主义生产目的，才能巩固社会主义制度，发展社会主义建设事业。他还第一次把"各尽所能"和"按劳分配"两个概念联系起来，作为社会主义分配原则。同时他也十分重视生产力提高劳动生产率，以创造更多财富来满足人民的需要。无疑，这些是对马克思列宁主义的继承和发展。但是，斯大林在分析社会主义的生产力和生产关系的相互作用时，过多强调生产关系的决定作用，把阶级斗争扩大化，把公有制、计划经济、按劳分配固定为社会主义的本质特征，后来形成一整套苏联模式。实践证明，这种模式基本上没有揭示社会主义的本质。

---

① 《列宁选集》第四卷，人民出版社 1972 年版，第 525 页。

社会主义由理论变为现实经历了几十年的历程，但人们如何理解它，实践它，同样存在着拨乱反正。抛弃对社会主义不科学的、扭曲的认识，抛弃超越社会主义初级阶段的不正确的思想认识，仍然是摆在人们面前的一项艰巨任务。

邓小平同志从历史唯物论的基本原理出发，澄清对社会主义本质认识上的是非，使人们对社会主义的认识和理解上升到一个新阶段、新水平。过去有一句话说"越穷越革命"是错误的。因为，无产阶级为了反对压迫剥削、摆脱贫困，起来推翻旧的剥削制度这是正确的。那么无产阶级夺取政权后，面临建设社会主义时，就不能把穷与社会主义特征联系起来，甚至更不能把穷和富作为划分社会主义和资本主义的标准。"文化大革命"时期，提出宁要穷的社会主义，也不要富的资本主义，谁想富谁就被割"资本主义尾巴"，等等。这实际上是"左"的错误思想，是对社会主义的歪曲，它掩盖了社会主义的本质。在那个时期把发展生产力说成是"唯生产力论"，把发展生产力同社会主义对立越来，用批判"唯生产力论"来反对社会主义发展生产力，这更是抹杀了社会主义的本质。邓小平同志运用马克思主义的唯物史观原理，总结中华人民共和国成立以来20多年的历史经验，指出，马克思主义的基本原则就是要发展生产力，社会主义首要任务是发展生产力，"贫穷不是社会主义，社会主义要消灭贫穷。不发展生产力，不提高人们的生活水平，不能说是符合社会主义要求的。"所以，邓小平同志把发展生产力，提高人民的生活水平，看成是社会主义本质的必然要求。邓小平同志深刻认识和把握社会主义的本质，把发展生产力，共同致富看作社会主义的本质要求，提出："社会主义财富属于人民，社会主义的致富是全民共同致富""社会主义的原则，第一是发展生产，第二是共同致富"①，这是在实践中对社会主义本质的把握，是新的社会主义观。

长期以来，人们把计划经济作为社会主义的本质特征，把市场视为资本主义制度的独有属性，把市场与社会主义计划经济绝对对立起来。邓小

---

① 《邓小平文选》第三卷，人民出版社 1993 年版，第 172 页。

平同志在分析社会主义本质时，总结了国际国内的历史经验和教训，运用唯物辩证法原理，分清事物的现象和本质，目的和手段的关系，找到计划与市场的非社会属性，明确计划与市场都是手段，作为手段，资本主义可以利用，社会主义也可以利用。他指出："计划经济不等于社会主义，资本主义也有计划；市场经济不等于资本主义，社会主义也有市场。计划和市场都是经济手段。"① 这一辩证分析消除了长期以来，在计划与市场问题上的形而上学思维，对于认识社会主义本质具有重大的理论和实践意义。正如江泽民同志十四大报告中指出的："从根本上解除了把计划经济和市场经济看作属于社会基本制度范畴的思想束缚，使人们在计划与市场关系问题上的认识有了新的重大突破。"

随着我国社会主义改革开放的深入，作为建设有中国特色社会主义理论重要内容的社会主义本质论，是在实践中逐步形成、完善和运用的，这一理论符合马克思主义认识论原则。党的十一届三中全会把党的工作重点转移到社会主义现代化建设上来，提出我们的根本任务已由解放生产力变为在新的生产关系下面保护和发展生产力。这说明在对社会主义本质的认识上，有了新的进展。十一届三中全会以后，邓小平同志多次提出要搞清什么是社会主义，如何建设社会主义的问题，严肃地把重新认识社会主义本质的任务提到全党面前。

十一届三中全会以来，邓小平同志关于社会主义本质的理论，在实践中逐步深化和完善。1982年邓小平同志指出："社会主义必须大力发展生产力，逐步消灭贫穷，不断提高人民的生活水平。"这里已经初步概括了社会主义的本质。他在南方谈话中，系统地全面地概括了社会主义本质的科学含义，这就是，"社会主义的本质，是解放生产力，发展生产力，消灭剥削，消除两极分化，最后达到共同富裕"②。这个科学含义的界定，充分反映了社会主义与资本主义的本质区别，体现了社会主义强大生命力的源泉。

① 《邓小平文选》第三卷，人民出版社1993年版，第373页。
② 《邓小平文选》第三卷，人民出版社1993年版，第373页。

　　发展生产力是社会主义阶段的最根本任务。社会主义优越性的重要标志，就是它能使生产力发展得更快一些，更高一些，这是社会主义制度的物质基础所在。从人类社会发展的历史看，每一种社会制度都有与这相适应的物质基础，也就是物质生产力。社会主义的经济制度是比资本主义的经验制度更先进的经济制度，它能够容纳并促进生产力的高速发展。发展生产力是实现社会主义生产目的的手段。不同的社会性质有不同的社会生产目的，有着不同的手段。在资本主义制度下，获取剩余价值是资本主义生产的目的，为了达到剥削的目的对内实行雇佣劳动，对外实行掠夺。社会主义制度生产的目的，是为了保证人民不断增长的物质文化生活需要，为了达到这一目的，就要依靠人民自己的辛勤劳动，靠发展生产创造更多的财富。社会主义、共产主义是我们奋斗的总目标，为了逐步实现这一目标，就要大力发展生产力，为未来社会创造物质基础，没有这个物质基础，凭美好的愿望只能是一种空想论。社会主义阶段的主要任务是发展生产力。邓小平同志指出："要实现共产主义，一定要完成社会主义阶段的任务。社会主义任务很多，但根本一条就是发展生产力，在发展生产力的基础上体现出优于资本主义，为实现共产主义创造物质基础。"[①] 邓小平同志从社会历史观的高度，强调社会主义阶段的中心任务是发展生产力，为共产主义创造雄厚的物质基础。这样就从社会发展观上，揭示了生产力发展的历史地位和作用。

　　邓小平同志指出："社会主义的目的就是要全国人民共同富裕，不是两极分化。"[②] 消除两极分化，达到共同富裕，这是社会主义本质所要求的，也是社会主义经济发展的目标。社会主义是公有制经济占主体地位，劳动人民是生产资料的主人，社会主义财富属于人民，社会主义致富是全民的致富。我们的奋斗目标是共同致富，但是任何事物的发展总是带有不平衡性。共同致富并不等于平均发展。搞平均主义历来是错误的，在我们的实

---

①《邓小平文选》第三卷，人民出版社 1993 年版，第 137 页。

②《邓小平文选》第三卷，人民出版社 1993 年版，第 110 页。

践中已经有过不少经验教训。不是平均发展，就有一个先富和后富的差别，这是客观条件所决定的。这是因为，在社会主义初级阶段，我国的生产力水平还较低，初会化层次多，生产力布局不平衡，自然条件、管理技术水平不尽相同，不同地区、不同部门存在着富裕程度的差别。同时由于多种所有制的存在和多种经营方式的并行，也会带来收入上的差别。市场经济体制的建立，企业生产条件的不同，必然带来企业职工收入上的不平衡。在社会主义初级阶段还实行按劳分配，由于劳动能力、技术水平等因素，也会带来致富程度上的差别。但是这种差别会随着社会生产力的发展而逐渐缩小，人们靠劳动致富，由部分地区和部分人先富到共同致富，是社会主义生产力发展的必然要求和结果。所以，对于社会主义本质的科学表述，应当全面理解，在社会主义条件下，解放生产力、发展生产力，是为了消除两级化，达到共同富裕。没有高度发展的生产力，没有雄厚的物质基础，便不能彻底消除两极分化。邓小平同志总结历史的经验教训，对社会主义本质作了全面概括，他认为，我们过去对这个问题的"认识是不完全清醒的"，原因就在于脱离发展生产力这个主要本质来讲消灭剥削、消除两极分化和实现共同富裕。邓小平同志不仅明确地把共同富裕作为社会主义的目标，而且在前面加上了"最终达到"四个字，这表明，社会主义初级阶段必须把发展生产力作为中心任务，生产力发展有个过程，而共同富裕的实现也是一个过程。用辩证思维方法，来分析研究社会主义本质，使人们对社会主义本质的认识上升到一个新高度。邓小平同志的社会主义本质论，抓住了社会主义社会的根本，是完整而系统的科学界定。第一，它体现了社会主义的优越性在于迅速发展生产力。第二，它体现了社会主义与资本主义不同的特点是共同富裕，不搞两极分化。邓小平同志关于社会主义本质的科学界定，在理论和实践上发展了马克思主义的科学社会主义理论。

邓小平同志关于社会主义本质的理论，是对社会主义基本矛盾分析和认识的结果。1979年3月邓小平同志在谈到社会主义基本矛盾时，肯定了毛泽东对基本矛盾的界定。但是他指出，过去分析和解决社会主义基本矛盾，往往抛开生产力，在阶级斗争上做文章，结果不但没有促进反而阻碍了生产力的发展。邓小平同志坚持实事求是的科学态度，立足于对我国生产力的客观状况和发展要求的分析，找到现阶段我国社会基本矛盾的具体表现形式，这就是，我国现阶段社会主义生产力的发展同现行经济体制之间的矛盾。随着对我国现阶段基本矛盾的认识，从十一届三中全会以来我党制定的一系列改革开放的方针、政策、措施，都反映了社会主义本质的客观要求。邓小平同志把对经济体制的改革称为"第二次革命"。他在南方视察谈话中指出："革命是解放生产力，改革也是解放生产力……社会主义基本制度确立以后，还要从根本上改革束缚生产力发展的经济体制，建立起充满生机和活力的社会主义经济体制，促进生产力的发展，这是改革，所以改革也是解放生产力。"① 社会主义基本制度确立后，并不等于社会主义优越性的充分发挥。社会主义制度的建立只是从社会历史发展进程上，从社会制度上战胜资本主义的第一步，社会主义的生命力在于它的发展。社会主义只有在高度发展生产力的过程中，才能体现自己的本质和发挥优越性。

邓小平同志研究分析我国现阶段社会主义的主要矛盾，提出了解放生产力、发展生产力的科学论断。他主张把全党工作的重点转移到经济建设上来，发展生产力，逐步提高人民的文化物质生活水平。党的十一届三中全会实现了全党工作重点的转移，把注意力转移到经济建设上来。应当说这一转移，体现邓小平同志在理论和实践的结合上对社会主义本质认识的初步成果。十一届三中全会后，邓小平同志进一步指出了我国社会主义的主要矛盾，他说："我们的生产力发展水平很低，远远不能满足人民和国家的需要，这就是我们目前时期的主要矛盾，解决这个主要矛盾就是我们的中心任务。"② 邓小平同志正是根据主要矛盾和矛盾的主要方面的原理，总结历史教训和新的实践经验，来认识发展生产力这个矛盾的主要方面的。过去很长一个时期，我们忽视了发展生产力，这不能不说是个失误。邓小

---

① 《邓小平文选》第三卷，人民出版社 1993 年版，第 370 页。
② 《邓小平文选》第三卷，人民出版社 1993 年版，第 168 页。

平同志从历史辩证法的高度，重新认识我国社会主义主要矛盾和矛盾的主要方面的。人类历史发展的出发点和基础是社会生产力，社会主义不能离开生产力的发展。对于社会本质的认识，也正是基于这一唯物史观的科学分析。邓小平同志从理论和实践的结合上强调生产力的地位和作用，正是他在新基础上对社会主义本质认识的必然结果。他指出："贫穷不是社会主义，发展太慢也不是社会主义。否则社会主义有什么优越性呢？社会主义发展生产力，成果是属于人民的。"① 发展生产力的紧迫性来自于对社会主义主要矛盾运动发展规律的认识，社会主义够不够格不是通过生产关系来检验，而只能通过生产力的标准来检验。邓小平同志从我党对社会主义主要矛盾认识的经验教训中，把握分析社会主义的主要矛盾和矛盾的主要方面，运用唯物辩证法这一科学方法论揭示了社会主义本质的内涵，从而使建设有中国特色社会主义的理论更加丰富。

三、社会主义本质论的理论和现实意义

社会主义本质是社会主义生产方式各基本要素的内在联系。社会主义本质贯彻着发展原则。邓小平同志运用唯物辩证法，把握事物的对立统一关系，不断深化对社会主义本质的认识。在实践中丰富了建设有中国特色社会主义理论的方法论体系。

改革开放以来，对社会主义本质认识的成果，体现在党的路线、方针、政策上，尤其是"一个中心，两个基本点"的提出，更具有重要意义。党的十一届三中全会实现了工作重点的转移，邓小平那时就已经提出"一个中心，两个基本点"的内容，他说："十三大确定了'一个中心，两个基本点'的战略布局，我们十年前就是这样提出的，十三大用这个语言把它概括起来。"党的十三届五中全会再一次充分肯定了十一届三中全会以来的路线的正确性，坚持十一届三中全会以来的路线，就是要继续以经济建设为中心，坚持四项基本原则，坚持改革开放。社会主义初级阶段的主要任务

---

① 《邓小平文选》第三卷，人民出版社 1993 年版，第 255 页。

是搞经济建设，党的各项工作都要服从于这样一个中心。"两个基本点"是为"一个中心"服务的，四项基本原则和改革开放是顺利进行经济建设的保证。没有经济建设的发展，没有雄厚的物质基础，四项基本原则就不能很好地坚持，就不稳固。历史的和现实的经验证明，政权的巩固，人民的团结，必须要搞好经济建设，这是国家政治文化的坚定基础。为了发展生产力，搞好经济建设，还必须坚持四项基本原则，因为它是实现四个现代化事业的保证，是我们的立国之本。为了发展生产力，还必须实行改革开放。坚持四项基本原则，坚持改革开放，二者相互贯通、相互结合、相互促进，都统一于建设有中国特色社会主义的实践。这一辩证思想鲜明地体现在邓小平社会主义本质论中。早在十一届三中全会以前，邓小平同志就提出改革开放的思想。他指出，十一届三中全会以来，我们提出的一系列方针、政策，"主要是改革开放政策。"他把改革开放看作是"中国的第二次革命"，要发展生产力，"改革是必由之路"。邓小平同志从总结国际国内的历史经验教训中，反复阐明，改革开放对社会主义事业的至关重要性。他指出："如果现在再不实行改革，我们的现代化事业和社会主义事业就会被葬送。"他把改革直接同生产力的解放联系起来，认为"改革也是解放生产力""不坚持社会主义，不改革开放，不发展经济，不改善人民生活，只能是死路一条。"① 邓小平同志从"一个中心，两个基本点"的辩证统一关系中，把握社会主义本质的内在机制和要求。基本路线之所以有强大生命力，在于它来自实践，反映了人民的愿望，符合社会主义发展的客观规律，反映了社会主义本质的要求。

邓小平同志分析和研究社会主义本质，不仅把唯物主义历史观的基本原理，运用于制定党的基本路线过程，而且体现在对我国经济发展战略的规划上。他运用唯物史观的发展原则，根据社会主义初级阶段生产力的客观要求，实事求是地制定了"三步走"的发展战略。邓小平同志分析十一届三中全会以来的新情况、新问题，指出："我们原定的目标是，第一步在

---

① 《邓小平文选》第三卷，人民出版社 1993 年版，第 370 页。

80 年代翻一番。以 1980 年为基数，当时国民生产总值人均只有 250 美元，翻一番，达到五百美元。第二步是到本世纪末，再翻一番，人均达到一千美元。实现这个目标意味着我们进入小康社会，……我们制定的目标更重要的还是第三步，在下世纪用 30 年到 50 年再翻两番，大体上达到人均 4000 美元。"[①] 这就是说，第一步在 80 年代基本解决温饱问题；第二步到 20 世纪末达到小康水平；第三步到 21 世纪中叶达到中等发达国家水平。邓小平同志对我国经济发展战略的规划体现了他的求实态度和科学精神。首先，立足于我国国情，从我国社会初级阶段生产力发展状况考虑问题，分析问题。邓小平同志提出的我国战略发展的设想，并不是一时的感情冲动，而是有一个认识过程和历史背景，这也反映了他的社会主义本质论思想也是一个逐渐形成的过程。早在 1964 年 12 月，由毛泽东建议，周恩来第一次提出关于我国现代化建设问题。但由于当时"左"的思想指导，经济建设上犯了急躁冒进的错误，现代化思想在实践上受到挫折。随着 1978 年党的十一届三中全会的召开，恢复了党的实事求是的思想路线，把全党工作的重点转移到经济建设上来，从此我国现代化建设事业得以顺利展开。邓小平同志从我国国情实际出发，认为，在基础差、底子薄、人口多的我国，现代化的步子不能迈得过大，发展目标不能定得过高，一切应当从我国现实出发，从我国生产力实现发展状况考虑问题。因此，根据这个指导思想，制定了"六五"计划。中国的经济发展必须立足于生产力发展现状，必须实事求是，邓小平同志指出的小康目标，正是基于这样的思想前提。

邓小平同志提出的小康目标，实事求是地估计了我国生产力发展现状，是从中国的国情特点出发，考虑如何建设社会主义的问题，这实际上是对社会主义本质认识的结果。小康目标的提出也是社会主义本质理论的运用。随着十一届三中全会以来的路线的正确贯彻，改革开放的深化，邓小平同志对社会主义的本质特征进行了更深入、更系统的考虑，同时也是他运用科学理论继承揭示社会主义本质的过程。我国奔小康的目标提出后，在实

---

① 《邓小平文选》第三卷，人民出版社 1993 年版，第 226 页。

践中便逐渐形成了关于三步走的发展战略目标。从 1982 年到 1984 年，我国工农业总产值逐年增长，远远超过"六五"计划规定的 4％—5％。1983 年初，邓小平同志在视察江南时，看到工农业发展的大好形势，生产力高速增长的喜人景象，使他对我国经济增长潜力有了更深的认识，从而看到经济上翻两番的客观可能性。邓小平同志尊重实践，尊重客观规律，他认真总结十一届三中全会以来的实践经验，认为到本世纪末翻两番是有希望的。应当看到，邓小平同志是在他的建设有中国特色社会主义理论形成过程中，来设想我国经济发展战略的。第一，他提出的发展战略思想同建设有中国特色社会主义理论，是在认识社会主义本质过程中的理论和实践上的统一。邓小平同志的三步发展战略目标的提出，回答了社会主义发展道路上的重大理论和实践问题。第二，邓小平同志三步发展战略的提出，着眼于发挥社会主义制度的优越性，社会主义最终能战胜资本主义主要是依靠高度发展的生产力。但发展战略目标的实现，需要人们长期艰苦努力，要把战略目标具体化为工作任务，把近期工作任务同发展战略有机结合起来，从中把握经济建设过程中的辩证法。分三步走的战略目标体现了经济发展战略各时期各步骤的辩证统一。第三，邓小平同志立足于中国国情，探索实现社会主义本质的途径，始终强调的是，要团结全中国各族人民，共同奋斗，他把谦虚谨慎、艰苦奋斗精神贯穿于实施发展战略过程中，把发扬艰苦奋斗精神，看成是我们事业成功的重要因素。同时，他把艰苦奋斗精神同认识社会主义本质联系起来。社会主义本质就在于经过艰苦奋斗、敢闯敢干不怕冒风险，把生产力搞上去，只有生产力发展了，才能消除两极分化，才能达到共同富裕。[①]

社会主义社会是一个有机的整体。改革开放，建设有中国特色的社会主义是宏伟的系统工程。我们的改革开放和经济建设是全方位的。邓小平同志建设有中国特色的社会主义理论体系，充分反映了社会主义本质的整体要求，他在改革和建设中所提出的方针、政策，体现了社会主义本质要

---

① 《邓小平文选》第三卷，人民出版社 1993 年版，第 372 页。

求的全局性、系统性，是灵活运用唯物辩证法，把握事物辩证统一关系的具体体现。改革开放之初，面对拨乱反正，解放思想的繁重任务，邓小平同志提出要警惕"右"，主要是防"左"，"搞现代化建设，搞改革开放，存在'左'和右的干扰问题""'左'的和'右'的干扰，最主要的是'左'的干扰。"他在 1992 年 2 月南方视察谈话中进一步提出，"'右'可以葬送社会主义，'左'也可以葬送社会主义"。这是从总结历史经验教训中得出的结论。邓小平同志关于防"左"警惕"右"的思想，成为我们在改革开放中，认识和把握社会主义本质的科学方法论。在改革开放中总是受到"左"和"右"的干扰。当前主要是防"左"，这是因为，"左"总是在改革开放继续深入的形式下出现，总是把十一届三中全会以来，实行的多项方针、政策说成是"右"，干扰党的正确路线的执行，因此当前主要是防"左"。长期以来，我们在"左"的错误方针指导下，脱离我国实际办了不少蠢事，有着深刻的教训。党的十一届三中全会以来，我们恢复了正确的思想路线，开始纠正过去的"左"的错误，使改革开放、经济建设都取得伟大胜利。但是"左"的思想影响仍然存在。在现实生活中"左"的表现主要是：在思想上表现为主观主义，脱离实际，在对待马克思主义和经济上搞绝对化，犯教条主义和经验主义；在经济上，急于求成，急躁冒进；在政治上则表现为蛮干、革命狂热；在组织上，表现为宗派主义；在方法上，不因地制宜，不分条件和地点，千篇一律一刀切。"左"倾思想由来已久，它在革命和建设时期经常出现，但从未从理论上认真清理，无论是革命战争时期，还是经济建设时期，它都是妨碍人们正确认识国情特点，正确认识革命和建设发展规律的绊脚石。从思想根源上讲，主要是把主观愿望当成真理，用主观愿望来指导行动，把马列主义的某些原理或过去的历史经验绝对化。社会主义的本质要求，就是要使人们按照社会主义自身的客观规律办事，从实际出发，进行经济建设，发展生产力。社会主义的实践，社会主义本质的展现，已经雄辩地证明"左"的思想的危害性。邓小平同志总结我党的历史经验，从总结"右"和"左"的干扰的历史教训中，加深了对我国国情的认识，从理论和实践上找到了正确的思想路线，找到了振兴中华的正确道路。他的关于社会主义本质的科学概括，是他思想上的飞跃，是社会主义生产方式内在运行规律的客观反映，也是建设有中国特色社会主义理论的组成部分。应当看到排除"左"和"右'的干扰，是贯彻解放思想、实事求是思想路线的深入，也是深化对社会主义本质认识的过程。排除"左"和"右"的干扰，深化改革，加速发展经济，特别是当前加快市场经济体制的建立，本身就是社会主义本质理论的具体运用和发展。

两个文明建设，是社会主义的重要特征，是建设有中国特色社会主义的重要目标，在建设社会主义物质文明的同时，必须同时抓好精神文明建设。邓小平同志说："我们现在搞两个文明建设，一是物质文明，就是发展经济，二是精神文明。"精神文明建设要领先物质文明建设提供基础，"只要我们的生产力发展，保持一定的经济增长速度，坚持两手抓，社会主义精神文明建设就可以搞上去"[①]。两手抓战略的提出，是基于对社会主义本质的辩证统一把握。邓小平同志针对改革开放中出现的一些问题，从社会主义本质要求的全局出发，提出一系列"两手抓"的工作方法，要两手抓，两手都要硬。1982年4月，他指出："我们要有两手，一手就是坚持对外开放和对内搞活经济的政策，一手就是坚持打击坚持犯罪活动。没有打击经济犯罪活动这一手，不但对外开放政策肯定要失败，对内搞活经济的政策也肯定要失败。"针对党风和腐败现象，邓小平同志提出："一手抓好改革开放，一手抓惩治腐败。"他同时强调在搞好经济建设的同时，必须搞好法治建设，"搞四个现代化一定要有两手，只有一手是不行的。所谓两手，即一手抓建设，一手抓法制。党有党纪，国有国法。坚持四项基本原则中为什么要有一条坚持人民民主专政？只有人民内部的民主，而没有对破坏分子的专政，社会就不可能保持安定团结的政治局面，就不可能把现代化建设搞成功"[②]。"坚持两手抓"是邓小平同志一贯强调的思想。他从社会主义本质要求出发，认为在社会主义建设中，不仅要建设高度的社会主义物质

---

① 《邓小平文选》第三卷，人民出版社1993年版，第379页。
② 《邓小平文选》第三卷，人民出版社1993年版，第154页。

文明，还必须建设高度的社会主义精神文明，二者同时并举。两个文明建设，是建设有中国特色社会主义的重要内容，两个文明建设的成功，是社会主义本质的体现。根据马克思主义唯物史观社会存在决定社会意识的原理，物质文明的程度，总是决定精神文明的水平，精神文明的发展又会促进物质文明的建设和发展。社会主义物质文明建设和精神文明建设的辩证统一关系，实质上是社会主义本质内在结构的辩证统一关系。改革开放以来，在某些时期，由于忽视精神文明，或抓得不够有力，封建主义、资本主义的思想和生活方式在实际生活中有所表现，甚至解放后绝迹的社会丑恶现象也有所抬头和复活，犯罪活动、腐败现象也有发生。在当前市场经济条件下，人们的道德观、价值观、人生观，发生某种程度的扭曲，与社会主义经济基础、社会主义的物质文明建设不相适应。这种现实生活中的反差，说明用社会主义本质理论武装人们头脑的重要性。不重视社会主义精神文明建设，就不能实现社会主义本质所要来的最终目的，也不能实现有中国特色的社会主义。邓小平同志深刻总结了十一届三中全会以来改革开放的实践经验，提出"两手抓""两手都要硬"的策略，从理论上丰富和发展了唯物辩证法，提出了社会主义初级阶段、改革开放过程中的"两点论"，这个"两点论"的新命题，也是他的社会主义本质理论的重要组成部分。

坚持"两手抓"是保证改革开放实现四化的需要，是社会主义本质的规定。邓小平同志指出："经济建设这一手我们搞得相当有成绩，形势喜人，这是我们国家的成功。但风气如果坏下去，经济搞成功了又有什么意义？会在另一方面变质，反过来影响整个经济变质，发展下去会形成贪污、盗窃、贿赂横行的世界。"[①] 社会主义社会的改革是自我完善、自我发展，自我完善、自我发展要求经济建设和精神文明建设的协调发展，经济建设的顺利进行，要求有良好的社会风气，有安定的社会秩序来保证，这是经济基础与上层建筑基本原理所规定的。如果经济建设暂时上去了，精神文

----

① 《邓小平文选》第三卷，人民出版社1993年版，第154页。

明滑坡了，反过来会影响经济建设，最终会使经济建设失败，使整个经济变质。所以，对那些影响和破坏社会主义经济的经济犯罪活动，必须坚决打击，对资本主义思想意识和腐朽的生活方式必须坚决抵制。要依靠社会主义法治，坚持打击经济领域的犯罪行为，依法治国，维护社会的安定团结，发展大好形势。

坚持两手抓，就是坚持唯物辩证法的"两点论"，是解决社会矛盾的正确方法，也是实现社会主义本质要求的重要方法。社会主义社会是崭新的社会形态，是新型的经济基础和上层建筑的辩证统一。社会主义社会的经济基础和上层建筑这间仍然存在着矛盾，坚持"两点论"不仅要处理好物质文明和精神文明之间的关系，而且要处理好建设物质文明和精神文明过程中，两个文明建设自身内 的各种关系，处理好各种矛盾，如在建设物质文明中，要处理好各种利益关系和分配关系。在改革开放，建立社会主义市场经济条件下，利益关系中的矛盾越来越复杂，处理不好就会影响两个文明建设，影响社会的稳定。所以，在社会主义制度下，个人利益要服从集体利益，局部利益要服从整体利益，暂时利益要服从长远利益。同时，在精神文明建设过程中，经常会遇到人们的行为规范、道德标准、思想意识和法制观念等方面的问题和矛盾，处理不好这些问题和矛盾，会反过来影响和破坏物质文明建设。在处理这些矛盾中，同样要坚持"两点论"，既要坚持四项基本原则，又要反对资产阶级自由化；既要防"左"，也要反对"右"的干扰；既要坚持正确的政治思想工作，坚持正确的舆论导向，又要克服狭隘意识和保守思想，等等。所以，在改革开放中，要正确运用社会主义本质的理论，就要学会用"两点论"的辩证方法，来观察和处理好两个文明建设中的各种矛盾关系。

坚持两手抓，才能全面持久地贯彻党的基本路线。党的社会主义初级阶段的基本路线，社会主义本质的根本要求就是以经济建设为中心，发展生产力，实现共同富裕的目的。邓小平同志指出，抓住时机，发展自己，关键是发展经济，解放生产力和发展生产力是我们党领导人民建设社会主义的根本任务，要死死抓住经济建设这个中心不放松。即使发生了战争，在战争停下来之后，马上就要抓经济建设。因此，抓经济建设这一手，要永远硬下去。不能因为抓精神文明这一手硬了，使原来硬的一手软了。坚持两手抓，两手都要硬，这样才能全面贯彻党的基本路线。十一届三中全会以来，我们坚持两手抓，改革开放经济建设取得了举世公认的伟大成就。但是，在实际工作中，一手硬一手软的现象仍然存在。原因很复杂，但根本的是对党的基本路线，在思想上认识不深，在实际工作中贯彻不力。一手硬一手软的现象之所以得不到纠正，还在于对社会主义本质缺乏深入的理解。改革开放的深化，经济建设的发展，向人们提出的新课题，就是用辩证唯物主义和历史唯物主义的世界观和方法论，武装头脑，提高辩证思维能力，在改革开放、经济建设的实践中，加深认识社会主义本质，掌握邓小平社会主义本质的理论，认识和掌握建设有中国特色社会主义的客观规律。在不断认识和探索社会主义本质的道路上开拓新的未来。

总之，邓小平同志的社会主义本质的理论，是对马克思主义的科学社会主义理论的继承和发展，它丰富了马克思主义的理论宝库，为社会主义的发展开辟了新的前景。邓小平关于社会主义本质的理论，是建设有中国特色社会主义实践的科学总结，理论来自实践又服务于实践，学习和掌握社会主义本质的理论，就要坚持理论联系实际，在改革开放和社会主义经济建设中加深认识，学会在实践中自觉运用这一理论。只有这样，才能在建设有中国特色社会主义事业中，作出新的贡献。

（原载《邓小平社会历史观》第五章，新华出版社 1994 年版）

论中国特色的人权观

　　人权问题总是离不开一个国家的社会历史和国情状况的，根据我国的历史发展和国情状况，形成的有中国特色的人权观，维护的是广大劳动人民的利益，保障多数人的权利，它能调动人民的积极性和创造性。学习和研究中国特色人权理论，具有重要的理论和现实意义。

一

　　中国特色人权观是对马克思主义人权观的继承和发展。它坚持马克思主义与中国实际相结合的原则，从历史和现实出发，实事求是，对当代中国人权状况进行具体分析和研究，因而具有广泛性、公平性和真实性的特点。

　　人权观念有着自身发展的历史过程。人权概念首先是由新兴资产阶级，在反对封建专制制度过程中提出来的。它对于推翻封建统治，对于强调人的主体地位，都起到过革命作用。启蒙思想家的"天赋人权"论，用纲领形式颁布出来，是1776年的美国《独立宣言》。正因为它主张一切人生来是平等的，享有生存、自由、幸福的天赋权，主张人自身的权利，所以后来被马克思称之为"第一个人权宣言"。1789年法国大革命产生的《人权宣言》，同样贯穿了"天赋人权"的思想。洛克和卢梭的关于民主与法制、自由、平等、主权在民等思想，后来成为资产阶级国家宪法的主要思想原则，从而形成了资产阶级人权观的理论思想基础。

但是，随着社会的进步，资产阶级人权观在整体上已经失去其革命性和科学性。这是因为，资产阶级人权观，是以资产阶级私有制为基础的，代表的是少数人的特权，对内主张对劳动人民的专权和统治，实行民族歧视和民族压迫，对外利用人权工具，干涉别国内政，特别是对发展中国家实行霸权主义和强权政治。它的理论是以唯心主义世界观为指导的。"天赋人权"论一开始，就是从非社会非历史的观点出发的，它们所讲的人权是脱离社会关系总和的自然状态之下的所谓人的权利。资产阶级总是把他们的人权观看成是最合理、最完善，并且是永恒不变的。他们总是把人权的社会表现和个人权利对立起来，只强调个人的权利，排斥和否认集团的权利，把政治权利同经济文化权利相割裂，把少数人的特权说成是普遍的权利，用空洞的政治口号来掩盖资产阶级的专制。

马克思主义人权观，实现了理论上的革命变革。马克思恩格斯第一次把人权问题建立在唯物史观基础之上，从社会历史的分析研究中，观察人权的产生和发展，把人权作为历史范畴，放到人类历史发展的长河内，探索其发展的客观规律。在马克思主义看来，人权不是天赋的，而是社会生产方式发展的结果。人权同社会的经济结构密切相关。恩格斯指出："根据唯物史观，历史过程中的决定因素归根到底是现实生活的生产和再生产……由胜利了的阶级在获胜以后建立的宪法等，各种法律形式以及所有这些实际斗争在参加者脑中的反映，政治的、法律的和哲学的理论，宗教的观点以及它们向教义体系的进一步发展。"① 这就是说，人权的产生和发展同社会经济结构和文化条件有着密切关系。宪法等所规定的各项权利只是生产关系和现实生活的反映。马克思和恩格斯的人权理论，揭示了人权发展的历史趋势，阐明了人权的阶级性，划清了无产阶级人权观同资产阶级人权观的界限，从而使人权观变为科学。列宁领导的第一个社会主义国家，在维护苏联劳动人民的各项权利，保障人权实践中，第一次把马克思主义人权理论付诸实施，丰富和发展了马克思主义人权观。毛泽东同志

---

① 《马克思恩格斯选集》第四卷，人民出版社1972年版，第477页。

继承马克思主义的人权观，重视中国的人权建设，无论在战争年代或和平建设时期，都强调全心全意为人民服务，从人民的利益出发，维护人民群众的各项民主权利。他坚持历史唯物主义原则和阶级分析的方法，旗帜鲜明地反对资产阶级的所谓民主和自由，阐明无产阶级的民主，是多数人的民主，无产阶级的自由，是多数人的自由。这一原则充分体现在各项法律、条例之中。毛泽东同志亲自主持制定的我国第一部社会主义宪法，是中国人民的第一个人权宣言，中国人民的各项权利在宪法中体现出来，这是根据中国国情，对中国人民的人权的肯定。同时，也是继十月革命之后，马克思主义人权观在中国的发展。但是过去由于受"左"的思想影响，在一个时期内强调"以阶级斗争为纲"，不重视发展生产力，人民的物质文化生活水平的提高受到影响，人权建设上受到干扰。

党的十一届三中全会以来，我们恢复了党的实事求是的思想路线，随着改革开放的深入和社会主义市场经济体制的建立，我国各族人民享有的政治、经济、文化、社会等各项权利也在不断扩大。对各项人权的实施，更加符合我国的国情特点。形成具有中国特色的人权观，是对马克思主义人权观的继承和发展。中国特色人权观，是以邓小平同志建设有中国特色社会主义理论为指针的，它是发展的、开放的。它实事求是，尊重历史，尊重现实。从我国的国情和民族特点出发分析和研究问题，所以具有真实性和科学性。邓小平同志指出："什么是人权？首先一条，是多少人的人权？是少数人的人权，还是多数人的人权，全国人民的人权？西方世界的所谓'人权'和我们讲的人权，本质上是两回事。"[1] 这就清楚地阐明了我国人权观的特点。中国特色人权观，把保障人民的生存权放在首位，这也是坚持历史唯物主义原则所得出的结论。我们的人权理论是从我国人民受侵略、受压迫、人权被剥夺的历史，从我国劳动人民没有任何权利到获得权利的历史和现实中总结概括而形成的。正因如此，我们才把争取生存权放在首要地位。中国特色人权观，充分尊重联合国宪章保护和促进人权的

① 《邓小平文选》第三卷，人民出版社1993年版，第125页。

原则，主张世界各国相互尊重国家主权，维护扩大发展中国家人民的生存权和发展权。反对以人权问题为借口干涉别国内政，反对用人权搞霸权主义和强权政治。

二

生存权是中国特色人权的核心。《中国的人权状况》一书明确指出，生存权是中国人民长期争取的首要人权。一个国家和民族如果没有国家的独立自主，也就没有最起码的生命、自由和人身安全，没有生存权，其他各项权利也就无从谈起。在旧中国，我国劳动人民受帝国主义、封建主义和官僚资本主义的统治和压迫，人民在饥寒交迫的困境中挣扎，生命、自由、人身安全毫无保障，广大的中国人民根本没有什么人权可言。中国共产党领导全国人民，经过长期艰苦奋斗，推翻了剥削阶级的统治，中国人民才获得了生存的权利，这是中国近代史上的伟大革命变革。中华人民共和国成立后，人民成为国家的主人，人民享受到政治、经济、文化教育等各项权利。解放40多年来，党和政府为人民创造更多的生存权利，特别是十一届三中全会以来，把工作重点转移到经济建设上来，经济建设取得巨大成就，人民的物质文化生活水平进一步提高，中国人民的生存权在范围和质量上都得到前所未有的发展。

人权作为上层建筑，它本身既决定于经济基础，又随着经济基础的发展而发展。随着建设有中国特色社会主义实践的不断深入，中国特色人权建设也必将进一步深入。我们建设的是有中国特色的社会主义的人权，对人权的认识直接联系到对社会主义本质的认识。因为社会主义的本质也决定着社会主义人权的性质和发展方向。对社会主义认识清了，必会促进中国特色人权的建设。特别是社会主义的人的生存权，与社会主义本质有着内在联系。长期以来，由于受"左"的思想干扰，对社会主义的本质没有正确的认识，直到"文化大革命"，它所造成的危害是尽人皆知的，生产力发展水平很低，国民经济停滞不前，人民的物质文化生活水平得不到提高。邓小平同志说："从一九五八年到一九七八年这二十年的经验告诉我们：贫穷不是社会主义，社会主义要消灭贫穷。不发展生产力，不提高人民的生活水平，不能说是符合社会主义要求的。"① 贫穷不是社会主义，贫穷也不是社会主义生存权所要求的，也不是社会主义人权的保障。只有发展生产力，不断提高人民的生活水平，中国人民的人权才会有牢固而可靠的基础。邓小平同志指出："社会主义的本质，是解放生产力，发展生产力，消灭剥削，消除两极分化，最后达到共同富裕。"② 邓小平同志关于社会主义本质的理论，蕴含着丰富的人权思想，特别是把中国人民的生存权和发展权同发展社会主义生产力有机地联系起来，把人权建设同奋斗目标统一起来。解放生产力和发展生产力，是中国人权建设的重要前提。在国家和民族获得独立之后，人民的生存权和发展权要得到保障，就必须坚持社会主义，必须不断发展生产力。坚持人权建设同生产力发展的统一，是中国特色人权观的特点之一。

中华人民共和国成立 40 多年来，我们虽然也经过曲折，但总是走在摆脱贫困和落后的道路上。特别是十一届三中全会以来，我国人民的生活水平日益提高。据报载，1993 年，我国国内社会生产总值达 31380 亿元，比改革前的 1978 年提高 4.5 倍多，比 1949 年提高 56 倍多。1993 年，国内消费品市场繁荣，社会消费品零售总额扣除价格因素，比上年实际增长 11.6%；城镇居民人均生活费超过 2300 元，比上年实际增长 10.2%；农村居民人均纯收 921 元，比上年实际增长 3.2%，比 1978 年的 137 元高出 6.7 倍多。实践证明，改革开放正给中国人民的生活带来从量到质的升华。改革开放以来，经济的发展和社会的进步，也是中国人民经济、政治、社会、文化教育等权利的进一步提高和扩大。我们的奋斗目标是共同富裕，为了实现这一目标，在市场经济条件下，就要防止剥削现象的产生，防止两极分化，只有这样，才能巩固广大劳动人民已经获得的各项权利，只有这样才能扩大中国特色人权的范围。邓小平同志关于社会主义本质的概括，

① 《邓小平文选》第三卷，人民出版社 1993 年版，第 116 页
② 《邓小平文选》第三卷，人民出版社 1993 年版，第 370 页。

体现了中国人民在经济、政治、社会、文化教育的平等权利，体现了中国特色人权的公平性、真实性。解放生产力，发展生产力，消灭剥削，消除两极分化，达到共同富裕，也是中国特色人权建设的长远目标。

建设有中国特色的社会主义，代表了人民的意志和愿望，体现了人民的长远利益。走什么道路的问题，实际上是人权建设走什么道路的问题。邓小平同志说："在中国现在落后的状态下，走什么道路才能发展生产力，才能改善人民生活？这就又回到坚持社会主义还是坚持资本主义道路的问题上来了。如果走资本主义道路，可以使中国百分之几的人富裕起来，但是绝对解决不了百分之九十几的人生活富裕的问题。"① 坚持走社会主义道路，实现多数人的富裕，这是最大的人权建设，因而也体现了中国特色人权的社会主义性质，体现了人权的普遍性和公平性原则。中国特色人权，生存权和发展权，是从大多数人的权利和利益出发的。立足于多数人的权利，是中国特色社会主义人权观的基本出发点。这一基本点也是衡量社会主义人权观和西方人权观本质区别的客观标准。

党和政府为了迅速发展生产力，提高综合国力，进一步提高人民的生活水平，制定了经济发展战略和发展生产力的具体方针政策，这也是中国特色人权建设的战略任务和实际步骤。我们的改革是从农村开始的，农村改革的成功，解放了中国 80％人口的生活问题。这也是中国 80％的人的生存权、发展权得到保障。这是世界上任何国家和政府都难以做到的。随着改革的不断深入，我们党又制定了我国经济发展的战略规划，确定了发展生产力，提高人民生活水平的奋斗目标。邓小平同志指出："我们原定的目标是，第一步在八十年代翻一番。以一九八〇年为基数，当时国民生产总值人均只有二百五十美元，翻一番，达到五百美元。第二步是到本世纪末，再翻一番，人均达到一千美元。实现这个目标意味着我们进入小康社会……我们制定的目标更重要的还是第三步，在下世纪用三十年到五十年再

---

① 《邓小平文选》第三卷，人民出版社 1993 年版，第 64 页。

翻两番，大体上达到人均 4000 美元。做到这一步，中国就达到中等发达的水平。"① 这个发展规划也是中国人民的生存权、发展权乃至整个人权建设的规划，它是在理论和实践上对人权理论的发展。第一，三步走的发展战略，是从中国实际出发，把生存权和发展权建立在生产力不断发展的基础上。第二，它始终是解放大多数人的生存权和发展权为目的，为提高多数人的物质文化生活水平，着眼于人民的长远利益，因而决定了中国特色人权建设的性质和目的。第三，分三步走的战略发展规划，是发展生产力，提高综合国力，提高人民物质文化生活水平的全方位发展规划，同时它也体现了中国人民的政治、经济、社会、文化教育等各项权利的有机统一的规划。无疑，中国特色的人权建设是建立在现实的发展规划之上的，它将是马克思主义人权观和中国实际进一步结合的新阶段。

三

两个文明建设为人权的发展提供了客观保证。邓小平同志指出："在社会主义国家，一个真正的马克思主义政党在执政以后，一定要致力于发展生产力，并在这个基础上逐步提高人民的生活水平。这就是建设物质文明。过去很长一段时间，我们忽视了发展生产力，所以现在我们要特别注意建设物质文明。与此同时，还要建设社会主义精神文明，最根本的是要使广大人民有共产主义的理想，有道德，有文化，守纪律。"② 邓小平同志关于社会主义的两个文明建设的思想，是历史经验总结，也是人权建设的历史经验总结。所以，建设社会主义，"搞四个现代化一定要有两手，只有一手是不行的。所谓两手，即一手抓建设，一手抓法制"③。人权的性质和原则总是受经验基础所支配，以私有制为基础的人权原则，必然是少数人的权利；以公有制为基础的人权原则，必然是多数人的权利。同时，人权内容

---

① 《邓小平文选》第三卷，人民出版社 1993 年版，第 326 页。
② 《邓小平文选》第三卷，人民出版社 1993 年版，第 28 页。
③ 《邓小平文选》第三卷，人民出版社 1993 年版，第 154 页。

和原则也总是通过法律的形式表现出来。在改革开放的新形势下，在市场经济体制下，加强法治建设尤为重要，建立和健全社会主义市场经济条件下的法制，实际上是在新形势下人权建设的重要内容，这也是广大劳动人民权利法律化的扩大和延伸。只有各项法制得到健全，才能体现人权的广泛性和具体性。

改革开放以来，我们注意抓党风建设，抓社会风气，打击刑事犯罪，反贪污盗窃和行贿受贿，抓廉政建设等，都是精神文明建设的实际步骤。这个过程实际是对人民利益的维护，是为保障人权创造良好的社会环境，没有社会主义精神文明建设的初建步骤和措施，人权建设就无保证。所以，人权建设不能离开法治建设和道德、文化等方面的建设。从某种意义上讲，看一个国家人权是否具有彻底性，很重要的一条是要看它精神文明建设的状况，特别是法治建设的状况。我们的法制是社会主义性质的，它集中反映着人民主人翁地位和利益。中国特色人权观，不仅包括人民各项权利体系，而且应当包括法治体系。

作为社会主义精神文明的重要组成部分，民主和法制，是人权的保障。《中共中央关于社会主义精神文明建设指导方针的决议》中指出："社会主义法治，体现人民意志，保障人民的合法权利和利益。"中华人民共和国成立后，我国制定了许多法律、条例，特别是《中华人民共和国宪法》从法制上保障了我国各族人民的基本权利。不仅立法保障人权，而且在司法、公安工作的各个环节也十分重视人权保障。中华人民共和国成立40多年来制定的宪法、法律、行政法规、地方性法规达10000件以上，十一届三中全会以来，全国人大制定、修改补充法律百件以上，地方人大制定的地方性法规约2000件以上。目前我国有关人权立法已经过千件。这些年来，我国先后制定了《中华人民共和国环境保护法》《中华人民共和国残疾人保障法》《中华人民共和国义务教育法》《中华人民共和国集会游行示威法》《劳动法》等，为了保障人权，我们还建立和完备了司法体系。公安、司法机关办理案件以事实为依据——体现公民在法律面前一律平等的原则。检查院、法院不受其他机关、团体和个人的干涉，执行独立审判权，从而在司法过程中保障了人权。

在社会主义市场经济体制运行中，需要解决经济纠纷、调节经济关系、维护经济秩序、打击经济犯罪、整治文化市场、扫黄打非等活动，这些活动以法律手段为两个文明建设提供保证，为改革、发展、稳定提供了保证，进而保障了人民的合法权利和利益，调节人们之间的各种矛盾关系，人的权利在社会关系的协调中得到保障，这个过程的本身，也是中国特色人权建设的深化。两个文明建设为保障人权创造条件，而人权又通过两个文明建设得到发展。

中国特色人权概念是一个发展变化的概念。社会主义中国人权贯穿着发展原则，它与西方国家人权观的保守性、"不变性"有着本质区别。中国特色人权观之所以是发展的、进步的，这是因为：第一，中国特色人权观是马克思主义的辩证唯物主义和历史唯物主义为理论指导。历史辩证法原则，使我们在人权理论和实施过程中，立足于社会的进步和发展，把人权看成是变化和发展的概念。第二，中国特色人权观，不是从十七八世纪启蒙思想家的概念移植套用和推演而来，而是从中国的实际出发，总结历史经验，结合现实国情特点，从理论和实践上概括出来的。它切实反映了人民的权利和长远利益。权利属于人民，人民享有权利。人民是推动社会历史发展的决定力量。人民的利益和要求决定了人权的属性是发展的。人民性的特点，决定了中国特色人权必然朝着更加广泛、更加公平、更加科学的方向发展。第三，中国特色的人权观，不是代表少数人的意志和愿望，也不是少数人的私利反映，它的形成是人民在实践过程中，利益和权利的升华，它贯彻了民主集中制的原则。通过民主与集中，使人权建设做到政府和人民群众的结合，中央与地方的结合，个人权利和集体权利的结合，使现实权利和长远权利相结合，从而使中国特色人权理论和实施更具科学性和进步性，这也是中国特色人权观与西方人权观的本质区别之一。第四，中国特色人权观具有开放性的特点，因此它是不断发展的。两个文明建设过程是一个开放性的发展过程，中国特色人权观也必然随着两个文明建设的发展不断汲取有益营养来充实和完善自己。特别是改革开放以来，随着对外交往的扩大，我国同广大发展中国家和人民，日益加强了往来，增进了相互了解。我们同不少发展中国家和人民，有着共同的历史遭遇，都受过外来侵略和压迫，在人权和人权建设上，同他们有共同的语言，可以吸收并借鉴发展中国家人权建设上的经验，在反对霸权主义、强权政治的斗争中，维护共同的人权。在与之相互交往中，共同研究人权的历史和现状，发展人权科学。同时，在人权建设中，在遵循五项原则的前提下，也不拒绝同发达国家就人权问题交换意见。在某些方面，例如在环境保护权、处置自然财富和资源权等方面，可以借鉴有益的东西，不断完善和发展自己的人权和人权科学。

中国特色人权建设是一个系统工程，发展原则贯穿于整个过程。只要我们坚持历史唯物的基本观点，用辩证思维来看待人权和人权建设，我们就会对中国人权建设与发展作出应有的贡献。

（原载《社会科学论坛》1995 年第 3 期）

新时期社会群体矛盾探析

　　随着改革开放的深入和社会主义市场经济体制的建立，我国的社会结构和利益结构发生了新的变化。以公有制为主体，多种经济成分共同发展，以按劳分配为主体，多种分配方式并存。所有制和分配新格局的出现，使社会群体利益关系发生了新变化，利益主体多元化的产生，带来了社会群体之间的矛盾。研究和分析社会转型时期的社会群体矛盾，对于实现两个根本转变，实现跨世纪的奋斗目标，深化改革开放，建设有中国特色的社会主义，具有重要的理论和现实意义。

一

　　人类历史的客观发展规律，鲜明地体现在先进的社会制度代替旧的剥削制度上。社会主义社会作为人类历史发展的新阶段，要从根本上消除剥削制度和剥削阶级存在的社会基础，实现社会生产资料的公有制和按劳分配制度，为全体劳动者的共同利益的一致奠定基础。社会主义的本质，是解放生产力，发展生产力，消灭剥削，消除两极分化，最终达到共同富裕。社会主义本质的实现过程，也是不断解决自身矛盾的过程，如何认识和解决社会主义发展中的矛盾，则是一个理论和实践问题。马克思和恩格斯创立了无产阶级革命的科学理论，为无产阶级推翻旧的剥削制度，建立新的社会制度，指明了前进的道路，但他们没有亲身经历社会主义的实践，不可能对社会主义社会的矛盾问题进行具体的分析和研究。列宁领导的第一个社会主义国家，也未来得及分析和解决社会主义社会的诸多矛盾。毛泽东同志曾在《关于正确处理人民内部矛盾的问题》一文中，运用对立统一规律观察社会主义社会，第一次论述了社会主义社会的两类矛盾，提出了正确处理人民内部矛盾的问题，为观察和解决社会主义社会的各种矛盾，提供了理论指导。他虽然提出了工人阶级内部、农民阶级内部、知识分子内部的矛盾属于人民内部矛盾，但在理论上没有具体展开，特别是对工人阶级内部和农民阶级内部不同群体之间的利益关系和矛盾没有进行具体分析。他虽然提出了要正确处理人民内部矛盾，但却并没有正确处理，特别是"文化大革命"把复杂的人民内部社会群体矛盾，视为政治矛盾，采取政治斗争的方法解决群体之间的经济矛盾和思想矛盾，从而混淆了两类不同性质的矛盾。

十一届三中全会以来，我国实现了党的工作中心的转移，随着在思想上、政治上、组织上的拨乱反正的深入，着手解决了历史遗留下的问题，平反了一大批冤假错案，落实了各项政策，调整了社会关系，国内和党内的民主生活开始走上轨道，社会主义现代化事业顺利进行。在这个过程中，党坚持历史唯物主义的基本观点，坚持实践是检验真理的唯一标准，认真总结历史经验，全面分析社会主义社会的矛盾关系，纠正了用政治斗争方法解决社会群体矛盾的做法，为正确解决社会群体矛盾，调整好社会关系奠定了政治思想基础。随着经济体制深入，在解放生产力和发展生产力上迈出了更大的步伐，社会主义建设事业取得了巨大成绩，从而为正确解决社会群体矛盾准备了前提。在农村推行了联产承包责任制，使农村社会生产关系产生了新的变革。农业生产责任制的建立，在组织生产上，划分了集体和个人的权利，在产品分配上，调整了集体和个人的经济利益。联产承包责任制的建立，使人的主体地位和权利与经济利益有机地联系起来，使"公社化"时期的个人与集体的矛盾得到解决，经济利益的调整极大地调动了农民的积极性。在城市，随着扩大企业自主权的改革不断深入，实行工业生产经济责任制，实行责、权、利紧密结合的生产经营管理制度，解决城市社会群体矛盾的过程中，正确处理国家、企业和职工个人三者的利益，把企业、职工的经济责任、经济效率同经济利益联系起来，从而打破了过去那种干与不干一个样、干好干坏一个样的局面，改变了过去那种企业与职工之间的单一行政关系，为新时期解决社会群体矛盾打下了基础。

分析和研究新时期社会群体矛盾的内容和特点以及解决的正确途径，是摆在我们面前的一项重要课题。十一届三中全会以来的理论与实践，使我们对社会主义社会人民内部的社会群体矛盾的认识以及解决的方法，提高到了一个新的水平。邓小平同志建设有中国特色社会主义理论，为认识和解决新时期社会群体矛盾提供了科学的理论指导。认识和解决新时期的社会群体矛盾，必须实事求是，从中国国情出发，从当代中国改革开放的实际出发，具体分析和研究社会群体矛盾的特点，正确认识它的性质，寻找解决的方法和途径。第一，在社会主义初级阶段，剥削制度和剥削阶级已经消灭，工作重心已经是经济建设条件下的社会群体矛盾，是在根本利益一致的前提下的矛盾，社会群体与社会群体之间，个人与社会群体之间，在发展生产力，建设现代化国家，增加综合国力，提高人民生活水平的共同利益上是一致的。而矛盾基本上反映在个人利益和集体利益，局部利益和整体利益，暂时利益和长远利益的关系上。新时期的社会群体矛盾，已经不同于过去"以阶级斗争为纲"的情况，以政治为主要内容，而是具有同经济利益紧密相关的复杂内容。第二，新时期的社会群体矛盾及其解决方法是在由计划经济体制向市场经济体制转变的条件下产生和提出来的。市场经济体制下的社会群体矛盾，是当前我国社会主要矛盾、基本矛盾的表现。市场经济的竞争原则、利益原则贯穿在社会群体的利益关系中，是社会群体矛盾的表现。市场经济的竞争原则、利益原则贯穿在社会群体的利益关系中，使社会群体矛盾各方呈现着复杂的交互作用，由过去的隐性潜伏到公开展现，而且矛盾的表现带有规律性。所以，解决新时期社会群体矛盾的方法，采取过去那种由行政指令、用政治手段是难以奏效的。第三，建设有中国特色社会主义，是在安定团结这个大局下进行的，处理好改革、稳定、发展三者之间的辩论关系，是社会主义现代化建设发展的客观规律的要求。社会主义市场经济条件下的社会群体矛盾，是在改革、稳定、发展的相互关系中产生和展现的，因此，在解决新时期社会群体之间的各种矛盾问题时，已经不同于过去那种脱离经济的稳定和发展，靠政治运动解决问题的方式。新时期的社会群体矛盾有着自身的特点和发展规律，研究分析它们的内容、特征及解决方法，是当前面临的新课题。

二

社会主义市场经济条件下的群体矛盾，既不同于资本主义市场经济条件下的社会群体矛盾，也不同于社会主义计划经济条件下的社会群体矛盾。新时期的社会群体矛盾，在内容和表现形式上，带有社会转型期的特征。多种所有制形式之间的矛盾，公有制内部不同经济部门、集团之间的矛盾，反映在不同行业、不同部门中的国家、集体、个人之间的矛盾，都属于新时期社会群体矛盾，它们涉及的面广，而且复杂多变。社会主义在由计划经济体制向市场经济体制转变的过程中，由于打破了传统的社会结构和利益结构，利益主体和利益关系发生了变化，必然带来利益关系多层次，分配主体多元化，因而在社会群体之间产生新矛盾和新问题。如中央和地方在财政收入中的比重升降引起国家调控能力的减弱，而地方政府和企业在分配中的份额有所上升。实行中央和地方分税制，使中央重新收回了地方的一部分利益，各地方之间在原料供给和价格、投资项目资金的分担和利益分配等方面，存在着利益关系上的矛盾，有些地方和部门从地方和部门的利益出发，搞地方保护主义和部门保护主义，"有令不行，有禁不止"，搞"上有政策，下有对策"，利用收入分配制度不健全之机，侵吞国有资产，挤占国家收入。各种名目的"小金库"演变为"灰色收入"，从而扩大了部门与部门、部门与个人在收入分配上的差距，使一些高收入者与低收入者之间的矛盾逐步加深。改革开放以来，非国有制经济在社会收入分配中的份额明显上升，市场配置在收入分配中的份额增加，各种奖金、津贴、利息、股息在个人收入中的份额不断上升。收入份额的增加，对于改善人民生活，调动人的社会主义积极性，起到了促进作用。但也应看到，在收入分配机制还不健全的情况下，无序状态带来了各种利益之间的矛盾，分

新時期社会群体矛盾探析

配格局发生了新的变化，城乡收入差距较大。从 1980 年到 1984 年，城镇居民收入年增长 6.2％，农民收入年增长 16.7％，城乡收入之比是 1.7∶1，到 1985 年，城乡收入差距进一步扩大，1993 年，城乡收入之比已经扩大到了 2.5∶1，1993 年城镇居民生活费收入比 1992 年增长 10.2％，而农村人均纯收入仅增长 3.2％。分配收入的扩大，与近些年国家对农村投资过少，城乡交换不平等不无关系。城乡居民收入差距的拉大，实际上是利益关系的拉大，因而加深了城乡居民的利益矛盾，不利于工农联盟的巩固。

改革开放以来，允许一部分人和一部分地区先富裕起来，有力地促进了生产力的发展，但同时也带来了贫富差距的扩大。生活先富裕起来的阶层主要是私营企业主、个体工商业户、企业管理者、租赁经营者、中外合资企业高级职员，以及影视歌体名星等，已形成为一个新富阶层，他们人数不多，但占有大量财产，家底殷实，生活小康；而大部分人生活基本能够维持温饱，有的目前尚处贫困。目前我国仍有 7000 万人没有脱贫，因此，先富裕者和尚未富裕者的利益矛盾，是当前社会群体矛盾的重要表现之一。先富裕起来的一部分人，生活水平与生活方式与一般收入者和贫困者形成较大反差，这种反差和矛盾，致使一些人心理严重失衡，甚至诱发一些人行凶犯罪，成为社会的不安定因素。随着企业改革的深入和现代企业制度的逐步建立，优化组合带来部分职工失业，企业的管理者与在岗职工以及失业职工之间，不可避免地在利益上产生新的矛盾。在改革中，政府既有促成企业转换机制，放手让企业成为利益主体的一面，又有需要保持社会稳定、控制失业率增长的一面，这两方面的矛盾，也往往通过群体矛盾表现出来。

市场经济条件下的社会群体矛盾，不仅表现在经济利益关系中，而且表现在政治领域、思想文化及道德观念领域。在政治领域中，社会群体矛盾集中表现在部分国家干部的腐败行为同人民群众利益的对立。一些国家干部作风失范，脱离群众，漠视党纪国法、搞特殊化、横行霸道，为非作歹，打击报复，已经引起人民群众的不满情绪，成为影响社会安定的因素。当前社会上的腐败现象已经成为社会群体矛盾的热点。在国家机关和干部队伍中，有些人利用手中的权力，谋取自身的私利，以权谋私，以职谋私，见利忘义，权钱交易。拜金主义、享乐主义和极端个人主义的滋长，使正确的理想、信念和价值观受到冲击，在世界观、人生观和价值观上同传统的思想体系，同广大人民群众的思想追求和价值观念，产生了明显的反差，这是当前社会群体矛盾的突出表现。

市场经济讲利益原则、竞争原则，这些原则同社会主义的大公无私、助人为乐、先人后己的道德准则并不矛盾，它们在社会主义经济条件下可以有机地结合起来。但在社会转轨时期，由于法制的不健全和思想文化的多层次，必然带来思想意识、理想道德、价值准则的相互碰撞，反映在人们观念中，就是道德规范、价值取向上的矛盾与冲突。在人们的交往中，只讲"利"不讲"义"，"一切向钱看"，在经营活动中，采取不正当经营手段获取物质利益和经济效益，假冒伪劣产品充斥市场、坑蒙拐骗现象的出现，直接损害了群众的利益。一些传统的道德规范受到冷遇，遭到扭曲，人与人之间的关系越来越趋向交换关系，甚至把人的尊严、名誉、地位当成商品进行交换。对思想文化、道德领域出现的新问题、新矛盾，人们评判的标准不同，社会舆论缺乏强有力的引导，因而不可避免地带来社会群体之间道德评价和行为规范的差异甚至矛盾，加深了人们相互交往中的思想观念的冲撞。

随着社会主义市场经济体制的建立和企业改革逐步深入，劳动关系改变，过去那种单靠行政支配的关系，变得日趋经济化，劳动关系中的经济效益的含量越来越突出，职工与企业之间的劳动关系更多地表现出平等化、契约化、法制化。企业中的管理者和生产者双向选择，自由择业的实行，使企业内部的群体矛盾泛化，表现在经济利益上的矛盾更加突出。市场经济条件下的等价交换原则和竞争原则，对人们树立自主意识和竞争意识，实现个人价值起着积极的促进作用。自主意识、竞争意识也渗透到社会群体关系内部，个人与个人、个人与集体，存在着直接利益与间接利益、个人利益与集体利益、暂时利益与长远利益的矛盾。人们往往为个人利益、暂时利益、眼前利益，争名夺利，相互竞争，一旦失利，就产生消极情绪、对立情绪，甚至走上犯罪的道路。在一些容易产生和诱发利益矛盾冲突的热点问题上，如在聘任、定岗、奖金发放、职称评定以及分房等问题上，容易使群体矛盾由隐形、潜伏变为显形、公开化。同时，社会群体矛盾的内部和表现形式往往因地区、部门和行业的不同而带有特殊性。所以，在研究和解决社会群体矛盾过程中，既要看到矛盾的普遍性，也要看到矛盾的特殊性。社会群体矛盾不仅是多层次、多角度地表现出来，而且随着改革的深入，社会的发展，从内容和表现形式上，也会发生新的变化，它已经不是原来意义上的人民内部矛盾。作为社会群体矛盾，从内容和形态上更加广泛，它不仅涉及生产力和生产关系，而且涉及经济基础和上层建筑各个领域。因此，对待新时期的社会群体矛盾，应当以马列主义、毛泽东思想和邓小平建设有中国特色社会主义理论为指导，坚持历史唯物主义的基本观点，运用辩证思维的科学方法，学会正确分析和解决社会群体矛盾。新时期社会群体矛盾，是一个理论性和现实性很强的课题，发挥社会科学各学科的优势，开展系统研究，是改革、稳定、发展的需要，也是实现现代化，建设有中国特色社会主义的要求。

三

发展生产力是正确解决社会群体矛盾的前提。邓小平同志指出："从根本上说，手头东西多了，我们在处理各种矛盾和问题时就立于主动地位。"[①]发展生产力，不断满足人民群众日益增长的物质和文化的需要，是社会主义初级阶段主要矛盾发展的要求。解放生产力，发展生产力，从根本上说是为了人民的长远利益，它也是社会主义本质的必然体现。只有发展生产力，才能达到人们的共同富裕。有了物质基础就有了正确处理社会群体各种矛盾的有利条件。过去，在解决人民内部不同利益群体矛盾时，往往只强调从思想上寻找解决的办法和途径，而忽视人们的物质利益，不注重通过发展生产力，不能使人们的物质和文化生活得到改善，进而激化各种矛

---

① 《邓小平文选》第三卷，人民出版社 1993 年版，第 377 页。

盾。改革开放以来，首先从农村开始，着眼于解决 80% 的人的生活问题，着眼于农村生产力的发展和社会的安定。无论在农村还是在城市，改革开放所带来的社会变化是巨大的，它给人们带来了普遍利益，出现了经济发展，社会稳定的新局面。邓小平同志把"是否有利于发展社会主义社会的生产力，是否有利于增强社会主义国家的综合国力，是否有利于提高人民的生活水平"，作为检验各项工作的根本标准。"三个有利于"从根本上说是人民共同利益、长远利益的体现，也是正确处理人民内部社会群体矛盾的客观标准，坚持"三个有利于"，发展生产力，才能达到个人利益和集体利益的统一，局部利益和整体利益的统一，暂时利益和长远利益的统一。改革开放以来，实行允许一部分地区和一部分人先富起来的政策，目的在于发展社会生产力，通过先富帮后富，先富带后富的途径，最终实现共同富裕。在这个过程中，各地区、各部门发展不平衡，存在着贫富之间的群体矛盾，这种矛盾并不是贫富两极分化的矛盾，而是在走共同富裕道路上的先与后之间的矛盾。从社会发展上看，社会生产力的发展，将会寻找到正确解决各种矛盾的途径。党的十四届五中全会通过的《中共中央关于制定国民经济和社会发展"九五"计划和 2010 年远景目标的建议》（以下简称《建议》），是实现国家富强、民族振兴和社会发展的宏伟纲领。《建议》也是新时期正确处理社会群体矛盾的理论和政策依据。

运用法律手段，是解决群体矛盾的重要环节。解决社会群体之间的利益关系，要坚持小局服从大局，小道理服从大道理的原则，提倡个人利益服从集体利益，局部利益服从整体利益，暂时利益服从长远利益，但同时兼顾个人利益、局部利益、暂时利益。在解决这些关系的过程中，对于一些不同看法，要通过说服教育的办法加以解决，对于涉及群体和个人切身利益的经济纠纷，法人之间的矛盾冲突等，则要采取法律手段加以解决。邓小平同志指出："国家和企业、企业和企业、企业和个人等之间的关系，也要用法律的形式来解决，它们之间的矛盾，也有不少要通过法律来解决。"① 不同的社会群体，在法律上享受各种的权利，履行着各自的义务，有着自身的法人地位，行使着各自的职能。个人和社会群体之间在权利和义务上也有有关法律做保障。在群体关系中严格依法办事，这是社会群体的社会定位，只有这样，才能保证社会有机体的有序正常运转。在实际生活中，国家与社会群体、社会群体与社会群体、个人与社会群体之间存在着错综复杂的关系。在市场经济条件下，人们的权利和经济利益在更大范围内得到保障，同时也存在着侵权行为，使个人和社会群体的合法权益受到损害，从而加深社会群体之间、社会群体同个人之间的矛盾。依法对个人和社会群体权益实行保护，按照有关法律解决社会群体的矛盾，是社会主义市场经济发展的客观要求，也是新时期正确解决社会群体矛盾的重要途径。改革开放以来，我国制定的各项法律，在人权保障立法和人权保障实践方面作出了巨大成绩，有效地调节了社会关系，协调了不同社会群体之间的利益关系，在解决社会群体矛盾过程中，发挥着越来越大的作用。

　　合理调节社会分配关系，建立健全社会保障体系，这是市场经济条件下正确解决社会群体矛盾，维护社会稳定的重要途径。在坚持按劳分配为主体、多种分配方式并存的分配制度过程中，体现效率优先、兼顾公平的原则。对于依靠诚实劳动和合法经营先富起来的经营者，对于因行业和职业特点收入过高的人，通过税收调节，通过个人收入申报制等措施加强对个人所得税的征管，同时规范和完善初次分配与再分配机制，解决社会分配差别过大的问题。运用法律、分配政策等手段，协调城乡之间、地区之间、不同社会群体之间的利益关系。社会群体之间的利益关系，涉及社会各个层面，建立多层次的社会保障制度，为城乡居民提供与我国国情相适应的社会保障，是促进社会稳定和经济繁荣的一件大事。社会保障制度，是由国家和政府根据一定的法律、条例建立起来的，它为社会成员提供某种特殊情况下的社会帮助，它是一种社会物质利益的实现形式。例如，建立城市最低生活保障制度和农村养老保险制度，对老年人、失业者、未成

---

① 《邓小平文选》第二卷，人民出版社 1993 年版，第 147 页。

年人、残疾人等进行特殊的社会帮助。要加快养老、失业和医疗保险制度的改革，初步形成社会保险、社会救济、社会福利、优抚安置和社会互助、个人储蓄积累保障相结合的多层次的社会保障制度。通过立法保护妇女、未成年人和老人、残疾人等这些特殊社会群体的合法权益。我国城乡之间在生产力发展水平、就业结构、收入水平和消费形式上存在着较大差距，建立健全社会保障制度，应从本地区、本单位的实际出发，采取全社会关心、多渠道集资的办法，全社会关心低收入者的生活，照顾特殊困难的家庭，关心困难企业职工、离退休人员，保障他们的基本生活水平。综合运用政府扶持各种就业服务手段，实施"再就业工程"，安置剩余职工再就业，鼓励下岗失业职工转岗或转业，完善社会保障体系，这不仅是化解人民内部社会群体矛盾的需要，也是社会主义制度优越性的体现。

思想政治工作是我们的优势，也是我们党的优良传统。无论是过去战争年代，还是社会主义建设时期，我们靠思想政治工作的优势，调动和发挥人的积极性和创造性，取得了各项工作的胜利。在从传统的计划经济体制和市场经济体制转变，经济增长方式从粗放型向集约型转变的过程中，涉及生产关系的变革和生产力如何发展，在社会转轨时期，人们的思想观念，各方面的利益关系必然会引起大的变动，各种社会矛盾也比较突出。利益主体是人、各种社会群体之间的矛盾，归根结底是人们之间的矛盾。因此，在新的历史时期，通过深入细致的思想政治工作，尊重人、关心人，发挥人的积极性，是密切党和群众联系的重要环节。加强两个文明建设，把政治和经济紧密结合起来，把思想政治工作渗透到经济工作中去，讲经济时不忘人的作用，讲人的作用时不忘经济，充分发挥思想政治工作的功能，关系到社会的稳定和发展。正如李鹏同志在党的十四届五中全会上所提出的："现在处于经济快速增长和经济体制转换时期，各方面的矛盾比较突出，尤其要注意保持经济、社会和政治的稳定。"正确解决社会群体矛盾，是保持经济、社会和政治稳定的，也是 2010 年远景目标，建设有中国特色社会主义伟大事业的需要。

（原载《江淮论坛》1996 年 4 期）

社会主义市场经济与廉政建设

　　社会主义市场经济体制的建立，是社会主义经济体制的重大变革，它为社会主义的上层建筑的完善和发展提出了新课题。研究在社会主义市场经济条件下，如何搞好廉政建设，这是摆在我们面前的一个理论和现实问题。

一

　　建立社会主义市场经济体制，是总结几十年社会主义实践经验所得出的必然结论。发展社会主义市场经济的根本目的，在于最大限度地解放和发展生产力，创造出比资本主义条件下的市场经济更高的劳动生产率和社会生产力水平。社会主义市场经济体制的建立必然对上层建筑提出新的要求，特别是对我们党的建设提出新的课题。《中共中央关于建立社会主义市场经济体制若干问题的决定》中指出："加强廉政建设、反对腐败是建立社会主义市场经济体制的必要条件和重要保证，也是关系改革事业成败，关系党和国家命运的大事。"在建立市场经济体制过程中，如何搞好廉政建设，以廉政建设的成果，为市场经济体制的建立和完善创造良好的条件，为它的发展提供保证，这是一个关系到党的建设，关系到党和国家的命运的问题。

　　长期以来，我们习惯于计划经济体制、思维方式和行动准则也深受计划经济体制的影响。在这种思维方式影响下，人们往往把社会主义市场经济的建设与廉政建设对立起来，把不正之风和腐败现象看作是发展市场经济的必然结果，这种认识当然是不对的。究竟建立社会主义市场经济体制与加强廉政建设有什么联系？二者之间的关系如何呢？这是应当深入探讨的一个问题。新时期社会主义市场经济体制与廉政建设并不是相悖的，而是一个辩证统一的关系。

首先，建立和发展社会主义市场经济，是实现社会主义本质的需要，是发展社会主义生产力的必然趋势，这对认识廉政建设、加强党的领导有重要意义。廉政建设是为了使广大的国家工作人员，更加适应经济建设新形势，艰苦奋斗，廉政为民，把生产力搞上去，达到共同富裕，而发展社会主义市场经济也是为了上述目的，而且社会主义市场经济的发展是更直接地推动生产力发展。所以，建立社会主义市场经济体制和廉政建设是统一的。只有二者都抓好了，才能促进社会主义生产力的发展，才能体现社会主义的本质。建立社会主义市场经济体制和搞好廉政建设，都是建设有中国特色社会主义实践的有机组成部分。

其次，社会主义市场经济所遵循的是等价交换原则和平等竞争原则，人们在建立和发展社会主义市场经济体制过程中，无疑会受到自由、平等观念的影响，从而促进人们的民主意识，对消除特权思想、等级观念有积极意义。党的十四大指出，决策的科学化、民主化是实行民主集中制的重要环节，是社会主义民主政治建设的重要任务。建立社会主义市场经济过程中形成的观念，为廉政建设增加了新的内容，它将促进社会主义民主政治的建设。

最后，社会主义市场经济所遵循的是效率原则、开放原则，这些原则是实现社会主义本质的要求，对于人们克服因循守旧，树立开拓创新、效率效益观念有积极意义，促进人们求知、求新、积极进取精神。这些有益的观念，对提高干部素质，培养和造就德才兼备的干部队伍，具有重要意义。这无疑是廉政建设所需要的。

社会主义市场经济对我们是一个新生事物，既然如此，就存在一个认识问题，如何看社会主义市场经济体制对上层建筑的完善和发展的促进作用，特别是廉政建设所起的促进作用，将是一个随着社会主义市场经济体制的发展，逐步加深认识和理解的过程。

应当看到，在建立社会主义市场经济体制过程中，由于各方面制度不健全，再加上我们没有现成经验借鉴，所以，市场经济的一般性原则的不利因素，就容易侵入党和国家的机体、导致党的国家权力的商品化、诱发人们的投机心理。现实生活中出现的拜金主义、个人主义，利己主义无不与一般市场经济原则的不利因素的影响有关。在建立社会主义市场经济过程中，如何防止和减少市场经济一般性原则的消极影响，特别是它对政权建设的消极影响，这就为廉政建设提出了新课题。把廉政、勤政建设搞好了就可以防止和减少市场经济一般性原则的不利因素的影响，促进社会主义市场经济体制朝着有利于建设有中国特色社会主义道路健康发展。

在探讨社会主义市场经济与廉政建设关系时，既要看到市场经济对廉政建设的双重作用，又要看到廉政建设对市场经济的反作用，在新形势下，搞好廉政建设，可以为社会主义市场经济体制的建设提供可靠保证。

第一，搞好廉政建设，可以为社会主义市场经济建设提供可靠的政治保证。社会主义市场经济体制的建立，是生产权方式的重大变革，它是一个复杂的系统工程。要使市场经济真正为建设社会主义服务，就要有党和政府的坚强领导，就要有正确的路线、方针和政策，就要有一支廉政、勤政，认真执行路线、方针、政策并且熟悉市场经济发展规律的干部队伍。只有这样才能使社会主义市场经济顺利发展。现实生活中出现的以权谋私、贪污受贿、权钱交易等腐败现象说明，干部队伍一旦为市场经济一般性原则的不利因素所影响，就会干扰党的路线、方针、政策的贯彻执行，就会影响党和群众的关系，也会延误社会主义市场经济体制的建立。应当看到，社会主义的市场经济体制，有着自己的规定性，它首先是中国特色的，它所遵循的原则是社会主义的，是在公有制和按劳分配为主体的基础上展开的。正因为如此，它从本质上是维护社会主义制度，体现人民的根本利益的。当然，作为市场经济，它又带有市场经济的一般性原则，这些一般性原则，社会主义市场经济可以用，资本主义市场经济也可以用。社会主的市场经济要以党的基本路线为指导，为实现三步走的发展战略服务，为实现社会主义现代化创造有利条件。搞好廉政建设，消除市场经济一般性原则不利因素对干部队伍的影响，才能保证党的路线、方针、政策的贯彻执行。如果对腐败现象听之任之，这不但会阻碍社会主义市场经济的发展，而且会导致亡党亡国。

第二，搞好廉政建设，可以为社会主义市场经济建设提供有力的组织保证。社会主义市场经济改变了过去那种单靠行政指令来组织生产、管理经济的现象，充分发挥市场作用，通过市场进行资源配置。为适应社会主义市场经济体制的需要，几年来我们对中央和地方、政府和企业的职权进行了一系列调整，注意处理好国家、集体、个人之间的矛盾。但是，社会主义市场经济体制下利益主体呈现多元化的事实必然会渗透到各个领域中，包括国家机关和干部队伍。现实生活中的分散主义、无政府主义、个人主义在经济领域和政治思想领域的表现，充分说明要发展社会主义市场经济，就必须加强宏观管理和调控。社会主义市场经济不是无政府主义的市场经济。那种趁市场经济体制不完善之机，欺上瞒下，钻营投机，搞"上有政策，下有对策"，使用手中的权力，为小团体或者个人谋取私利的人，在组织上已经严重破坏了党和国家的组织原则，也破坏了社会主义市场经济的原则。在当前加强民主集中制教育，健全贯彻民主集中制的各项具体制度，是廉政建设的重要内容。只要在各级领导干部中真正树立起民主集中制观念，坚持民主集中制的基本原则，自觉维护党和国家的整体利益，克服地方保护主义、本位主义、分散主义，就会大大加强国家对市场经济宏观调控的能力，为社会主义市场经济的建康发展，提供良好的环境和组织保证。

第三，搞好廉政建设，可以为社会主义市场经济建设提供良好的作风保证。我们党的艰苦奋斗、勤俭建国的优良传统和作风，是在长期革命斗争和建设中树立起来的，今天时代和环境虽与革命战争年代和实行计划经济体制时期不同，但在新条件下继承和发扬艰苦奋斗、勤俭建国的优良传统，加强廉政建设，使之成为推动市场经济发展的强大动力，仍有着重要意义。

市场经济有它自身发展规律和要求，但是，任何经济活动都是通过人的活动来达到一定的结果的，因此不能忽视人的思想作风对经济发展的影响。不树立良好的作风，就会为某种坏的作风所影响。在现实生活中，那种以手中的权力来以势压人、以大欺小、以强凌弱获取私利的行为，那种凭权力的倾斜来换取特殊利益的行为，那种用权换钱、大搞权钱交易的行为，是与党的艰苦朴素、密切联系群众、全心全意为人民利益的优良传统和作风格格不入的。目前在我们干部队伍中滋长的不良作风，虽然多发生在建立社会主义市场经济过程之中，但不能归咎于社会主义市场经济本身，它的产生主要是受一般市场经济原则的不利因素和资产阶级思想影响。这些不良作风直接干扰着社会主义市场经济体制的建立。所以搞好社会主义市场经济条件下的廉政建设，就要恢复和发扬党的艰苦奋斗、勤俭朴素、勤政为民、紧密联系人民群众的优良作风，只有这样才能正确引导社会主义市场经济的发展。

二

江泽民同志在党的十四大报告中指出："坚持反腐败斗争，是密切党同人民群众联系的重大问题。要充分认识这个斗争的紧迫性、长期性和艰巨性。"在改革开放、建立社会主义市场经济体制的整个过程中，都要加强廉政建设。

首先，廉政建设的长期性是社会主义本质的要求，体现在社会主义经济基础和上层建筑的统一关系之中。廉政建设属于上层建筑范畴，是精神文明建设的重要组成部分，它反映着物质文明建设的客观要求。社会主义的本质是解放生产力，发展生产力，消灭剥削，消除两极分化，最终达到共同富裕。社会主义这一崇高目标，代表和反映了人民的根本利益和长远利益。而党和国家的一切方针、政策都是为了这个根本目的，各级领导干部也以此为神圣职责。在建立社会主义市场经济体制的过程中，共产党人、国家干部必须从实现社会主义本质，从人民的长远利益出发，坚持为人民服务的价值导向，廉洁奉公勤政为民。所以，邓小平同志指出："对干部和共产党员来说，廉政建设要作为大事来抓。"① 廉政建设的根本目的在于为实现社会主义本质服务，它不是权宜之计，而是一个长期的历史任务。应当看到，腐败是一种历史现象，是一个覆盖面很广的世界性问题，有腐败现象产生，就有反腐败的措施。当前改革开放中出现的腐败现象，既有同其他国家腐败现象相同的内容和形式，又具有中国国情特点带有较强的中国传统文化的色彩，这样就更增加了反腐败斗争的复杂性和艰巨性。只要剥削阶级思想影响存在，就有腐败现象产生的社会阶级根源，所以，反腐败斗争是长期的，廉政建设也是长期的，这是建设有中国特色社会主义的历史任务所决定的。

其次，廉政建设要抓住解决世界观、人生观的这个根本。廉政建设的具体要求和方法，随着各个历史时期的任务会有所变化。但是，作为无产阶级政党的廉政建设，其基本的核心内容是不变的。我们的廉政建设的基本内容，应当是全心全意为人民服务，坚持理论联系实际、密切联系群众和自我批评的作风，体察民意，关心群众疾苦，廉洁奉公，艰苦奋斗，勤政为民。这些正是无产阶级世界观、人生观的集中表现，也是党和国家干部的价值观所在。有了这种正确的世界观、人生观和价值观，廉政建设才有牢固的思想基础。

在新的历史时期，在建设有中国特色社会主义的实践中，坚持全心全意为人民服务的宗旨，仍然是对国家干部尤其是各级领导干部的基本要求，也是无产阶级世界观、人生观、价值观的核心，构成精神文明建设的重要内容。改革开放以来，我们吸收和借鉴了发达国家的先进科学技术和管理经验，发展了生产力，增强了国力，提高了人民的生活水平，我们的国家日益繁荣富强。但是，作为剥削阶级的世界观、人生观和腐朽的生活方式，也趁机渗透到人们生活的各个领域。特别是在建立社会主义市场经济体制过程中，一些国家干部忘记全心全意为人民服务的宗旨，见利忘义、把权力作为个人谋私的工具，严重破坏了党和群众的关系。当前存在的腐败现

① 《邓小平文选》第三卷，人民出版社 1993 年版，第 379 页。

290

象和不正之风，实际上是世界观、人生观和价值观上的严重扭曲。所以，搞好廉政建设，必须抓住树立无产阶级世界观、人生观和价值观这个根本。只有坚持不懈地抓好这个根本，广大干部的全心全意为人民服务的意识才能更加巩固，廉政建设才能加强。

最后，搞好廉政建设要依靠教育和法制。廉政建设一要靠教育，二要靠法制。认真学习马克思列宁主义、毛泽东思想，学习邓小平建设有中国特色社会主义理论，这是廉政建设的首要内容。通过学习树立共产主义理想，坚定有中国特色社会主义道路的信念，提高坚持党的基本理论和基本路线的自觉性。只有提高了认识水平和理论水平，才有抵制拜金主义、个人主义、享乐主义和腐朽生活方式侵蚀的能力。而解决世界观、人生观和价值观是一项艰巨而长期的任务，在加强教育的同时必须注重法制，靠法制来推动廉政建设，靠法制巩固廉政建设的成果。党和国家的各项法律制度，从根本上代表了人民的利益，法制的意志就是人民的意志，法制的力量也是人民的力量，在廉政建设中加强对腐败现象和违法乱纪行为的惩罚和约束，正是人民利益和愿望所在。正如邓小平同志所指出的："一手抓改革开放，一手抓惩治腐败。"① 把这两件事合起来，我们就会深得人心，不断取得胜利。同时，还要建立健全党内监督制度、群众监督制度、各民主党派和无党派人士的监督制度，建立有效防范以权谋私和行业不正之风的约束机制。廉政建设贵在坚持，只要我们在正确路线指引下常抓不懈，就一定能抓出成效来，这是历史赋予我们的责任。

（原载中国历史唯物主义学会编：《社会主义市场经济与党的建设研究》1996年）

---

① 《邓小平文选》第三卷，人民出版社1993年版，第314页。

论人的价值活动的本质

　　人类的第一个历史活动是生产物质生活本身。人通过生产劳动，对自然资源和环境的占有，以满足自身的需要，这个活动本身是价值活动。人类的价值活动，本质上是一种改造客观世界的对象化活动。

一

　　马克思对人的对象化活动进行科学分析时曾经指出："劳动的对象化是人类的生活的对象化，人不仅像在意识中那样理智地复现自己，而且能动地、现实地复现自己，从而在他所创造的世界中直观自身。"① 人类通过自己创造性活动，把自身的本质力量，把自身的内在尺度运用到对象中去，转化为对象的存在。马克思从主客体辩证关系分析入手，对人及其本质力量给予充分肯定，阐明了主客体之间的价值关系，认为"人不仅仅是自然存在物"，而同时也是对象性存在物。人一方面有自然力生命力，是能动的"自然存在物"，另一方面人又依赖于他的需要的对象。人的生命和本质力量的表现正是通过所需要的对象来确证和表现。"饥饿是自然的需要；因而为了使自己得到满足、得到温饱，他需要在他之外的自然界、在他之外的对象。饥饿是我的身体对某一对象的公认的需要，这个对象存在于我的身

---

　　① 《马克思恩格斯全集》第四十二卷，人民出版社 1972 年版，第 97 页。

体之外，是我的身体为了充实自己、表现自己的本质所不可缺少的。"① 马克思用形象而简明的比喻方法，深刻地阐明了人在主体与客体之间的价值关系。人的自然力生命力是人的能动的潜在价值的表现，而人的生命力、创造力要借助于在他之外的对象来展示。作为主客体的价值关系，实际运作是能动的创造性的。人从自然存在物到对象性存在物的转变，是从事创造性的对象化劳动的过程。人的价值是对象化劳动能力的发挥，人通过对象化的劳动完善自身和发展自身，这是人同其他动物的本质区别。"动物只是按照它所属的那个种的尺度和需要来建造"，而人却能按照一定目的和要求进行生产，而且能够把自身内在的尺度运用到对象上去进行创造性生产。因此，"人也按美的规律来建造。"人的对象化劳动，就是把自身的智力、体力物化转移到产品中去，而智力、体力是存在于人身上的潜能，而潜能也是潜在价值，劳动的产品既是人的潜在价值的表现，也是对人的社会价值的确证。任何一项对象化劳动的产品都是人的个人潜在价值和社会价值的综合体现。马克思曾给人的对象化劳动下过一个精辟定义："劳动的产品就是固定在某个对象中、物化为对象的劳动，这就是劳动的对象化。劳动的实现就是劳动的对象化"。所以，人的价值的实现是劳动的对象化过程。

自然界的存在物，并不是直接具有满足人的需要的使用价值。使用价值的获得需要一定的价值支付，人不能消极等待获得某种价值，人只有通过能动的劳动才在有用的形式上占有对象。劳动的对象化，本质上是人把自己的需要和目的灌注到对象当中，使对象本身成为人的需要和一定目的的现实。社会的人的劳动产品，从它作为人的体力和智力的物化过程看，则是个人对社会、他人作出贡献的物质形态。劳动者在物质资料生产过程中，脑力和体力的消耗，使劳动资料和劳动对象同劳动结合，创造出新的物质形式，这本身表现了人的价值的实现过程。一切社会存在物都是人的对象化劳动所创造的，都是人的本质力量和价值的展现。正是从这个意义上，马克思才从社会历史发展观的角度，对人的对象化活动和价值，给予

① 《马克思恩格斯全集》第四十二卷，人民出版社 1972 年版，第 168 页。

充分肯定，把工业的历史和工业的已经产生的对象性的存在看成是"一本打开了的关于人的本质力量的书"，人只有在对象化的社会活动中，才能表现出自己的本质力量，才能实现自身的价值。所以，通过对象化劳动过程，人不仅实现自身的本质力量，也完善和发展了自身。

人的价值的突出特征是人在对象化劳动中的创造性。马克思把人以体力、智力为社会、他人作贡献，把从事改造客观世界的物化劳动过程称之为"劳动是积极的、创造性的活动"。在对象化劳动中实现人的创造能力的物质转化，是实现人自身价值的重要尺度。人的对象化劳动的本质、人的价值不仅在于满足人自身的需要，而且在于进行创造性的劳动，在于除满足自己需要外，为社会进行再生产活动。这种再生产活动又集中表现为智力的能动性和体力的连续性。而人的这一特点正是通过实践创造对象世界，即改造无机界，证明了人是有意识的存在物，也就是这样一种存在物，它把类看作自己的本质，或者说把自身看作类存在物"。人作为社会存在物的最大特征在于有意识有目的地进行对象化劳动，进行价值的创造。人的创造活动已经超出了本能的满足自身的需要，而是对于自身及社会的全面发展和需要作出的肯定，这是人区别于动物的价值特征。马克思分析说，动物也生产，但动物是为自己营造巢穴或住所，动物是生产它自己或它的幼仔所直接需要的东西，"动物的生产是片面的，而人的生产是全面的"，动物是在直接的肉体需要的支配下生产，而人甚至不受肉体需要的支配也进行生产，"并且只有不受这种需要的支配时才进行真正的生产"，人作为社会的人，在进行物质生产和精神生产过程中，不仅仅是满足自身的直接需要，而且更主要的是为了社会和他人，这是人区别于动物生产的根本标志。如果仅仅为了自己的直接需要而进行某种生产，就是一种片面的生产，这种生产还没有摆脱动物的本能的特征。只有不仅为满足自身的需要，而且为整个社会进行生产；不仅是一般的生产活动，而且是在能动的对象化劳动中，进行创造性的生产活动；不仅生产物质产品，而且生产精神产品；不仅为当前而生产，而且为今后的社会发展而生产，只有从这个意义上进行的生产，才能是"全面的"生产，"真正的生产"。这是个人价值和社会价值统一所在。马克思在肯定人的创造性劳动价值时指出:"自然界没有制造出任何机器,没有制造出机车、铁路、电报、走锭精纺机等。它们是人类劳动的产物,是变成了人类意志驾驭自然的器官或人类在自然界活动的器官的自然物质。它们是人类的手创造出来的人类头脑的器官;是物化的知识力量。"人在对象化活动中,知识、智力这些存在于人自身的观念价值,自觉能动地转化为物质价值和精神价值,生产出物质文明成果和精神文明成果,这种转化过程是在一定客观的物质条件下,通过人的创造性劳动来实现的,这是人的创造性价值的表现。人的价值随着实践的深入和社会的发展也将得到升华,体现出它的"全面性"。马克思正是看到了人的价值中物化的知识力量的强大驱动作用,才充分肯定了人的劳动的全面性和价值的全面性。

在现实社会关系中的人不仅是价值的消费者,而且更主要的是价值的创造者,人具有创造价值的价值。马克思在分析人的主体价值行为的要素时,把价值的消费行为和价值的创造行为加以区别,分有主次。把人的价值关系中的价值创造行为,看成是起支配作用的要素。人在价值关系中,就一个主体来说,生产和消费表现为一个行为的两个要素。对人的主体的价值行为的两个要素,马克思是从社会生产的决定作用上加以区分的,认为人的消费,作为必须作为需要的满足,本身就是生产活动的一个内在要素。"但是生产活动是实现的起点,因而也是实现的起支配作用的要素,是整个过程借以重新进行的行为"。这就是说,人的主体价值行为中,生产、贡献和需要、消费的价值关系中,创造性价值行为是主导的,是起支配作用的。而个人需要的满足或者消费,只是作为生产价值行为的一个内在要素。这也体现了人的对象化劳动的本质。因为"个人生产出一个对象和通过消费这个对象返回自身"仅仅是个人劳动产品的一部分,按人的本质以及社会对人的总体要求来讲,人进行生产绝不是为个人占有和消费,实现个人功利目的,生产的目的是为整个社会,个人需要的满足只是作为个人为社会整体发展作贡献的价值行为的一个要素,也就是"消费表现为生产的要素"。人的价值不是在于享受什么,而在于创造什么。正是从这个意义上，马克思才充分肯定了人的创造性价值。

二

在人类历史发展的长河中，人的全面发展体现在价值目标的确立和实现的过程中。

马克思坚持科学唯物史观的立场，深入考察人的价值实现的内涵。把人的价值实现纳入到社会历史进程中来把握。他和恩格斯在《德意志意识形态》第一卷手稿中曾谈到人的"解放"的历史意义，认为，当人们还不能使自己的吃喝住穿在质和量方面得到充分供应的时候，人们就根本不能获得解放。解放是一种历史活动，解放是由历史的关系，是由工业状况、商业状况、农业状况、交往关系的状况促进的。人的解放是建立在社会生产力充分发展基础上，人的价值的实现是一种历史活动，人的价值的实现依赖于社会的全面发展与进步。马克思和恩格斯所说的人的解放，是个历史概念，它不仅仅是指人们从落后生产力和旧的生产方式下挣脱出来，获得行动上和思想上的自由，而且也意味着人的新的价值关系的确立以及对未来价值目标的选择。实现人的价值，一方面要立足于社会生产力发展和进步，另一方面要实现人自身的全面发展。"只有在现实的世界中并使用现实的手段才能实现真正的解放"，使用现实的手段，实现人的解放，实现人的价值，意味着要利用人类以往创造的物质文明和精神文明成果的条件，达到人的全面发展。但是，在马克思看来，人的全面性发展是现实的实践过程，"个人的全面性不是想象的或设想的全面性，而是他的现实关系和观念关系的全面性"。在社会实践中，人的现实关系和观念关系，反映着人们的价值关系。人的现实关系和观念关系的全面性，标志着人的全面发展和价值关系的全面性。人的全面发展意味着在现实关系和观念关系中不断更新自身，发展自身。在这个过程中，人无论从现实性上还是在观念上，都将全面符合社会历史发展的要求。所以，人"不是在某一种规定性上再生产自己，而是生产出他的全面性"。人的主体性的发挥和全面发展，越来越显示人对社会发展的推动价值，而社会的发展与进步将促进人的全面发展，为实现人的家族创造良好的条件。

人类在改造客观世界的过程中，形成一定的生产关系，也形成人对自然及人与人之间的价值关系。人们总是在一定的社会关系中。明确价值取向，选择价值目标。人们在改造客观世界的实践中，发挥自身的才能和智慧，创造财富、创造价值，同时培养提高自身的实践能力、认识能力、技术能力、适应和改造环境的能力以及交往的能力。人们在社会实践中不断更新自己，也不断再生产人们的价值关系。"他们在这个过程中更新他们所创造的财富世界，同样也更新他们自己"。处于社会价值关系中的个人，是具有主体能力的人，是在多方面能力都得到发展、处于社会价值关系中的不断完善着的个人，马克思把这样的人称之为"社会个人"。这个"社会个人"在社会实践中的价值追求和价值取向，将是摆脱了个人狭隘眼界的社会价值追求和价值选择。这时人以一种全面的方式，也就是说，作为一个完整的人，占有自己的全面的本质。"社会个人"的全面发展，将是一切人全面发展的条件，个人的全面发展中对自身本质的占有，将是一切人自由发展的基础。正像马克思在预见未来社会时指出的："在那里，每个人的自由发展是一切人的自由发展的条件。"

人是社会的主体，人的智能发展和提高的条件，要依赖于整个社会的进步。社会的发展又对人的潜力和技能提出新的需求。人作为自然存在物，不仅有能动的方面，使自然人化，使自己的本质力量外化为对象，而且作为自然存在物，又受到自然界的制约和限制，有受动的一方面，接受对象的反作用，人在改造自然和社会活动中，自身也受到改造，使人的体力和智力得到发展，人的活动能力、思维能力由于受自然和社会的作用，也会不断发展和完善。人的价值的全面性，将提高人的智力水平和技术能力。社会科技的进步，人的科技能力素质的提高，将改变人在生产过程中的地位和作用，显示人的社会价值。马克思十分重视科学技术因素在人的价值中的地位，同时注重分析科学技术的历史推动作用。马克思指出，随着科学水平和技术进步，科学在生产中的应用，劳动不再像以前那样被包括在生产过程中，相反地，表现为人以生产过程的监督者和调节者的身份同生产过程本身发生关系。随着社会生产力和科学技术的进步，人的价值中的智力因素越来越占有重要位置。人的全面性发展越来越靠智力因素的拉动，科学技术将成为人的全面发展的重要因素。科学技术在人的全面发展中的含量和地位的提高，直接影响着人的价值的全面性。

人的价值的全面性，还表现在人的全面发展同自然环境相统一的关系中。社会发展、人的发展都不能离开自然生态环境，因为它们都是"自然存在物"。人是在社会和自然相统一的关系中选择和实现自身价值目标的。马克思从人类历史的发展角度，观察人、社会、自然之间的关系，把自然界看成是人类社会产生过程中的自然界。"在人类历史中即在人类社会的产生过程中形成的自然界是人的现实的自然界"。从人类历史的发展过程看，人的发展离不开自然界，而自然界作为人的改造对象，作为人类社会的因素，它与人的关系是现实关系。在社会中自然界是人类赖以生存的基础，也是人与人联系的纽带。马克思主张把自然环境看作人类实践活动的产物，看作是人类控制和改造的对象。随着生产力的发展和科学技术的进步，自然环境不再被认为是"自在的力量"，而是使自然界服从于人的需要。这样就使社会成员对自然界和社会联系本身的普遍占有，人不再是自然的崇拜者，而是作为主体实践者，参与对自然界的改造活动，自然界作为人的实践对象，满足人的实践活动的需要。当然，原始社会人对自然的崇拜也是处于某种需要，但人只是单纯适应、屈服于自然力。而当自然环境成为社会发展的因素，被人类所占有之后，它们之间的价值关系便发生了变化。而人的价值就表现为"探索整个自然界"，"探索地球"，发现其新的有用属性。发现和创造新的属性以"满足由社会本身产生的需要"。人在社会与自然关系中的价值，一方面要参与保护环境、保护生态，形成人与自然之间的良性价值关系，保持人与自然生态的和谐和统一。另一方面要发挥人的再造能力。人不再是单纯利用自然界提供的资源和环境，也不再是仅仅限于保护这种自然资源和消费这种资源，而是要进行自然生态环境的生产和再生产。"探索整个自然界"的实质在于增强自然生态环境的自生能力。而人与自然的这种新的和谐，应当成为人的价值追求和价值目标。人的价值和人的价值的全面性，不仅表现为自然生态环境的消费者，而应当是自然生态环境的生产和再生产者，人只有在"探索地球"的实践中，不断进行自然生态环境的生产和再生产，才谈得上是真正占有自然界，才能真正称得上自然力和人的精神力的统一，才能体现人的全面发展同自然环境的统一，才能实现人的价值的新境界。

（原载《河北学刊》1996 年第 5 期）

环境保护与人权建设

自然环境是人类赖以生存的基础，是人类生活的要素，是人与人联系的纽带。人类生活于自然界是自然界的一部分，是自然界的存在者。自然界作为人类生存和改造的对象，为人类提供生活的源泉。保护环境、保护生态是人自身为其生存和发展，不断协调与自然环境的关系创造客观条件的实践过程，也是维护人的生存和发展权益的重要尺度，环境保护与人权建设息息相关。

一

环境问题的出现，总是与社会生产力发展水平相联系，随着社会历史的发展，人与环境的关系有一个演变过程。在远古时代，人不能与自然分开，人类本能地适应自然、利用自然，人向自然界索取生活资料，主要以采集、打猎为生，人们融于自然食物链中，以生理代谢过程与自然环境进行物质和能量的交换。人对自然的崇拜，是依附自然的表现，人与环境、自然界处于原始的和谐。农业和畜牧业的发展，标志着农业革命刚刚到来，种植五谷，发展渔猎，由简单地利用自然、适应环境到开始改造自然、改造环境，虽有局部自然灾害，带来生态破坏和环境的损害，但还是以向自然索取为主，人与自然环境的关系是协调的关系，这个历史阶段的自然界已不再是"自在自然界"，而是成为人类社会生产过程中的对象，马克思认为："在人类历史中即在人类社会的产生过程中形成的自然界是人的现实的自然界。"人类对现实自然界的改造、利用的同时也产生负效应，从 18 世纪初工业革命开始到 20 世纪 50 年代电子时代开始，进入产业急剧发展时期，标志工业革命时代的到来。随着社会生产力和科学技术的迅猛发展，人口数量激增，人们生活水平的提高，向自然界索取资源越来越多，由于人类对自然环境和自然资源不合理利用，生态不断恶化。特别是进入 80 年代和 90 年代，全球环境继续恶化，资源枯竭，生态破坏，各种人为的氯氟烃化合物的排放和积聚，造成臭氧层变薄和破坏，大量的温室气体（CO_2、CH_4、N_2O、CFC）的释放造成气候变暖，自然生态环境问题已成为人们关注的焦点。

在我国，社会主义经济建设取得很大成就的同时，环境问题已使人们日益忧患。随着工业生产的发展，环境污染严重，已经危及社会经济、文化的发展。工业废水不断增加并大量排入大自然，使江河、湖泊、地下水受到污染，不少城市、农村饮用水源短缺。全国 131 条流经城市的河流，有 26 条受到严重污染，已经危及流域地区的经济发展和人们的正常生活。工业废水和生活污水的排放呈上升趋势，全国每年排放 363 亿吨污水，80％未经处理直接进入江河湖泊。云南的滇池历来以"滇池五百里，好一派湖光山色"著称，但近年来，废水排放日增，滇池水质严重污染，已失去昔日的风光。白洋淀、洪泽湖、太湖、洞庭湖、南泗湖等，这些年来也受到不同程度的污染。太湖流域历来是经济发达地区，但由于湖水遭到污染，已经给流域的经济发展，特别是旅游业发展带来危害，人们的正常生活也受到影响。有不少地方的江河已由昔日的"淘米洗菜""洗衣灌溉"变成今日的"鱼虾绝代"。

大气污染不容忽视。我国是以煤炭为主的能源国家，工业粉尘和烟尘虽然得到一定控制但大气中的二氧化硫排放量，随着煤炭消耗量的增长，每年以 3％—4％的速度递增，由于大量使用煤炭，酸雨污染区在不断扩大。全国有 1/3 的国土面积遭到酸雨的危害，经济损失达几百亿元。全国不少城市的大气环流几乎没有一个达到世界卫生组织所规定的标准，有些重工业城市的上空笼罩在烟雾之中。

固体废物污染环境日益严重。一般工业固体废物得到一定程度的综合利用和处置，但生活垃圾和有毒有害废物还没有得到有效处理。城市生活垃圾每年以10%的速度增加，许多城市几乎是被垃圾所包围，有毒有害废物不但污染着大气，而且渗滤到地表水和地下水。全国数十座城市的固体废物堆存量已经超过1000万吨，污染农田，污染土壤，直接危害到工农业生产和人们的生存环境。

生态破坏已经成为制约经济发展的重要因素。我国耕地逐年减少，近10年来，平均每年以36万公顷的速度递减。40年前，人均耕地0.18公顷，如今人均耕地面积约0.11公顷，只有世界人均水平的1/3。全国土地沙化面积33.4万平方千米，沙化总面积达国土面积的8%，影响到10多个省、市、自治区。盐渍化土壤面积3700万公顷，草原退化面积9000多万公顷，占草原总面积的1/3。全国受污染的耕地近2000万公顷，受酸雨危害耕地达370万公顷。每年粮食减产约120亿千克。我国每年因环境污染造成的损失达1000多亿元，显而易见，生态环境的保护问题已经成为社会发展和人民生活改善的制约因素。

如果说过去人们仅仅认识到因污染物的排放，使环境不利于人的健康的话，那么今天人们已逐渐认识到环境保护、生态平衡和资源问题，不仅关系到人的健康问题，而且关系到国家和民族的生存和发展，人自身的健康保护和生态系统的保护是同等重要的两个方面。人的生存环境是一个完整的生态系统，生态系统的完美，是人类生存和发展的重要条件。人类的生命价值在于改造自然，"探索整个自然界"，以自然界的有用属性为自身服务。人类在探索自然、改造自然的同时也获得自然，享受自然，自然生态环境所给予人们的使用价值以及人们所得到的生态环境和生存条件，是人作为主体作用于自然的过程，是人的价值的表现。人们对生态环境和生存条件的需要以及需要的满足，是人的价值在权益上的表现。生态环境为人服务，人需要良好的生存和发展的生态环境，这是人的权利，而人对环境的保护又是一种义务。所以，人对环境的需要以及对环境的保护是权利和义务的统一。环境问题是人权的重要内容，保护环境，保护生态，是对人的生存权和发展权的维护。

二

环境保护与人权维护是统一的。人类为了更好地生存和发展，不仅要消费环境，同时还要保护生态环境，保护生态环境也是保护自身利益，是对自身权益的确认和维护，保护生态和环境不仅是对当代人权益的维护，而且也是"代代人权益"的问题。

研究解决环境问题，已成为当今国际社会共同关注的课题，早在1966年，联合国通过的国际人权宪章体系中的《经济、社会、文化权利国际盟约》（以下简称《盟约》），就已经确认环境与人权的关系。《盟约》前言指出："唯有创造环境使人人除享有公民及政治权利而外，并得享受经济社会文化权利。"这里所说的环境，不仅指社会环境，也包括自然生态环境。经济、社会、文化权利是生存权和发展权的重要内容，与环境息息相关。《盟约》的第三编第七条规定，人人有权享受公平与良好的工作条件，要确保"安全卫生之工作环境"，这里实际把安全生产、清洁生产所需的利用技术与科学知识相结合。使天然资源获得最有效开发与利用，合理利用资源，保护资源环境，是环境保护的内容之一。第十一条确认，"人人有权享受其本人及家属所需之适当生活程度，包括适当之衣食住及不断改善之生活环境"。这显然把生活环境的改善，作为人人享有衣食住等权利的重要条件，把它作为人权内容加以规定。《盟约》第三编第十二条还规定，"改良环境及工业卫生之所有方面"，"创造环境"，"预防、治疗及扑灭"各种疾病，确保人们的健康，以"达到最高标准之身体与精神健康"。这里对保护环境、创造良好环境条件和文明生产与人们的身心健康之间的关系，作出了明确规定。1972年联合国召开了人类环境会议，通过了《联合国人类环境会议宣言》（以下简称《宣言》），《宣言》指出："人类有权在一种能够过尊严和福利生活的环境中，享有自由、平等和充足的生活条件的基本权利"，把人类生存环境作为享有人权的基本条件，这是国际人权法的又一新发展。1974年，布加勒斯特召开了世界人口会议，同年罗马召开了世界粮食大会，1977 年，马德普拉塔召开了世界气候会议，斯德哥尔摩召开了资源、环境、人口和发展相互关系学术讨论会，1980 年，国际自然及自然资源保护联盟在许多国家的首都同时公布了《世界自然资源保护大纲》，呼吁保护环境保护生物资源。1991 年，由世界自然保护同盟、联合国环境规划署和世界野生生物基金会共同发表的《保护地球——可持续生存战略》的文件强调人类的生产方式和生活方式，要与地球自身的承载力相平衡，要保护环境，保护地球维持生命力，提出可持续发展的最终落脚点是人类社会，要创造一个美好生活环境，创造一个保障人们平等、自由、人权的环境。1992 年，在巴西的里约热内卢联合国环境与发展大会上，通过了《里约环境与发展宣言》（简称《宣言》）。《宣言》指出，人类"应享有以与自然相和谐的方式过健康而富有生产成果的生活的权利，公平地满足今世后代在发展与环境方面的需要，求取发展的权利必须实现"。这里确立的原则，一是人类追求自身健康而富有生产成果的生活权利，应当坚持与自然相和谐方式的统一，而不应当凭借人们的技术和投资，采取耗竭资源、破坏生态平衡和污染环境的方式来追求发展权利的实现；二是强调当代人在创造与追求今世发展与消费时，应当承认并努力做到使自己的机会与后代人的机会相平等，不能片面为追求当代人的发展权，而剥夺后代子孙的发展与消费的权利。这表明，在处理人与自然环境的关系时，把人的生存权和发展权，同环境保护有机地联系起来。把环境保护作为基本人权的内容，标志着人类对环境与发展的认识提高到了新的阶段。

我国历来主张生存权和发展权是首要的人权，坚持发展生产与环境保护、环境治理同改善和提高人民生活水平相统一的原则。十一届三中全会以来，随着改革开放的深入，对环境保护、生态保护更加重视，把环境保护作为改善人民生存条件，提高人民生活水平的重要内容，作为人民的基本权益加以保护，江泽民同志在中国共产党第十四次全国代表大会上的报告中指出"要加强环境保护的基本国策"，"增强全民族的环境意识，保护和合理利用土地矿藏森林、水等自然资源，努力改善生态环境"。在十四届五中全会上，江泽民同志在《正确处理社会主义现代化建设中的若干重大关系》中，全面阐述了经济建设和人口、资源、环境的相互关系，提出要使经济建设与资源环境相协调实现良性循环，"保护资源和环境，不仅要安排好当前的发展，还要为子孙后代着想，决不能吃祖宗饭，断子孙路，去浪费资源和先污染、后治理的路子"。保护环境和生态，合理利用资源与经济建设是相辅相成的，二者既相互协调又相互促进，处理好它们之间的关系，保持良性循环，不仅关系到当今人们的生存条件和切身利益，而且关系到国家和民族的振兴，子孙后代的生存和发展，关系到后代子孙的权益。江泽民同志在论述十二大关系中强调，要根据我国国情，坚持在产业结构和消费方式上有利于节约资源和保护环境；坚持资源开发和节约并举；坚持资源的综合利用，加强污染的治理。这些重要原则是今后处理好经济发展同环境保护关系的方针。党和政府在经济发展、环境保护相互关系上的方针和立场，是立足于国家和民族的长远利益，是对人民权益的维护，体现了保护环境与维护人权相统一的内涵，与国际人权文献精神是一致的。保护环境与维护人权相统一的理论与实践，同时还体现在我国的法律体系之中。从70年代初期，特别是改革开放以来，我国加快了环境与资源立法的步伐，先后颁布了《环境保护法》《海洋环境保护法》《水污染防治法》和《大气污染防治法》等4部环境保护法律和8部与环境相关的资源法律。1994年以来，全国人大重点对一批环境与资源法律进行了修订，并将对《环境噪声污染控制法（草案）》和《海洋环境保护法修正案（草案）》提交全国人大常委会进行审议，同时，《防洪法》《森林法》《草原法》等法律草案也正在加紧制定和修订。社会主义国家人民当家做主，国家制定的一系列法律、法规，从本质上说是维护人民的利益，是人民权益的体现，是从国家和民族长远利益出发的人权体现，也是建设有中国特色社会主义人权的组成部分。

三

发展经济与保护人的环境权利的统一，是建立新的社会文明的需要，实现经济发展与环境保护有机结合，是社会可持续发展的必然趋势，经济越发展，社会越进步，社会文明程度就越高，人的生存权和发展权越得到保障。而处理好经济发展中的生态环境问题，则是人权建设的重要一环。

长期以来，人们的环境意识淡薄，往往在发展经济的过程中，忽视环境保护和生态保护，把环境保护独立于经济发展过程之外，割裂经济发展与生态环境保护之间的关系。传统的经济发展模式，往往只重视工业增长，并以此作为社会发展的标准，把工业化的实现以及由此带来的工业文明，作为社会现代化、社会进步的尺度。追求高速度增长，不注重环境保护与治理，结果带来环境恶化，生态破坏，资源枯竭，人的生存环境受到威胁，人的环境权利得不到保护，反过来又制约了经济的发展和社会的进步。之所以如此，是因为这种传统的发展观，没有把经济增长建立在良好环境和生态平衡的基础上，忽视经济增长同环境保护有机统一和相互制约关系，而往往以牺牲环境和自然生态为代价换取经济的暂时发展和繁荣，其结果只能是"杀鸡取卵"，损毁经济持续发展的基础。这种传统发展模式是世界上不少发达国家已经实践并证明了的，是不成功的模式，所以处理好发展经济和环境保护的关系，是一个世界各国共同关心的问题。

20世纪80年代初，由联合国授权成立的世界环境与发展委员会，提出了可持续发展的理论。1992年，联合国环境与发展大会对可持续发展理论又做了全面、系统的概括，形成了《二十一世纪议程》等重要文件，可持续发展理论的提出标志着发展战略思想的转变，纠正了过去那种以时间连续运行作为发展方式的认识，把环境生态作为持续发展的重要内容。可持续发展观强调环境与经济的协发展，必须建立在生态环境承受能力的基础上，在人与自然的和谐统一中，求得经济的发展和社会的进步。可持续发展观与传统发展观不同之处在于，它所追求的价值目标，既要合理利用环境和生态的有利条件，使人的需要得到满足，又要保护环境，保护生态；既要保证当代人的生存和发展条件，维护当代人的生存权和发展权，又要保证后代人的生存和发展的条件，维护尊重后代人的生存权和发展权，以达到社会、经济、环境、生活多项综合发展目标的统一与协调。可持续发展观的人权意义在于，它强调当代人享受的正当的环境权利，特别是在发展中合理利用资源和拥有清洁、安全、舒适的环境权利,后代人也同样享有,这种权利也是持续性的、继承性的。每一代人不能在有限地球资源上片面追求当代人自身的发展与消费,而不顾甚至剥夺后代人应当享有的发展和消费的权利。当代人要把自身的环境权利和环境义务有机统一起来,在维护当代人的环境权利的同时,也要维护后代人的生存与发展的权利。所以,环境权利和环境义务是统一的。当代人在享受环境权利的同时,又对后代人的环境权利的享受承担义务,对保护生态环境负有责任。这实际是人的权利的继承和发展,人的权利将随着社会的发展与进步而不断延续和完善。

我国在环境与发展问题上,随着经济建设的迅速发展逐步提到日程上来。早在 1983 年,我国就把环境保护定为国策,提出"经济建设、城市建设、环境建设同步规划,同步实施,同步发展"的战略方针。1989 年颁布的《环境保护法》中又提出使环境保护工作同经济建设和社会发展相协调的指导方针。在联合国"环发大会"之后,我国政府十分重视环境与发展工作,及时颁布了《环境与发展的十大政策》,进一步明确了我国经济发展同环境保护协调发展的战略思想。我国制定的《中国 21 世纪议程》是指导我国持续、健康发展的一个纲领性文件。从总结历史经验所形成的我国可持续发展战略,坚持以经济建设为中心,从人口、经济、社会、资源和环境相互协调中推动经济建设的发展,在发展进程中使环境、资源合理利用,使环境和生态得到保护,确立人与自然的统一和谐关系。八届人大四次会议批准通过的《中华人民共和国国民经济和社会发展"九五"计划和 2010 年远景目标纲要》(以下简称《纲要》),是可持续发展观的具体体现,是实现社会经济、资源和环境协调综合发展的蓝图。《纲要》把环境与发展问题作为跨世纪战略发展的重要内容,纳入国民经济和社会发展的计划和目标,要求城乡经济建设同环境建设同步规划、实施和发展,采取措施加强工业污染的控制,到 2000 年全国县以上工业废水处理率达到 83%,废气处理率达到 86%,固体废物综合利用率达到 50%,城市污水集中处理率达到 25%,绿化覆盖率达到 27%,垃圾无害处理率达到 50%,把江、河、湖的治理和防治水污染作为环境保护的重点，采取有效手段控制大气污染，防治酸雨、二氧化硫的产生和危害，保护国土生态环境。

我国制定的国民经济和社会发展的计划和远景目标，展示了国家和民族的宏伟目标，代表了人民的根本利益，从长远利益上维护了人民的生存权和发展权，这也是我国在人权建设上的实际步骤。人们在自觉处理经济、社会、文化与环境的关系过程中，不断增强环境意识，参与环境保护，维护人自身生存的生态平衡，是人的主体权利和义务的统一。人只有在不断改善和平衡与生态环境的关系，达到人和自然的和谐，才能全面发展自己。

（原载《黄河学刊》1996 年第 4 期）

规范职业行为　塑造企业新人

——对神威药业公司职业道德建设的思考

石家庄神威药业股份有限公司，是省级文明单位。近年来在两个文明建设中，重视思想道德建设，结合企业实际、规范职业行为，在职业道德建设和企业形象建设上，形成了独具特色的管理思路，两个文明建设取得新的进展。

一、在职业道德建设中培养自律意识

良好的职业道德，关系到人的素质的提高和企业的兴衰，它需要在实践中不断塑造和培养。各行各业的职业道德规范的形成和执行总是离不开管理，管理是职业道德建设的客观要求，是塑造企业一代新人的重要途径。神威药业公司从企业振兴和社会发展的大局出发，着眼于提高人的职业道德素质和水平，坚持以人为本，把职业道德行为、职业道德责任、职业道德义务统一起来，在实践中培养职工自律意识，自觉把各项规章制度融入本职行为。从科室到车间，从生产到销售，从生产到生活，都有规章制度可循，有职业行为要求，形成制度化管理。每项规章制度都是质量标准、操作规程、技术管理同职业道德规范的有机结合，都体现着员工的价值观念、职业态度和前进目标。各项规章制度和职业道德规范在民主基础上制定出来之后，本身是字面上的东西，它还要回到实践中充实和完善，而要使这些制度和行为规范，在职业道德塑造上发挥作用，就需要一定的管理措施。这些措施实际上是员工主体自律意识的延伸和客观要求。神威药业公司在制度化管理中，把奖罚有机结合起来，通过奖惩给人们一个职业行为上的是非标准和道德评价标准。对于立足本职、爱岗敬业、在工作中作出突出贡献者，实行重奖，在全公司宣传他们的事迹，充分发挥榜样的作用。公司基建科王银祥几年来在本职岗位上，兢兢业业、忘我工作，被人们誉为老黄牛。他自行设计车间，新建、改建工程多项，为企业节约了大量的资金，工作中作出突出贡献，年年被评为先进工作者和劳动模范，公司给予重奖。奖励虽然是一种手段，但它同时又是一种财富，这种财富是塑造职业道德形象，培养企业新人不可缺少的内容和环节。奖罚不是目的，奖罚的目的在于规范人们的行为，形成良好的职业道德人格。神威药业公司把管理作为治厂之本，严格管理严在自觉执行制度中、严在自律行为中、严在人人平等上。在职业道德培养中也有违反制度现象，也有失范行为发生。对于失范行为，他们坚持思想政治工作先行，坚持重在教育原则，就典型事例组织大家讨论，认清违反制度、失范失为的危害，研究改进措施。在此基础上根据规定分别作出相应处理，上至公司领导下至一般员工，无一例外。规章制度一旦形成，就成为规范人们职业道德行为的客观标准，成为约束生产者、经营者和管理者行为的机制，呈现出它的神圣性。人们在制度规范面前，必须照章办事规范自身的行为。规章制度和行为规范虽然是人们自己制定的，但它同时又作为一种纪律对人们的行为进行约束。严格执行制度，严格按职业行为规范约束自己，这本身也是职业道德责任和义务的表现。

社会塑造人格，一个人的行为从被动到主动，从无自知之明到自我认识，自我控制、自律做人有一个过程。把制度约束转化为自觉行为和主人翁意识，是职业道德建设中的重要一环。为了培养员工的自律意识，发扬主人翁精神，神威公司重视人的思想道德教育，特别是世界观、人生观、价值观教育，从如何做一个合格的神威人进行教育培养。他们提出的"务实、从严、高效、奋进、奉献"为内容的企业理念，集中体现了神威药业公司的企业精神、职业道德原则，它是全体员工敬业、奋进精神的反映。

他们坚持做到，从新员工入厂开始，就进行系统的思想道德教育，进行具体的技术培训，并且进行法律和各项制度的教育，结合本职进行《药品管理法》和《药品生产管理规范》为中心内容的职业教育和培训。为了培养员工的主人翁意识，他们提出"发现问题就是水平，解决问题就是政绩，掩盖问题就是失职，揭露问题就是党性"的口号，使员工自身的价值和名誉与企业的价值和名誉结合起来，融为一体。身为神威人，一生为神威。目前在神威公司，严格的管理正在转化为员工的自律意识和自觉行为。制度不再是"治"人，制度变为员工自律的信条。为了企业、社会，甘于奉献，吃苦耐劳。员工们在自己的岗位上，通过一袋袋冲剂、一粒粒软胶囊、一支支针剂的生产过程，亲自操作来体现自身价值，发扬主人翁精神。1995年一、四车间在人手少、设备增加，产品供不应求面前，全体员工发扬精业勤业精神，不休星期天，加班加点，创造了月产冲剂2678万袋，软胶囊6682万粒的好成绩。

二、在实践中提高人的素质，以人品塑产品，以人品树形象

在市场经济运行中，不仅是企业产品质量的竞争，而且也是企业员工职业道德素质的竞争。员工的职业道德素质直接关系到产品的质量。产品的高质量，是诚实守信的职业道德素质的载体。神威药业公司重视职业道德建设，坚持诚信原则，以产品的高质量闯市场。他们以信为本，以德经商，以质求存，诚信争天下，良药赢人心，把产品质量看作是神威的生命，坚持产品代表人品，产品质量代表人的质量，以人品塑造产品，把药品质量管理和职业道德规范管理纳入正轨，以严格的制度来约束，以自律精神为保证，采取了相应措施。一是从1994年起，推行了"模拟市场核算，成本否决"机制，重新定员、定额、定损耗，实行产量、安全、质量、成本否决，把内部成本和内部利润等指标层层分解落实到班组和员工个人，形成市场重担人人挑，人人肩上有指标。市场责任体系调动了员工的积极性，市场意识、质量意识、成本意识、竞争意识进一步增强。在推行"模拟市场核算，成本否决"机制的过程中，也是塑造员工主人翁精神的过程，是

塑造诚信人格的过程。这个过程既塑过硬队伍，也生产一流产品。二是重视业务培训，不断提高全员质量意识。神威公司抓员工的业务培训已经形成制度，所有员工一律进行岗前业务培训，要熟悉本职岗位、工作性质和范围，了解药品生产的有关法规，考核不合格不准进入车间、岗位。在平时，各种类型培训班坚持不懈。1995年，神威公司为了提高员工业务素质，先后举办了质量控制、质量意识、岗位技能、化验技术、市场营销、劳动保护、GMP等培训班，为企业培养了一批骨干，对提高员工的整体素质起到了助推作用。三是开展质量月，"我为神威献一计"活动。1995年，全公司有386人积极参加献计，有95％以上的员工以主人翁精神，揭露生产中存在的问题，共提出1200多条合理化建议，其中200余人获奖。这个活动本身，说明在共有制条件下的员工，把自身利益和价值同企业的利益和价值融为一体，参与管理企业，也就是参与自身的事务。四是充实质检队伍，发挥专业质检队伍的作用。药品质量直接关系到人民的安危，严把药品质量关是每个员工应尽的职责。在强调自检的同时，加强互检、专检，也是在质量问题上的自律和他律的统一。从上到下有质检，做到层层把关、人人负责，从而提高了员工的质量观念和自律意识。公司全体员工树立了"关心质量就是关心企业，出高质量产品就是热爱企业的观念，"厂兴我荣，厂衰我耻"成为员工们的座右铭。

神威人认为，宁使不合格产品报废，自己蒙受经济损失，也不让一粒不合格药品流入市场危害消费者。他们对待质量严格出了名，严到了点子上。正因为神威公司狠抓以人品塑产品的职业道德建设，在产品质量上得到社会公认，获得好评。神威公司先后荣获省优秀质量管理小组、省医药科技开发先进单位。1995年有3个QC小组获河北省医药系统、市政府奖励。小儿速效感冒颗粒、脉通、心脑康胶丸获河北省第四届消费者信得过产品；利咽解毒、小儿清肺、小儿咳喘灵冲剂获石家庄市第一届消费者信得过产品。五福心脑康占领了市场，创出了名牌，赢得了千家万户的信赖，成为公司第一名牌产品，年产量达2亿粒。国内市场占有率由去年的50％增长到70％。1995年全公司药品销售额达到2420万元，比上年增长1.07

倍。人的素质的提高，带来产品质量的提高，也带来良好的企业形象。

三、营造爱厂爱岗的良好环境，培养敬业奉献的职业道德精神

爱岗敬业精神是服务群众、奉献社会的职业道德前提。营造良好的职业环境，对于培养员工的敬业精神尤为重要。神威药业公司注重对人的培养塑造，注重调动全体员工的积极性和创造性。他们认为企业要有凝聚力和向心力，就要使岗位有吸引力，没有吸引力也谈不上凝聚力。要使员工爱厂爱岗，就要关心员工的生产和生活。他们提出"既生产又育人"的工作思路。

第一，帮助员工树立正确的世界观、人生观、价值观，培养一支"四有"员工队伍。公司每年都要以企业精神和老一辈工人艰苦创业的历史和企业宗旨为主要内容，对新招工人和分配进公司的大中专学生进行岗前综合培训教育，内容包括厂规厂纪教育、爱厂爱岗教育、质量管理教育、安全教育和职业道德教育。利用各种宣传工具宣传英雄模范人物事迹，开展向孔繁森、马恩华学习活动。公司有徽旗、商标旗，每天同国旗一起升挂，职工上班佩戴公司徽标，整齐化一，使员工加深了国家、企业、个人一体的观念，每个人的事业与国家、企业的事业紧密相连。通过各种形式的教育活动，增强了员工的职业道德意识，增强了企业的凝聚力。

第二，尊重员工的主动性和创造性。神威公司为了增强员工的主人翁意识，激发"企业主人"感和使命感，以管理制度规定，每月召开一次"新三会、老三会"，公司主要领导和部分股东、职工代表参加的联席会，充分发扬民主、集思广益，共同就生产、经营问题展开讨论，共同研究。同时规定，每周一董事长都要在指定地点接待职工代表，听取群众的意见和建议。这种形式就是联席会议和民主接待日制度。这些制度是民主办企业的重要环节，它密切了领导和群众的关系。为了开拓民主渠道，他们还建立了总经理联络员制度、经营通报制度。这些措施和制度主要以如何办好企业为目的，进一步增强员工主人翁意识。员工关心企业、积极为企业献计献策，将自身价值与企业的价值结合起来，员工认识到自我价值，把

企业价值与自身价值融为一体，这种双向的融合和统一，形成了企业整体的社会价值。员工从一条献计、一项技术攻关实现了自我价值，发扬了自身的积极性和创造性。例如锅炉工利用业余时间钻研技术，改造了吹风管道，使耗煤管减少了 30％；管道工利用业余时间攻关，改造阀门内部装置，使用寿命延长了 3 倍，仅此一项就节约几十万元。软胶囊是神威支柱产品，而生产软胶囊用的明胶，过去利用率仅仅 60％，经技术人员攻关，使其利用率达到 100％，一年可节约资金数百万元。

第三，营造环境，陶冶情操。神威从塑造"四有"新人出发，注重营造人的生产、生活环境，通过环境的营造，陶冶员工的情操，形成吸引力和凝聚力。为了改善职工居住环境，他们投资新建一栋 4300 平方米的住宅楼，使 40 多户职工喜迁新居，让职工人均居住面积达到 10—12 平方米。公司关心职工，职工关心公司，形成双向情感的融通。公司投资 50 万元改造职工餐厅和饮食环境，使广大员工吃好。舞厅、图书馆定时开放，为员工文化生活创造了好的环境。公司及时解决员工的幼儿入托、少儿入学以及家属就医等方面的困难。仅 1996 年上半年就解决员工小孩入学等生活困难问题 30 多项。

神威公司营造感情环境，紧紧抓住人际关系这个环节。良好的人际关系，会形成强大的凝聚力，这是办好企业，塑造爱岗敬业意识的重要因素。他们除了经常做好员工自身的思想道德教育工作，关心每个员工的生活，还注重做好员工家属的思想道德建设工作，不惜代价，肯花工夫创造外部条件，营造好人际关系，使每个员工安心岗位，爱厂如家。他们每年都要评选贤内助、模范丈夫，召开表彰大会，进行奖励。员工有了贤内助和好丈夫，上班不迟到、工作专心干。内部条件和外部环境相结合争创文明职工和文明家庭。文明职工和文明家庭不断涌现，是文明企业创建活动的基础和前提。

（原载《社会科学论坛》1997 年第 2 期）

正确认识社会主义社会的矛盾性

——纪念毛泽东同志《关于正确处理人民内部矛盾的问题》发表 40 周年

1957 年 2 月，毛泽东同志发表了《关于正确处理人民内部矛盾的问题》一文，对社会主义社会内部矛盾问题，进行了系统分析和阐释。正确处理人民内部矛盾学说的理论与实践意义在于，探索社会主义社会稳定和发展的内在机制，揭示社会主义社会自身发展的客观规律。在社会主义发展的新的历史时期，重温毛泽东同志关于人民内部矛盾的学说，对于社会主义的改造、稳定和发展，对于建设有中国特色社会主义具有十分重要的意义。

一

毛泽东同志提出正确处理人民内部矛盾的学说，在马克思主义发展史上是一个创举。马克思、恩格斯、列宁没有来得及对社会主义社会自身发展的矛盾性进行具体分析。斯大林虽然研究过社会主义社会发展的动力及矛盾性问题，却未能科学地解决这一问题。在中国，社会主义制度建立以后如何巩固和发展，始终是毛泽东同志着重考虑的重要问题。毛泽东同志运用矛盾普遍性原理，联系中国的实际，提出了在社会主义社会存在着人民内容矛盾的科学论断。毛泽东同志分析研究社会主义社会人民内部矛盾的内容、特点及发展规律，最根本的目的在于探索社会主义社会自身稳定、发展的动力，社会主义社会自身发展的途径，研究社会主义社会自我完善的方法和措施，寻求制定建设社会主义的方针、政策的客观依据。

在《关于正确处理人民内部矛盾的问题》中，毛泽东同志坚持实事求是这一马克思主义的精髓，从我国国情特点出发，明确提出在我国生产资料私有制的社会主义改造已经基本完成的情况下，革命时期的大规模的急风暴雨式的群众阶级斗争基本结束，"我们的根本任务已经由解放生产力变为在新的生产关系下面保护和发展生产力"①。我们的国家是"空前统一"的，"社会主义建设的成就，迅速地改变了旧中国的面貌。"社会主义"祖国的更加美好的将来，正摆在我们的面前"②。毛泽东充分肯定国家的统一，人民的团结，国内各民族的团结，是社会主义事业不断取得胜利的基本保证。这个基本保证既是中国社会矛盾性发展的结果，也是新社会矛盾性发展的前提。社会主义自身的矛盾性正是社会主义自身生机的表现。正如毛泽东同志指出的："没有矛盾的想法是不符合客观实际的天真的想法。"③ 毛泽东同志在坚持矛盾普遍性原理的基础上，正视社会主义社会的矛盾性，把握社会主义社会发展的动力。在他看来，社会主义社会的矛盾同资本主义社会的矛盾性质不同，解决的方法也不同。在社会主义社会，基本的矛盾仍然是生产关系和生产力之间的矛盾，上层建筑和经济基础之间的矛盾。社会主义社会是在不断地正确处理和解决这些矛盾的过程中，达到社会内部的统一、团结和巩固的。社会主义社会基本矛盾的特点，就在于它的非对抗性和自我协调发展性。社会主义社会以公有制为基础，生产关系、上层建筑与生产力、经济基础之间，具有两重性关系，既主要表现为相适应的一面，同时又有不相适应的一面，就是"又相适应又相矛盾"，又相适应"又还很不完善"。相适应是基本的，相矛盾是局部的，是发展中的矛盾，并且这种矛盾是非对抗性的，大量的表现为人民内部矛盾，而不表现为敌我矛盾或阶段斗争。这是社会主义社会基本矛盾的特点。毛泽东同志不仅分析了社会主义社会基本矛盾的特点，同时提出解决社会基本矛盾的正确

---

① 《毛泽东著作选读》下，人民出版社 1964 年版，第 771 页。
② 《毛泽东著作选读》下，人民出版社 1964 年版，第 756 页。
③ 《毛泽东著作选读》下，人民出版社 1964 年版，第 757 页。

途径和方法，主要是经过社会主义制度本身不断自我调节而自我解决。在他看来，一个时期的社会矛盾解决之后，又会出现新的问题、新的矛盾，"矛盾不断出现，又不断解决，就是事物发展的辩证规律"①。毛泽东同志以马克思主义的历史唯物主义的立场、观点和方法，对社会主义社会基本矛盾所作的科学分析中，贯穿着社会主义社会在稳定发展中，不断自我完善自我发展的辩证思想，体现了毛泽东同志关于社会主义社会不断改革发展的观点。人民内部矛盾学说集中反映了毛泽东同志的社会主义发展观，它是理论和实践上的创举，是对马克思主义科学社会主义学说的继承和发展。

二

人民内部矛盾是社会主义社会自身矛盾性的客观反映，是社会主义稳定、发展规律的表现。毛泽东认为，人民内部矛盾"是在人民利益根本一致的基础上的矛盾。"人民内部矛盾虽然在每个历史时期有着不同的内容和表现形式，但都是在根本利益一致的前提下，利益主体之间的矛盾，一般是从利益关系表现出来的。正如毛泽东所概括的："这种矛盾包括国家利益、集体利益同个人利益之间的矛盾。"他这里讲的利益之间的矛盾，主要表现在经济关系方面。而在政治思想领域，则表现为"民主同集中的矛盾，领导同被领导之间的矛盾，国家机关某些工作人员的官僚主义作风同群众之间的矛盾"②。无论是在经济关系领域还是在政治思想关系领域，矛盾往往表现为局部性、暂时性、非对抗性的。一种矛盾解决了，又会有新的矛盾出现，社会主义社会总是在矛盾运动中不断巩固和发展的。任何不敢公开承认或在人民内部矛盾面前缩手缩脚的做法，都不符合社会主义社会发展的客观规律。毛泽东把"不断地正确处理和解决"人民内部矛盾，同"社会主义社会内部的统一和团结日益巩固"有机联系起来，从而体现出毛泽东同志人民内部矛盾学说的科学性和实践性。毛泽东把研究和分析社会

---

① 《毛泽东著作选读》下，人民出版社 1964 年版，第 769 页。
② 《毛泽东著作选读》下，人民出版社 1964 年版，第 766 页。

主义社会人民内部矛盾的问题作为重大课题提到全党面前，强调"有必要在我国人民中，首先是在干部中，进行解释，引导人们认识社会主义社会中的矛盾，并且懂得采取正确的方法处理这种矛盾"①。毛泽东的这一思想，在社会主义发展的新时期，仍然有着重要的现实意义。

毛泽东指出："提出正确处理人民内部矛盾的问题，以便团结全国各族人民进行一场新的战争——向自然界开战，发展我们的经济，发展我们的文化"，"巩固我们的新制度，建设我们的新国家"②。毛泽东分析研究人民内部矛盾，根本目的在于发展我国生产力，繁荣社会主义经济，巩固社会主义制度。这是他的人民内部矛盾学说的实质和核心。为了达到这一根本目的，他提出了正确处理人民内部矛盾问题的总原则是民主集中制，强调要有集中指导下的民主，对人民内部的思想问题、精神世界的问题、是非辨别的问题，不能用简单的方法，行政命令的方法，或用强制的方法去解决。他提出："凡属于思想性质的问题，凡属于人民内部的争论问题，只能用民主的方法去解决，只能用讨论的方法、批评的方法、说服教育的方法去解决。"根据这一原则，毛泽东同志提出了"团结—批评—团结"这一正确处理人民内部矛盾的总的方法、总的公式。这一方法和公式，无论在创立革命根据地时期，抗日战争时期还是中华人民共和国成立以后，都是行之有效的方法。他提出，要在整个人民内部，继承推广和更好地运用这个方法。毛泽东提出的团结—批评—团结的方法，立足于团结大多数，立足于稳定、发展社会主义社会，是一种切实可行并行之有效的方法。

在《关于正确处理人民内部矛盾的问题》中，毛泽东还提出了一系列正确处理人民内部矛盾问题的方针、政策，从不同视角对社会主义社会人民内部矛盾进行了深层研究和探索，形成了比较完整的人民内部矛盾学说的理论体系。

在经济建设问题上，毛泽东同志提出了认识和掌握社会主义经济建设

---

① 《毛泽东著作选读》下，人民出版社1964年版，第770页。
② 《毛泽东著作选读》下，人民出版社1964年版，第762页。

规律，解决认识上的主客观矛盾问题。他认为，在社会主义发展过程中始终存在着社会主义社会经济发展的客观规律和人们主观认识之间的矛盾，这实际上是人与人之间认识能力和认识水平之间的矛盾。毛泽东同志强调要在社会主义实践中去解决这个矛盾。他提出要进行经济建设发展我们的国家，就要向外国学习好的经验。他提出："一切国家的好经验我们都要学，不管是社会主义国家的，还是资本主义国家的都要学习。"他提出的向外国学习好经验，不仅是科学技术方面的东西，还包括经济建设、管理方面的好东西。毛泽东同志这些论述中已经包含了对外开放思想。对于学习外国，他主张要从我国实际需要出发，学习那些和我国情况相适合的东西，即有益的东西。他主张学习要用脑筋，要消化，反对食洋不化的教条主义态度。对于外国不仅要学习他们的好经验，而且还要做生意，进行广泛来往和接触。

在处理经济利益矛盾问题上，毛泽东同志提出："必须兼顾国家利益，集体利益和个人利益。"特别是在处理与农民之间的矛盾问题时，要从生产和分配、积累和消费问题上，兼顾国家、集体、个人三者之间的关系，考虑到三者之间的利益要求。正如他在《论十大关系》中指出的："国家和工厂，国家和工人，工人和工人，国家和合作社，国家和农民，合作社和农民，都必须兼顾，不能只顾一头。"

在发展科学文化事业上，毛泽东同志制定了"百花齐放、百家争鸣"的方针。这一方针反映了社会主义经济基础对上层建筑的总要求和社会主义上层建筑适应经济基础发展的客观规律。这一方针是促进艺术发展和科学进步的方针，是促进科学文化事业繁荣和发展的方针，也是解决科学文化领域内部是非矛盾的正确方法。毛泽东同志主张，对于科学文化领域的人民内部矛盾问题，要采取自由讨论方式，坚持慎重态度处理问题，要用科学方法，用辩证分析方法，用批评说理的方法。

"统筹兼顾，适当安排"的方针，是毛泽东同志提出的正确处理人民内部矛盾的总原则，同时它又是进行社会主义建设的总原则。这个总原则贯穿着马克思主义的实事求是的精神，强调要"调动一切积极因素，团结一切可能团结的人，并且尽可能地将消极因素转变为积极因素，为建设社会主义这个伟大的事业服务"①。毛泽东同志指出："无论粮食问题，灾荒问题，就业问题，教育问题，知识分子问题，各种爱国力量的统一战线问题，少数民族问题，以及其他各项问题，都要从对全体人民的统筹兼顾这个观点出发。"② 统筹兼顾，适当安排，体现了解决社会主义社会人民内部矛盾的科学精神和方法论。

三

党的十一届三中全会以来，我国社会主义事业，取得举世瞩目的巨大成就，特别是实行改革开放，使我国的综合国力和人民生活水平得到空前提高。发展是社会主义的本质要求，是社会主义社会本质特征的显示，社会主义的发展又是在不断解决多种矛盾过程中完成的。社会主义要发展生产力，就要不断变革生产关系，完善上层建筑。新时期在由计划经济体制向市场经济体制转变的过程中，由于打破了传统的社会结构和利益格局，利益主体和利益关系发生了新的变化，必然带来利益关系多层次，分配主体多元化，在人民内部产生新的矛盾是必然的，这是社会主义社会矛盾发展的客观现实。只有不断调整生产关系，解决矛盾，才能发展生产力，消灭剥削现象，才能消除利益关系上出现两极分化的条件，最终达到共同富裕。应当看到，在新时期出现的人民内部矛盾问题，仍然是由社会主义社会的基本矛盾所决定的。邓小平同志在 1979 年 3 月就曾指出："关于社会主义社会的基本矛盾，我想现在还是按照毛泽东同志在《关于正确处理人民内部矛盾的问题》中的提法比较好，指出这些基本矛盾，并不完全解决了问题，还需要就此作深入的具体的研究。"邓小平同志提出了研究和处理新时期人民内部矛盾的问题，以便找出正确的新方法。

改革是利益格局的调整。改革开放以来，允许一部分人和一部分地区

---

① 《毛泽东著作选读》下，人民出版社 1964 年版，第 783 页。
② 《毛泽东著作选读》下，人民出版社 1964 年版，第 783 页。

先富裕越来，有力地调动了人民群众的劳动积极性和创造性，促进了生产力的发展，但同时也带来了贫富差距的扩大。从分配看，个人收入从整体上说是大大提高了，但目前存在着个人收入差距悬殊的问题。一些人利用我们在体制转轨时期制度和法规不健全的漏洞，化公为私，侵吞国有资产，挤占国家收入，使某些个人的收入与普通劳动者的收入形成大的反差。在转轨时期由于制度还不健全，税收流失现象严重，经营者偷税漏税，非法增加了某些个人的收入，使一部分人在损公肥私中富了起来。同时，由于目前部分国有企业优化组合，破产兼并，且社会保障体系不健全，部分下岗职工、失业职工个人收入降低。在农村工农业产品剪刀差的扩大，使城镇居民人均生活费收入增长速度大大超过农村人口人均增长幅度，城镇居民与农业人口在个人收入上的差距越来越大。近年来，在农业生产中生产资料价格不断上涨，农民有限的收入只能维持生活和简单再生产。这些问题不仅造成城乡个人收入差距的拉大，产生了城乡物质利益上的人民内部矛盾，而且在农村，也由于在经济地位、经济资源的占有和经济收入上的不同，出现了利益群体之间的内部矛盾，部分农村基层干部、乡镇企业领导者，在生活待遇上优于一般农业劳动者，在个人收入上产生了一定差距。农村部分个体企业主、农副业专业户，在个人收入和生活水平上也超过一般农业劳动者。无论在城镇，还是在农村，随着市场经济体制的建立，利益主体的多元化产生了利益矛盾的多层次化。物质利益上的人民内部矛盾，主要反映在国家、集体和个人三者之间的关系上，而在这些关系中又集中表现为个人利益和国家利益，暂时利益和长远利益之间的矛盾。在农村，地域间经济发展不平衡的矛盾，由腐败现象引发的干部和群众之间的矛盾，都是社会主义改革开放中必然产生的矛盾，也是社会主义社会在自我完善过程中所出现的矛盾。社会主义正是在正视这些矛盾，并不断解决这些矛盾的实践过程中求得稳定和发展的。

在新时期，正确解决人民内部矛盾，要以邓小平建设有中国特色社会主义理论为指导，以经济建设为中心，大力发展社会生产力，这是解决一切人民内部矛盾的物质基础和前提。在此基础上，解决人民内部多种利益之间的矛盾，要遵循"统筹兼顾"的原则。邓小平同志说："我们必须按照统筹兼顾的原则来调节多种利益的相互关系。"在新时期对于社会主义建设中的各种利益关系，特别是涉及全局性的重大关系，都是需要正确处理的新矛盾和新问题。江泽民同志在党的十四届五中全会上所作的《正确处理社会主义现代化建设中的若干重大关系》的讲话，坚持毛泽东人民内部矛盾学说的基本原则，以建设有中国特色社会主义理论为指针，全面而深刻地分析了各种新矛盾以及矛盾的各方面关系，体现了统筹兼顾、适当安排的指导原则。在当前，我们在处理地区经济发展差距、先富和后富、效率与公平等关系中，要把国家、集体、个人三者的利益结合起来，研究矛盾的普遍性和特殊性，分析主要矛盾和矛盾的主要方面，根据具体情况，采用不同措施，正确解决新时期人民内部矛盾。

社会主义市场经济是法制经济，它要求把人们之间的各种关系都纳入法制的轨道。运用法律解决人民内部的利益关系中出现的矛盾，使处理人民内部矛盾的方法、程序变成法律规范的过程，运用法律手段来调整经济利益格局，是维护社会稳定的重要因素。新时期人民内部矛盾表现形式上有着许多新特点，也有着一定的规律性，只要以建设有中国特色社会主义理论为指针，坚持从实际出发，运用辩证分析方法，就能够认清当前人民内部矛盾的特色及其发展规律，把握社会主义发展的矛盾性，采取正确的方法步骤，为改革开放创造良好的社会环境，促进社会主义社会的全面发展。

（原载《晋阳学刊》1997 年 3 期）

论新时期人民内部矛盾

人民内部矛盾并不是一个新课题，但是在社会发展的不同阶段，却有着不同的内容和表现。当前我国人民内部矛盾在不同领域、不同部门都有所表现，它们是社会主义基本矛盾和主要矛盾的反映，是社会主义社会自身矛盾性的规定。矛盾是一切事物发展的内在动力，研究现阶段我国人民内部矛盾状况，探索正确处理人民内部矛盾的科学对策，对于促进社会主义社会的稳定和协调发展，具有重要的理论和现实意义。

一

在改革开放不断深入，社会主义市场经济体制不断完善，经济繁荣社会稳定的形势下，在人民内部的社会关系方面仍然存在着矛盾。新时期人民内部矛盾在内容和表现形式上，呈现着不同于社会主义计划经济时期的特征和发展规律。新旧体制的转换，所有制结构和分配制度的变化，必须涉及生产关系诸方面的利益格局的调整，和由此产生的各方面的矛盾关系。在各方面的矛盾关系中，首先是利益矛盾关系，不同行业、不同部门的整体和个人的利益，国家、集体和个人相互之间的利益矛盾变得复杂多样。在计划经济体制和市场经济体制转变的过程中，社会结构和利益格局的变化，是社会群体和个人在利益关系上的大调整，因此必然产生新的人民内部矛盾。市场经济体制的基本前提，一是要有社会分工，二是利益主体的分化与独立。社会成员在利益上的分化和独立，是社会关系的基础，在社会主义市场经济体制的运行中，社会群体和个人的地位、作用和行为，无不受社会利益结构所制约。当前人民内部矛盾，主要反映在国家、集体和个人三者之间的关系上，而在这些关系中又集中表现为群体与群体、个人与群体之间的利益矛盾。改革开放以来，我国国民经济得到飞速发展，综合国力大大加强，人民生活水平明显提高。但当前不容忽视的一个问题是，工农业产品价格剪刀差的扩大，农业生产资料价格涨幅过猛，农村剩余劳动力就业压力增加，农民负担过重。这些问题直接影响农民的收入和生产积极性的提高。据统计，中华人民共和国成立几十年来我国农民在工农业产品价格剪刀差方面的利益流失达 6000—7000 亿元。城乡居民收入差距的扩大，实际上是利益关系的变化，加深了城乡居民的利益矛盾。不同地区居民收入差距，一部分人和一部分地区先富起来，这无疑促进了生产力的发展，对于激励人们改变贫困面貌起到了积极作用。但同时也应看到社会群体之间的贫富差距的存在。在不同行业职工实际收入存在着差距，如保险、金融、房地产、邮电、电力、税务、外贸、海关等行业的职工收入偏高，而制造业、纺织业、文教等行业收入偏低。在城乡部分私营企业主、个体工商业户、企业管理者、租赁经营者、中外合资企业高级职员，以及高级律师、高级厨师、影视歌体名星的收入已经大大超过一般劳动者，他们的生活水平既高过小康阶层，更大大超过温饱阶层，尤其是与目前尚处贫困状态的阶层形成鲜明对比。随着企业改革的深入和现代企业制度的逐步建立，为解决国有企业的困难，推动国有企业机制的转换，在减员增效、规划破产、鼓励兼并过程中，企业的管理者与在岗职工以及下岗职工之间，在切身利益上不可避免地会产生新的矛盾。在改革中，政府既有促成企业转换机制，放手企业使之成为利益主体的一面，又需要保持社会稳定，控制失业率增长以及安排再就业工程的一面。这两方面都充满着各种人民内部矛盾，贯穿着国家、集体、个人之间的利益关系。应当看到，社会主义市场经济的建立与发展，克服了平均主义利益分配原则，激发了诸多利益主体的竞争力和活力，使分配领域拉开了距离，物质利益矛盾突出出来成为大量的、经常表现出来的人民内部矛盾。随着市场经济的发展，物质利益矛盾成为新时期人民内部矛盾中的基础性矛盾。

新时期的诸多人民内部矛盾，是社会主义社会生产力与生产关系、经济基础和上层建筑之间矛盾的表现，人民内部矛盾不仅表现在经济关系领域，而且还表现在政治生活、思想文化生活和道德观念领域。随着政治体制改革的深入，党政关系、党内关系和干群关系以及它们之间的矛盾呈现复杂化和具体化。在社会主义初级阶段，社会主义的意识形态同封建主义残余思想、资产阶级腐朽思想的矛盾通过各种渠道渗透到人民内部的思想文化领域，在人民内部正确与错误、先进与落后、革新与保守、科学与迷信的思想矛盾也会经常发生，这些观念上的矛盾往往带来行为上的矛盾，因而形成人民内部思想和行为的是非矛盾。当前表现在干群关系上的人民内部矛盾，主要是少数干部思想道德观念和行为与群众之间的矛盾，少数干部为政不廉、办事不公、违法施政，损害了干部和群众之间的鱼水关系。在城市，以党代政、以党代企的现象仍然存在，企业领导人员政治业务素质偏低，不适应发展社会主义市场经济的要求，不善于经营管理，不能充分依靠职工办好企业。一些企业的管理者滥用权力，以权谋私，违法乱纪，肆意挥霍侵吞国家资财，甚至出现"穷庙富方丈"的反常现象。一些企业领导者置企业的兴衰、职工就业、失业于不顾，严重挫伤职工群众的积极性和创造性，影响了干群关系，激化了干群矛盾。在农村，一些基层干部利用手中的权力，谋取私利。公款吃喝标准越来越高，招待规模越来越大，作风粗暴，变相体罚，甚至非法动用警力、警具，用对待专政对象的方法对待群众，从而激化了干部和群众的矛盾。有的错误估计农民的富裕程度和承受能力，向农民乱收费、乱集资、乱摊派，压任务、限时间，引起群众不满；有的为了部门利益，以服务为名采取多种手段向农民伸手，加重农民负担；有的为创"政绩"、出"成绩"，搞脱离实际的乱达标、乱检查、乱评比，弄虚作假欺瞒群众。少数干部在思想上分不清两类矛盾的性质，在行动上混淆两类矛盾，用处理敌我矛盾的方法处理人民内部矛盾，因而导致行为上的过失。在国家机关干部队伍中，有些人利用手中的权力，以职谋私、见利忘义，权钱交易。拜金主义、享乐主义和利己主义的滋长，使正确的思想观念和价值观受到冲击，在世界观、人生观和价值观上同传统的思想体系，同广大人民群众的思想追求和价值观念产生明显的反差，这是新时期人民内部矛盾中干群矛盾的集中表现。这种矛盾有时在一定的范围内成为主要矛盾，因此实施"鱼水工程"，密切干群关系，对于发展改革、稳定大局具有十分重要的意义。

<h2 style="text-align:center">二</h2>

　　人民内部矛盾是新时期社会主义自我完善过程中的矛盾，是社会主义自身发展前进中所表现出来的矛盾。邓小平同志曾指出："在这场伟大的革命中，我们是在不断地解决新的矛盾中前进的。"① 社会主义矛盾性正是社会主义生机活力及前进性的表现，正确认识和处理前进道路上的各种人民内部矛盾，是改革开放过程中的一项重要任务。

　　社会主义在向市场经济体制转变的过程中，社会结构和利益关系发生新的变化，旧体制与新体制之间必然发生冲撞，正是在这种冲撞中，才能表现出社会主义的生机与活力。新制度和新体制的建立反映了生产力发展的要求，但是，刚建立不久的新制度和新体制又有待完善和发展，那些不完善的方面和环节与生产力的发展表现出不相适应的状况。由于社会主义社会基本矛盾的性质是非对抗性的，因此这种不适应反映在人与人之间的关系上就是人民内部矛盾。在从计划经济体制向社会主义市场经济体制转轨过程中，国有企业在结构调整、新产品开发、售后服务、降低成本等方面还不适应社会主义市场的新要求。部分国有企业经济效益低，有的处于停产、半停产状态。部分职工面临下岗和再就业，在下岗职工的安排上，面临诸多矛盾。国有企业富余职工一般年龄偏大，技能单一，缺乏在劳动力市场上竞争和独立谋生的能力，由于长期实行计划经济，国有企业部分职工市场竞争意识不强，择业观念不适应市场经济的要求。这样在企业领

---

　　① 《邓小平文选》第二卷，人民出版社 1993 年版，第 153 页。

导和下岗职工之间、在岗职工与下岗职式之间，无疑会产生种种矛盾。农村联产承包责任制的建立，极大地调动了广大农民的积极性，大大解放了生产力。在实行联产承包责任制后，农民在发展经济中要求政府和有关部门为农业服务，提供信息、疏通销售渠道，解决产前、产中、产后等产、供销各环节上的困难。这些是农业生产力发展对新体制提出的新要求，在不能适应新要求的情况下，往往会产生领导者和群众之间的矛盾。由于家庭经济基础、文化层次、掌握技术的程度以及智力上的差异，会产生家庭承包经济水平的差距，使农户在收入上拉开了距离。实行联产承包责任制后，生产经营、债权、债务等纠纷增多，有的甚至使矛盾激化。由于农村生产经营管理不适应农业发展的要求，在承包合同的履行、水利设施的利用，在土地的征用、道路水渠的开挖等方面，往往由个体农户之争扩大到群体利益之争，引发为较大范围的人民内部矛盾。应当看到，如果不实行两个根本性转变，不进行资本结构的调整，也就不会带来生产力的迅速提高，如果不实行家庭联产承包制度，也不会出现农村的繁荣与发展。城市、农村、工业、农业领域产生的人民内部矛盾，是社会主义在新基础上继续发展中的矛盾。

社会主义市场经济的等价交换原则，有助于形成人们的平等、民主、自由意识。民主建设是建设有中国特色社会主义的本质要求。改革开放以来，民主制度的建设日臻完善，它基本反映了社会主义经济基础的要求。但是在干部队伍中思想观念、工作作风与新制度和人们日益增长的民主意识不相适应，在发展中反映在人与人之间的关系上，往往引发人民内部矛盾。改革开放以来，人们摆脱了"左"的束缚，思想得到解放，作为社会主体在市场经济体制建设中发挥着越来越大的作用。人们的参与意识、民主意识、平等意识进一步增强。机关干部中存在的官僚主义、命令主义、工作作风粗暴等，说明在管理方式和工作方法上，仍然沿用计划经济时期那一套习惯做法。民主制度和干部的管理方法、工作方法与群众日益增长的民主参与意识、民主监督意识不相适应，在城市一些企业民主制度不健全，不能发挥职代会的民主监督作用，也会引发人民内部矛盾。在农村过去已经形成的管理和工作方法还没有适应农村经济基础的变化和发展，管理上还落后于改革开放的新形势，村务民主管理新体制还没有建立起来，村民议事制度不健全，不少地方群众因无法行使自己的民主权利而产生不满情绪。

市场经济条件下的等价交换原则和竞争原则，对人们树立自主意识和竞争意识，实现个人价值起着积极的促进作用，社会主义初级阶段的分配原则也给人们在物质利益上带来实惠。但在复杂的社会关系中，个人与个人、个人与集体之间，尚存在着直接利益与间接利益、个人利益与集体利益、暂时利益与长远利益的矛盾，人们往往看重个人利益、暂时利益和眼前利益，并为此争名争利相互竞争，一旦失利，就产生消极对立情绪。在农村不少农民对市场经济条件下出现的新情况缺乏正确认识，在市场经济大潮中缺乏风险意识，在经营决策失误甚至造成经济损失时，不从自身找原因，而是过多地把责任推向政府和干部，从而产生对立情绪。农民在发展经济和经济纠纷中，缺乏法律意识，不善于用法律来维护自己的利益，有的触犯法律或采取极端手段，激化矛盾。在发展农村经济过程中，出现先富和后富是自然的、是符合客观规律的。但先富起来的农户没有发挥好示范作用，没能带动和帮助其他农户共同致富，于是尚未富起来的农户心理失衡，缺乏正确态度，相互之间容易产生纠纷，引发人民内部矛盾。

新时期人民内部矛盾的内容和表现形式，带有与以往不同的特点，新时期人民内部矛盾的存在是合乎规律的正常现象，是社会主义社会自我完善、自我发展中的矛盾，它涉及生产关系和上层建筑的方方面面。对待新时期人民内部矛盾，就要实事求是，运用辩证思维的科学方法，研究、分析人民内部矛盾产生的社会条件、表现形式和特点，从而找到正确处理的方法和对策。

三

对待新时期人民内部矛盾，要从客观实际出发，全面分析矛盾各方面的关系，把握矛盾的普遍性和特殊性，从社会主义发展规律上认识和研究人民内部矛盾发展趋势，从实践中研究正确处理人民内部矛盾的新对策、新方法，是建设有中国特色社会主义实践中的重要课题。

正确处理新时期人民内部矛盾，要以邓小平建设有中国特色社会主义理论为指导。邓小平建设有中国特色社会主义理论的精髓是实事求是，它贯穿着辩证唯物主义和历史唯物主义的基本原则，是新时期的历史辩证法，为观察和正确处理人民内部矛盾提供了科学方法论。邓小平关于社会主义本质的概括，从根本意义上回答了什么是社会主义以及怎样建设社会主义的问题，这一科学概括，不仅反映了社会主义社会生产力发展的本质要求，而且揭示了社会主义生产关系的性质，体现了社会主义社会生产力和生产关系的辩证统一，是正确处理新时期人民内部矛盾的纲。"社会主义的本质，是解放生产力、发展生产力，消灭剥削，消除两极分化，最终达到共同富裕。"这既是正确处理人民内部矛盾的总的纲领，也是科学方法。新时期实行以公有制为主体、多种经济成分共同发展，以按劳分配为主体、多种分配方式并存的制度。所有制结构和分配结构的变化，涉及人们物质利益关系的方方面面。在强调发展生产力的同时，必须坚持公有制为主体，实行共同富裕。在新旧体制转换中，物质利益矛盾在人民内部矛盾中起着支配地位。发展生产力，消除两极分化，最终达到共同富裕的过程，本身就是利益关系的调整，也是分析解决各种人民内部矛盾的实践过程。在不断调整利益关系，解决矛盾，实现共同富裕的过程中，就是社会主义本质充分展示的过程。所以，只有深刻理解邓小平关于社会主义本质的理论，以建设有中国特色社会主义理论为指导，才能正确处理新时期人民内部矛盾。

在社会主义初级阶段，我国社会的主要矛盾是人民日益增长的物质文化需要同落后的社会生产之间的矛盾。这一主要矛盾决定了我国现阶段的主要任务是发展社会生产力。生产力是社会发展的最根本的决定因素，只有发展生产力，才能从根本上提高综合国力，才能提高人民的生活水平。只有大力发展社会生产力，才能为解决各种社会矛盾，提供物质基础和社会保障。有了物质基础也就有了化解各种利益矛盾的有利条件。无论是由于经济原因产生的人民内部矛盾，还是由于思想文化、道德观念产生的人民内部分歧和矛盾，从根本上说，都是由物质利益关系决定的。改革开放以来，集中力量发展社会生产力，把邓小平同志提出的"是否有利于发展社会主义社会的生产力，是否有利于增强社会主义国家的综合国力，是否有利于提高人民的生活水平"的"三个有利于"的思想，作为检验各项工作的根本标准。"三个有利于"有着深刻的内涵和实践意义，它把国家利益、集体利益、个人利益有机统一起来，把整体利益和局部利益，长远利益和眼前利益统一起来，从而为正确解决各种人民内部矛盾提供了前提，也为寻找社会主义社会改革、稳定、发展道路，提供了理论依据。为了发展社会生产力，我们采取让一部分地区和一部分人先富起来的政策，通过先富帮后富，先富带后富，最终达到共同富裕。这是社会主义本质的体现。在实现共同富裕过程中，不可避免地会出现地区与地区之间的不平衡和人们在利益关系、收入状况和生活水平上的矛盾关系。解决这些不平衡和各种内部矛盾，最根本的办法是把经济搞上去，把综合国力搞上去，只要综合国力提高了，人民的生活水平提高了，也就为正确处理各种人民内部矛盾奠定了基础。解决人民内部矛盾的正确方法和途径，只能来自社会主义实践本身。大力发展生产力，在不断解决各种人民内部矛盾中前进，正是社会主义生命力和优越性之所在。

加强民主和法治建设，树立民主和法制观念是正确处理人民内部矛盾的重要环节。新时期人民内部矛盾，是全党工作重点转移到社会主义现代化建设上来以后所表现出来的矛盾。各种人民内部矛盾是在根本利益一致的基础上产生的，社会主义制度本身能够依靠自身力量解决这些矛盾。随着改革开放的深入，体制建设和工作方法正朝着民主化、法制化道路迈进，这是社会主义现代化建设的客观要求，也是国家繁荣富强、人民安康幸福的必由之路。民主化、法制化的关键在人，没有民主、法制观念的提高，也就没有体制上的民主化、法制化。人民内部矛盾的产生和演化，许多是由民主和法制不健全引起的。解决人民内部矛盾要通过法制。邓小平同志说："国家和企业、企业和企业、企业和个人之间的关系，也要用法律的形式来确定；它们之间的矛盾，也有不少要通过法律解决。"① 只有通过法律的形式，才能使人民内部矛盾控制在一定范围，并使其朝着有利于社会稳定发展的方向解决。现实生活中出现的各种人民内部矛盾，许多是因为不懂法、不执法，民主观念淡薄而引发的。一些基层干部在实际工作中的违法施政、作风霸道，就是缺乏民主意识、混淆两类矛盾的表现。因此，增强民主观念、健全民主制度是解决人民内部矛盾的正确途径。增强党的观念、群众观念、法制观念，运用党内监督、法律监督、职工民主监督、财务审计监督和舆论监督，形成正确处理人民内部矛盾的民主监督机制。建立和健全民主参与、民主管理、民主监督等各项规章制度，是正确处理人民内部矛盾的重要措施和对策。新时期人民内部矛盾表现出多层次、多方位的特点，矛盾各方相互交织十分复杂，而且从矛盾的萌芽、生成到化解，有一个发展过程。但只要不断加强民主、法治建设，注重增强人的民主法制观念，正确对待人民内部矛盾，就会获得行动的自由，就能充分调动人民群众建设社会主义的积极性和创造性。当前诸多人民内部矛盾主要集中在群众和基层干部之间的矛盾上，随着民主和法治建设，深入开展反腐败斗争，加强勤政廉政建设，对于正确处理人民内部矛盾至关重要。干部要树立全心全意为人民服务的思想，自觉接受群众监督、廉洁自律、勤政为民，克服官僚主义，做人民满意的公务员，许多矛盾问题就容易解决，许多困难问题就可克服。

建立健全社会保障体系，是新时期正确处理人民内部矛盾，维护社会稳定的重要措施。社会保障制度，是由国家和政府根据一定的法律、条例建立起来，为社会成员提供某种特殊情况下的社会帮助，是一种调节社会物质利益的实际形式。在城市建立最低生活保障制度和在农村建立养老保险制度，对老年人、失业者、残疾人和未成年人进行特殊的社会帮助，就是这种保障制度的重要内容。要加快养老、失业和医疗保险制度的改革，逐步形成社会保障、社会救济、社会福利、优抚安置和社会互助、个人储

---

① 《邓小平文选》第二卷，人民出版社 1993 年版，第 147 页。

蓄积累保障相结合的多层次的社会保障制度，这是从社会保障体系上为正确处理人民内部矛盾提供重要保证。目前部分国有企业，由于推进资本结构调整，破产兼并、减员增效、下岗分流，使部分职工收入降低，出现与在岗职工和其他社会阶层在收入和生活水平上的差距。关心困难企业职工和下岗职工，是当前社会保障工作的重要内容，而实施"再就业工程"是国家保护工人阶级当前利益和长远利益所采取的具有中国特色的保障措施。实施"再就业工程"，处理好失业保险，由消极救济转变为积极促进再就业，从简单的保障基本生活转变为积极的再就业，建立再就业基金等。下岗职工的再就业，是职工利益关系的调整，也是生产关系的调整，它涉及社会关系的方方面面。实施"再就业工程"也是正确处理人民内部矛盾的实践过程，只要坚持人民的暂时利益和长远利益，局部利益和整体利益的有机统一，坚持群众观点，就能在转换机制、劳动力分流和重新组合中，找到利益关系的最佳位置；就能在处理各种内部矛盾中，完善社会主义的生产关系，促进社会主义生产力的发展。

从改革、发展、稳定的大局出发，不断提高处理人民内部矛盾的领导艺术和政策水平。新时期人民内部矛盾的产生和演化，都涉及群众的物质生活、社会生活，涉及群众的切身利益。正确处理好人民内部各种矛盾问题，必须坚持全心全意为人民服务的宗旨，关心人民群众的疾苦，对于人民群众在生产、生活中的困难问题，要真正关心、帮助，想人民之所想，急人民之所急，把关心、帮助人民群众解决困难的过程作为解决各种矛盾的过程。正确处理人民内部各种矛盾问题要靠党的政策，只有靠党的政策，才会找到正确的方法和途径。在实际工作中，不顾党的政策和基层单位的实际情况，搞乱摊派、乱收费、乱罚款，甚至用粗暴态度、强迫手段对待群众，都是违背党的政策的行为，都是激化矛盾和扩大矛盾的做法。提高政策水平，严格执行党的各项方针政策，是处理人民内部矛盾的重要条件和基本功。人民内部矛盾往往有一个从隐到显的发展过程，在实践中善于发现矛盾、正视矛盾并预见矛盾的发展趋向，也是一项极其细致而艰难的工作，要使矛盾消除在萌芽状态，化消极因素为积极因素，这就要依靠人民群众，做深入细致的思想工作。在解决人民内部矛盾过程中，要深入实施"鱼水工程"，密切干群关系，在工作中听取群众的意见，尊重群众的意愿，取得群众的支持。在新时期，处理人民内部各种矛盾问题，仍然需要坚持党的群众路线，这既是马克思主义在新形势下的群众观，也是正确处理人民内部矛盾的前提和基础。

社会主义社会的稳定、发展和全面进步，取决于社会生产力的发展，取决于社会矛盾的正确解决。新时期的人民内部矛盾在内容和表现形式上有着自身的特点，只要坚持马克思主义的立场观点方法，以建设有中国特色社会主义理论为指针，从实际出发，就能在发展中认识新时期人民内部矛盾的特点及其规律性，着眼于新的实践和新的发展，促进社会主义社会的稳定、发展和全面进步。

（河北省社科规划课题，原载《河北学刊》1997 年第 6 期）

强化职业道德，促进企业发展

——对河北旭日集团职业道德建设的思考

　　河北旭日集团创立于 1993 年 3 月，是以河北省冀州市供销社为基础，发展起来的一个跨行业、跨地区、跨所有制，集科、工、贸于一体的综合性企业。现有干部职工 5000 余名，总资产规模 4.5 亿元，其中固定资产 1.5 亿元。目前已由刚成立时的 20 家企业，发展到包括个中外合资企业、4 个工厂、14 个专业公司、45 个综合商业企业的初具规模的企业集团。三年来，旭日集团坚持两个文明一起抓，使企业的经济效益和思想道德文化都得到了发展。主要经济指标日益增长，1996 年完成产值 44909.3 万元，比去年增长 49.4%，比集团成立前的 1992 年的 16560 万元增长 171%；完成销售 81061 万元，比上年增长 62.1%，比 1992 年的 17704 万元增长 358.4%；实现利税 1512 万元，比上年增长 36.5%，比 1992 年的 451 万元增长了 235.3%。旭日集团连续被省委、省政府命名为文明单位，被省供销社评为省先进企业。集团生产的旭日升冰茶、暖茶，被河北省评为"五大名饮"之一，为消费品类重点名牌产品，全国供销总社首批名牌产品。在精神文明建设中，认真进行了爱岗奉献的职业道德教育和建设，增强了全体员工的敬业为民意识、勤业精业意识和行为规范自律意识，形成了良好的企业文化氛围，企业的精神文明建设，员工的职业道德面貌发生了可喜变化。

一、以"旭日升，万家兴"为理念，
培养敬业为民、爱岗奉献的职业道德

职业道德是社会化的角色道德，各行各业有自身的社会定位，每个社会成员都在一定的社会关系中扮演一定的职业角色。行业不同，岗位各异，但都要通过职业技能、职业效益完成社会职能，达到个人价值和社会价值的统一。社会主义职业道德的核心，是敬业为民，服务奉献。

（一）培养和塑造爱厂如家的爱岗敬业精神

旭日集团自成立以来，坚持"以人为本""服务为民"为宗旨，在精神文明建设中，把职业道德建设作为重要内容来抓。近年来，他们围绕着职业道德建设，在全体员工中普遍开展了世界观、人生观、价值观和爱国主义教育，结合职业理想、企业形象、行为规范等内容，采取演讲、算账、答卷考试等形式，进行了"我与企业共命运""在企业如何实现个人价值"和"在困难面前怎么办"的大讨论。引导员工树立敬业意识、爱岗意识、精业意识、自律意识和奉献意识。"旭日升，万家兴"是旭日集团的职业理念，也是旭日人的价值追求。它蕴含着旭日事业与千家万户紧相连，也意识着旭日事业的振兴与发展，服务于人民，造福于人民，使企业效益同社会效益相统一，企业价值同社会价值相统一的职业价值追求。要做到"旭日升，万家兴"，就是要以战略眼光培养爱厂如家的岗位意识和敬业精神，塑造爱岗敬业的职业人。要使员工爱岗敬业、自觉奉献，就要在企业发展中不断探索满足个人合理要求，个人利益受到尊重的恰当途径，使个人价值和社会价值在实践中统一。

第一，要使员工爱旭日，为旭日事业作奉献，就要从关心员工切身利益做起。旭日集团把关心员工切身利益，看成是企业凝聚力的来源，他们特别关心离退休人员的实际生活，认为这是企业不可推卸的责任，成立专门机构，确定专人负责安排、照顾离退休员工的生活，1994年，他们先后3次出资，给困难企业离退休人员，每人补贴1000元生活费，使离退休员工生活得到保障，使他们身离岗位、心系企业，关心企业的发展。为解决员工住房困难，筹资新建3万平方米住宅楼，使500多名员工搬进新居。投资十几万元，为员工住宅区添置暖气设备，成立了居委会，专门负责生活区的水、电、暖、卫生事务，解除了员工的后顾之忧。员工身感旭日的温暖，从而激发了为旭日升作奉献的积极性和责任感，吸引力化为凝聚力，员工的凝聚力也是企业职业道德的财富。

第二，尊重员工的进取意识和自立自强精神。在实践中涌现出的先进人物和先进典型，也是职业道德建设中的模范，为发扬职业道德精神，各企业每年都表彰一批爱岗如家、乐业奉献的模范员工，推广他们的先进经验，宣传他们的典型事迹，肯定他们爱岗奉献的社会价值。为鼓励先进，集团设法为工作出色的合同工，解决城镇户口，安排家属子女的工作。以榜样的力量，启发和塑造员工的爱岗敬业精神。

第三，把职业道德的塑造同思想政治工作有机结合起来。旭日集团在实践中体会到，职业道德的培养与建设，员工爱岗奉献精神的形成，与思想政治工作有着紧密的联系，他们坚持把思想政治工作同职业道德教育相结合，在日常工作中采取"五必访"的方法，把二者统一起来。"五必访"即员工的婚丧嫁娶必访；有疾病必访；家庭纠纷必访；有困难必访；过年过节必访。在"五必访"中，把传统道德中可以继承和发扬的内容同新形势下倡导的道德原则结合起来；把艰苦奋斗的创业精神同良好职业道德风尚结合起来。在旭日集团各企业，"五必访"已经形成制度，成为领导干部的职业习惯和作风。

第四，向社会献爱心，加强企业与社会的沟通。企业对社会的爱，带来社会对企业的爱，这种爱心是形成企业凝聚力的启动器，也是职业道德的重要内容。1995年春节，旭日集团开展了"赠百万献爱心"活动，出资150万元向全省13万名离退休干部赠送特制降脂茶和保健茶，赢得社会各界的好评。企业得到了社会的信赖和爱心，激发了旭日人的责任感和自豪感，增强了员工的爱岗奉献意识和职业凝聚力。

（二）在压力和挑战中塑造敬业精神

社会主义市场经济为人们提供了实现个人价值和社会价值的社会环境和条件。人的敬业精神的塑造往往随着压力和挑战，能否在艰苦创业中拼搏，在竞争中求发展，能否敢于迎接压力和挑战，是检验人们职业责任感、荣誉感和尊严感的客观标准。近几年，旭日集团所属企业，特别是供销部门，遇到了资金少、贸易难做、名牌难创的困难。面对眼前的困难，部分员工职业心理不平衡，战胜困难的信心不足，事业心、成就感受到影响。集团领导没有抱怨，没有等待，没有被困难吓倒，以坚守的敬业自信心，迎着困难上，他们从认真分析形势，从抓思想政治工作和职业道德教育入手，进行困难面前怎么办的教育，群体优势教育，开放兴业教育，长远发展教育。引导员工树立四个观念：战胜困难观念，争优创新观念，服务为本观念，长远发展观念，从而增强了员工的自觉自强意识。他们正确分析困难和机遇的辩证关系，提出"也是机遇""奋斗创造良机"的口号，以科学的态度分析有利和不利条件，主观条件和客观条件的相互关系，正确认识主观能动性和人的创造力，从而鼓舞了员工的士气和奋进精神。为了克服困难，他们提出多元化经营的思路，一是经营产品多元化；二是经营行业多元化；三是经营领域多元化。发出"冲出冀州，走向全国大市场，走向世界大市场"的号召，随后成立35个商贸公司，走向大江南北，世界各地搞贸易。他们抓住机遇，从困难中闯新路，在许多企业面临困难徘徊时，果断决策，筹集资金上亿元，与全国100多个县市、几十家企业建立了业务关系，使企业走出了低谷，在不到一年时间里，集团成员由20多个增加到50多个，经营额扩大了一倍，利润增长了1.2倍，使企业焕发了新的生机，走向了市场。克服困难抓住机遇，是旭日集团敬业精神的集中体现。近年来棉纺行业受到了严峻挑战，一些大棉纺厂被迫停产。具有3.4万锭118台布机的集团所属纺织厂也同样无米下锅，处于困境。这对旭日人产生了无形的压力。在困难面前他们靠的是顽强拼搏的敬业、乐业精神和科学的辩证思维。在他们看来事物存在矛盾是客观的，矛盾转化是必然的。困难和机遇并存，低潮可以转化为高潮。多数停产意味着，低潮过后预示着高潮的到来。面对严峻的现实他们采取两步走：第一步稳定队伍。没有效益仍按规定计件，想办法筹集资金照发工人工资，保留了技术骨干稳定了员工队伍；第二步及时抓住转机制订生产计划。从产销到质量消耗制定了具体指标，仅用两个月的时间，纺织厂3.4万纱锭全部开齐。与此同时他们还积极筹集资金数百万元，新入熟练工人500多名，迅速恢复了生产，盈利大增，面貌一新，1994年比1993年新增收入700万元。战胜困难赢得机遇是最好的教育，广大员工主体意识和职业自信心进一步增强。

（三）爱农支农，敬业为民，发挥职业队伍优势

旭日集团由原来的供销社发展成为综合性的企业集团，与农村有着广泛的联系，与农民的利益息息相关。集团仍然具备着对重要农用物资实行专营的社会职能，负责农副产品的收购和营销，承担农业技术服务的任务。他们坚持敬业为民、服务农村的职业道德信念，凭借原有职业队伍的特长和优势，心系农民，热心服务，什么促进农村经济发展，就把服务集中到什么地方，农民需要什么服务，就提供什么服务。把为农服务工作摆在重要位置，专门成立了农村经济服务总公司，组建了27个统一规范的高标准的农资专营店，认真组织协调全系统的农村社会服务活动。在为农服务上体现出集体奉献的职业道德风貌。

在种植示范服务上，以职业的责任感，率先垂范、热心为民。1996年，抓"三圃田"4794亩，新品种对比试验田180亩，集团在全市抓了6个棉花高产示范村，派专人常驻负责，进行具体指导和帮助，他们向农民推广新技术，提供优惠生产资料，当年示范村亩产籽棉280千克，三圃田平均亩产籽棉206千克，比全市平均亩产增产95%。示范村的高产，激发了全市农民的植棉积极性。

在农业技术服务上，深入现场，调查研究，耐心引导。几年来，旭日集团把农民的科技服务放在首位，棉花经营单位派技术人员下乡，把抓好示范村的农业科技服务作为经常性的技术普及工作，为提高棉花单产，具

体抓好地膜棉、简化栽培、棉铃虫综合防治、区域化种植等新技术推广和科学植棉措施。集团还以聘请技术专家，组成技术指导小组，负责咨询和技术指导，举办技术骨干培训班等形式，进行全面技术指导和推广。

在收购服务上，积极主动，热情周到。旭日集团的事业日益兴旺，企业发展了，员工生活富裕了，但他们没有忘记农民。在棉花和其他农融产品收购季节，想农民之所想，急农民之所急。1995 年旭日集团 4 个棉花经营单位投资 140 万元，对所属棉站进行维修、建设，拿出 700 多万元，奖励棉农售棉。全年收购籽棉 1361.9 万千克，散皮棉 21.63 万千克，总折皮棉532.49 万千克，居全地区前列。同时他们还发挥自己的优势，认真抓好农副产品的经营。集团成立以来，共推销各类果品 625.726 吨，小麦、玉米、谷子及副产品 3740.46 吨，黄豆 4608.5 吨，花生 33.5 吨，平菇 350 吨，土豆 100 吨，辣椒 15.85 吨，总值 1600 余万元。有人说，旭日集团和农民之间，是"手拉手，情依依"。旭日集团是一种发展中的模式，虽然它已经发展成为集工业、贸易、科技、金融于一体的大型综合性企业，但仍把支农作为事业的组成部分，承担和扮演着多种职能和多重社会角色，发挥着它的独特社会作用。旭日集团把科、工、贸、农融为一体，走着一条独具特色的发展道路。联系旭日集团和农民之间关系的纽带，是旭日人为人民服务的职业道德情怀。

（四）廉政自律、务实敬业，塑造领导干部的道德形象

在职业道德建设中，领导干部的道德形象直接影响着整体职业道德塑造。旭日集团注重领导干部的职业道德建设，率先从领导机关、领导干部敬业精神、廉政自律意识的培养做起。集团刚成立时领导干部就约法五章：不用公车办私事；党委成员下基层一律在食堂同职工一起用餐；党委成员与机关员工享受同等的奖金待遇；不与直系亲属在同一单位工作；领导班子成员以普通一员身份积极参加机关活动。董事长段恒中务实敬业，严于自律，他把企业的利益摆在首位，把企业的兴旺看成是个人的职业理想和追求，在敬业拼搏中创造人生价值。用他的话说就是"我的目标是把旭日

升起来"。他不谋官，不谋吃穿，不谋私利。为了致力于旭日事业甚至主动
放弃副市长的职位。他同领导班子成员一样，工资待遇与市场营销率、产
值利税率、综合经济效益挂钩。每年他的奖金比领导班子成员平均数还低，
平时工资待遇按领导班子平均数领取，不多拿一分钱。恪尽职守，严格自
律还表现在他奋斗拼搏的敬业态度上，他除了吃饭和晚上睡觉，其余时间
都用在工作上，没有休过假，没有休过星期天。每天除了在总部处理工作，
就是下基层现场办公，调查研究。他的严谨的职业工作态度和作风，影响
着旭日的整体形象和职业道德风貌。作为一名现代企业的领导者，他把学
习现代科学知识和管理艺术看作是职业的需要和职业的追求，几年来，他
已经带头学完了《唯物辩证法》《社会主义市场经济》《市场学》《工业企业
管理学》《外贸实力》和《管理会计》等课程。为了学习党的方针、政策，
学习科学知识和掌握信息，订阅了40多种报刊。他抓紧一切时间刻苦学习，
不断提高自身素质和领导艺术水平。领导者的爱民的职业品德，为旭日人
职业道德风尚的塑造树立了榜样。

二、结合行业特色，规范职业行为，塑造自我陶冶、自我规范、诚信自律的道德人格

职业道德规范，是人们在长期的职业实践中逐步形成的，它反映着人
们的职业活动、职业关系、职业态度和职业作风，它被公认为是评价行为
好坏的道德标准。

（一）自我规范同企业科学管理相结合

旭日集团在职业道德建设中，重视职业道德规范的制定和实施。他们
根据集团跨地区、跨行业，科、工、贸一体的职业特点，除了确立跨行业
的共同遵循的职业道德规范，提出统一的道德规范要求外，还就各行各业，
不同岗位、工种的具体情况，制定了具体的职业行为规范，这些具体的结
合各行业、各岗位的行为规范，作为一般性道德规范的具体化和补充，它

们一般具有鲜明的行业、岗位特色，并带有传统道德规范的特点，在职业心理和职业习惯上表现出相对稳定性。旭日集团统一确立的职业道德规范，都把坚持四项基本原则，爱党、热爱祖国、热爱社会主义作为首要内容和前提，各行各业，各个工种岗位，都要干好本职，精通业务，工作高效，团结互助，礼貌待人，遵纪守法，做有理想、有道德、有文化、有纪律的员工。这些共同的职业道德规范，是集团全体员工共同的职业道德要求，它来自于基层，又融于基层各岗位，它是一般，但又不能脱离特殊，各行业、各岗位的具体职业道德规范又反映了一般规范的精神实质，体现了一般和个别、普遍和特殊的统一原则。在旭日集团，无论是中外合资企业、专业公司还是综合性产业企业，都建立了与自身业务特点紧密结合的职业道德规范，近70家的紧密层、核心层企业，千百个岗位工种，层层建立了相应的职业道德规范，做到行为有范，自觉自律。

旭日集团的职业道德规范具有实践性和可操作性的特点，它是人们在实践中的行为尺度。人们在它们面前不是被动的客体，而是主体，不是他律而是自律。首先，集团内各公司企业在制定具体的职业道德规范过程中，做到着眼现实，尊重传统，使行为规范充分反映改革开放和市场经济条件下，价值观念、职业态度、职业心理行为观念，同时继承本行业的职业传统和习惯，在民主自议基础上制定具体内容，这些规范、守则反映了员工的自律意识和要求，是建立在职业道德自律基础之上的。其次，具体的职业道德规范，体现了价值原则，做到个人价值与社会价值相统一，使员工的责、权、利融于规范的具体内容之中。不少企业制定的质量标准、操作规程、管理制度中，都做到责、权、利与岗位工程紧密结合，把职业道德的好坏具体量化，奖罚分明，责、权、利明确，使自律意识通过规范实践转化为自律行为。为便于操作，易于实践，旭日集团各公司企业，尊重员工的主体意识，尊重员工的自律能力，把企业所有岗位、工种的工作规章、制度分解，将质量标准、操作规程、管理制度和职业道德规范具体化，印成小册子，从领导成员到一般科室人员，从干部到第一线工人，人手一册，随身携带，便于操作。旭日集团的职业道德规范，已经化为员工自觉自律的尺度，员工对本岗位的行为规范，都能熟练掌握，对答如流，应用自如。最后，企业的职业道德规范融于日常管理制度、操作规程之中，体现了职业行为特色。同时反映了企业形象，产品形象，个人形象，把职业行为规范同其整体形象塑造结合起来，同生产过程结合起来，这样就使生产活动纳入到人的行为规范序列，使生产活动受到行为规范的制约。如把尊师爱徒、礼让谦和、团结互助等规范同管理制度相结合；把讲卫生、衣履整、守纪律、文明操作等规范同岗位操作规程相结合。这样就把职业行为规范纳入日常管理的范围，渗透到岗位的各个运行环节中去，体现了行为规范的可操作性和灵活性。

（二）以人品塑产品，在竞争中建设职业道德

在新形势下，职业道德建设中适应市场经济运行机制的要求，就要使行为自律反映市场化的特点。围绕上质量，争名牌，他们把增强员工的自信自强、超越进取意识作为职业道德教育的重要内容。在各企业开展价值观教育，自立自强教育和创名牌教育，引导员工破封闭保守、破愚昧迟钝意识，树立革新进取观念；破畏首畏尾、瞻前顾后意识，树敢想敢干的观念；破小富即安，小进即满意识，树自强争先观念。旭日集团在市场经济竞争大潮中崛起，深知名牌产品的分量，企业要发展关键是拿出拳头产品，企业创名牌，名牌兴企业。他们懂得产品质量同职业道德、争创名牌的辩证关系，从总结国内外著名企业的管理经验入手，结合本企业的实际，提出"产品就是人品，次品就是敌人"这一易于操作又寓于职业道德内涵的口号。这个求质量争名牌的口号，体现了全体员工对职业荣誉的珍惜和人品正、守信誉的职业意识。信守只有好的人品，才能生产出好的产品的原则，重人品上质量，以人品形象带产品形象，已经成为旭日人的职业道德共识。这个口号布满各企业车间、各个工作岗位，它已经变为旭日人的自律行为准则。他们认为，旭日产品是旭日人职业道德品质和整体素质的外在凝结，它反映着旭日员工的职业责任感和职业道德风貌。只有职业道德上的高品位、高素质，才能创造出高质量的产品。而次品也反映人品，不

守信誉，假冒伪劣，就是不讲职业道德。产品质量差，也是人的质量差。工人们说得好："产品不能坑人、骗人，坑人就是不讲道德，丧失良心。"在旭日人看来产品质量关系到企业的荣辱兴衰，关系到企业的形象和人的职业道德水准，关系到一代新人的塑造和成长。

（三）行为自律同内部市场化管理相结合

旭日集团尊重员工的自律精神，把员工的行为自律积极性同内部市场化管理程序结合起来。他们从1994年起，先后在纺织厂、橡塑公司、保健品公司、第一油棉厂、油棉针染厂等企业，按照清产核资、定编定员、承包、全员劳动合同，逐项落实市场化管理，规范质量标准，明确了责、权、利，对各车间工序承包，规定下一道工序是上一道工序的用户，双方是商品经营关系。上道工序产品质量不合格，下道工序不予接受。各工序实行了自检、互相、专检，人人行为自律，个个严把质量关口。旭日集团纺织厂，从1994年以来，开展的下道工序捉上道工序为内容的"捉疵活动"，就是把员工的自律观念同经营管理有机结合起来的实践过程。这个活动规定本道工序捉上道工序的次品，如捉不住上道工序的次品，而被下道工序发现就追究前道工序的责任。同时还把质量标准体现在报酬中，质量都过关才能获得高报酬。产品各道工序责任到人，奖罚分明。把行为自律的职业道德原则融于内容市场化管理程序，充分调动了员工职业道德的自信心和责任感，体现了员工的自律自强的主人翁意识和岗位意识。

严格的职业道德规范，自律自强的职业意识，贯彻于生产过程中，渗透于产品上，就是质量观念的强化和产品质量的全面提高。旭日集团抓产品质量先抓员工的质量意识，尊重员工的自律精神，根据所属各企业各岗位的实际，制定了严格的质量标准守则。在所属大企业开展全面质量规范月、基础管理月活动，举办质量检查培训班等，通过培训、考试、检查，变成员工自觉的行为规范，通过实践转化为职工的自律行为。职业道德中的自律和他律是辩证的统一，在培养员工自律意识的同时，旭日集团特别注意整体质量效益，规定凡是使用旭日升产品商标的，都必须经过河北省产品质量检验站检测合格后，才能走向市场。在售后服务上，以"快速、热情、独到"的职业态度和风格，把用户作为自身职业道德评价的客观标准。他们通过国内十几个信息点检测产品质量状况，派专人巡回走访全国10多个省市的销售部门，广泛听取消费者的意见。消费者的意见是一面镜子，它反过来又对员工起到促进作用。为了生产出高质量产品，他们先后与商业部食品检测科学研究所、中国茶叶流通协会、商科院、河北省轻化工学院等单位建立技术协作关系，聘请了10多名专家，担任技术顾问，推广了十几项科研成果，从而提高了产品的高科技含量，在质量上增强了竞争的实力。这些措施大大增强了员工的职业自信心和自豪感。

（四）在企业形象塑造中发挥人的自律积极性

旭日人的职业责任感和岗位奉献精神，还表现在精神文明建设工作中。作为河北省的文明单位，旭日集团不但注重人的职业道德塑造，而且十分注重企业硬环境形象的塑造。把厂区、生活区的净化美化，把员工的文体活动，作为精神文明建设的内容，纳入企业整体规划之中，各企业把文明建设同经济工作有机结合起来，广泛开展员工的业务文娱活动，采取有形、有情、有趣、有效的方法，寓教于乐、寓情于乐，陶冶情操，激发了员工的爱厂如家和主人翁意识。他们把环境保护、卫生整洁、净化美化工作，责任到人，分工负责，并且把这些统一作为职业道德行为规范的重要内容，作为旭日形象的重要组成部分。目前，无论是集团总部还是下属各企业的厂区，处处卫生整洁、规划得当，见不到杂草和垃圾，生产车间环境清雅，生产秩序井然，生活区窗明几净，用品摆放有序，做到了文明办公、文明生产、文明生活。人的职业道德素质的提高，精神面貌的变化，也净化着生产和生活环境，促进了企业精神文明建设。

三、以勤业精业、远谋近取的职业价值目标，塑造一代新人

企业的规划和发展目标，反映着企业的社会价值，它需要调动人的积极性和创造性，需要人的勤业、精业的职业道德精神，只有认真负责、坚

韧不拔、一丝不苟、精益求精、远谋近取，才能保证目标的实现，达到职业最高效益的价值追求。

（一）以勤业精业意识制定长远发展战略

旭日集团在实现两个转变过程中，借鉴国内外大型企业集团的成功经验制定了远谋近取的发展战略，就是树立长远发展战略思想，明确长远发展目标，创名牌，树形象，培养职业企业家，提出三年内办成跨国经营的全国知名企业集团，确定了1995—2000年的发展目标。围绕这一目标，旭日集团从五个方面进行了具体规划：一是增加高科技含量，多层次地增加技术投入，多途径发展；二是依靠强化营销，扩大农副产品出口和化工、生产材料出口，发展外向型企业，进一步开拓国际市场，增强集团的实力；三是通过加快CI导入步伐，实施名牌战略、商标战略，塑造企业形象，扩大集团无形资产；四是培养造就跨世纪人才，加强全员培训，培养后备干部，培养和引进专业技术人才，提高旭日人的整体素质；五是建立和完善职业企业家制度。长远发展目标的制定，是建立在旭日集团现有物质基础和发展规模之上，是建立在旭日集团革故鼎新、勇于探索的价值观念上，他们坚持以人为本，培养提高人的职业素质能力，依靠人的勤业、精业精神，创国内一流水平，赶超国际先进水平。

在近期他们调动全体员工的积极性和创造性，发挥坚韧不拔、精益求精的职业求实精神。以高起点、高科技、高标准的原则，创名牌，形成市场竞争优势，集团开发的新产品中，长寿泉牌中华枣茶通过国家技术鉴定获国家专利，被中国保健食品协会列为首次唯一推荐产品。在全国保健品评选中获国家金奖，后又获国际保健用品展览金奖，同时获国际推荐保健品资格。1994年太空水通过省级鉴定，在首届中国国际饮品及技术展览会上获金奖。橡塑编网输送带被省科委认定为高新技术产品，获国家专利。目前，"旭日升"牌饮料、减肥食品、食用油、针织品和橡塑制品在我省范围内形成名牌优势，"六脱"色拉油在质量上国内领先，高支纱、灯芯绒、牛仔布畅销中国香港和东南亚各国。为了创名牌他们亲自登门求教和聘请专家，近年来先后来旭日工作的专家有 20 多名，有近百名专家被聘为技术顾问，他们广采博引，注意汲取别人长处，他山攻错，设立了世界名品展室，以 30 多个国家的名牌产品为借鉴，靠求实、求细、求精的职业责任心，从一点一滴着眼，于细微处做文章，逐步提高产品科技含量，使名牌产品建立在扎实基础上。

（二）精益求精，严把质量，诚实无欺，讲究信誉

高质量产品、世人公认的名牌，不是从天上掉下来的，它浸润着人的勤业、精业的实干精神和智慧。旭日人创出的名牌，创出的高质量产品，是他们勤业、精业理想之花结出的果。为了生产出"减肥不挨饿"的减肥食品，他们跑遍了全国几十个城市，采购到适合大众口味的原材料，经过精心配制严格操作，质量达到上乘，使之具备了减肥餐的各种优点，赢得了消费者的信赖和好评，占领了市场。他们一丝不苟严把产品质量，发现问题不轻易放过。1995 年集团领导人员赴韩国考察时，与该国泰安食品集团签订了一项加工大枣滋补晶的合同，样品发出后，韩国肯定了产品质量，但同时提出大枣滋补品有残渣，建议从技术上解决。旭日集团认真对待，经认真分析和研究确定，质量问题不是设备和工艺水平问题，而是作为主要原料白糖纯度不高。他们把国内白糖样品逐个分析，精心化验，仍达不到标准要求，而进口纯度高的白糖又来不及解决，于是他们果断放弃此项业务。他们说："我们不能为了一笔业务损失公司的信誉，不能丧失自己的人格、人品。"旭日人求实认真的职业态度赢得了好评。旭日集团规定产品必须对消费者负责，靠诚意吸引回头客。如保健品公司生产的各类保健茶，都是经过一二百次试验，并且在天津中医院经过 300 多人长时间的病理试验成功后，通过国家部委、省的质量鉴定，才正式投入生产的。从原料的配制、生产流程、包装设计到销售层层把关，精益求精，反映了旭日人职业求实精神和职业价值追求。

精益求精的职业道德意识，反映在产品销售过程，就是诚实无欺，讲信誉。旭日人讲职业道德也重商德，把产品生产和营销过程看成是对象化

的劳动、服务过程，以消费者和客户的评价为尺度，检验自身的质量意识和责任意识，进而调整自身的职业行为规范。1996年5月，一批旭日牌太空水运到北京，该集团驻京办事处发现部分产品商标上的出厂日期，因包装时摩擦字迹不清，为了使消费者信得过，宁愿企业受损失也决不马虎随意投入市场，损害消费者利益，他们立即将这批太空水运回来。为了吸取教训，增强员工的质量意识和职业责任感，除了继续改进设备，提高工艺水平，还追究了当班责任人的责任。1995年9月，纺织厂发往浙江慈溪的一批纱，在该地棉纱市场已经上市。为了了解市场销售情况，征求客户意见，该厂业务人员重返慈溪时，一次偶然的机会，在一家客户摊位上发现本厂一个筒子纱有断头，他们立即把不合格筒子纱带回厂，组织讨论寻找原因，按岗位责任作出了处理。在旭日人看来，在市场经济条件下，工厂连着市场，生产连着消费，产品的生产和销售都要讲"诚"，讲"信"，讲商德。职业道德是企业走向市场，实现自身价值的桥梁，只有具有高尚的职业责任感，诚信无欺的商业道德，才能在市场上立于不败之地。

（三）精心实施人才工程，塑造跨世纪人才

要发扬勤业、精业的职业道德精神，远谋近取，实现职业价值目标，实施人才工程，培养高素质的人才和职业企业家是关键。旭日集团每年都制订和实施人才计划，对领导干部、营销人员、中层管理人员、技术人员和关键部门的科室人员分层次进行培训，同时每年选拔一部分后备干部，通过技术实习、挂职外出培训等形式进行强化培训。分配进企业的大专毕业生和新招入厂的工人，都要经过严格的职业培训，进行传统教育、职业道德规范教育、科学技术知识和企业管理教育，学完规定的有关课程，经考试合格后，才能取得"旭日学历"，成为旭日正式员工。着眼于跨世纪人才培养和新型员工队伍的塑造，是旭日集团职业目标的组成部分，他们体会到，要使旭日事业不断发展，就要适应市场经济发展的要求，培养自己的具有恪尽职守和敬业精神的职业企业家队伍和具有高尚职业道德素质的员工队伍，在企业工作中注重人的塑造，从人的价值观念、能力水平、道

德品质、精神状态和思维方式上制定规划，逐步实施他们从 1994 年提出试行职业企业家制度，1995 年进一步规范，确定职业企业家培养范围，规定职业企业家的责任和义务，明确提出"企业家首先是思想家"的要求，要求企业的主要负责人及管理人员，必须在规定时间内学好《唯物辩证法》《市场学》《工业企业管理学》等 6 门课程。规定职业企业家必须具备良好的思想政治素质、勤政为民的工作态度、高尚的职业道德和科学的思维方式，要具备健康的心理状态、快捷的工作作风、渊博的知识和良好的组织才能等素质。这些对企业家的素质要求，也是从企业的长远发展观上，对职业道德的全面概括和要求。

人总是在一定职业环境中工作和生活的，人能否成才，能否对社会有贡献，主要依靠在职业生活实践中的学习和锻炼。职业道德会对人们的思想和行为产生经常性的影响。旭日集团重视职业道德建设，重视新一代人的塑造。正是从这一点上为精神文明建设作出了自己的贡献。

（原载《中国特色社会主义》第四编，新华出版社 1997 年版）

人权理论的历史与现实

人权是一个历史范畴，不同的历史时期，不同的国家和不同的阶级，对人权的认识和实践都不尽相同甚至完全相反。而人权理论的产生和发展也是一个历史过程。人权理论反映着一定阶级或利益集团的根本立场和价值观念。在当前，以马列主义、毛泽东思想的立场、观点、方法为指导，考察人权理论的历史与现状，对于捍卫马克思主义人权观，对于批驳和揭露以美国为首的西方国家在人权问题上的奇谈怪论和践踏人权的罪行，有着十分重要的意义。

所谓"人权"，顾名思义，就是指人作为"人"享有或应该享有的权利。或者说，人权是人按其本质应该具有的基本权利和自由。人们今天所讲的"人权"概念，在封建专制时代还没有形成，人权理论最初是在欧洲文艺复兴时期，宗教改革运动和人本主义思潮的基础上逐步形成和发展起来的。宗教改革首倡者马丁·路德反对教会和教士特权，要求信仰本身的自由和平等，提出在信仰上的个人权利思想。而农民平民思想家和领袖托马斯·闵采尔提出人的理性的思想，主张天堂应当建立在现实世界上。宗教改革时期提出的人权思想为资产阶级在普遍意义上提出的人人平等思想提供了思想来源。伴随着文艺复兴运动的到来，宣扬人的尊严，提倡人性自由的人权思想，在反对封建教会斗争中起到了先导作用。文艺复兴的第一个代表人物彼特拉克首先提出了"人学"和"神学"的对立，拉伯雷、蒙台涅、克·芬奇、加尔文、马基雅弗利等一批资产阶级思想家，在宗教、哲学、文学艺术等领域，举起了人的思想解放的大旗，人道、人性、人权同神道、神性、神权相对立，主张人不但生而平等，而且是生而自由，人类天生的一律平等。这些人文主义者的思想，后来成为 17 世纪以后资产阶级人权理论的直接思想前提。18 世纪初，随着资产阶级生产关系的确立，资产阶级同封建制度的矛盾日益尖锐化，反映在政治、经济、文化等领域的斗争日趋激烈，资产阶级人权思想进一步发展，人权理论开始系统化。霍布斯、斯宾诺沙、洛克、伏尔泰、孟德斯鸠、卢梭等是这一时期的人权思想的代表，他们在人文主义思想的基础上，明确地提出了"人权"口号，形成了以"自然法"为基础的"天赋人权"学说。如霍布斯提出在文明社会和国家产生之前，人们处在"自然状态"之中，每一个人对每一件事都有权利，这就是人的"自然权利"。他的"自然权利"论后来被洛克进一步发展。卢梭作为资产阶级的卓越思想代表，在霍布斯、洛克等人的思想基础上，分析了人类不平等的起源和基础，在《社会契约论》中第一次明确提出将"天赋人权"或"自然权利"政治化的要求。他认为在自然状态下的"自然人"是完全孤立没有联系的，根本不存在不平等，所以"每个人生而自由、平等"，但他同时认为这种"天赋人权"也会因技术发展和私有财产的出现而带来不平等，并且将在君主专制下达到顶点，结果必将消灭专制制度，以新的制度来确保人的自由与平等。在卢梭看来，只有通过"社会契约"把人们联系起来成为民主的国家，自由和平等才能实现。卢梭第一次把自由平等提到了政治权利的高度，反映了资产阶级的利益和要求。卢梭的"天赋人权论"在理论上突破了"权利"概念的原有含义，为资产阶级人权理论的系统化打下了基础。应当指出，资产阶级思想家在早期以人权否定神权、君权和封建特权，主张人的人身自由和政治自由以及把"天赋人权"用法律形式固定下来，对于资产阶级生产关系的确立起了促进作用，从客观上推进了社会的进步。

人权理论以法律的形式固定下来，上升为国家指导地位，是从 1776 年美国的《独立宣言》和 1789 年法国的《人权和公民权利宣言》颁布为标志。

《独立宣言》的发表意味着资产阶级人权理论的系统化、法律化，它把自文艺复兴以来，资产阶级思想家提出的"自然权利"说、"社会契约论""天赋人权论"变成为国家思想基础和政策依据，具有重要的历史意义。正因为如此，马克思才称它是世界"第一个人权宣言"。

人权不仅是一个历史范畴，而且是一个发展着的范畴。人权具有时代性、阶级性特征。不仅资产阶级人权理论有自己的形成和发展的历史，而且作为无产阶级和第三世界人民的人权理论，也有着自己的形成和发展的历史。俄国十月社会主义革命标志着人权理论发展的新的历史阶段。1918年制定的《俄罗斯社会主义联邦苏维埃共和国宪法》是第一次用国家根本大法的形式，把社会主义国家人权思想固定下来，体现了与资产阶级根本不同的人权思想。第二次世界大战结束以后，世界形势发生了新的变化，争取基本人权受到各国普遍关注，1948年联合国通过了《世界人权宣言》（以下简称《宣言》），《宣言》的发表，标志着人权已经开始超出国别范围成为国际政治重大问题，它是第一个国际人权文书。《宣言》反映了世界人民根除战争灾难，维护和平、民主、正义的愿望，反映了世界人民维护人权的普遍要求，第一次提出了经济、社会、文化权利。《宣言》对推动历史进步起到了积极作用。但是《宣言》也有其局限性，由于是在罗斯福夫人主持下起草的，所以不可避免反映了美国的人权观和价值观。《世界人权宣言》发表后，联合国相继通过了《经济、社会、文化权利国际公约》《公民及政治权利国际公约》等几十个人权宣言和公约。这些国际宣言和公约，在理论上突破了资产阶级传统的人权理论范围，强调民族自决权，强调国家的独立自主，反对外来干涉。1968年通过的《德黑兰宣言》，标志着国际社会探索促进人权的途径和方式迈出了新的一步，也是亚、非、拉国家争取将人权引导到反帝、反殖、反对种族主义方面的一个重要标志。它比较全面地反映了占人类绝大多数的第三世界的人权立场和要求，在国际人权斗争中产生了积极的影响。20世纪以来，人权理论与实践朝着世界化、多样化和民族化方向发展，第三世界国家成为世界争取人权斗争的主体。第二次世纪大战以来世界人权理论体现了鲜明的时代特点：一是强调国家和民族的独立自主，把争取生存权作为首要解决的人权问题。二是强调人权权利主体的集体性，把集体的权利主体作为人权的出发点，突出民族利益和国家利益。三是强调人的经济、社会、文化等方面的基本权利，强调经济、社会、文化基本权利对个人发展权的意义。我国作为第三世界国家，在维护和发展人权的实践中作出了不懈的努力，我国历来承认和尊重联合国宪章关于保护和促进人权的原则，积极参与国际维护人权的斗争。从1980年以来，我国政府先后签署和加入17个国际人权公约，并采取多种措施认真履行公约义务。我国分别于1997年10月和1998年10月签署了《经济、社会、文化权利国际公约》和《公民权利和政治权利国际公约》。我国把维护和促进人民的生存权、发展权作为人权方面的首要课题，改革开放以来，我国把解决人民的生存权、发展权问题放在首位，使国民经济以年平均增长9.6％的速度健康发展，人民生活水平大幅度提高，我国在维护和促进人权上的成就为世人所瞩目。我国在人权理论与实践上大大推进了世界人权事业的进程，标志着人权理论和实践发展的新阶段。

应当看到，自从第二次世界大战结束以来，世界人民特别是第三世界人民，在维护和促进人权上已经取得巨大成就，维护人权已经成为世界的主流，在人权理论上已经突破了少数西方国家的垄断，朝着更加科学化的道路发展，但同时也存在着两种人权观的对立和斗争，特别是西方发达国家同发展中国家之间的分歧与斗争出现新的特点。在主流当中也有逆流，在正义之下也有邪恶。

长期以来，以美国为首的西方国家提出"人权无国界"，认为人权是普遍的权利，没有边界的限制，无论哪个国家发生了"侵犯人权"，它们都可以去干涉，为推行霸权主义制造理论根据。起初提出的"人权无国界"论，是针对德、意、日在第二次世纪大战中的暴行，由美国总统罗斯福和英国首相丘吉尔联合发表的《大西洋宪章》声明中所申明的。从罗斯福开始便把人权活动不受国家和民族的界限，作为美国外交政策的原则。20世纪70年代美国总统卡特在推行"人权外交"政策中逐渐提出"人权无国界"论。1979年卡特在签署人权公告时，就宣布美国的人权目标是没有国界，它可以包括"世界各地"。1988 年联合国在纪念《世界人权宣言》发表 40 周年大会上，以美国为首的西方国家正式提出了"人权无国界"。"人权无国界"没有任何国际法依据。作为《联合国宪章》和《世界人权宣言》所规定的人权内容也是属于国家的国内管辖事项，如人身权利、人格权利、经济权利、社会权利、文化权利、政治权利等，这些完全是国内法的内容，特别是人的生存权、发展权以及民主、自由、平等等项具体人权总是离不开各个国家的具体环境和具体措施。即使国家承担的国际义务的人权事项最终也要由各国去执行和落实。所以，人权总是具体的，人权总是一定国家范围之内的事项。以美国为首的西方国家鼓吹的"人权无国界"实质是以维护人权为幌子，目的在于为推行霸权主义寻找借口。它们在世界各地推行的强权政治和霸权主义彻底戳穿了其伪善面孔。拿 1989 年美国入侵巴拿马为例，美国政府当时以"保护美国人的生命安全"，恢复巴拿马的"民主秩序"为名，公然出兵巴拿马，推翻巴拿马现存政权。1986 年美国政府派空军大规模空袭利比亚；1987 年美国政府用 4 艘驱逐舰击毁伊拉克两座海上石油平台；1988 年美国用导弹击落伊朗民航客机。第二次世界大战以来，以美国为首的西方国家的侵略行为，都是在维护人权的幌子下进行的，它们讲的人权是侵略他国的特权，干涉别国的特权，维护的是它们自己的利益和霸权。

"人权高于主权"是以美国为首的西方国家，推行霸权主义的又一理论根据。所谓"主权"是指一个国家在其领域内拥有的最高权力。国家按照自己的意志决定对内对外政策，处理国内国际一切事务不受外来干涉。国家主权包括政治主权、经济主权、领土主权和属人主权。自从 1789 年法国大革命提出人民主权原则后为各国所承认。《联合国宪章》和《国际法原则宣言》对这一原则作了具体说明。国家主权原则是国际法基本原则，是决定其他基本原则的总则。从世界范围讲如果没有国家的主权，也就谈不上人权，没有国家的主权，个人人权就失去了基本保障。个人人权最重要的是生存权和发展权，没有了国家的独立、自主的主权，也就谈不上个人的生存权和发展权。这是由国家的历史发展和国际法证实了的基本观点。"人权高于主权"论却颠倒了主权和人权的关系。这一思想产生于第一次世界大战之后，是以"个人是国际法的主体""国际法优先"论的形式出现，第二次世界大战之后这种理论仍然流行。它们的共同特点是以人权否定主权。一些资产阶级学者否认国家是国际法的主体，主张自然人是国际法的主体，宣扬"国际法优先"，在此基础上形成了"人权高于主权"。主张人是国际法主体，国际法优先论歪曲了国际法的性质，国际法的主体是国家，它是国家之间的法规，国际法所调整的关系是国家之间的关系，这是联合国国际法院规约所明确规定了的。"国际法优先"论颠倒了国家主权与国际法的关系，它把国际法视为超国家法，凌驾于国家之上。从国家产生的历史来看，是先有国家的主权而后产生国家之间的国际法关系。没有主权，就没有国与国之间的关系，就没有国际法。"国际法优先"论为西方国家侵犯他国主权，干涉别国内政，推行霸权主义制造理论根据。国家主权是指各个国家都有自由、独立地处理自己内部事务的权利，都有不受干涉的权利，任何一个国家的人民都有选择自己的政治、经济、文化制度的权利，任何一个国家不论其大小、强弱，在国际交往中都享有平等的权利，任何一个主权国家都享有行政管辖权和司法管辖权，国家主权和政治独立不容侵犯和剥夺。《联合国宪章》《世界人权宣言》和 1965 年 12 月联大通过的《关于各国内政不容干涉及其独立与主权之保护宣言》都体现了各国不受任何国家任何方式的干涉，享有完全自由、行使主权及维护领土完整的权利。所以，对一个国家来说，主权高于一切，在有了国家主权的前提下，才有全体人民的生存权，才有全体人民在经济、社会、文化方面的发展权。所以，国家主权就是国权，国权是前提和基础，"国权比人权重要得多"。以美国为首的西方国家鼓吹"人权高于主权"，实际是"维护恃强凌弱的强国、富国的利益，维护霸权主义者、强权主义者利益"。它们以维护人权、自由、民主之名，行干涉、侵略别国之实。在以美国为首的西方国家看来，一个国家由地理疆界所构成的主权没有任何约束性，如果在一个国家内"人权受到侵犯"，就可以去干涉。人权超国界，以维护人权随意干涉一个国家的内部事务，变成了天经地义、合理合法。在完全颠倒了主权与人权关系的谬论指导下，以美国为首的西方国家在国际事务中肆意践踏别国人权和主权，武装干涉、经济封锁其他主权国家。1961 年的侵越战争，美国动用 60多万兵力，杀害越南平民 30 多万人，难民 800 多万人，给越南人民带来深重灾难。美国从 1961 年策动雇佣军入侵古巴到长期封锁古巴，30 多年来，由于封锁给古巴带来经济损失高达 441 亿美元。美国霸权主义的行径遭到世界绝大多数国家和人民的谴责。从 1991 年开始，以美国为首的多国部队入侵伊拉克，在伊拉克北部地区强行建立"难民营"，后来又以各种借口一直狂轰滥炸伊拉克工业设施和居民区，造成伊拉克的重大损失，干涉伊拉克的内政，侵犯伊拉克的国家主权。

在新形势下，以美国为首的西方国家仍然打着"维护人权"的幌子，以"人权卫士"自居，采取种种手段，制造种种舆论，宣扬所谓"人权无国界""人权高于主权"等谬论，无非是为其推行霸权主义服务。它们讲的"人权"不是人民的权利，而是干涉、侵略别国的权利，它们的人权就是霸权。它们维护的不是世界人民的生存权和发展权，而是侵略政策的权利。应当指出的是，近些年来在人权国际保护问题上出现了一种"干预"理论，即所谓"人道干预"、"环境干预"和"安全干预"，这几种"干预"理论已经被以美国为首的西方国家运用于国际关系中，用于他们的"人权外交"之中。目前的这种"干预"理论已经成为"人权无国界""人权高于主权"理论的组成部分，成为以美国为首的西方国家对其他国家进行全方位干涉的依据。运用"干预"理论，套上"维护人权"外衣，就可以随意"干预"一个国家的主权，践踏一个国家的主权，这实质上是一种新殖民主义。

一种正确的理论需要通过实践来证明它的真理性，一种错误的理论也需要在实践中失去其存在的价值。在人权问题上，以美国为首的西方国家制造了种种欺骗世界人民的舆论，以"人权卫士"为伪装，推行侵略政策。如果说过去侵略者侵略、干涉别国主要是依靠炮舰政策的话，那么在第二次世界大战后，特别是冷战结束以来，西方国家侵略别国则采取两手策略，一是利用人权理论，打着维护人权的旗号，对别国进行经济封锁、和平演变、文化渗透，把自己的价值观强加于别国，以"维护人权"为名干涉别国的政治、经济、文化，推行霸权主义。二是采取新的炮舰政策，运用高技术军事装备和武器，直接进行武装入侵。第二次世界大战结束以来世界各地的局部战争不断，这都与美国为首的西方国家推行霸权主义的两手策略有关。它们走着的是一条用"人权"否定主权而求霸权的路，它们的逻辑是侵略者的逻辑。人类发展史证明，逆历史潮流而动，终将被历史所抛弃。

（提交 2000 年 5 月在北京召开的全国人权研究会学术讨论会）

繁荣和发展社会主义文化

——新时期河北文化发展回顾

有中国特色社会主义的文化，是综合国力的重要标志。党的十一届三中全会以来，河北省坚持以马克思主义、毛泽东思想和邓小平理论为指导，在繁荣和发展有中国特色社会主义文化事业中，取得了明显成效。

一、树立科学的共同理想，是社会主义文化建设的根本

十一届三中全会以来，河北省以马克思列宁主义、毛泽东思想特别是用邓小平理论武装全党、教育干部和群众，组织广大党员干部认真学习、全面准确地掌握邓小平理论的科学体系和精神实质，坚持解放思想、实事求是的思想路线，正确认识什么是社会主义，怎样建立社会主义这个基本问题，把对社会主义的认识提高到新的科学水平。十一届三中全会以来，河北省结合中心工作，联系社会主义现代化建设的实际，在城市和农村广泛开展爱国主义、集体主义、社会主义教育，加强以为人民服务为核心，集体主义为原则的社会公德、职业道德、家庭美德建设，引导干部和群众树立建设有中国特色社会主义的共同理想和正确的世界观、人生观、价值观。在建设有中国特色社会主义文化的实践中，深入持久地开展群众性精神文明创建活动，采取各种有效形式，开展文明家庭、文明单位、文明行业创建活动，倡导文明健康的生活方式，建设社会文化、村镇文化、企业文化、校园文化、军营文化、机关文化、家庭文化、广场文化。在城市，

积极推进创建文明城市活动，塑造良好城市形象，充分发挥工人阶级在社会主义文化建设中的主力军作用，实现城市的环境优美、秩序优良、服务优质、管理优化，倡导和树立带有城市特色的城市精神、城市文化，积极开展城市文化示范区创造活动，城市的主要商业街道、迎宾线、城市出入口、文化广场、火车站、长途汽车站、大型商场、集贸市场、影剧院、体育场馆、城市园林、码头在创建活动中，形成自己的特色文化，展示出特色文化品位。随着城市高标准示范区的建设，文明社会、文明楼院、文明家庭大量涌现。随着城市精神文明创建活动的深入，文明行业创建活动也呈现出自己的文化特征。河北省的公安、检察、法院、司法、审计、工商、税务、环保、城管、土地管理、技术监督等行业，广泛开展了以"秉公执法、廉洁为民"为主题的竞争活动，树立起严于律己、公正执法、依法办案、人民信赖的职业形象。在商贸、交通、旅游、医疗卫生、公用事业、文化娱乐等行业，开展诚实、守信、热情、规范为主的优质服务竞赛活动，为人民群众的生产生活提供放心、方便、周到的服务。行业文明创建活动带来了行业文化建设的新进展，它从行业特色上丰富了社会主义文化。在农村，十一届三中全会以来，群众性文明村创建活动不断深入。围绕发展农村经济，建设新农村，培养有理想、有道德、有文化、有纪律的一代新型农民，在农村广泛开展了普及基础文化、普及科技常识、普及法律知识的"三普及"活动。文、科、法"三位一体"的文化普及活动，对于全面提高农民文化素质，建设经济富裕、环境优美、风气良好的新农村有重要意义。群众自治组织建设是河北省文明村镇建设过程中出现的新事物。群众自治组织体现了群众的自我教育、自我管理、自我服务的自主精神，群众自治组织在农村经济建设、法治建设、制度建设、民主建设中发挥着越来越广泛的作用，形成农村文化建设的重要内容和形式。随着河北省"小康文化工程"的实施，爱国主义、集体主义、社会主义教育在进一步深入人心，广大农民热爱祖国，热爱家乡，正确处理国家、集体、个人三者的利益，自觉抵制各种形式的封建迷信活动，自觉抵制红白事大操大办、早婚早育、赌博、索要彩礼等陈规陋习，学法、懂法、守法用法意识大大增强。在农村精神文明创建活动中先后开展了评创"五好家庭"、遵纪守法户、小康户、双文明户等活动。党的十四届六中全会以来，广大农村开展了争做"十星级"文明家庭活动，进一步增强了广大农民的荣誉和上进心，提高了农民的爱国主义、集体主义观念和思想道德水平，推动了农村经济建设的发展。

二、发展教育和科学是社会主义现代化建设的战略重点，是社会主义文化建设的基础

科学和教育促进生产力迅猛发展，为经济建设腾飞起着智力支持的作用，是培养全面发展的人的重要手段。十一届三中全会以来，河北省加大了科技普及工作力度，在全省范围逐步恢复建立乡村科技推广站，巩固和发展乡镇科普协会、农民专业技术研究会，村镇设立科技村镇长，树立科技示范户，推广省政府确定的重点农业科技项目。在农村广泛举办科普大集，开展科学普及活动。通过农业函大、农业广播学校、农技科普短训班等形式，开展农村实用技术培训。在全省开展了破除封建迷信、科普进万家活动。编印科技图书，搞好"绿色证书"学员培训，大力推广农业科技成果。在搞好科技普及的同时，把"科教兴冀"战略确定为建设经济强省的主体战略之一，通过组织实施科技攻关，"星火""火炬"、软科学、重大科技成果推广、自然科学基金资助等科技发展计划项目，取得一批重大科技成果，全省科技进步进入了新的发展阶段。全省把发展国民经济作为科技工作的首要任务和主战场，以高新技术为先导，加速科学技术向现实生产力的转化，把科技的落脚点落实到提高工农业产品质量和效益上来，促进科技结构、产品结构和产业结构合理化。结合经济建设，河北省还狠抓了科技技术体制的改革，有计划、有组织地运行机制。发展哲学社会科学事业也是社会主义文化建设的基础工程。十一届三中全会以来，河北省哲学社会科学出现了蓬勃发展的好局面，哲学社会科学规划领导体制和管理网络基本形成；以河北省社会科学院、河北省社会科学界联合会为基地的

社会科学研究中心基本形成；全省哲学社会科学研究队伍和学科体系基本形成；社会科学学术交流和成果评奖组织协调管理体系基本形成。河北省哲学社会科学紧密联系河北实际，紧贴河北国民经济和社会发展战略目标，在重视基础研究，加强应用研究，促进学术繁荣过程中，为河北省两个文明建设作出了贡献。

　　教育是人才和知识的基础，是加强社会主义精神文明建设、繁荣社会主义文化的重要内容，是综合国力的重要体现。十一届三中全会以来，河北省教育事业进入一个新的历史时期，在基础教育上实行分级办学分级管理，充分调动各级政府、社会和广大群众办学的积极性，在全省实施义务教育，集中力量落实必备的办学条件的达标工作，高等教育通过改革和调整，加强了专门人才的培养，增设了经济建设和社会发展急需的学科和专业。通过中等教育结构的改革，改变了中等教育结构不合理的状况，中初级职业技术教育有了较大发展，形成了具有河北特色的职业教育体系，培养了城乡经济建设急需的初级技术人才。全省已经形成高等学校、中等专业学校、中等技术学校、中等师范学校、普通中学、农业职业中学、小学、幼儿园以及成人高校、成人中专、成人中学、成人技术培训学校、成人初等学校等多层次的教育体系。随着教育体制的改革，河北省教育事业蓬勃发展，至 1996 年义务教育学龄儿童、少年入学率小学为 99.73％，初中为92.99％。全省已有 146 个县（市、区）基本普及小学阶段义务教育，97 个县（市、区）普及了初中阶段义务教育。全省普通高中有 577 所，在校学生413919 人，农业高中和职业高中 296 所，在校学生 249282 人。全省高等学校教育改革全面展开，围绕经济建设和社会发展，调整专业结构和层次比例，改革招生制度和毕业生分配制度，实施教师聘任制，加强课程基本建设，进行学分制、预分配试点、教学管理评价试点，探索教学改革的途径和方法。河北省经过调整高校布局，形成了以河北大学、河北工业大学为龙头，包括河北农业大学、河北师范大学、河北医科大学等 7 所大学为骨干，50 个重点学科为基础，充分发挥在河北的部属高等院校的作用，带动全省所有高校共同发展，建立面向 21 世纪的河北高等教育体系框架。十一届三中全会以来，河北省成人教育事业出现了前所未有的可喜局面。至1996 年，各类成人高等学校发展到 37 所，在校学生 202609 人；各类成人中等专业学校有 228 所，在校学生 89046 人；农民初等学校 11205 所，在校学生 168560 人；农民技术培训学校 41537 所，在校学生 141320 人。全省社会力量办的中等以上各级各类学校 127 所，为全省经济和社会发展培养各级各类人才 350 万，成为全省教育事业的重要组成部分。"燎原计划"的实施、"希望工程"的顺利推进，为振兴河北，促进经济和社会发展发挥着积极作用。

三、繁荣文学艺术、新闻出版、广播影视等 事业是社会主义文化建设的重要环节

发展文学艺术、新闻出版、广播影视等文化事业，满足人民群众日益增长的精神文化需求，对于提高民族素质，促进经济和社会的发展具有重要作用。十一届三中全会以来，河北省的文学艺术、新闻出版等文化建设事业出现了空前的繁荣局面。广大文学艺术工作者，坚持为人民服务、为社会主义服务的方向，认真贯彻"双百"方针，弘扬主旋律，提倡多样化，实施精品战略，继承发扬民族优秀文化和革命文化传统，吸收世纪文化优秀成果，挖掘和整理优秀的传统文化和民间文化，发展具有河北特色的燕赵艺术，创作了一批有较高水准的长篇小说、有较大影响的影视剧和优秀的少儿文艺作品。积极开展了健康的文艺评论工作，加强文学、戏剧、影视、广播剧、音乐、美术、群众文艺七个创作中心的工作，并通过多种渠道，采取各种措施，使文艺创作提高到一个新水平。为了积极推进文艺体制改革，河北省以省直院团改革为突破口，调整布局、优化机制、改善结构，通过改革政府与院团、院团与演员之间建立起新型的关系，建立起新的经营、管理机制。为活跃群众的文化生活，不断满足群众日益增长的精神文化的需求，实施了文化"十下乡十进村"活动，省、市、县专业团下乡演出，小康文艺宣传队定期活跃在厂矿和农村，文艺家和文化名人下乡

开展义演、义展、义务辅导，各文化部门，利用已有的机构和队伍，采取灵活多样的形式，把文化下乡不断引向深入。新闻媒体发挥各自的优势，改革创新，贴近实际，办出特色。《河北日报》《河北经济日报》逐步实现采编手段和经营管理现代化，省电台、电视台节目制作能力有了明显提高，全省广播、电视混合人口覆盖率提高到新水平，河北卫视的开播、河北有线电视台的建立标志着河北省广播电视事业发展的新水平。出版工作坚持社会效益和经济效益相统一，把社会效益放在首位，走正路出好书，出人才创效益，积极组织精品图书的出版，努力完成"五个一工程"中"一本好书"的组织和出版。各级出版社在提高图书重版率、获奖率、出口率上也作出了新成绩。

搞好社会主义文化建设，必须一手抓繁荣，一手抓管理。河北省在促进文化市场健康发展过程中，坚持治标治本相结合，集中整治与日常管理相结合，调动各方面力量，加强对文化市场的综合治理，坚持不懈地开展"扫黄打非"和禁赌禁毒斗争，严厉打击卖淫嫖娼、吸毒贩毒、拐卖妇女儿童等犯罪活动，从而有效地遏制了社会各种丑恶现象，促进了文化市场的健康发展。

（原载《理论学习与研究》1999 年第 5 期）

人的素质与经济、社会的可持续发展

摘要：经济、社会的可持续发展，是人和经济、社会之间的相互联系，相互作用的结果。人在经济发展、社会进步过程中的自身能力的延伸，集中表现在知识的较量上。人的科技创新智慧在社会文明中起着越来越大的作用。经济、社会的可持续发展，离不开人与自然的协调关系，人的素质在协调关系中得到提高。人的素质的本质在于它的可持续性，发挥人力资源优势，是促进经济、社会可持续发展的关键。

人作为实践的主体，在可持续发展中居于中心地位，而人的素质则是可持续的决定因素。随着经济、社会的可持续发展，作为实践主体的人，也必然是全面、可持续的发展。

一

社会关系的总和决定着人的本质，但人又是作为生命的个体存在，人要生存和发展就要满足自身的各种需求，而最为根本的需求是物质资料的需求，"因此第一个历史活动就是生产满足这些需要的资料，即生产物质生活本身"①。经济发展本身是一种人与自身生活发展所需要的物质资料之间的关系，发展经济是满足人的各种需要的前提和基础，人把经济作为自身

---

① 《马克思恩格斯选集》第一卷，人民出版社 1972 年版，第 32 页。

存在的条件，把经济看作是自己的依赖前提，正如马克思指出的："财产最初无非意味着这样一种关系：人把他的生产的自然条件看作是属于他的、看作是自己的、看作是与他自身的存在一起产生的前提，把它们看作是他本身的前提，这种前提可以说仅仅是他身体的延伸。"① 生产的自然条件既是人的发展自身的手段，也是满足人的各种需要的前提。人们只有在一定的经济关系的制约下，才能发展其政治关系、愿想关系。一定的社会经济关系是人的素质得以形成和提高的前提。社会的进步和经济发展，总是把人培养成为"具有尽可能丰满的属性和联系的人"，培养成"具有高度文明的人"。人类发展史证明，一个民族一个国家的经济状况，发展水平，直接决定着这个国家的科技水平，教育水平，决定着人们的素质。人的素质的提高不是孤立的，它是一个复杂的系统相互制约所产生的结果。经济、社会的可持续发展决定了人的素质的可持续发展。经济、社会的可持续发展本身就包括人的素质的可持续发展。

人类社会发展的历史本身是经济增长方式发展变化的历史。当经济增长方式从粗放型向集约型转变时，劳动者技术装备程度、生产资料利用率和劳动生产率的提高便成为重要因素，而技术进步程度则是主要因素。20世纪初发达国家经济增长中，有5％—10％是由于科学技术的进步取得的，到70年代，在这些国家的经济增长中50％—70％是靠技术进步取得的。而科学技术水平的提高，主要是通过提高人的素质，通过提高劳动力质量取得的。人的智力水平标志着劳动力的质量水平，劳动力质量直接关系到经济的增长和社会的进步，这是因为，现代生产技术主要由掌握了先进科学技术知识的劳动者创造出来的，先进的生产技术在生产中能否充分发挥效能，取决于劳动者是否熟练有效地掌握生产技术。掌握了科学技术的劳动者在生产中越来越居于重要地位。邓小平同志说："随着现代科学技术的发展，随着四个现代化的进展，大量的繁重的体力劳动将逐步被机器所代替，直接从事生产的劳动者，体力会不断减少，脑力劳动会不断增加，并且，

① 《马克思恩格斯全集》第四十六卷上，人民出版社1979年版，第491页。

越来越要求有更多的人从事科学研究工作，造就更宏大的科学技术队伍。"①人在生产方式的发展和经济增长方式的转变中，居于主体地位，具有一定知识技能的人，可以发挥自己的潜能，通过知识的转化促进生产力的发展，经济增长方式从粗放型向集约型的转变，实际上是人的智力因素向物质因素、体力劳动向脑力劳动、简单劳动向复杂劳动的转化。人是生产力中最活跃的因素，这种最活跃的因素首先是指一定的科学知识，科学知识带来生产经验和劳动技能的变化。马克思在100多年前就指出："自然界没有制造出任何机器，没有制造出机车、铁路、电报、走锭精纺机等。它们是人类劳动的产物，是变成了人类意志驾驭自然的器官的自然物质。它们是人类的手创造出来的人类头脑的器官，是物化的知识力量。"②劳动者制造出来的机器设备，发明的先进技术，是人的智力能动性的表现，是人的知识力量的物化，从人的发展角度上看，任何一种机器设备的出现，科学技术的应用，都是人的智力和技能的延伸。

人在经济发展、社会进步过程中的自身能力的延伸，突出表现在综合能力的较量上，即知识的较量。特别是在使科技知识，科技产品的生产、流通和消费成为社会经济生活主导的知识经济时代。人的科技创新智慧在推动人类社会物质生产和社会文明进程中，起着越来越大的作用。在知识经济时代，人的自身能力的延伸集中表现在，人利用知识和智力开发富有自然资源创造的物质财富，一切以知识为基础，所有经济行为都依赖于知识的存在。知识经济主要依赖智力资源和信息资源，知识经济与传统农业经济和传统工业经济具有本质的不同，知识具有连续增长、报酬递增的特征，因而带来经济增长的可持续性。知识经济时代的出现是人的智力发展的结果，同样，人的素质特别是智能素质，也在知识经济时代得到完善和提高。因此，人的素质是一个随时代不断进步而进步的因素，它具有可持续发展的特征。在当今全球规模的经济和科技激烈竞争中，已经不是廉价

---

① 《邓小平文选》第二卷，人民出版社 1993 年版，第 89 页。
② 《马克思恩格斯全集》第四十六卷下，人民出版社 1979 年版，第 219 页。

劳动力和原材料这些传统经济的数量竞争，而主要是人力资源下的竞争。具体到一个国家的工业企业部门，经济效益越来越同企业职工的智力因素息息相关，企业的可持续发展同劳动者的知识水平、管理水平有着密切关系。日本的一项调查表明，企业的一般工人建议能使成本降低5％，而经过培训的工人建议能使成本降低10％—15％，受过良好教育的工人的建议能使成本降低30％。美国学者认为，人力资本是创造财富的源泉，妨碍穷国走上富国的因素，不在于缺少有形资本，而在于缺少人力资本。第二次世界大战后，德国和日本的经济之所以能迅速崛起，就在于它们得益于人力资本的发掘。在美国过去10多年中，生产力的迅速发展，其中主要是技术创新所带来的结果。据我国农业部80年代对3667户农民的调查，河南省对1600户农民的调查，在投入相同的条件下，具有高中文化程度的农户收入高于初中文化程度的农户，初中又高于小学文化程度的农户，而小学又高于文盲农户，所以生产、经营效益与农民文化程度、整体素质成正比。在知识经济时代，社会的可持续发展，仍然依靠提高人的整体素质，在更广泛的范围内把人力资源转变为人力资本。技术进步和人力资本的积累都是经济增长的原动力，而人力资本的积累又成为技术进步的体现者。高素质的劳动者群体，高素质的生产部门，非脑力工作减少到最低限度，工人潜力充分发挥出来，生产率和利润直线上升。经济的增长，社会的进步将在更广泛的范围内确证人是生产力中最活跃的因素，也是一个可持续发展的动力因素。

二

经济、社会的可持续发展，离不开人与自然的协调关系，人在与自然的协调关系中，不断完善和发展自身，人的素质也在这种协调关系中得到提高。人与自然的关系是相互依赖、相互影响的关系，人和自然界的关系不单纯是适应者、消费者，而更重要的是改造者和创造者。人为了生存和发展自身，总是与自然界产生矛盾，因而促进人类认识自然、改造自然，使二者之间的关系达到协调和统一。但自然界的反馈也总是伴随着人类改造自然的新成果而出现。对自然的认识和改造，是一个持续实践的过程，也是一个不断协调发展的过程，客观世界是个无限存在，人类对客观自然界的认识和改造也永远不会停止，人类将在自身和自然界的协调统一过程中求得完善和发展，人类也将在这种协调统一中再现自己的素质和能力。

人在认识自然和改造自然过程中，所表现出来的体现自然素质的标志，是"人化自然"。"人化自然"表现为主体对客体，人类对自然界能动的认识活动。在现实生活中，人们通过诗歌、绘画、民间故事和神话传说，对非人化的自然界的描写的反映，本身就是使自然景色进入人的认识领城，使自然界人化，按照美的规律描绘或再造自然界。这个过程表明人的认识能力素质的提高。"人化自然"是一个历史的、实践的过程，随着社会的进步，科学技术的发展，人对自然规律的认识和掌握有了长足的进步，使人与自然的协调关系发生了新的变化。人类从依赖自然消极地适应自然，到对自然界的改造，是一个无限创造性过程。人的智力和技能固然来自实践，但人的智力的潜在能力是巨大的。人类凭借现代科学技术，可以创造出复杂得多、能量大得多的东西来，新能源、新材料的出现，标志着人的智力的发展。人类在原始时代穴居于山石之间，当然没有什么出奇的创造力，打磨石器工具就足以说明刚刚摆脱大自然的人的进步。而当今人类创造的生活条件和环境却无法与过去相比。当人们看到中国的长城、运河，古埃及的金字塔，以及当今世界上最高的塔式摩天楼——西尔斯大厦巴黎的国家工业与技术中心陈列大厅时，就可以领略到人的主体创造力和人类智慧的力量。在人类历史发展中，曾发生过三次大的技术革命，人们经过了蒸汽时代，电气时代和电子时代。不同的时代反映出人们的认识和驾驭自然的深度和广度，反映出人化自然的不同发展阶段的成果。随着知识经济时代的到来，特别是信息技术的发展，说明自然力的人化和人化的自然力已经在新的基础上有了新进展。人化自然过程本身就是人的智力、知识力的凝结，而物化、人化的自然又促使人的智力、人的素质全面发展。

人的劳动是对象化的活动，人化自然过程是对象化劳动的具体体现，人类历史的发展，体现着人的实践本质的发展，人类的生产活动和生产活动的对象，无不打上体现人的本质的烙印。马克思说："工业的历史和工业的已经产生的对象性的存在，是一本打开了的关于人的本质力量的书，是感性地摆在我们面前的人的心理学。"人类总是在不断改造自然，在"人化自然"过程中，展现出自身的本质力量。所以，人的素质本身是个实践的产物，人的素质低体现着人的本质力量，人的素质的提高，也是人的本质力量的发挥，是人的全面发展的标志。

人类不仅在"人化自然"中发挥着自身的创造力和智力的重要作用，而且还在与自然和谐相处中，在与生态和环境相统一中，不断提高自身的素质，对于发展人的思维、智力、体力，对于人的身心健康和全面发展有重要意义，这本身是社会的全面进步和文明程度的提高。人类为更好地生存和发展，不仅要消费生态和环境，同时还需要保护生态环境，新的社会文明人的重要标志，是实现发展经济与保护生态环境的统一。要实现经济的可持续发展，就必须把环境和生态作为社会进步和人的发展的重要因素。要使经济不断发展和社会不断进步，就必须坚持以经济建设为中心，从人口、经济、社会、资源和环境相互协调中推动经济建设的发展，在经济建设中使环境、资源合理利用，使环境和生态得到保护，确立人与自然的统一和谐的关系。要使人与自然统一和谐，达到经济和社会的可持续发展，就要依靠提高人的素质，改变人的认识能力。人们在改造客观世界的实践中，不断探索地球，了解自然界的普遍规律，使"人对自然界的了解和通过人作为社会体的存在来对自然界的统治"①。人们在认识自然及其规律的过程中，把自然与自身的本质联系起来，把自然与人和人的关系联系起来，不是把自然看作人和社会之外的东西，而是看作是社会的、属人自身的东西。只有这样人才从本质上认识自身与自然界，以及与环境和生态的关系。正如马克思说的："只有在社会中，自然界对人来说才是人与人联系的纽带，才是他为别人的存在和别人为他的存在，才是人的现实的生活要素；只有在社会中，自然界才是人自己的人的存在的基础。""社会是人同自然界的

---

① 《马克思恩格斯全集》第四十六卷下，人民出版社1979年版，第218页。

完成了的本质的统一。"① 人们要从自身本质与自然生态和环境的内在统一关系上，认识保护生态和环境的意义，认识经济、社会可持续发展的科学内涵，就要在实践中树立科学的自然观，树立科学的文明观，把保护生态和环境，看作人自身为其生存和发展的重要内容。只有这样才能为经济、社会的可持续发展奠定牢固的思想基础。这也是提高人的素质的重要内容。

实现经济发展与生态环境保护有机结合，是社会可持续发展的必然趋势，也是提高人的素质的客观需要。长期以来，我们在发展经济的过程中，只把自然看作人的改造对象，不讲人还要依赖自然，在发展经济时不重视生态和环境的保护，人们的环境意识淡薄，把环境保护独立于经济发展过程之外，割裂经济发展与生态环境保护之间的关系，把工业化的实现以及由此带来的工业文明，作为社会现代化，社会进步的尺度，追求高速度增长，不注重环境保护与治理。环境恶化，生态破坏，资源枯竭，人的生存环境受到威胁。从总体看，虽然取得了经济的暂时发展与繁荣，但它是以牺牲环境和自然生态为代价的，以牺牲经济、社会的可持续发展和人们的长远利益为代价。如何处理好人与生态、环境的关系，如何处理好经济发展的暂时效益与社会长远发展的关系，如何处理好权利与法制的关系，这不仅关系到人的素质的全面提高，而且关系到经济的长远发展和社会的全面进步。人的素质的文明程度，直接关系到社会的整体文明程度。

三

人的思维的本质是与自然的相互作用，人与自然界相互作用构成人的思维的基础。"人的智力是按照人如何学会改造自然界发展的。"② 人的智力随着社会的不断发展而发展。第二次世界大战以来，标志着人的智慧发展水平的科学技术发展，经历了 5 次伟大的革命。科学技术发展提供了把每个人的智慧和才能转换为创造和发展智力的手段，人的智力成为社会经济发

---

① 《马克思恩格斯全集》第四十二卷，人民出版社 1972 年版，第 122 页。
② 恩格斯：《自然辩证法》，人民出版社 1961 年版，第 192 页。

展的决定的因素。现在我们正步入知识经济时代，知识经济时代把知识作为最主要的资源，把人的创造知识和运用知识的能力看作是最主要的经济发展因素。知识经济时代把人创造知识和应用知识的能力，看成是综合国力和国际竞争力的重要因素。在知识经济时代，一个国家的整体经济活力和发展的潜在能力不再主要依靠自然资源和资本的多少，而更主要地取决于一个国家的知识的潜在能力和实力。知识经济时代要求把人变成人力资源，要求提高人的素质，使人掌握新知识、新技术，成为新的资源和人力资本。有学者提出可持续发展的五大支撑，即可持续发展的"生存能力""发展能力""环境能力""稳定能力"和"智力能力"，尤其是可持续发展的"智力能力"，它是一个国家的受教育水平、平均科技竞争力、各级行政部门的管理能力和决策能力的总和，生存能力、发展能力、环境能力、稳定能力都制约于智力和知识能力，也就是说，都取决于人的素质和整体水平。知识经济时代条件下，经济增长方式发生了根本的变化，知识成为生产要素中最主要的组成部分，要求一种全新的人才，即以高技术创业者为主的高技术产业化人才群体，这个人才群体是可持续发展的主动力。这样的人才群体必须树立科学精神和掌握科学方法。江泽民同志在党的十五大指出："努力提高科技水平，普及科技知识，引导人们树立科学精神，掌握科学方法，鼓励创造发明。"这是从知识经济时代总要求提出来的，是从培养人才的长远大计着想提出来的。它关系到人的整体素质的提高，关系到新型人才的培养目标。同现代化要求相适应的数以亿计高素质的劳动者和数以千万计的专门人才，发挥我国巨大人力资源的优势，关系到 21 世纪社会主义事业的全局。迎接知识经济时代首要的是加强人才培养，从整体上提高人的素质。

邓小平同志在全国科学大会上指出："我们向科学技术现代化进军，要有一支浩浩荡荡的工人阶级的又红又专的科学技术大军，要有一大批世界第一流的科学家、工程技术专家。造就这样的队伍，是摆在我们面前的一个严重任务。"① 培育有理想、有道德、有文化、有纪律的公民，关系到全民族的思想道德素质和科学文化素质整体水平，要把培养"四有"新人，提高全民族的思想道德素质和科学文化素质作为精神文明建设的目标和任务。有中国特色的社会主义要进入 21 世纪，要迎接知识经济时代的到来，首要是在全社会培养人的基本素质，即思想道德素质和科学文化素质水平。树立正确的世界观、人生观和价值观，提高人才素质的基础，只有在全民族形成有利于国家统一、民族团结、经济发展、社会进步的思想道德，才能对经济发展、社会进步提供精神动力和智力支持。全民族的思想道德力是综合国力的重要组成部分，也是知识经济资源之一。人的发展、社会的进步离不开科学，人的科技素质关系到国家和民族的国际竞争实力和水平。马克思历来认为，工业生产的"巨大效率"取决于科学在生产上的应用，主张"要把自然科学发展到顶点"，要"培养社会的人的一切属性，并且把他作为具有尽可能丰富的属性和联系的人"，也就是"具有高度文明的人"②。培养人的一切属性，就是培养人的思想道德、科技文化的整体属性和素质。特别是即将到来的知识经济时代，人要适应这种信息经济的要求，要适应这种未来经济的发展本质和特性，就必须造就全面发展着的人，提高全面发展着的人的整体素质。

人的素质的本质在于它的可持续性，在于它对经济、社会发展可持续性的影响。1986 年中共中央《关于社会主义精神文明建设指导方针的决议》中指出，人的素质是个历史产物，它给历史以巨大的影响。在社会主义条件下，提高人的素质对于社会劳动生产率的提高，对于塑造人与人之间的新型关系，对于取得社会主义现代化的成功是必不可少的条件。要达到人的素质的可持续性，就要从民族的兴旺和经济社会发展的高度，重视素质教育的可持续性发展。改革人才培养模式，由应试教育向全面素质教育转变。素质教育立足于对国民的思想道德、科学文化、劳动技术、身体心理

---

①《邓小平文选》第二卷，人民出版社 1993 年版，第 91 页。

②《马克思恩格斯全集》第四十六卷上，人民出版社 1979 年版，第 392 页。

素质的基础教育，使每一个公民都成为可持续发展的公民。迎接知识经济时代，还要抓好公民的终身教育，这也是培养和塑造可持续发展公民的重要途径。终身教育是学校教育的延伸，是使人在思想道德、科学文化知识结构上适应不断变化发展着的社会的需要，是不断适应社会生产方式和生活方式的新变化的需要。培养和塑造可持续发展的公民，是一个长期的、复杂的系统工程。要完成这一系统工程，就要有良好的社会环境和正确的方针政策。只有这样才能发挥我国巨大的人力资源的优势，促进我国经济、社会的可持续发展，把建设有中国特色的社会主义事业全面推向 21 世纪。

（提交全国人学学会第二届学术讨论会，后收入《人学与现代化》一书，广西人民出版社 1999 年版）

人学研究的三个方法

摘要　人不仅是社会物质资料生产的主体，也是社会关系实践的主体。人学研究的出发点无疑是从事实践活动的人。对象化方法是研究人类社会历史的根本方法，也是研究人自身发展的根本方法。社会主义人道主义是精神文明建设的重要内容，它坚持了人的本质和权利的统一，人的社会价值和个人价值的统一。运用社会主义人道主义方法研究新时期人的本质内涵，揭示人的伦理关系价值，具有重要的理论和现实意义。

人学的研究对象是人自身。如何采取更有效的方法，认识和把握人与自然、社会关系以及人的本质和人的权利等问题，是把人学研究逐步引向深入的重要问题。

一、实践主体方法：明确人的实践主体地位

人学研究的出发点无疑是从事实践活动的人，人的现实生活和生产，无不表现为双重关系，即人与自然的关系和人与人之间的社会关系。人与自然的关系通过人的物质生产实践来实现。研究人总是离不开人类生存的第一个前提，即作为历史前提的物质生活本身。人作为能动的主体在本质上是实践的，是活生生的。实践使人类离开动物界越远，就越具有思维的超越性特点，实践使人超越人的自然属性向社会属性跨越，实践使人创造着自己的历史。马克思和恩格斯在批判费尔巴哈时，找到了由抽象通向活

生生的现实人的道路，认为只有从现实生活生产实践中，在历史实践行动中去观察人、认识人，才能把人作为实践主体，才能抓住人的本质。人类在生产满足自身物质生活资料活动中，首先是作为生产力的实践主体参与历史活动的，每一代人既是历史生产力的继承者又是新生活力的创造者。考察人首先应当着眼于人在现实生活中推动生产力发展所承担的历史使命和在现实生产力中的主体能动性和创造性。所以，作为现实生产力的人，"他们是什么样的，这同他们的生产是一致的——既和他们生产什么一致，又和他们怎样生产一致"①。

人不仅是社会物质资料生产的主体，也是社会关系实践的主体。人作为社会存在物，在生产活动和社会活动中结成一定的关系，这种关系的特点是人们的相互需要，相互依赖。人的社会关系是历史形成的并具有继承性的。人的社会关系还具有交往性，每个历史时代的人们之间，首先是为满足自己生活需要的物质资料的生产而进行交往，并在此基础上形成政治、文化领域的社会交往。无论是物质交往的内容和形式，还是精神交往的内容和形式，都是社会生产力总和运行发展的客观要求。"历史运动创造了社会关系"，社会关系本身是实践的产物，人作为实践的主体，不仅参与变革旧社会关系的实践，同时也在实践中创造着新的社会关系，或完善、巩固已有的社会关系。因为人们总是按照自己的物质生产发展的需要和现状，建立相应的社会关系。

人作为实践的主体，是社会关系创造过程中的主动因素，而社会关系又是一个发展的范畴，它的内涵和本质是变化的、运动着的。对人的研究和考察必须放在社会关系运动系列之中，只有在社会关系的变革实践中，才能深刻认识人的历史地位和作用。农业社会生产关系下的人是"日出而作，日落而息"守土安贫型的劳动者，在商品经济社会生产关系下，人的自主意识、竞争观察增强，价值观念注入主体意识。但是一定历史阶段建立的生产关系又是一个发展着的形态，处于一定历史阶段的生产关系之中

---

① 《马克思恩格斯全集》第三卷，人民出版社 1972 年版，第 24 页。

的人，总是不停顿地把生产关系推向前进，以在新的基础上适应生产力的要求。

二、对象化方法：确认人的对象性本质

对象化方法既是研究人类社会历史的根本方法，也是研究人自身发展的根本方法。对象的人化和人的对象化是对象化过程相互联系着的两个方面，从对象性关系观察人和物，才能理解对象性的人的本质。人类要生存和发展就必须以自然界为对象性活动为基础。人类社会的对象性活动是在自然界的对象性活动基础上发展而来的。没有人在其中的自然界的对象性活动，也就没有人的社会的对象性活动。人在改造自然界、变革客观事物的对象性活动中，其目的、意志、观察在活动的终结时沉积于对象之中，人的智力、体力在变化了的对象形态中体现。被变革了的对象已经不是原来的属性形态，而是成为人的本质力量的外化形态，是人的本质力量的体现。被变革了的对象是检验人的本质力量的一面镜子。对象是人的镜子，认识人的本质，必须通过对象性活动，通过人在变革自然和社会的实践活动中来进行。

人与对象的关系是主客体之间的关系，在实践中这种关系就成为人与对象之间的合乎目的性的关系，人作为有目的主体与劳动对象形成对象性关系·作用于对象时首先必须符合人的实践目的，同时作为主体的人，对劳动对象的占有要有选择性，这种选择性表现为人的智力的能动性。在实践中人作为对象性存在物，作为能动的主体，不仅仅是消费自己的劳动，而且在创造。"劳动不仅被消费，而且同时从活动形式转变为对象形式，静止形式，在对象形式中被固定，被物化；劳动在转变为对象时，改变着自己的形态，从活动变为存在。"① 任何对象化活动最终都要转化为对象性存在形式，劳动产品作为人的劳动的对象化，是人的劳动目的、劳动技能的实现。劳动的对象化过程是实现目的的过程，是一种创造型的实践活动。

---

① 《马克思恩格斯全集》第四十六卷上，人民出版社 1979 年版，第 258 页。

在这个过程中人和对象都是实践的内容要素，所以，人和对象都应当被理解为实践的，只有通过实践，才能理解人的能动性和创造性本质。

社会的对象化活动作为价值的创造过程，作为人的价值性活动，每一代人的对象化活动都要以前人对象化活动的成果为对象，在过去已有的生产资料基础上创造新的对象化活动成果，生产出新的产品。劳动资料和劳动对象是过去劳动的产物，是过去人们体力和智力的物化，体现着过去人们的本质因素。在实践过程中是一个连续性的历史过程，过去劳动只有和当代人的活劳动，和当代人的新的实践相结合，新的对象性劳动才能进行，才能创造出新的物质形态。新的产品既体现了过去劳动的成果，积淀着过去人们的劳动价值，又是新的活劳动的成果，是人的新的活动的对象化，是新的使用价值的创造。人的对象化活动过程是人的创造新成果的价值活动，是一个持续发展的历史过程。同时，人的活动的对象化过程，不仅仅是人与物的对象化关系过程，也是人们的社会交流、人际的交往，从而形成人的价值活动的交换。人的社会关系的对象化的深度和广度是随着人们的社会实践的深入而延伸，社会关系的对象化使人与人之间的相互联系、相互满足、相互支持与合作的新型关系不断扩大和加深。

人类是在劳动中创造自身的，而"劳动是从制造工具开始的"。工具是人的臂和手的延伸，是人本身的自然力的发展。任何工具、机器可以看作是自然的人化，劳动资料不但是人的体力发展的标志，也是人的智力发展的标志。如果说农业时代和工业时代的劳动资料，特别是劳动工具作为生产要素主要表现为有形形态的话，那么当今随着科学技术的进步，知识经济时代的到来，作为生产的要素主要表现为无形形态。第一生产要素从有形向无形的转变，标志着通过知识对自然资源进行合理的、科学的配置，通过知识开发自然资源，创造新的财富。这就标志着人类的对象化活动进入了一个新阶段，表现出了新的特点。随着知识经济时代的到来，信息业成为主导的经济形态。新技术产业和新技术产品层出不穷，知识经济时代的到来说明人所参与的对象化活动范围的不断扩大，人作为被对象化的过程是无止境的。知识经济时代标志着人的被对象化的过程加快，人的本质力量的显示也出现了新的特点。它要求在新的基础上提高人的素质，把人变为人力资源，充分发挥人力资源的作用，把人创造知识和运用知识的能力作为重要的经济发展因素。信息技术的发展和广泛应用。使经济发展从依赖资源转向依赖技术和知识，使经济结构传统产业发生重大变化。这都标志着人的对象化活动过程向着新的形态的转变，人运用信息技术，依靠新技术知识对自然的改造，对传统产业为特点的客观对象进行变革，知识经济时代带来的新的认识对象、改造对象，又对人提出了新要求，要求人们创造知识和应用知识的能力提高到新的水平。在知识经济时代，人被对象化，人作为被改造的对象，就要使人们的生产方式、生活方式、思维方式适应变化了的客观现实，提高人的现代化素质，使人成为掌握新技术、新知识的人力资源。新的时代显示出，决定人类历史发展的对象化活动的本质，将贯穿着人的知识化和知识化的人的实践，人的实践对象已不再主要是物质形态，而是以高技术信息产业，以精神形态出现，人作为实践的主体已不再是以体力和一般知识为手段参与对象性活动，而是以掌握信息技术并以此为能力的全面发展的新人，出现在新的时代。

三、人道主义方法：揭示人的伦理关系价值

以马克思主义的世界观、人生观、价值观为基础的社会主义人道主义，是一种伦理道德意识形态，它既是伦理原则，也是人学研究的重要方法。运用人道主义方法展开对人的生存与发展、人生与价值、自由与平等、权利与义务进行广泛而深入研究，对认识人的本质、了解人的社会价值、探讨人的全面发展是很有意义的。人是社会关系的承担者，任何社会关系都是建立在人的活动的基础上，社会关系反映着人与人的经济的、政治的、文化的、思想观念的广泛联系。人的本质、人的价值表现在社会关系总和之中。社会的经济、政治、文化因素决定人们的伦理观念，而伦理观念又反作用于经济、政治和文化关系。人们的经济、政治、文化关系渗透着人们的伦理关系，亦即人道主义原则。而人道主义原则也影响着和制约着人的社会本质。人的本质是社会关系的总和，个人不能离开社会而孤立地生

存和发展，人总是社会的存在物。人的行为无不受社会的约束和规范。作为社会的人的自由不是绝对的，人总是在集体、社会的规范之内寻找自身的定位和行动准则。人只有在集体中才能获得全面发展的手段，也就是说，只有在集体中才可能有个人的自由。"各个个人在自己的联合中并通过这种联合获得自由。"① 社会主义的本质就是为社会大多数人的利益服务，它从根本上体现了个人和社会的根本利益的一致。社会主义奠定了个人自由的社会基础，体现着社会主义的人道主义精神。社会主义从本质上讲能够做到对每个劳动者的劳动及其劳动成果的尊重，能够把满足社会成员日益增长的物质和文化需要作为社会发展的动力，把提高社会生产力、增强综合国力、提高和改善人民生活水平作为最终目标，社会主义能够为劳动者的才能的发挥和发展创造必要的社会条件。社会主义无论在政治制度还是在经济制度上能够把个人利益和集体利益、当前利益和长远利益统一起来，体现社会主义对人的自由、人的价值的社会肯定。

社会主义人道主义作为伦理原则和道德规范，充分体现了社会对人的地位、能力、价值的肯定和尊重。尊重人的社会地位、为人的才能的发挥创造良好的社会环境和条件，已经被实践证明是社会主义的优越性的表现。人作为社会的存在物和实践主体，不断追求全面发展是其固有的本性。人不仅需要自下而上的权利，而且需要发展的权利。社会主义为人的才智的发挥，为人的主体能动性的展示提供了现实的社会条件。社会主义对人身自由、行动自由、身心健康、劳动保护都纳入了法律保护的范围之内，如我国对妇女、儿童和残疾人实行特殊保护，对退休人员、下岗职工实行物质帮助、社会保险和再就业等。随着社会保险制度的建立和健全，社会救济、社会福利事业也在城市和乡村广泛兴起，社会福利院、敬老院等出现在城市和乡村，成为城市和农村精神文明建设的组成部分。作为社会主义人道主义的原则，已经在伦理意义上取得实践上的进展。实践表明，社会主义人道主义作为精神文明建设的重要内容，它坚持了人的本质和权利的

---

① 《马克思恩格斯全集》第一卷，人民出版社 1972 年版，第 82 页。

统一，人的社会价值和个人价值的统一。研究社会主义新的历史时期的人的本质内涵，不能不研究和分析在社会主义伦理规范下的人的社会实践，这也是作为社会主义人道主义实践原则的重要组成部分。

社会主义的经济制度和分配原则体现着人民群众的根本利益，这是人与人之间团结、互助、友爱关系的基础。体现社会主义伦理原则的人道主义，尊重人的个性和自由，为每个社会成员的个性发展创造良好的社会条件，社会主义的伦理原则又为个人在集体中的地位和作用、能力的发挥和奉献提供社会保证。由于社会分工的不同，每个社会成员既作为个人的相对独立主体，又不能脱离社会其他成员，人们的经济的、政治的、文化的交往，形成相互联系的社会关系。在社会主义条件下，人民群众之间不存在根本利益上的矛盾，人民之间的关系是平等、团结、互助的新型关系，这就在社会关系的广泛领域内形成社会主义的伦理关系，体现着社会主义的人道主义。社会主义道德建设的特点是以为人民服务为核心，它是社会主义道德的集中表现，也反映着社会主义的人道主义精神。社会主义人道主义主张，个人要为集体服务，集体也要为个人服务，个人利益和集体利益相统一，而为人民服务是两者的有机统一，也就是"我为人人，人人为我"，作为思想观念和实践原则生动地体现了社会主义人道主义的新型人际关系和伦理关系。在新的历史时期，随着社会主义市场经济体制的完善和发展，人与人之间在根本利益、价值目标上是统一的，在新的经济、社会运行机制下，在法制的规范下，人们相互之间建立了平等条件下的竞争关系，做到了效率与公平的统一，树立起了在社会主义、集体主义规范下的个人进取观念，人们的自主意识、民主意识、自强意识进一步增强，社会主义现代化建设的共同理想、价值观念和道德规范进一步形成。

受剥削阶级伦理观的影响和腐朽思想文化的侵蚀，在现实生活中仍然存在损人利己、尔虞我诈的社会现象，那种损公肥私、金钱至上、以权谋私、欺诈勒索、假冒伪劣、坑蒙拐骗行为，是与社会主义人道主义格格不入的，与新型的社会主义伦理关系是相悖的。这些剥削阶级的旧观念和不法行为，是对人的本质的否定，是对社会主义的伦理关系的扭曲，它不利于社会主义精神文明建设，不利于在全社会形成共同理想和精神支柱。在新的历史时期，提倡共产主义思想道德，发扬社会主义的人道主义精神，认真分析研究人们在坚持爱国主义、集体主义、社会主义教育过程中的主体自觉行为；分析研究人们在加强社会公德、职业道德、家庭美德建设过程中伦理关系的新变化；分析研究人们在新时期世界观、人生观、价值观的新取向，是我们运用社会主义人道主义方法，研究人在建设有中国特色社会主义实践中的自觉性和创造性所面临的新任务。

（原载《河北大学学报》1999 年第 4 期）

环境、生态文明与可持续发展

可持续发展是自然、人、社会相统一的物质发展过程。可持续发展观强调环境与经济的协调发展，追求的是人与自然的和谐。可持续发展观要求人们改变对环境、生态的传统观念，树立新的环境、生态文明观，只有这样，才能做到经济建设与自然环境相协调，物质文明建设与精神文明建设相一致，促进社会的全面进步。

一、环境、生态文明是精神建设文明的重要内容

精神文明建设是一项系统工程，它不仅包括社会主义思想道德建设、教育、科学、文学艺术等建设事业，同时还包括生活环境的建设与保护。党的十四届六中全会的《决议》把"实现以社会风气、公共秩序、生活环境为主要标志的城乡文明程度的显著提高"作为精神文明建设的目标之一，从而使精神文明建设体现出全方位的内容。

（一）正确处理人与自然的关系，是精神文明建设的重要内容

人与自然的关系最直接的是人与环境、生态的关系。从可持续发展的角度看，环境、生态文明是人与自然的协调发展水平，它既包括人的环境、生态的需要，也包括人们的环境、生态建设成果。环境、生态文明是人的生存和发展的需要，环境、生态建设是精神文明建设的组成部分。人对环

境、生态文明的需要，是人的生存、发展和追求的重要内容。我国古代社会有"天有六气""地有五行"的学说，对人与自然的关系就有了一定的认识，认为人们的健康与"六气"相关，与"五行"相依，"五行"为人们提供生活资料。金、木、水、火、土相配合，制造人们所需要的百物。随着生产的发展，人们在实践中积累了各种知识，意识到人对自然的关系不仅是对立的关系和依赖的关系，而且是以自然为对象，通过实践对自然产生的有效影响的关系。荀子认为，人"最为天下贵"就在于人能够"序四时、役万物"，人是自然的主人，人能改造自然，以求自身的生存，人控制和利用万物，以万物顺应人自身的需要，来发展和完善自身。所谓"得而财之""得而食之""得而用之"就是人要通过自己的实践活动，认识和掌握自然规律，向自然寻求衣食，逐渐形成了人们与自然的相互依存、协调相处的意识。

人类关于环境、生态文明的意识经过了一个长期发展的历史过程。人类社会初期，农业上的"刀耕火种"造成了严重的水土流失，大片肥沃的农田变成不毛沙漠。人类也遭到自然界的无情报复。在工业革命时代，随着科学技术和商品经济的发展，加快了工业化和城市化的进程，耕地、淡水、森林和矿产的消耗，环境污染和生态的破坏产生了新的矛盾。一系列环境和生态问题引起人们的注意。1966年美国学者鲍尔丁曾经提出过"宇宙飞船经济理论"，人类赖以生存的地球，因人口和经济的不断增长将导致资源枯竭，人类生产和消费所排出的废物将使飞船舱内完全被污染。鲍尔丁的理论说明，人类的环境意识、生态意识，随着工业的发展、地球面临日异严重的危机而不断增强。到了20世纪60年代至80年代，人们对全球性生态环境问题进行反思，努力寻找新的发展模式，这是人们的新的文明观的发展。这时人们对"发展"的观念有了新的认识。过去把发展单纯看成是经济的增长，而没有把环境、生态作为一个基本内容来考虑。后来，人们把发展问题同人的基本需要，同人的生存、发展联系起来，把环境问题由工业污染控制推向全方位的环境保护。人类对发展与环境关系的认识，反映着人们的价值需要和价值评价标准的新进展，人们把环境、生态问题同自身的发展相联系，说明人们的精神文明观在广度和深度上提高到一个新的水平。进入 90 年代以来，人类对环境、生态与发展的认识已从过去消费方式，即对环境、生态以及资源的消费，转变为靠科技进步节约资源，保护环境和生态。人对环境、生态的关系，也是人与人的价值关系，是人的文明观与自然观的统一。人作为社会的人，不能离开自然界而生存和发展，社会的人的本质同自然界的本质的统一，不仅是人的生命现象与自然的统一，也是人对自然界的需要和追求以及自然界对人的生存、发展的反作用，反映着人对自然界的价值观念和价值取向。人与自然本质的统一是相辅相成的关系。恩格斯说："人本身是自然界的产物，是在他们的环境中并且和这个环境一起发展起来的。"① 人不能站在自然界之外成为统治自然的异己的力量。应当看到，人与自然、人与环境是一致的，人属于自然、存在于自然。我们对自然的支配，胜于其他动物的地方，仅仅在于人能够认识和正确运用自然规律而已，除此之外谈不上支配和统治。人对自然的人化和改造也是在尊重自然本性、掌握自然规律的条件下进行的，否则就会受到惩罚。人能"人化自然"，自然反过来也影响人类。人应当以平等态度对待自然，给自然以爱心，爱护自然，爱护生态，既看到人类的价值，又要看到自然本身的价值。这是人的高度发展着的精神文明意识，在与自然界相处关系中的表现。

（二）人在建立与环境、生态和谐关系中，塑造自身的文明形象

人的实践活动对于自然环境、生态的作用往往会出现两种结果：一是在改造自然环境过程中，能够遵循自然规律，促进自然生态系统的良性循环，使人顺其自然，达到人和自然生态的双向协调与发展；二是在"人化自然"改造自然过程中，违背自然规律，与环境生态自身的发展趋势相悖，站在自然生态的对立面，盲目破坏自然生态，造成自然生态系统的恶性循环，导致人与自然生态的不协调，使人在自然规律面前受到惩罚。人类不

---

① 《马克思恩格斯全集》第四十二卷，人民出版社 1972 年版，第 122 页。

能满足于对自然的胜利，而更为重要的是，要学会尊重自然，爱护自然，遵循自然规律。只满足于"人化自然"的胜利，往往受到自然的惩罚。恩格斯曾经以阿尔卑斯山的意大利人为例说明环境遭到破坏所带来的危害，他们为了要"培养该山北坡上的松林，而把南坡上的森林都砍光了，他们预料不到因此却把他们区域里的高山牲畜业的基础给摧毁了；他们更预料不到这样就使山泉在一年中大部分时间都枯竭了，而且在雨季又使水倾泻到盆地上去"①。人总是在实践中塑造自然的形象，不是文明的形象，便是破坏者的形象、受惩者的形象。辩证唯物主义认为，人与自然的关系是相互依赖、相互影响的关系。人和自然界的同一性的基础在于人类的生产活动，也就是人的主体因素对自然界的同一性的基础在于人类的生产活动，也就是人的主体因素对自然界客体因素的能动作用的过程。社会实践沟通了人与自然的联系，人不单纯是自然环境、生态的适应者而更重要的是改造者和保护者。人与自然关系的协调统一过程是一个辩证发展的过程，也是人以文明形象和实践作用于自然环境的过程。人与自然的关系总是循着矛盾、协调，到新的矛盾再到新的协调。在古代，人类为了发展农业，改善生活环境，对河流改道，修渠引水，都是立足于大自然已有的环境基础上对自然的顺向改变和利用，使自然环境向有利于人的生存和发展的方向发展。公元前 256 年我国四川兴建的都江堰工程，就是化水害为水利，达到人与自然和谐相处的典范。我国目前正在兴建的三峡水利工程和黄河小浪底工程，就是把人与自然、人与水环境的矛盾转化为人与自然、人与水环境的协调关系。这些旨在保护生态环境、科学利用水资源的工程，是人们时代观念、价值观念的体现，是人们环保理念的体现与升华，也是人的精神文明发展的新高度。在现代社会，环境、生态质量的优劣，自然环境、生态状况，已经直接关系到人民生活质量的优劣，自然环境、生态状况，已经直接关系到人民生活质量的提高和社会的发展。大气环境质量、水体环境质量、土壤环境质量、空间环境质量，已经成为评价一个地区文明程

---

① 恩格斯《自然辩证法》，人民出版社 1961 年版，第 146 页。

度的标志。环境、生态建设的重要任务之一，就是防治环境污染，保护自然生态的良性发展。在当代净化环境、消除污染，自觉保护人类赖以生存的自然、生态环境，已经和正在向人们提出理论和实践的研究课题，这些在实践中提出的课题，一是向人们警示环境、生态直接关系到人类生存和社会发展，不关心环境、生态就是不关心人类自身；二是向人们提出，必须发展科学技术，依靠科学技术治理环境、保护生态。面对现实我们不得不认真思考下列问题：如何在石化、化工、冶金、建材、电力、印染、造纸、化学药剂等生产领域节能降耗，研制开发无污染、低污染的清洁生产工艺和清洁产品；如何研制开发适合我国国情的清洁、高效的燃煤技术；如何研制开发城市饮水水源的综合保护技术；如何研制开发城市生活垃圾的简便有效综合无害化处理处置和利用技术；如何研制开发中小型工业废水简便有效治理技术；如何研制开发工业固体废弃物的集约化、产业化、资源化综合利用技术；如何研制开发破坏臭氧层物质替代生产技术以及开发推广低成本、高效主体生态工程技术，综合治理局部水土流失和沙漠化的生态工程技术和建立符合我国国情的环境资源价值体系等。这是一些涉及教育、科学技术等领域的环境保护的重大课题，也是直接构成精神文明建设的重大课题。人类作为主体实践者总是在改造自然的过程中使自然环境朝着人类所需要的方向发展，但人类与自然环境的关系绝不是单纯改造与被改造的关系，人类还要成为与自然环境协调相处的主体，人类也将在与环境、生态协调相处中，不断完善自己，不断塑造自己的文明形象。为了与自然和谐共处，共同发展，人类还要发挥智力的创造作用，运用科学和技术，拉动和缩短自然环境与人协调相处的距离。如何使环境、生态更有利于人的生存和发展，如何在自然环境受到保护的同时人类也得到全面发展，这些问题只有依靠人自身的实践来回答。这些问题的解决要依靠人的文明素质的提高，依靠教育、科学这些精神文明因素的整体发展。

（三）人不单是环境、生态美的享受者，同时也是环境、生态美的建设者和创造者

人们创造着自身的精神文明，文明生活的塑造离不开环境美的塑造，环境、生态美化的程度，反映着精神文明发展的程度。人总是按照社会的观念，环境、生态意识和审美的尺度来"人化自然"。马克思认为，人直接的是自然界的存在物，是能动的自然存在物。"动物只是按照它所属的那个种的尺度和需要来改造，而人却懂得按照任何一个种的尺度来进行生产，并且懂得怎样处处都把内在的尺度运用到对象上去；因此，人也按照美的规律来建造。"① 人类在改造和美化自然的实践中能够把自己的价值观念、审美情趣、生理需要这些内在需求和尺度，通过实践渗透和转化到环境上去，使环境、生态按照美的规律发展，这些应当是精神文明建设的重要表现和组成部分。人对环境的美化是精神文明建设的应有之义。植树造林防治沙化，园林绿化改善生活环境，不仅美化了自然，而且人也享受到自然美、陶冶自身的情操。在古代，人类就已经按照自己的内在要求和尺度，再造自己的生活环境，参加美化环境的实践活动。我国苏州的园林，杭州的西湖，就是人们根据许多自然山林景色，经过重新构思，对环境进行美化的结果。随着我国经济的发展、社会的进步，随着科学文化水平的提高和人民生活的日益改善，人们对自己生活的环境和生态建设不断纳入社会文明工程之中。使改变环境、生态的实践活动，成为人的社会实践的重要组成部分，成为人们社会生产、生活的重要内容。在城市的精神文明建设中实施的"形象工程""绿化工程"，在农村实施的"小康文化工程"，就是把环境卫生、生态保护纳入精神文明建设实践之中，这些都标志着精神文明建设的新进展。早在80年代初，河北省在推行文明村建设中，就以"五抓五治"为重点，把环境卫生、治脏变净作为重要内容来抓，目的在于净化美化农村生产、生活环境。随着"五讲四美三热爱"活动的开展，城乡

---

① 《马克思恩格斯全集》第四十二卷，人民出版社1972年版，第97页。

环境建设进入了新的发展阶段。90年代初，河北省在创建文明城市实践中，把创优美环境作为重要内容，不仅包括在自然环境，而且包括城市的文化环境建设，把城市形象建设作为城市精神文明建设的重要内容。河北省1996—2000社会主义精神文明建设实施纲要中，在强调坚持抓好"鱼水工程""形象工程""小康文化工程""安宁工程"和"共富工程"五大工程的同时，提出要继续发展和活跃企业文化、社区文化、校园文化、军营文化、机关文化、家庭文化、广场文化，提出要增强重要建设的艺术特色，搞好城市的雕塑、纪念碑牌和园林建设，保护或创建具有鲜明文化特色的建筑，这里已经把自然环境的美化同文化环境的创造融为一体。所以，无论城市还是农村，作为精神文明建设重要内容的环境建设，应当是既包括自然环境的建设和美化，又包括文化环境的建设，二者应当是统一的。把人文环境的建设和自然环境的建设有机结合起来，在实践中体现了人们的审美观和文明观的新进展，也体现了精神文明建设的新高度。

人不能离开自然寻求自己的生存和发展，但人又可以站在自然面前按照自然规律的要求对自然进行"人化"、美化，这本身就是人的文明程度的表现，人与自然的和谐和统一是文明发展的结果，人与自然的和谐和统一依靠精神文明的发展。精神文明向深层次的延伸的标志之一，就是使人与自然、人与环境的关系建立在科学基础之上，人按照科学的尺度来度量环境和生态，使环境、生态与人形成新的统一，使环境、生态文明建设作为精神文明建设的组成部分，形成人类新的文明境界，创造出人类文明的新模式。

二、环境、生态文明建设是可持续发展的本质要求

可持续发展是80年代提出来的一个概念，它是指既满足现代人的需要又不损害后代人满足需要的能力。既考虑当前经济社会发展的需要，又考虑未来经济、社会发展的需要。可持续发展是指经济、社会、文化、资源和环境保护的协调持续发展。

（一）生态、环境建设是经济、社会可持续发展的基础

人类对生态环境文明建设与经济发展、社会进步的可持续性的认识，经历了一个长期的探索过程。第二次世界大战结束后，各国都进入恢复、重建阶段，关于研究发展问题的著述竞相问世，发展学成为当时的热门学科。发展学先后经历了"经济增长理论""经济社会综合协调发展理论"等形态，再到"可持续发展理论"。可持续发展理论的形成，标志着人类文明观的新飞跃，也标志着人对于人类现今和将来同资源、生态环境的关系的认识日趋科学化。在第二次世界大战后的一段时间，人们曾经把发展等同于经济的增长，特别是把发展战略目标视为国内生产总值增长的目标，而忽视了社会其他领域的发展目标。随着人们对经济、社会发展趋势和客观规律的认识逐步提高，逐步认识到增长不等于发展，发展是经济、社会多方面综合协调发展的系统工程。衡量一个国家的发展程度，除了经济指标，还应包括多项社会指标，如教育、文化、健康、住房、社会地位等，这种观点在联合国文件中开始体现。到 70 年代，随着世界经济的发展，工业发展突飞猛进，在促进社会进步的同时，也带来了环境的污染、生态的失衡、资源的匮乏，于是迫使人们不得不思考和关心人类和地球的未来，审视经济发展模式带来的社会后果。从这时起发展学逐步发展为"未来学"，把发展的现状同人类的未来联系起来，综合分析经济发展与人口增长、环境污染、资源消耗之间的关系。这应当说人类已经进入未来生存和发展战略的思考阶段，也是人类精神文明发展的新阶段，这一新的构想和发展模式，在 1989 年 5 月联合国环境署第 15 届理事会上达成共识。1992 年世界环发大会以"可持续发展"为指导方针，制定和通过了《21 世纪行动议程》和《里约宣言》等重要文件，号召各国制定本国可持续发展战略与政策。联合国环境与发展大会标志着人类对环境发展的认识进入了一个新阶段，由过去那种把环境与经济、环境与社会、环境与资源相分离的战略、政策与管理模式，转向环境与发展紧密结合为一体的可持续发展管理模式，既考虑经济效益，也考虑生态效益，把保护环境和生态作为经济发展、社会进步

的内在因素。

中华人民共和国成立以来，已经建立了比较完整的国民经济发展体系，我们面临着现代国家的繁重任务。但是我们不能重蹈工业化国家所走的老路，不能先发展后治理。要达到我国的经济快速发展，社会全面进步，就要走可持续发展的道路，从中国国情出发探索有中国特色的可持续发展的模式。我国面临的生态问题，主要是水土流失、沙漠化、草原退化和物种减少。全面水蚀面积达179万平方千米，每年流失土壤总量达50亿吨，不少地方因水土流失使土地严重退化，造成水库、湖泊和河道淤塞，黄河下游河床平均年抬高10厘米，全国200多个贫困县有87%属于水土流失严重的地区。荒漠化的总面积已达到国土面积的8%，全国约有1.7亿人口受到荒漠化危害和威胁，约有2100万公顷农田遭受荒漠化危害，全国每年因荒漠化危害造成的损失约20—30亿美元。草原严重退化面积高达9000多万公顷，占可利用草场面积的1/3以上，平均产草量下降了30%—50%。由于生态环境的破坏，许多珍稀物种已面临濒危和灭绝，长江的鲥鱼、松花江的大白鱼等名贵经济鱼类已接近濒危状态，浙江省养殖水面被污染的面积已达到2.4万公顷，注入渤海的9条河流中的湖河性鱼、虾、蟹有5种已经绝迹。

改革开放以来，我国农村经济有很大发展，多种经济成分、多种所有制结构带来了广大农村的日益繁荣。但是不利的气候、地貌条件仍是制约我国农业发展的不利因素。我国大部分地区位于北纬20°—50°度之间的中纬度地带，72%的地区为温带、暖温带、亚热带和少量热带。全国平均降水量为630毫米，山区占国土面积的69%，平原只占31%。现有耕地约1.32亿公顷，仅占国土面积的13.8%，森林面积1.34亿公顷，森林覆盖率仅为13.93%。脆弱的生态环境给农业带来不利影响，我国耕地逐年减少，近10年来，每年减少36万公顷面积的耕地，而人均国土面积约0.9公顷，人均耕地面积0.11公顷，只有世界人均水平的1/3，土地退化已达160万平方公里。盐渍化土壤面积3700万公顷，全国耕地中，缺磷面积占59.1%，缺钾面积占22.9%，受污染的耕地已超过2000万公顷，受酸雨危害的耕地

370 万公顷。每年因农田污染造成粮食减产约 120 亿千克。

我国自然资源总量虽然丰富，但人均资源量还低于世界平均水平，存在着自然资源相对短缺且浪费严重的问题。水资源为世界人均水平的 28%，全国缺水城市达 300 多个，日缺水量 1600 万吨以上，农业每年因灌溉不足减产 250 多万吨，工农业生产和居民生活受到很大影响，我国农田灌溉水利用率仅为 25%—40%，工业用水重复利用率为 20%—30%。我国自然资源空间分布不均，水资源的 90% 集中在东半部，其中长江以北耕地占全国的 63.9%，其水资源仅占 17.2%。矿产集中在西部，近 80% 的能源分布于西、北部，长江以北煤炭占全国的 75.2%，石油占全国的 84.2%，而工业却集中于东部沿海。能源工业作为国民经济的基础，对社会经济的发展至关重要，节约能源是可持续发展的重要内容。

（二）《中国 21 世纪议程》是我国发展模式根本转变的标志

1992 年世界环境与发展大会后，我国第一个拿出《中国 21 世纪议程》，阐明我国可持续发展战略，表明了我国在解决环境、生态与发展问题上的立场和原则。《中国 21 世纪议程》标志着我国发展模式的根本转变，坚持在发展中保护环境、节约能源，在市场经济条件下贯彻"谁开发，谁保护"的原则，把自然资源和环境纳入国民经济核算体系，使市场价格反映经济活动造成的环境代价。工业污染防治从终端控制转变为向生产全过程控制，从分散治理向分散与集中控制相结合转变，从浓度控制向浓度与总量控制相结合转变，研究开发推广无公害、少污染、低消耗的清洁生产工艺和产品，坚持开发与治理相结合，加强生态环境整治，走可持续发展的道路。走可持续发展的道路，需要做好以下几点。

第一，从可持续发展战略出发，处理好经济与资源开发、环境保护的协调关系。把自然资源和保护环境纳入国民经济核算体系，使市场价格准确反映经济活动造成的环境代价。在经济工作中，不但要看发展速度和经济效益，而且要看社会效益和环境效益，不但考虑到今天的发展速度和环境效益，而且要考虑到明天的发展速度和环境效益。坚持执行和完善土地利用、环境保护计划，推进资源和环境计划管理与其他管理制度的结合。制定环境保护产业政策，推动环境保护产业、清洁生产和生态农业的发展，同时及时修改和完善不适应社会主义市场经济发展要求的有关资源和环境的法规。

第二，从可持续发展战略出发，搞好环境污染综合防治，促进两个文明建设深入发展。环境污染的防治是一个系统工程，它涉及生产部门的多个环节。首先要从新建、扩建、改建项目着手尽量采用能耗物耗小、污染物排放量小的清洁生产工艺，提高能源利用率搞好技术开发。积极防治乡镇工业污染，采取必要政策，发展规模经济，提高技术水平。推动综合利用，实现"三废"资源化。搞好环境保护重点工程和示范工程建设，是可持续发展战略的组成部分。搞好重点首先是防治能源、化工、冶金、建材和轻纺工业的污染，集中力量优先治理一批污染严重的企业。我国已经把减缓晋陕蒙地区生态环境恶化，解决淮河流域污染问题列入到日程，并已经取得明显效果。省会城市、沿海城市的环境保护工作正在加紧进行，如兰州、太原、石家庄等城市的环保工作计划正在抓紧实施。江、河、湖的环境治理工作取得明显效果。

第三，从可持续发展战略出发，综合治理和保护生态环境。良好的生态环境，是国家经济发展的重要条件，生态环境需要综合治理和保护。坚持开发利用与保护环境并重，不能只顾开发利用，不注重环境保护。要注意理顺经济开发和生态完整保护的关系，资源开发与环境保护同步，坚持"谁开发谁保护，谁破坏谁治理，谁利用谁补偿"的原则，建立生态破坏限期治理制度，制定生态恢复治理检验或验收标准，这也是规范生态保护工作的重要环节。要把制度和检验标准同实际工作紧密结合起来，在生态农业方面，巩固和提高不同类型的生态农业试点。我国在推广生态农业工程建设上已取得可喜成效。在推广人工造林、建设防护林体系方面，我国在建设"三北"防护林体系、长江中上游防护体系、沿海防护林体系、太行山绿化工程和平原绿化工程上都坚持了因地制宜，分期实施取得了明显进展。认真贯彻《水土保持法》，对黄河中游、长江中上游等国家重点水土保持防治区的治理正在加紧进行。水土保持工作和保护国土资源、水资源管理、海洋资源管理是不可分的。这是一个综合管理与保护的系统工程。在可持续发展观看来，环境、生态也是一个可持续因素，只要人类与之和谐相处，并在实践中保护和爱护，环境、生态就会成为发展的动力源。同时人与环境、生态的和谐关系需要有法律法规来规范，人们的环境意识的提高也需要法规来推动。改革开放以来，我国已经颁布了《环境保护法》《海洋环境保护法》《水污染防治法》《大气污染防治法》等法律法规，从而促进了我国环境、生态保护事业健康发展。

　　以河北省为例，河北省目前正处在经济快速增长，面临建设经济强省的历史任务，在快速增长的同时也受到来自人口、资源和环境、生态的巨大压力，走可持续发展的道路，实现经济、社会、人口、资源和环境的协调发展，是由省情这个客观因素所决定的。河北省走可持续发展道路面临着诸多矛盾：一是传统增长方式与加快建成经济强省的历史任务不相适应，资源、环境承受巨大压力。在市场经济条件下，在一定时期还不可避免地沿袭着传统的发展模式和粗放型增长方式，资源消耗大，环境污染严重，生态环境恶化；二是人口基数大，人口素质低，制约着人力资源潜力的发挥。由于人口的快速增长，给自然资源和生态环境带来越来越大的压力；三是资源短缺现象加剧，由于粗放增长方式带来的资源浪费和破坏现象加剧。仅就水资源来讲，全省人均占有年径流量仅为世界平均水平的2.8%。全省水资源可供量仅分别为197.4和170.8亿立方米。由于水资源短缺，我省绝大多数城市供水不足，地下水超采严重，形成大面积地下水下降漏斗。河北省人均耕地面积仅为0.1公倾，不足全球人均占有量的1/3，人均森林面积为0.047公顷，为世界平均水平的6.1%，全国平均水平的43%，人均草地面积为0.068万公顷，为世界平均水平的13.4%，全国平均水平的29%；四是环境治理与环境破坏存在较大反差，治理发展的速度赶不上环境恶化的速度。长期以来，我们在环境管理模式上过于外在化，把环境保护仅仅放在传统发展模式的修补地位，环境问题没有引起足够重视。改革开放以来，河北省经济快速发展的同时，生态环境的治理引起各级政府的重视，治理工作有了一定的成效，但自然生态日趋恶化的状况不得不引起我们高度重视，如坝上地区土地沙化面积已达 60.5 万公顷，占坝上土地总面积的 32.5％，全省退化草场面积 216.9 万公顷，占草地资源面积的 45.8％，张家口坝上四县退化草场面积已占该区草场总面积的 80.4％。另外由于人口的增加，工业的发展，乡镇企业发展迅速，给环境治理带来不少困难，工业生活废水的大量排放，造成水体严重污染。现在全省大部分河湖都受到污染，大气悬浮微粒、二氧化硫和降尘指标均大大超过国家规定的标准，随着城市的发展，大量固体废弃物堆置城市周围，白色垃圾对环境的污染正在加剧，生产、生活环境日益恶化。

（三）全面实施《中国 21 世纪议程》，坚持可持续发展战略是建设经济强省的重要途径

为了实现河北省经济、社会的可持续发展，就要全面实施《中国 21 世纪议程》。作为河北省国民经济和社会发展"九五"计划和 2010 年远景目标纲要的专项规划的"九五"可持续发展规划，对河北省经济、社会和环境的可持续发展作出了具体实施计划和安排，明确了今后工作的目标。这就是继续保持经济以高于全国平均水平的速度增长，在经济发展的全过程中，加大资源合理开发力度，在资源可持续利用和环境的保护上取得进展，积极发展清洁生产、生态农业、环保产业和绿化产品生产。合理开发利用和保护自然资源、节约用水、加强农田保护，保持 560 万公顷的基本农田保护区，改造中低产田 120 万公顷以上，开垦宜农荒地 6 万公顷，加速造林绿化，力争改造 3.3 万公顷退化草地，改善城乡生态环境，积极恢复已遭破坏的环境，设立省级水土保持重点保护区 130 万公顷，使区内水土流失基本得到控制。治理水土流失面积 100 万公顷，基本控制坝上生态恶化趋势。河北省邢台、赞皇、迁西、涿鹿、隆化 5 个县和 55 条小流域被列入国家级"十百千"示范工程。示范工程完成后，可保持 10 年甚至更长时间不落后，形成不同区域，不同条件下的治理开发模式，使河北省水土保持生态环境建设出现新的面貌。

实现可持续发展目标是一个长期的战略任务，需要有计划、有措施、有重点地分阶段实施。近几年，河北省在建设生态农业上迈出了可喜步伐，从"九五"期间开始，结合农业基础设施建设，农业开发、"两高一优"工程建设以及多种经营取得进展，多地从实际出发，因地制宜地发展生态农业。在迁安、沽源2个国家级试点县和永年、涿鹿、青县、霸县、滦平、承德6个省级试点的基础上，按照不同生态经济类型区特点，在山区、山麓平原区、低平原区、滨海平原区和坝上高原区，逐步铺开生态农业县建设。生态农业建设为农业的新发展起到了示范作用。把农村小康工程建设同生态农业村、生态农业户的建设有机结合起来，丰富农村奔小康目标建设；把优化作物布局、调整作物种类结构同农业生态环境有机结合起来；把控制环境污染同改善农业生态环境有机结合起来；把加大生态农业科技投入同推广生态农业科技有机结合起来，这是提高农民素质的重要途径。实施可持续发展计划，目的在于促进经济、社会的可持续发展，目的在于服务人民的长远利益。大力推进绿色食品生产关系到人民生活水平的提高和身心健康。近年来，河北省加大了对绿色食品生产的科技投入，建设了一批绿色食品生产开发基地，如水稻绿色食品生产基地、马铃薯绿色食品基地、杂粮和山野菜生产基地等。绿色食品基地建设是生态农业建设的组成部分，是可持续发展的实际步骤。

进行清洁生产是保护环境、生态的具体措施，过去往往把环境保护的重点放在控制和减少生产终端的废物排放上。根据可持续发展原则和人对环境、生态不断发展的客观要求，我们已经在整个生产过程及其多个环节注意清洁生产和生产绿色产品，推行生产全过程控制，这是加强经济发展模式转换的重要环节。进行清洁生产和绿色产品生产是文明生产的具体表现，也是在生产行为中体现人对自然环境的爱护。与此同时也兴起了以保护自然资源、防治环境污染、改善生态环境为目的的环保产业。改革开放以来，河北省环保产业发展迅速，全省大气污染治理设备、污水处理设备、节能和"三废"综合利用开发、噪声与振动控制设备、多类环境监测仪器仪表制造等五大环保产业基地正在形成，将为环境、生态建设发挥重要作用。环保产业是个新型的产业，环保产品生产是可持续发展战略需要，环保产业不仅为物质文明建设增添了新的内容，而且也为精神文明建设提供了载体。人们将在这一新型产业实践中，不断增强精神文明意识。

在环境、生态文明建设中，河北省着眼于未来，着眼于全省经济、社会的可持续发展，在水资源、土地资源、矿产资源、海洋资源的开发利用和保护方面也迈出坚定的步伐。在大力节约用水的同时，积极实施开源工程，一是实施南水北调中线引江工程，二是兴建蓄水工程，三是增加城市供水，四是加强农田水利工程建设，开展"节、打、蓄、引"工程，解决山区饮水困难，完成255万人的降氟改水任务。在土地资源开发与保护上，稳定耕地面积，加强农田保护，全省耕地保有量到本世纪末保持在653.3万公顷以上，到2000年全省基本农田保护区总面积保持在560万公顷。同时搞好荒废土地开发复垦、中低产田改造，从内涵和外延上提高土地利用率。改善土地生态环境，开展生态农业建设，搞好农业物业布局，加速水土保持综合治理。在矿产资源开发利用与保护上，制止乱采乱挖，减少资源破坏和浪费，加强矿产开采监督管理，加快环渤海、京津唐地区、省辖市、重点工程建设、交通干线等地质环境工作。在海洋资源开发利用与保护上，建立海洋自然保护区，保护重要的海洋自然资源、生态系统和自然景观以及具有科研价值的生态区域，如黄骅—海兴沿海古贝壳堤自然保护区、石臼坨植被鸟类自然保护区、大石河砾石堤自然保护区和滦河三角洲自然保护区。保护海洋环境，控制陆地污染，加强对海上污染活动的控制和管理，健全海洋环境污染监测系统。

从河北省近年来坚持可持续发展战略的实践中，可给我们以下启示。

第一，随着市场经济的发展和现代化建设的不断推进，环境与发展是辩证统一关系，它是经济发展、社会进步一体化发展提出来的关乎现今和后代人生存和发展的问题。发展不能离开环境的利用与保护，只有在环境的良性配合下，才是可能的和可持续性的。同样发展也会带来对环境的科学利用与保护。对环境和发展的统一和谐关系的认识，是人类长期实践的经验总结，是总结社会发展模式实践经验得出的结论。可持续发展的内涵是环境和发展的辩证统一，没有离开环境保护的发展。它既符合社会发展规律，也符合人们的认识规律。走可持续发展的道路，是使国家经济发展、社会进步的正确道路。

第二，走可持续发展道路，科学处理好发展同环境、生态建设的关系，实际是处理好人与自然的关系，达到人与自然的和谐。人与自然的和谐关系也是人与人的关系，人对自然的保护和和谐态度以及人作用于自然的方式，实质上是人的文明程度的表现，处理人与自然、人与人的关系的过程实际是人们的价值观、人生观的相互交流与交往。人和环境、生态，人和经济、社会发展的关系渗透着人的精神文明发展水平，反映着精神文明建设的深度、广度和可持续性。

第三，走可持续发展的道路，是一个实践系统工程的过程。解决和处理好人与环境、生态的关系，人始终是实践的主体，人要去保护环境和生态，发展生态农业、生态工业和其他生态产业，形成生态化产业体系。这是从文明的高度、是从人和自然协调发展的社会发展观去引导经济、社会的发展，这不仅促进经济、社会、人、自然之间的协调发展，而且也促进人的全面发展，人类面临 21 世纪的发展将是人与环境、生态的协调发展。

三、河北省环境、生态文明的现状与对策

人不能脱离环境而生存，也不能脱离环境而发展。社会的发展需要人与环境的协调发展，人与环境的协调关系是社会文明的重要标志。环境建设也是人与人、人与自然协调关系的建设。环境、生态文明建设体现着两个文明建设的综合水平，体现着经济、社会的进步与人的文明程度。对于环境、生态文明建设，应当目标明确、措施到位，在实践中通过科技手段实行对自然环境的保护和理性化管理。对环境的保护和理性化管理，直接反映着人的精神文明意识的现代化，标志着新的文明观的生成与发展。

（一）河北省环境、生态文明建设的历史与现状

河北省的环境保护事业早在 70 年代初就已起步，1972 年河北省根据国

务院指示，张家口地区就开始了对官厅水域工业污水的治理，并成立了三废管理办公室。1973 年召开了全省第一次环保工作会议。会议之后，张家口、保定等地相继成立了环境保护办公室，逐步开展了对官厅水库和白洋淀的水质保护和环境治理工作。河北省是在全国排污收费的省份之一，1975 年，河北省成立了环境保护研究所，1977 年，河北省成立了环保办公室，1979 年又成立了河北省环境保护局。到 1996 年底，全省拥有 374 个环保机构，环保工作人员 1747 人，其中科研技术人员 526 人。从 1978 年起，全省环保事业开始进入全面、稳定的发展阶段。从 1978 年至 1988 年，河北省及各市、县先后制定和颁布了各种环境保护法规共 54 种。1994 年《河北省环境保护条例》出台后，相继颁布了 6 部环保地方行政法规和数十项环境保护规范性文件。全省环境污染治理工作深入开展，把废水污染治理和城市大气污染防治作为重点。全省废水排放量由 1980 年的 14.75 亿吨减少到 1996 年的 12.08 亿吨，万元产值工业废水排放量由 1990 年的 279 吨下降到 1994 年的 98 吨，城市新建项目环境污染得到有效控制，固体废弃物的综合利用大幅度增加，工业粉尘排放量从 1985 年的 89 万吨减少到 1996 年的 36 万吨，1996 年烟尘控制面积达到 482.74 平方千米，占 86.1%，城市集中供热面积达 5425.5 万平方米，垃圾粪便无害化处理率 56.8%，1997 年底，全省列入国家重点污染企业的 263 家企业中，已有 178 家企业治理达标，治理率达 67.6%，1997 年，全省自然保护区面积达 10.4 万公顷，占全省土地面积的 0.55%。

20 多年来，河北省环境保护事业得到长足发展，取得了显著成绩。全省的环境污染程度大力减缓，环境保护工作由单纯从事"三废"治理，逐步发展建立起一整套环境管理体系，工业污染防治取得较大进展，河北官厅水库、天津引滦水质保护力度不断加大。对耗能高、热效率低、污染重的锅炉和工业炉窑，不断进行改造，城市环境状况有所改善，环境、生态建设取得新进展。河北省环保事业虽然取得了很大成绩，但随着经济、社会的发展，新的问题新的矛盾又会暴露出来，特别是由于工业结构的历史状况和生产方式，仍然以能源、原材料为主，燃料结构仍然以煤为主，尤其是近年来兴起的乡镇企业，污染严重、耗能高、污染物排放总量日益增加，使村镇环境日趋恶化。一是水体环境污染严重。1996 年，全省废水排放总量为 19.49 亿吨，其中，县及县以上工业排放 9.32 亿吨，城镇居民生活排放 4.3 亿吨，乡镇工业排放 5.87 亿吨。全省境内河流水质污染状况严重，有 35 条河流受到不同程度的污染，其中 40％以上河段属于严重污染，水质不符合农灌标准，污染加剧了水资源的短缺，制约了工农业的发展。城市地下水质量较差，据 11 个省辖市对 209 眼地下井进行监测，超标准的 120 眼，占 57.4％，影响城市地下水质量的污染物主要为氟化物，污染分担率为 33.2％，其次为总硬度，分担率为 24.3％，氨氮污染分担率为 23.9％。二是大气污染严重。主要污染物为总悬浮颗粒物、降尘、二氧化硫、氮氧化物。全省 11 个城市大气总悬浮粒年平均值范围为 11.36—31.94 吨/平方公里/月。城市空气中二氧化硫农度年平均值范围为 0.018—0.1071 毫克/立方米。城市中汽车尾气和酸雨危害日益突出，酸雨发生率达 8.2％，有的城市已达 45％以上。随着燃煤量的不断增加，汽车尾气排放量的不断增加，加剧了城市的生态、环境的日益恶化，直接影响到城市两个文明建设。三是乡镇企业环境管理不力，造成污染严重。1994 年全省乡镇企业中的小炼油、小土焦、小冶炼、小造纸、小制革、小电镀、小化工、小印染等污染负荷占乡镇企业污染总负荷的 80％以上，对生态环境造成极大破坏，乡镇企业对环境的污染直接危害着人体健康，使疾病发病率明显上升，污染事故和纠纷日益增多，每年因污染事故造成的直接经济损失在亿元以上。四是环境污染给对外贸易和引进外资带来不利因素，影响产品出口和我国国际形象。

环境保护与建设是一个关系到经济、社会发展的战略问题，牵涉到社会生产、生活的方方面面，环境保护与建设是可持续发展战略的主体工程，强化环境保护是我们的基本国策。为了保证经济、社会的可持续发展，河北省从本省省情出发，制定了环境保护投入，促进产业结构调整，使环境状况达到经济强省的具体要求。《河北省环境保护与社会经济协调发展的对策纲要》规划了"碧水、蓝天"蓝图，从 1995 年到 2010 年河北省环境保护战略目标分三步实施。到 2010 年，全省环境污染基本得到控制，环境、生态质量有所改善。第一步，城市饮用水源水库水质达到国家规定的标准，急需还清的 9 条（段）河渠，达到水环境功能区划的城市大气环境质量明显改善，秦皇岛、廊坊两市大气总悬浮微粒、降尘达到二级标准，其他城市达到三级标准，1994 年列入"全国 3000 家"的 263 家重点排污企业，其中未达标排放的企业 30％得到治理，全省工业固体废弃物综合利用率达到42％，城市垃圾集中处理率达到 70％，省辖市环境噪声达标区面积占建成区面积的 45％，全省森林覆盖达到 17％，自然生态破坏现象得到遏制，乡镇企业环境管理失控现象基本得到解决。第二步，全省城乡居民饮用水源保持和达到国家规定标准；滦河、洋河、滏阳河衡水段、戴河、石河还清，达到水功能区划要求；石家庄、秦皇岛两市城市污水处理率达到 60％，其他省辖市污水处理率达到 40％，县级市达到 20％；全部城市大气总悬浮微粒、降尘达到二级标准；占全省总污染负荷 65％的 300 家重点污染企业60％得到治理；全省工业固体废弃物综合利用率达到 45％，城市垃圾集中处理率达到 90％，城市环境噪声达标区面积占建成区面积的 50％；全省森林覆盖达到 22％，自然保护区面积占国土面积的 2％，自然生态环境得到明显改善。第三步，全省环境达到达标小康标准。全省环境污染和生态破坏基本得到控制，城乡人民呼吸干净空气，饮达标水，吃放心农产品，生活环境清洁优美。三步走的规划是向人、自然的协调发展道路上迈出的实际步伐，是反映河北省两个文明建设的具体规划和成果。

实现可持续发展，推进环境、生态文明建设事业，维护生态平衡，反映了人与自然和谐统一，反映了环境、生态文明。破坏生态平衡既是反自然的，也是反文明的，破坏生态、环境不仅是破坏了物质文明，也破坏了精神文明。从社会文明发展的高度，不断促进经济、社会、人、自然之间的协调发展，也是人的全面发展的需要，是物质文明和精神文明发展的客观要求。

（二）河北省环境、生态文明建设的任务与对策

第一，河北要提高全民的环境意识和生态意识。提高环境、生态意识，就是从社会文明的角度认识人与自然的和谐统一关系，摆正人与自然关系的位置。人在自然界的位置，不仅是主体而且也是客体，人需要环境、生态，而环境、生态也需要人来保护。人对环境、生态的保护也是保护人自身。人对环境、生态的保护行为是一种社会实践，人的广泛参与的保护环境、生态的实践，是社会物质文明和精神文明建设的实践。要提高人们保护环境、生态的自觉性，关键是加强保护环境、生态的教育，加强环境保护法律法规和科学知识的教育，提高各级领导和群众的环境意识和法制观念。宣传教育部门和新闻单位要把环境保护的宣传列入经常的宣传内容。报纸、电台、电视台要设置形象生动的环境保护栏目，要开展全民的环境教育，提高全民的热爱自然、关心生态、保护环境的公德意识，要继续开展"燕赵环保世纪行"宣传活动和其他形式的宣传活动。要层层办好企业法人的环境保护培训，把环境、生态保护知识作为培训的重要内容，同时要把提高职工环境意识教育，作为企业经常开展的教育科目，把环境、生态保护作为职业道德建设的重要环节。对中小学和大中专院校学生的环境教育，关系到跨世纪人才的全面培养，关系到可持续发展的长远目标，要把关心生态、保护环境纳入到教材内容之中，作为素质教育的重要组成部分，树立生态文化观。

第二，把环境保护摆到基本国策的位置。江泽民同志在第四次全国环保会议上的讲话中指出："在制定重大经济和社会发展政策，规划重要资源发展和确定项目时，必须从促进发展和保护环境相统一的角度审议其利弊，并提出相应的对策。"建设有中国特色社会主义，建设社会主义的物质文明和精神文明，就要遵循可持续发展的原则，实现经济、社会的可持续发展，就要把环境保护作为重要国策，做到促进发展和保护环境相统一，在这种相统一中实现经济、社会的可持续发展。因此，我们要把环境、生态保护和建设，作为一项关系到国计民生的大事，作为一项关系人民长远利益和

幸福的系统工程，坚持可持续发展战略，在制定重大经济和社会发展政策，规划资源发展和重要项目过程中，要把人的生态文明的需要和把环境保护的需求作为重要课题，处理好发展与保护环境的关系，做到环境、生态保护与经济建设同步规划、同步实施、同步发展。在城市要把环境的保护与建设作为城市形象工程的组成部分；在农村要把环境、生态保护与建设作为小康建设的重要内容，使环境质量与小康生活相适应，使环境、生态建设与农村发展相适应。要把环境保护、建设规划纳入国民经济和社会发展计划从长计议。作为一项国策，环境、生态保护与建设，是可持续发展的基本要求，而可持续发展的中心课题是人民的利益，从人民的长远利益出发考虑我们赖以生存的环境和生态的保护与建设，在环境、生态保护与建设上，既看到当代人的需要，又考虑到下一代人的需要，这实际上是一种文明规定的新视野。每一代人对于环境、生态的需要，渗透着一种文化观、文明观。从可持续发展的高度审视环境、生态保护和建设，对于人的全面发展是一个重要课题。把环境、生态保护和建设作为国策，立足于经济、社会发展的长远目标，实质是人自身发展的长远目标，也是可持续发展的本质所在。从国策高度出发，加强生态环境保护是一项功在当代利在千秋的事业。河北省实施的"5124"工程，就是一项保护环境、生态的基础性工程，即完成首都周围绿化、太行山绿化、沿海防护林、廊坊永定河治理和白洋淀集水山地生态改造5项造林工程，全省平原绿化工程，20个自然保护区（森林公园）建设，衡水、承德、张家口、唐山4项生态县建设工程。"5124"工程完成后，可大大改善河北省的环境、生态状况。

第三，抓好城市环境综合整治工程。营造绿色文明，建设文明城市是精神文明建设的重要内容，已经开始的河北省城市整治"2156"工程，是改善城市环境、生态状况的实际步骤。"2156"工程即正在建设的20项大气综合整治工程，10个污水处理厂，石家庄、秦皇岛、承德、邯郸、唐山5城市的洗车场，石家庄、秦皇岛、邯郸、唐山、廊坊、保定6城市垃圾集中处理场。推进集中供热，绿化美化城市，直接关系到城市的形象和城市居民的生活质量。为了创建绿色城市，河北省精神文明建设委员会、河北省建设委员会等联合发出通知，组织开展营造城市"森林"，创建绿色城市活动。号召在城市周边的每一处荒地、河滩、荒山、荒坡和市区内的每一处空地、公路、河流（滨河）公园、机关、企事业单位、居民区造林绿化，进行整体规划、分步实施，三年实现营造城市"森林"的目标。河北省省会石家庄从 1999 年开始打响世纪环保大战，投入 68 个亿，实施以治理大气、水和垃圾污染为重点的十大工程和绿化实施方案，十大工程的完成可使省会碧水绕城、鸟语花香、蓝天白云。城市的环境综合整治，要把人文环境建设与生态环境建设有机地统一越来，克服只重人文不重生态的倾向，要做到精确谋划、长远安排、措施具体、投入到位，把城市环境、生态整治纳入国民经济和社会发展计划。对于城市的环境治理，还必须利用经济手段，采取多渠道增加环保投入，环保部门要依法征收排污费，"以收保治"。认真贯彻执行国家综合利用工业废弃物的有关减免税、低息贷款等优惠政策，实现"三废"资源化。有污染的建设项目和生产企业，没有环保部门的批准不贷给建设资金和生产流动资金，要逐年增加城市环保基础设施建设投入，把污染治理工程投入列入预算和固定资产投资计划。

第四，加强乡镇企业环境管理，建立乡镇企业环境管理体系。对乡镇企业要积极引导、支持发展、治理整顿、控制污染，这是保护生态、环境的重要措施。从国民经济和社会的可持续发展的战略出发，使乡镇企业因地制宜、合理布局，发展无污染或少污染的项目。认真执行环境影响评价制度，严禁生产不易分解和在生物体内蓄积的剧毒污染物或致癌成分的产品，停止新建、扩建污染严重的企业项目。取缔土炼油、土炼焦等污染严重的乡镇企业，建设完善的无污染或少污染的乡镇工业小区，从保护环境、生态需要出发，对小造纸厂进行治理整顿，积极发展集中制浆和废纸制浆，建立制革工业小区，取缔污染严重的小制革。乡镇企业和城市周边的乡镇企业对环境的污染，直接危及到城乡饮水水源的清洁和城乡人民的身体健康。因此，加强饮水源和流域水体的保护日益提到议事日程。要制定城乡总体规划，分步实施、严格管理，建立城乡饮用水源保护区，严禁在保护区内新建有污染的项目，治理饮用水源的排污项目，城市要制定辖区内流域水体和地下水被污染区和严重超采区的综合治理规划，要使保护水源工程纳入国民经济和社会发展计划。严格执行环境保护法律法规，建立健全环保管理体系，强化环境管理，完善环境监理机构，加强环境保护执法队伍的建设。

第五，强化老污染源治理，严格控制新污染源的产生。治理老污染，控制新污染源的产生，是城乡环境、生态保护和建设的重要工程，也是精神文明建设的主要组成部分。老污染企业有的是计划经济的产物，企业设备和产品已经不适应市场经济的要求，即使产品有一定的市场，但污染所带来的经济损失已经大大超过企业本身存在的价值。根据环境目标和容量，制订污染治理计划，逐步对污染严重布局不合理的企业，采取关停并转，对资源、能源浪费大，污染严重的企业限期治理。河北省近几年把环境保护作为评选先进企业和优秀企业家的必备条件，推行清洁生产的实施办法，对扰民企业搬迁给予优惠政策，这些都是保护环境、生态的具体步骤。按照经济、社会可持续发展的要求，根据市场经济提出的新课题，从人和自然协调发展规律的要求出发，应当对新污染源采取严格限制，坚持禁止。凡是新、扩、改建和资源开发项目，都必须严格执行环境影响评价和"三同时"制度。新建项目实施区域污染物总量削减，确保区域污染物排放总量不增加，对扩建、改建项目要"以老带新"，不能增加污染负荷。对自然生态环境影响较大的资源开发项目，采取恢复生态或补偿措施。无论是新建、改建、扩建项目，都标志着人对自然的占有和改造，这些占有和改造，只能在自然生态所承受的范围内进行，人对自然生态不仅是占有的关系，而且是保护、关怀和和谐相处的关系。企业项目作为中间环节反映着人与环境、人与生态的关系，这种关系说到底是人与自然的关系。人与自然要和谐相处，就要遵循自然生态发展的客观规律。

第六，建设环保产业，发展生态产业，扩大生态消费，是可持续发展战略的必然要求。发展生态农业、生态工业和其他生态产业，形成生态化产业体系，是未来经济建设和社会发展的趋势。在发展生态农业的基础上，发展绿色食品，生产安全、营养、无污染的食品，是改变人们食物结构，保证人民身体健康的有效途径。除绿色食品外，绿色居室、绿色家具、绿色汽车等也已经成为人们生态消费的内容。逐步形成绿色产品开发体系，发展绿色市场，是满足人民生态需要的新内容。与此同时还要积极发展环保产业，从税收、信贷予以优惠和扶持，制定环保产品政策，颁布环保产业市场管理办法，扶持发展环保产业集团，使环保产业适应生态、环境建设的需要，使环保产业适应环境、生态自身发展的客观要求。

人类的发展史是人与环境、生态相统一的历史。人在与环境、生态和谐相处中完善和发展自己，破坏了人与环境、生态的和谐关系，人将失去赖以生存的自然基础。人生活在自然界，不仅是通过改变自然条件，朝着自身发展有利方向而努力，而更应当爱护自然，保护环境和生态。只有爱护自然，保护和建设环境、生态，才能得到自然的回报，得到环境、生态所给予的利益。人在自然界中的位置是在与自然和谐相处条件下的主体，人应当对自然有所给予，而不应当仅仅是索取，这就是人的环境、生态价值观。人与自然的辩证关系，就在于人类在改造自然的同时必须爱护和保护自然，保护环境、生态平衡。改造自然和保护自然二者是辩证的统一，改造自然是为了人的生存和发展的需要，是在尊重客观规律基础上的建设性行为和实践，而不是破坏自然环境和生态平衡。保护自然是人对自然界的自觉行为，在实践中不能把二者对立起来。处理好人与自然的关系，就是把人类的"人化自然"活动同自然规律协调和统一起来，这也是人类自身全面发展的客观规律。正确处理好人与环境、人与生态的关系，保护环境、生态的平衡，是建立在可持续发展战略基础上的新的生态观、文化观和文明观。人类将在与自然的新型关系中，完善发展自己的价值观和文明观。人类拥有一个地球，地球属于人类。对待自然对待生态，就是对待地球。爱护和保护地球，是人类生态文明的发展，人类将以新的姿态跨入 21世纪。

（原载《精神文明建设发展战略研究》，红旗出版社 2000 年版）

思想路线与历史转折

——纪念中华人民共和国成立 50 周年

十一届三中全会重新确立了实事求是的思想路线，由此实现了历史性的伟大转折。实事求是的思想路线是我们认识社会主义、实践社会主义的基本方法，没有解放思想、实事求是的思想路线，也就没有建设有中国特色社会主义的理论与实践。思想路线为历史转折作出正确判断，历史转折的实践又印证着思想路线的科学价值。

一、实事求是的思想路线在历史转折中实现自身求实性品格

中华人民共和国成立后我们确立了社会主义制度，选择了社会主义道路。50 年来，我国经济和社会发生了巨大变化，但在实践中也经历了艰难和曲折的过程。社会主义在实践中碰到的困难和挫折，迫使人们进行深刻的理性反思。通过认真总结历史经验教训，得出的结论是必须正确认识社会主义，必须从我国实际出发来建设社会主义。解决正确的思想路线，寻找科学的辩证思维方法便提到日程上来。1976 年粉碎"四人帮"的胜利标志着极"左"路线的组织及其政治基础的清除，之后发生的"两个凡是"和真理标准问题的讨论，很自然地把问题提到了哲学和思想路线的高度。这场大讨论唤醒人们进行理性思考，从而吹响了解放思想冲破传统观念和"左"的樊篱的号角。十一届三中全会召开的前夕，邓小平同志发表的《解放思想，实事求是，团结一致向前看》的重要讲话，深刻地总结了关于真

理标准的大讨论，把这一大讨论上升到要不要解放思想的理论高度，提出了思想路线的科学内涵，为重新确立实事求是的思想路线奠定了思想理论基础，也为十一届三中全会确立了主题。为彻底纠正"左"的错误，正确认识国情、寻找社会主义现代化建设的道路，提供了辩证唯物主义和历史唯物主义的正确观点和科学方法。

解放思想，实事求是，为十一届三中全会实现历史的伟大转折奠定了坚实的思想理论基础。十一届三中全会坚持解放思想，实事求是的思想路线的唯物史观原则，尊重实践，面向实践，正确地掌握和评价了毛泽东思想。解决了党的历史上一批重大冤假错案和重要领导人的功过是非，为解决中华人民共和国成立以来许多历史遗留问题打下了基础。它还坚持解放思想，实事求是的实践唯物主义原则，作出把工作中心转移到社会主义现代化建设上来的战略决策，提出了健全社会主义民主和加强社会主义法制的任务。十一届三中全会的历史功绩在于纠正了错误的历史、开辟了正确的未来，标志着党重新确立了马克思主义的思想路线、政治路线和组织路线。十一届三中全会也是我们党重新认识什么是社会主义和怎样建设社会主义问题的理论和实践的开端。马克思恩格斯创立的科学社会主义理论体系已经被实践证明是普遍真理。但它本身也是开放着发展着的体系，科学社会主义的生命力在于随着实践的发展而发展，它同样遵循着矛盾的普遍性与特殊性相统一的原则。马克思主义主张具体问题具体分析，就是说要理论联系实际，以理论去指导实践，在实践中通过具体事物的观察和特殊矛盾的分析，找到发展理论的生长点。而建设社会主义也要注重特殊矛盾的分析，从各国实际情况出发尊重实践，探索自己发展的道路。

党的十三大到十五大坚持实事求是的思想路线，运用辩证唯物主义和历史唯物主义的科学方法，实事求是地分析了我国国情特点，实事求是地制定了改革开放的一系列路线、方针、政策。从国情的历史性分析，我国曾经是一个半殖民地半封建的大国，经过 100 多年的奋斗才走上了社会主义道路，我们的社会主义是由半殖民地半封建社会脱胎而来，生产力水平远远落后于发达资本主义国家；从国情的现实性分析，我国从 50 年代中期进入社会主义，经过 40 多年特别是近 20 年的发展，各项事业有很大进步，经济实力有很大增长，但是由于人口多、底子薄，人均国民生产总值仍居于世界后列，生产力不发达状况没有根本改变，社会主义制度仍不完善，社会主义市场经济体制还不成熟，社会主义民主法制还不健全。所以，社会主义初级阶段还是一个逐步摆脱落后状态，逐步实现社会主义现代化的历史阶段，它不同于马克思恩格斯所设想的建立在资本主义高度发达基础上的社会主义阶段。我国的社会主义初级阶段，是由农业人口占很大比重、主要依靠手工劳动的农业大国，逐步转变为非农业人口占多数、包括现代化农业和现代服务业的工业化国家的历史阶段；是由自然经济半自然经济占很大比重、主要依靠手工劳动的农业大国，逐步转变为非农业人口占多数、包括现代化农业和现代服务业的工业化国家的历史阶段；是由地区经济文化很不平衡，通过逐步发展，缩小差距的历史阶段。十三大以来，我们党对社会主义初级阶段的科学分析，贯穿着解放思想、实事求是思想路线的基本观点和基本方法。社会主义初级阶段的理论，是对中华人民共和国成立 50 年社会主义实践经验的总结，它从理论上划清了社会主义超越论、空想论同科学社会主义的界限；划清了"左"倾错误路线同实事求是思想路线的界限，是科学社会主义发展史上的创举，是科学社会主义的丰富和发展。没有解放思想，实事求是的科学方法论，就没有对我国国情的科学分析和正确认识，这是科学社会主义认识论上的飞跃，没有对社会主义认识上的升华，也就没有社会主义初级阶段的理论与实践。

社会主义初级阶段理论的创立，为我们正确认识国情特点，从实际出发制定路线方针政策，提供了科学的理论依据。正是基于对国情现状的认识，我们才制定了"一个中心，两个基本点"的基本路线。以经济建设为中心，坚持四项基本原则，坚持改革开放，这是从十一届三中全会以来，随着工作中心的转移，在理论和实践上的新的跨跃，是当代中国社会主义现代化建设的最大实践。"一个中心，两个基本点"的基本路线，是十一届三中全会以来路线方针政策的延续和实践的具体化。"一个中心，两个基本点"的初级阶段的基本路线，全面勾勒出了党在社会主义初级阶段关于建设有中国特色社会主义的指导方针和战略思想，体现了理论联系实际的原则精神，体现了实事求是思想路线的精髓，是社会主义现代化建设的辩证法。

发展社会生产力是由社会主义初级阶段特殊国情特点和特殊历史任务决定的。社会主义初级阶段是一个很长的发展阶段，这个阶段的主要矛盾仍然是人民日益增长的物质文化需要同落后的社会生产之间的矛盾。解决这个矛盾只有依靠发展社会生产力，而这个过程将是长期的、艰巨的，这就决定了我们必须把经济建设作为全党全国工作的中心，这个中心绝不能动摇，动摇也就失去了社会主义初级阶段的根本，也就忘记了初级阶段的根本任务。但是坚持这样一个中心的位置，总是受到来自"右"的特别是"左"的干扰，同时要坚持以经济建设为中心，必须面对世界科技进步的新形势，坚持改革开放。我们进行的是社会主义的现代化建设事业，要正确处理改革、发展同稳定的关系，坚持四项基本原则，坚持党的领导和人民民主专政，坚持物质文明和精神文明建设。"一个中心，两个基本点"的基本路线的形成和贯彻，渗透着一个基本精神，体现着一个基本线索，就是解放思想大胆探索，实事求是深入改革，就是在建设社会主义问题上冲破旧的传统观念，特别是过去那种在生产建设上急于求成，生产关系上急于过渡，分配上搞平均主义，管理体制上高度集中的传统思维模式。从传统的旧思想观念跳出来，本身就是改革，体现了解放思想求变求新，坚持实事求是探索中国特色的建设社会主义的客观规律。所以，社会主义初级阶段的理论和基本路线，是解放思想，实事求是的思想路线同当代中国社会主义建设实际的自觉结合，它体现着新的历史转折的科学内涵和客观规律性。如果说通过延安整风确立的马克思主义实事求是的思想路线，带来了民主革命的胜利，实现了历史性的转折，那么，十一届三中全会以来，实事求是思想路线的重新确立，在实践中所展示的巨大威力和能动作用，便合乎规律地体现在新的历史转折的序列中。伴随着新时代的到来，解放思想，实事求是的思想路线以及由此而产生的历史性转折的重大意义将是深远的。

二、实事求是的思想路线在历史转折中实现自身的创新性品格

十一届三中全会以来，我们在建设社会主义的实践上走着一条自己的路。邓小平同志在十二大上正式提出要建设有中国特色的社会主义。他指出："我们的现代化建设，必须从中国的实际出发。"建设社会主义没有一个固定的模式，照抄别国模式从来不能得到成功。"走自己的道路，建设有中国特色的社会主义"，是我们党"总结长期历史经验得出的基本结论"[①]。这实际上是在新的历史条件下把马克思主义普遍原理同中国的实际相结合的行动纲领。马克思主义的实践观的科学价值在于它对客观事物及其规律的尊重，在于它对客观事物新情况的认真研究和分析。社会主义的实践过程是一个不断实践不断总结经验寻找规律的过程，它体现了实事求是思想路线的"求实""求是"精神。一个国家总结出来的经验，认识到的规律只适用于本国，不适用于别国，即便是自己的成功经验和规律性的认识，也不是一劳永逸的。建设社会主义有普遍规律也有特殊规律，但普遍规律和特殊规律都不是不变的，而是发展着的。在实事求是的思想路线看来，马克思主义的科学社会主义是社会发展的普遍规律，这个普遍规律作为人类对历史发展趋势的认识，并不是死的教条，它必须同各国建设社会主义的特殊规律相结合，才能使自己完善和发展。在实践中人们经常碰到的是不断变化着的特殊规律，并且普遍规律总是寓于特殊规律之中，这是任何事物存在发展的总的原则。实事求是思想路线为人们提供了实践性、创造性、求变性原则，它们作为科学思维的丰富内涵，必然会为社会主义的实践提供辩证的和科学的实践方法。

我们选择了建设有中国特色社会主义的道路，我们遵循的原则是科学的实践原则，在实践中首要的是人的一种开拓精神，如邓小平同志所提倡的要"大胆地试，大胆地闯"，"没有一点闯的精神，没有一点'冒'的精神"，就"走不出一条新路，就干不出新的事业"。建设有中国特色的社会

---

① 《邓小平文选》第二卷，人民出版社 1993 年版，第 372 页。

主义，意味着社会主义新实践过程的开始，也意味着对社会主义的重新认识和实践的开始。实事求是思想路线的实践性、创新性原则，向人们提供的是思想勇气和科学方法。要贯彻实事求是的实践性、创新性原则，发扬闯的精神、干的精神，一是要敢于冲破旧的思想禁锢，二是要敢于否定已经过时的模式，在实践中探索新的经验和新的规律，体现出自己的特色。邓小平同志总结中华人民共和国成立以来的历史经验，强调社会主义的根本任务是发展生产力，贫穷不是社会主义，这就为建设有中国特色社会主义事业找到了实践定位，也是对过去长期以来忽视生产力发展的"左"的错误方针的否定，使人们对社会主义的本质有了明确认识。建设有中国特色社会主义的实践在改革开放中树立起一个科学的评价尺度，为建设有中国特色社会主义奠定了一套马克思主义的方法论。发展社会主义的生产力，增强社会主义国家的综合国力，提高人民的生活水平，这是我们的基本立足点和出发点。这是马克思主义实践观和历史观在新的历史转折时期的科学统一。

实事求是思想路线的创新性原则转化为人们的实践，转化为人们的历史主动性，生动地体现在20多年来改革开放的历程中，20多年来的历史转折的实践，给人们的启示是社会不再是一个现成的封闭的模式，而是一个开放创新的思想体系，是一个生机勃勃的社会制度。建设有中国特色社会主义的过程是一个革故鼎新的实践过程，也是一个体制上不断创新的历史过程。改革开放是建设有中国特色社会主义的前提条件，没有对旧体制的全面改革，新的体制就建立不过来，这也是社会主义自我完善规律的反映和要求。中华人民共和国成立后，我们的社会主义体制是从苏联搬来的，那套计划经济体制及伸延到其他领域的管理体制，已经被实践证明是行不通的。长期以来，人们受习惯思维方式的影响，把体制范畴混同于根本制度范畴，把计划经济看成是社会主义制度优越性的标志，把市场经济看成是资本主义的固有属性和特征。十一届三中全会以来，我们遵循实事求是思想路线的创新原则，排除了旧的传统观念和"左"的干扰，把经济体制同社会根本制度区别开来，从发展生产力的角度，否定了把市场经济看作资本主义根本制度、把计划经济看作社会主义根本制度的错误观念，找到了社会主义同市场经济结合的切入点，这就是"三个有利于"。"三个有利于"把社会主义制度同市场经济体制有机联系起来，从而也把社会主义的本质要求同市场经济联系了起来，使我们在计划与市场关系问题上有了新的突破，使社会主义实践闯出了一条新路，这是前无古人的理论和实践的飞跃与创新，是对科学社会主义学说的重大发展。按照实事求是思想路线给人们提供的方法论，对社会主义市场经济的建立和对旧经济体制的变革有一个认识和实践的发展过程。十二大提出以计划经济为主，市场调节为辅，十二届三中全会提出社会主义经济是公有制基础上的有计划商品经济，商品经济是社会主义经济发展不可逾越的阶段。基于这样的认识，党的十三大对社会主义经济体制性质又作了进一步界定，认为社会主义计划商品经济体制是计划与市场内在统一的体制。十三届四中全会把计划经济与市场调节相结合作为经济体制运行的机制。党的十四大正式提出建立社会主义市场经济，并确认建立和完善社会主义市场经济将是一个长期的发展过程。这是在认识上和实践上的新的突破。从十四大开始，我们遵循实事求是思想路线的创新原则，着力研究社会主义市场经济体制的内部结构和运行机制。在所有制结构上，以公有制包括全民所有制和集体所有制经济为主体，个体经济、私营经济、外资经济为补充，多种经济成分长期共同发展，不同经济成分可以实行多种形式的联合经营。这样就使认识深入到所有制内部结构及运行形式上，从而对社会主义市场经济条件下的资源配置、价值规律的特点有了新的认识。到党的十五大又提出调整和完善所有制结构，在生产关系内部寻找生产力发展的促进因素和运行机制。确立公有制为主体、多种所有制经济共同发展，是社会主义初级阶段的基本经济制度。公有制经济不仅包括国有经济和集体经济，还包括混合所有制经济中的国有成分和集体成分。公有制实现形式可以而且应当多样化。提出股份制作为现代企业的一种资本组织形式，社会主义也可以用，因为它能反映社会化生产规模，有利于提高企业和资本的运动效率。随着改革开放的深入，我国城乡出现的股份合作制经济，是社会主义所有制结构和实现形式的新进展和新创新，事实证明它们有利于生产力的发展，符合"三个有利于"的基本原则。党的十五大提出，非公有制经济是社会主义市场经济的重要组成部分，对个体、私营等非公有制经济要鼓励和引导。这就从理论和实践上否定了认为非公有制经济成分属于资本主义范畴的传统观念。这是在生产关系内涵上的理论和实践创新，是生产关系理论上的又一次重大突破。

1999 年 3 月，九届人大二次会议通过的宪法修正案，把发展社会主义市场经济庄严地写入宪法，正式规定在社会主义初级阶段，坚持公有制为主体、多种所有制经济共同发展的基本经济制度，个体经济、私营经济等非公有制经济，是社会主义市场经济的重要组成部分。这就是说，从传统的公有制到建立以公有制为主体，多种所有制经济共同发展的经济制度。从计划经济到市场经济的建立和发展，有一个由错误认识到正确认识，由片面认识到全面认识的发展过程，它是坚持解放思想、实事求是思想路线的结果，充分体现了思想路线的创新原则。这次修改宪法，把十一届三中全会以来，国家的基本经济制度上的理论和实践成果、改革开放上的新创造正式纳入国家根本大法，这标志着我们党和国家在理论上的成熟和实践上的创新能力以及对社会主义自我完善自我发展的远见卓识。"概念的辩证法本身……只是现实世纪的辩证运动的自觉的反映"[1]。市场经济作为经济体制，是社会主义初级阶段的基本经济制度，它在实践中与社会主义根本制度的有机结合，在其运行中呈现着自身的特点和规律，人们对这一规律的认识也会随着市场经济给社会主义制度带来新的生机而逐步加深。人们从公有制结构的变革与创新，从公有制实现形式的多样化的实践中，会更加理解事物发展多样性的规律，也会从发展变化的动态视角认识生产关系适应生产力发展与发展不能离开生产力的实际需要。社会主义初级阶段所有制结构及公有制实现形式的变革与创新是客观规律的要求。社会主义初级阶段的基本经济结构中的"公"与"私"的共同发展，已经不是作为社会主义制度和资本主义制度范畴意义上的"公"与"私"的共同发展，而

---

① 《马克思恩格斯选集》第四卷，人民出版社 1972 年版，第 239 页。

是同属社会主义初级阶段的经济结构之中的不同层次，都是社会主义初级阶段生产力多层次存在和发展的必然要求。这样就排除了传统的社会主义所有制越纯越好、越公越革命的错误观念，从而把社会主义初级阶段的经济结构上的变革与创新同最终目标统一了起来。实事求是思想路线的创新原则，敢闯敢干的求是精神作为概念的辩证法将为实践中的超越寻找新的途径。

三、实事求是的思想路线在历史转折中实现自身的推展性品格

解放思想，实事求是的思想路线，是历史辩证发展的能动反映，是世界观也是方法论。在历史转折的社会实践中人们不能离开这种世界观和方法论的指导。我们讲的是社会主义建设时期的历史转折，是从错误观念和错误实践走过来的历史转折，历史转折的内涵既包括理论上的也包括实践上的。转折碰到的最根本的问题就是什么是社会主义及其本质——如何建设和完善社会主义。我们正是从总结历史经验教训中，认识社会主义及其本质，并在实践中逐步学会建设和完善社会主义的。中华人民共和国成立后，我们在解放生产力和发展生产力上走过弯路，有过深刻的历史教训。邓小平同志对社会主义的本质作了精辟论述："社会主义的本质，是解放生产力，发展生产力，消灭剥削，消除两极分化，最终达到共同富裕。[①]"邓小平关于社会主义本质的科学论断，运用马克思主义唯物史观的基本观点，从正反两方面的历史经验教训中，揭示了社会主义的科学内涵及其发展规律。第一，把革命是解放生产力同改革也是解放生产力历史地辩证地统一了起来，体现了实事求是精神的历史跨越原则，达到规律性的认识。第二，把解放生产力，发展生产力同社会主义的自我完善和发展统一起来，体现了社会主义生产力和生产关系、经济基础和上层建筑，通过不断改革达到协调统一和共同发展的历史趋势。第三，把解放和发展生产力同消灭剥削、消除两极分化最终达到共同富裕有机统一起来，体现了社会主义的近期目

---

① 《邓小平文选》第三卷，人民出版社 1993 年版，第 373 页。

标同长期目标的统一，把社会主义初级阶段的根本任务同社会主义的最终历史使命统一了起来。这就从理论上和实践上对如何巩固和发展社会主义作出了科学回答。社会主义初级阶段是一个很长的历史阶段，社会主义的本质在初级阶段的展现也是一个长期的历史过程。但社会主义的本质的展现不是自发的，而是通过人们的自觉实践来完成的。社会主义的本质是在社会主义制度的巩固和发展过程中实现的。社会主义自从诞生之日起，就是一个不断从理论和实践上完善的过程。如果没有自我更新的完善过程，它就不能存在和发展。科学社会主义学说从空想社会主义开始，有过三次历史性的飞跃。19 世纪 40 年代，社会主义完成了从空想到科学的飞跃，这是马克思恩格斯在理论和实践相结合的道路上完成的。列宁和毛泽东分别从不同的国情和历史条件出发，把科学社会主义学说变为社会主义的实践，完成了由社会主义理论转变成实践的社会制度的历史跨越。邓小平在继承马克思主义科学学说的基础上，在新的历史条件下，找到了多种模式发展社会主义的道路，开创了在新的历史时期，社会主义不断巩固、不断自我完善和不断发展的新途径。社会主义从空想到科学再到实践的历史过程，是一个蕴含强大生命力的前进过程，而解放思想，实事求是以它的辩证唯物主义和历史唯物主义的科学灵魂贯彻在社会主义发展的整个历史过程之中。列宁和毛泽东在如何巩固和发展社会主义制度上作出了历史性贡献，在社会主义发展史上起了奠基作用。毛泽东在《关于正确处理人民内部矛盾的问题》一文中，曾经谈到社会主义的生产关系和上层建筑同生产力和经济基础又相适应又相矛盾的情况，社会主义制度还需要有一个继续建立和巩固的过程。这无论是在当时还是在以后的社会主义实践中，都是一个重大的理论和实践课题。但是由于在生产资料社会主义改造完成之后，没有在思想观念上和思维方步及时转变，以适应新的变化了的形势，仍然采用阶级斗争方法，来解决社会主义建设过程中的矛盾问题，结果不但不能在巩固和完善社会主义制度上向前推进，反而发生了像"文化大革命"那样的灾难，使社会主义制度受到损失。真理往往是在曲折中诞生。邓小平坚持解放思想，实事求是的世界观和方法论，从历史正反两方面的回顾与思考中，探索社会主义自我完善和发展的历史，探寻社会主义发展的动力源泉，从实现社会主义本质的历史视角，分析巩固和发展社会主义制度的基本途径和方法。在新的历史时期，我们党提出的建设有中国特色社会主义的经济、政治、文化的一系列方针、政策，就是站在新的历史高度、新的历史视角，探索巩固和发展社会主义制度的具体步骤和战略措施。

从十一届三中全会以来，随着工作中心的转移，以及经济体制改革在实践中的不断推进，坚持实事求是思想路线的发展原则和求变原则，要从经济、政治、文化的全面改革来完善社会主义基本制度，从改革的一系列成果来反映社会主义基本制度的优越性。在经济上，围绕着不断解放和发展生产力，调整和完善所有制结构，推进国有企业的改革，完善分配结构和分配方式，发展社会主义民主政治，加强法治建设，依法治国，法治建设同精神文明建设同步推进，完善民主制度，维护安定团结。在文化上，为经济发展和社会全面进步提供精神动力和智力支持，培育有理想、有道德、有文化、有纪律的公民，在全社会形成共同理想和精神支柱，发展教育和科学，把文化建设纳入到提高综合国力的战略任务中去。十一届三中全会以来实现的历史性转折，是把马克思主义普遍原理同中国现代化建设实际相结合的历程推进到一个新历史阶段。建设有中国特色社会主义的经济、政治、文化，体现了中国特色，是中国特色社会主义的新模式，在建设的出发点和立脚点上贯彻了实事求是；在建设有中国特色社会主义的内容上贯彻了实事求是；在建设有中国特色社会主义的方法步骤上贯彻了实事求是。建设有中国特色社会主义的经济、政治、文化，是一个社会制度范畴的系统工程，它们从不同侧面反映社会主义本质的内在要求，形成有中国特色社会主义制度的整体框架。社会主义制度是一个开放着的体系，也是一个发展着的体系，人们的思想观念和思维方式也应当是一个开放、变革的形态。邓小平同志指出："我们搞社会主义才几十年，还处在初级阶段。巩固和发展社会主义制度，还需要一个很长的历史阶段，需要我们几代人、十几代人，甚至几十代人坚持不懈地努力奋斗。"[①] 社会主义制度需要在巩固和发展中不断完善，在不断完善中得到巩固和发展。人是社会主义实践的主体，在建设有中国特色社会主义的道路上，只要坚持实事求是思想路线的世界观和方法论，在不断总结基础上，探索新的规律，开辟新的认识领域，就能够在社会主义理论和实践上作出我们的贡献。

（河北省《新中国五十年与河北》理论研讨会文章）

---

① 《邓小平文选》第三卷，人民出版社 1993 年版，第 379 页。

促进人的全面发展是时代的课题

一

　　人的全面发展的理论是马克思主义的重要组成部分。江泽民同志在"七一"讲话中，把促进人的全面发展作为新时期实现党的基本路线和历史任务，提到了全党面前，他指出："我们进行的一切工作，既着眼于人民现实的物质文化生活需要，同时又要着眼于促进人民素质的提高，也就是要努力促进人的全面发展。"这是从实践党的最低纲领和最高纲领的辩证统一观上把握了人的全面发展问题，是从建设有中国特色社会主义事业的出发点和落脚点的高度进行的科学概括。这是在新的历史发展时期，结合中国的实际对马克思主义人的全面发展观的继承和发展。

　　人的全面发展，历来是马克思主义经典作家十分关注并努力探索的理论和实践问题。他们在创建马克思主义的实践中，始终把人的全面发展作为自己学说的重要组成部分，把推动社会的不断变革作为人的全面发展的重要前提，把人的发展问题同未来共产主义社会联系起来，作为无产阶级政党的历史使命。在《资本论》中马克思就把共产主义看作是"以每个人的全面而自由的发展为基本原则的社会形式"①。恩格斯在他的《共产主义

_____

　　① 《马克思恩格斯全集》第二十二卷，人民出版社 1972 年版，第 23 页。

原理》中也把人的全面发展作为共产主义的基本原则,他指出,根据共产主义原则组织起来的社会,将使自己的成员能够全面地发挥他们各方面的才能。马克思主义认为,资本主义作为社会历史发展的一个阶段,作为封建制度的对立面诞生以来,在经济社会的广泛领域推进了人类文明,使人摆脱了封建主义的羁绊,给人的发展创造了生产力生产关系的社会前提,资本主义文明把个人同世界联系了起来,为人的发展创造了必要的前提条件。但是资本主义制度又对人的发展造成了片面性、局限性的社会条件。在资产阶级社会里,资本具有独立性和个性,而活动着的个人却没有独立性和个性。只有社会主义、共产主义才能把个体和社会统一起来,才有实现人的全面发展的可能性,社会主义、共产主义制度从根本上说是符合人的全面发展的本性要求的。只有社会主义、共产主义才能"产生出个人关系和个人能力的普遍性和全面性"。

人的全面发展同社会的物质文化发展互为前提。人的发展同社会生产力的发展是一致的,是相互促进的。人的全面发展无论是体能或智能,都离不开社会生产力的发展,离不开社会物质文化的发展。恩格斯指出,人们首先必须吃、喝、住、穿,然后才能从事政治、科学、艺术、宗教,等等。社会的物质文化发展是人的全面发展的基础。作为生产力中最活跃的因素,人的认识能力和改造世界的能力的提高和发展,直接促进了生产力的发展,带来经济社会的发展和进步,促进了社会物质文化的发展。马克思主义创始人把人的发展同社会生产力的发展作为社会实践的历史过程,就从历史观上把人的发展本质和社会发展的客观规律统一了起来,把人的能力的提升同社会的进步视为同一实践过程。人总是在改造客观世界过程中不断完善自己,不断实现自己的本质力量。而社会生产力的发展,社会物质文化在质和量上的发展和提高,必须为人的全面发展开辟广阔的空间,从而使人向着实现本质和全面发展的多维方向延伸。由于给所有的人腾出了时间和创造了手段,个人会在艺术、科学等方面得到发展。马克思把未来共产主义社会看成是达到在保证社会劳动生产力极高度发展的同时又保证人类最全面的发展的这样一种经济形态。人的全面发展也意味着生存条件和发展条件从一种受局限的范围中的解放。由于社会生产力的发展所带来的物质文化作为人的生存和发展的前提，它的发展本身就是人的全面发展上的解放。如果社会生产力得不到发展，人们的物质文化生活条件不能得到保证时，也就谈不上人的解放和全面发展。正如马克思恩格斯所指出的，当人们还不能使自己的吃喝住穿在质和量方面得到充分供应的时候，人们就根本不能获得解放。所以，发展生产力是实现人的全面发展的前提。

个人的全面发展同一切人的全面发展是统一的过程。个人发展的本质是社会关系的发展，是社会集体的实践过程。在《共产党宣言》中马克思恩格斯把个人的发展同一切人的发展看作是统一的过程。他们认为，在未来的社会是"每个人的自由发展是一切人的自由发展的条件"①。只有每个人的全面而自由地发展，才能为全社会的全面发展创造前提，一切人的自由发展又是每个人的自由发展的结果。但是，个人的发展又不能脱离社会脱离集体。个人的发展只能在社会关系之中，在人与人的相互联系之中。没有全体人民的自由而全面的发展，也就没有每个人的自由而全面的发展。争取人类的解放和自由是马克思主义经典作家为之奋斗的社会理想。他们历来坚持"一个人的发展取决于和他直接或间接进行交往的其他一切人的发展"的原则。马克思主义在处理人的发展问题时，始终坚持人的发展观上的辩证法。人总是在社会一切人的发展中争取自身的解放和发展，个人的发展总是取决于一切人的发展，没有社会的一切人的发展，也就没有个人的发展。所以，讲人的全面发展实质上是人的本质的发展，是个人和一切人的实践统一的发展。

人的全面发展和社会生产力的发展是相互促进互为条件的，人的全面发展同社会的经济文化发展都是一个长期的历史过程，但人的发展和经济文化的发展又是现实的实践的，是在不同的历史阶段不同的实践范围而逐步实现的。个人的全面性不是想象的或设想的全面性，而是他的现实关系和观念关系的全面性，由此而来的是把他自己的历史作为过程来理解，人

---

① 《共产党宣言》，人民出版社1997年版，第199页。

的发展程度总是反映在社会的物质关系和精神生活关系之中。在新的历史时期，要达到对人的全面发展规律和社会发展规律统一性的认识，就要认真研究人的全面发展的现实关系，研究促进人的全面发展的现实社会条件以及人本身发展的现实条件。结合新的实践以创新精神发展马克思主义人的全面发展的理论，是时代赋予的历史使命。

二

人的全面发展不仅要有高度发展的社会生产力，而且要有不断完善的社会生产关系。马克思在创立科学社会主义理论时，曾经深入研究人类社会发展的客观规律，揭示出社会发展规律与人的全面发展的内在联系，他在分析社会发展的三大形态时，认为未来共产主义社会是摆脱了人对旧制度的依赖关系，而获得个人自由的社会。我们现在所处的社会主义社会，是第二社会形态向第三社会形态的过渡。社会主义是迈向全面发展全面进步的社会，我们所从事的一切事业，都是为了人的全面发展。中国共产党领导人民奋斗的历史过程，也是为人的解放和人的全面发展而奋斗的历史过程，80年来，经过北伐战争、土地革命、抗日战争和解放战争，完成了新民主主义革命，实现了民族独立和人民的解放。社会主义制度的建立，实现了中国历史上最广泛最深刻的社会变革，使占世界人口 1/4 的东方大国进入了社会主义社会。这是人的伟大的解放也是人的全面发展的伟大实践。以党的十一届三中全会为标志，开创了建设有中国特色社会主义事业。80年的革命、建设和改革，从根本上改革了中国人民的命运、中华民族的命运。中国共产党是解放和发展社会生产力，推进人的全面发展的领导和组织者。我们党尊重社会发展规律，站在生产力发展要求的立场上自觉为实现社会变革，为建立和完善社会生产关系和上层建筑而努力，为人的全面扫清社会障碍，为人的全面发展创造经济文化的前提条件。党的十一届三中全会后制定和执行了以经济建设为中心，坚持四项基本原则，坚持改革开放的基本路线，经过20多年的努力，促进了经济体制和经济增长方式的根本性转变，推动了社会生产力持续快速发展，综合国力不断增强，人民物质文化生活水平显著提高。经济的增长，国力的增强为人的全面发展奠定了坚实的基础。社会生产力是推进人的全面发展的内在动力。人的全面发展的物质基础和前提条件是生产力的发展，没有生产力的发展，人的全面发展就失去了前提。改革开放以来，为人的全面发展创造了前所未有的社会环境和条件，人们的生活环境的改善，生活质量的提高，生活方式的转变，都是人的全面发展的内涵，都为人体能和智能的增长创造了良好条件。改革开放以来的实践是促进人的全面发展的实践。

人的生存和发展总离不开一定的社会关系，人的发展实际是社会关系的发展。社会生产关系是社会关系的基础，生产关系即经济关系对人的全面发展起着决定性的作用。所以，看人的全面发展的程度是要看社会关系特别是生产关系的变革发展的程度。为适应生产力发展的要求不断变革生产关系，就是为人的全面发展创造条件，同时也是人的发展的客观要求和标志。改革20多年来，我们改革了计划经济的旧体制，实行市场经济体制，就是在对生产力和生产关系、经济基础和上层建筑发展规律认识的经验总结基础上作出的正确选择。实行市场经济体制后，为人在经济关系、交往关系、观念关系上，实现了人从依赖性到独立性的转变，实现了从权力控制到依靠法律规范的转变。人的主体意识、自主意识、竞争意识、创新意识大大增加。这种符合生产力本性和发展规律的人的精神观念的改变，与这些年来自觉变革生产关系紧密相关。自觉变革生产关系的每一步，都是人对社会发展规律认识的不断深化过程，它意味着人的认识能力和实践能力的超越，也意味着人的全面发展中的自由度。这本身是人的思想观念解放的提升和标志。在社会主义初级阶段实行市场经济体制，使人在社会关系中的利益关系显现出来，市场经济条件下人是利益主体，人与人之间的关系也是利益关系。处理好利益关系是人的全面发展的重要内容，它直接关系到人的能动性、自觉性、创造性的发挥。江泽民同志在"七一"讲话中提出的要妥善处理好人们的各种利益和最大多数人的利益之间的关系，特别是首先肯定大多数人的利益。这就是首先肯定和考虑人的发展的大局。肯定大多数人的利益，代表最广大人民群众的利益，直接关系到党的执政的全局、国家经济政治文化发展的全局和全国各族人民团结和社会安定的全局。正确处理人们的利益多样化与人们的根本利益的关系，正确处理人们的局部利益与全局利益的关系，正确处理人眼前利益和人们的长远利益的关系，正确处理部分人先富和共同富裕的关系，就是在社会主义初级阶段促进人的全面发展问题上的具体步骤。实现最广大人民的根本利益，也就是实现人的全面发展的总目标。没有最广大人民的根本利益，也就谈不上人的全面发展。中国共产党人在领导人民建设有中国特色社会主义的实践中，始终是中国最广大人民根本利益的代表者，同时也是促进人的全面发展的社会实践的指导者和组织者。从最广大人民的根本利益出发，从促进人的全面发展的长远目标出发，去努力实践人的全面，符合社会主义建设发展的规律，符合社会主义的本质要求，符合人类社会发展规律的要求。

人的综合素质直接影响着生产力发展的状况，关系到经济社会的发展。人的现代化和全面发展是实现社会主义现代化事业的关键。马克思历来充分肯定人的全面发展对社会进步的推动作用，并把它看作是人的全面发展的标志。自然界没有制造出任何机器，没有制造出机车、铁路、电报、走锭精纺机等。它们是人类劳动的产物，是变成了人类意志驾驭自然的器官或人类在自然界活动的器官的自然物质，它们是人类的手创造出来的人类头脑的器官，是物化的知识力量。说明一般社会知识"已经在多大程度上变成了直接的生产力"，社会生产力的发展的不同历史发展阶段和形态，都标志着人的体力、智力的发展历程。我国改革开放以来，坚持了解放思想、实事求是的思想路线，总结历史经验，坚持走建设有中国特色社会主义道路，这是人的思想解放和全面发展实践过程中的一次飞跃，也是人在发展自己完善自己过程中的正确选择。在前进的道路上坚持马克思列宁主义、毛泽东思想、邓小平理论的指导，团结全国各族人民，充分调动人民群众的积极性和创造性，这正是我们党在尊重人民首创精神，着眼于人的全面发展，始终把依靠人民群众的智慧和力量作为我们推进事业的根本路线的结果。在推动改革的过程中，我们始终把提高人民群众的思想道德素质和科学文化素质作为战略任务，坚持爱国主义、集体主义、社会主义教育，加强社会公德、职业道德、家庭美德建设，引导人们树立建设有中国特色社会主义共同理想，引导人们树立正确的世界观、人生观、价值观，焕发出改革开放的热情和建设现代化国家的积极性。人的精神世界的转变，思想路线上的飞跃，认识世界和改造世界的能力的提高，标志着人的全面发展的程度，也是马克思主义人的发展观上的具体实践与超越。

三

社会主义、共产主义的本质在于人的全面发展。促进人的全面发展是一个历史过程。我们所进行的现代化事业的出发点和落脚点都是为了人的发展的未来。在改革开放和现代化建设中，为了促进人的全面发展，一方面要不断满足人民的物质文化生活需要，另一方面又要促进人民素质的提高。把实现人民物质文化生活水平的提高同人民的思想道德素质和科学文化素质的提高统一于改革开放、现代化建设的实践过程，既体现了社会主义物质文明建设和精神文明建设的有机统一，又体现了党的最低纲领与最高纲领的有机统一，这充分反映了人的全面发展同社会全面进步的协调关系，反映了有中国特色人的发展观上的辩证法。

社会生产力发展水平是衡量经济社会进步的最高标准，也是实现人的全面发展的根本保证，人的全面发展总是与社会历史发展同步，离不开社会经济的发展。社会主义的本质及其优越性就在于它能解放和发展生产力。我国将进入全面建设小康社会的历史阶段，加快推进现代化建设，是社会主义本质的必然要求。在新时期，坚持以经济建设为中心不动摇，努力提高我国的综合国力，在发展经济的基础上，不断改善人们的吃、穿、住、行、用的物质生活条件，提高人的物质文化生活质量，是推进人的全面发展的实际步骤。没有社会主义生产力的发展，没有综合国力的增强，就谈不上人民的物质文化生活水平的提高，也谈不上人的全面发展。社会发展的根本动力是社会生产力，人的全面发展的根本动力也是社会生产力。生产力发展和人的全面发展的一致性，是社会主义自身发展的必然。

人的思想和精神生活的不断发展，人的主动性、能动性和创造性的发挥，是人的全面发展的重要标志。人的主体地位的提高，主观能动性和创造性的体现，需要有良好的社会环境和民主政治氛围。教育科技事业的发展，文化事业的繁荣，有效的思想政治工作，都是塑造人们精神世界的重要载体和途径。继续深入推进政治体制改革，发展社会主义民主政治，以及在社会主义法制保障下的民主选举、民主决策、民主管理、民主监督是在社会主义条件下扩大人的民主权利的途径，是尊重人的个性发展和人权的重要措施，也是保证人在社会政治领域提高政治素质，发挥政治参与、政治主动性的具体表现，它标志着人的全面发展的实际尺度。人们能够自觉参与民主政治建设并参与国家管理，体现出人的主体地位和主人翁精神。不断推进民主政治建设，也是推进人的全面发展的举措。建设有中国特色社会主义的民主政治，不断完善政治体制，在政治生活中不断扩大人的民主权利，是促进人的全面而自由发展的实际步骤。

要促进人的思想和精神生活的全面发展，就要不断加强社会主义文化建设，不断提高全民族的思想道德素质和科学文化素质，使人们树立正确的世界观、人生观、价值观，只有从整体上提高素质、挖掘潜能、发挥创造力，才能使人的发展随着时代的前进步伐不断升华，促进人的全面发展直接反映人的培养和人的塑造过程，只有以发展的观点看待人自身，才能培养出一代又一代有理想、有道德、有文化、有纪律的公民。社会生产力和经济文化的发展是一个长期的历史过程，而人的素质的提高，全面而自由的发展也是一个永无止境的历史发展过程。在新的历史时期，深入开展社会主义精神文明建设，实施"科教兴国"战略，发展科学教育事业，目的在于提高人们的思想道德素质和科学文化素质，就是从人的全面发展的大计着眼。人的素质的提高必须反映在人的能力的提升，人的认识能力和创造能力不断发挥，直接带来的是先进生产力的发展。建设有中国特色社会主义的大业，不仅为发挥人的创造力和主动精神提供了良好的社会环境，而且也为人的全面发展开辟了美好的前景。

人是大自然的一部分，人依赖自然并在与自然的和谐相处中得到发展。人类发展史证明，经济的发展、社会的进步越来越要求人与自然和谐相处，人们的物质文明成果和精神文明成果的创造，都离不开自然环境和资源，都是在可持续发展中生存和发展，要使自然资源和生态环境为人的生存和发展发挥更大作用，就要以科学态度对待人与自然的关系。正确处理经济发展同人口、资源、环境的关系，直接关系到人的生存环境和条件，关系到人的长远发展。人们生存的生态环境与人的发展息息相关，人与自然的协调关系是人的全面发展的重要前提。调整好人与自然之间的相互依存关系，关系到人和自然的可持续发展。以可持续发展观对待人与环境、人与自然的关系，实际是在人的全面发展问题上的自然观、历史观的统一。努力实现经济社会协调发展，实现人与自然的和谐相处和发展，创造出生活富裕和生态良好的社会环境，是社会主义现代化建设的目标，也是我们必须选择的文明道路。

（原载《河北学刊》2002 年第 1 期）

理论创新的特点及取势

一个民族要想登上科学的高峰，究竟是不能离开理论思维的。科学的理论为人们认识自然界和社会提供了科学的思想武器。马克思主义理论和哲学社会科学理论，是一个开放着的理论体系，它们的生命在于不断创新。马克思主义理论和哲学社会科学理论的创新是个辩证发展的历史过程，它们的创新有着自身的特点及规律，它们的取势对于社会实践意义深远。

一、理论创新是客观辩证法发展的必然

历史唯物主义所遵循的基本思想，就是每一历史时代的政治的和精神的历史赖以确立的基础，是这个时代的经济生产方式和交换方式以及由此产生的社会结构。理论的基础是现实的社会结构，理论创新也是来自于现实的社会结构。恩格斯在 1886 年曾经指出："一个伟大的基本思想，即认为世界不是既成事物的集合体，而是过程的集合体，其中各个似乎稳定的事物同它们在我们头脑中的思想映象即概念一样都处在生成和灭亡的不断变化中，在这种变化中，尽管有种种表面的偶然性，尽管有种种倒退，前进的发展终究会实现。"① 人们头脑中的概念、理论总是体现时代的前进和发展，总是随着人们的经济社会的发展而推向新阶段。《共产党宣言》发表

---

① 《马克思恩格斯选集》第一卷，人民出版社 1972 年版，第 224 页。

150 多年以来，马克思主义经历了曲折的发展过程。它每前进一步都是由经济社会的内在驱动而决定，它的每一新阶段的产生都是社会矛盾的产生而解决在理论上的表现。19 世纪 40 年代，西方资本主义社会矛盾的冲突和工人运动的兴起，引发了经济社会对科学理论的呼唤，马克思主义的产生成为历史的必然。19 世纪末 20 世纪初，帝国主义和无产阶级革命时代的经济社会发展趋势，为马克思主义的新发展提供了必要的社会环境，列宁把马克思主义同俄国革命实践相结合，建立了世界上第一个社会主义国家。顺应时代特点和要求，列宁在理论和实践上把马克思主义推向新阶段。人类历史发展遵循着普遍规律，马克思主义理论的发展没有国界。十月革命后，马克思主义传入半殖民地半封建的中国，便自然地使马克思主义扎根于中国大地，这是中国半殖民地半封建社会矛盾发展的客观需要。毛泽东把马克思主义与中国革命的实践相结合，领导中国革命取得了胜利，建立了新中国，从理论和实践上丰富发展了马克思主义。苏联解体东欧剧变的国际环境和中国社会主义寻找正确答案的社会背景，给马克思主义的创新和发展提出了新课题，世界经济社会的新变化和中国社会主义实践，需要创新了的马克思主义。邓小平理论是世界和平发展时期的马克思主义发展的新阶段。在什么是社会主义，怎样建设社会主义的时代课题上，把马克思主义普遍原理运用于中国改革开放的实践，坚持理论创新和实践创新的统一，开辟了中国特色社会主义建设的新途径。社会实践不会停止，理论创新和发展没有止境，马克思主义理论的不断创新与发展，是经济社会辩证发展的自觉反映。

人的认识能力总是受客观环境所制约，人们对客观现实及其规律的认识也经常带有局限性，但人的认识的本质总是随着变化着的环境为自己开辟道路。理论创新、发展的过程是一个不断克服自发性、盲目性的过程。因为只有不断克服自发性和盲目性，才能达到创新的自觉性。马克思主义理论创新的本质，在于它永远不会封闭自己的理论体系，在于它合乎规律地向前发展。因为它承认自己是历史的产物。马克思、恩格斯创立的马克思主义只是向人们提供了科学理论的一般原理，也就是揭示了经济社会发展的一般规律，但对于这个一般规律和原理的运用，应当"随时随地"以"当时的历史条件为转移"，也就是说因为具体的历史条件经常变化，经济社会发展的具体规律也在变化，所以，任何固定的模式，一切照搬的思维方式，不是马克思主义的本来含义。马克思主义并不害怕局限性，他们总是把自己的理论看成不断克服局限性、不断进行修正和补充的体系。他们也曾承认自己的某些理论在变化着的具体情况面前"已经过时"，这正是马克思主义不断创新发展的动力源之一，这也是马克思主义为后人提供的理论创新的方法论。正如十六大报告中指出的，实践没有止境，创新也没有止境，我们要突破前人，后人也必然会突破我们。这既是经济社会前进的必然规律，也是马克思主义理论和哲学社会科学理论创新发展的必然规律。

唯物辩证法认为，矛盾存在于一切事物发展的过程中，无论是自然界、人类社会还是精神世界，矛盾贯穿于每一事物发展过程的始终。矛盾决定事物的生命，推动事物的发展。无论是马克思主义理论还是哲学社会科学理论的创新和发展，也无一不是随时随地同形形色色错误观点做不懈斗争的结果。唯物论是在同唯心论的斗争中求得发展；辩证法是在同形而上学的斗争中证明自身的科学性；无神论是在同有神论的斗争中证明其战斗力；真、善、美是在同假、恶、丑的斗争中求得发展。客观现实世界永远为科学的理论提供发展的土壤条件，也永远为科学理论的创新和发展提供动力。在新的历史时期，我们尊重社会实践，适应社会实践的发展，要自觉地使思想认识从不合时宜的观念、做法和体制束缚中解放出来，从主观主义和形而上学的桎梏中解放出来，从对马克思主义的错误的和教条式的理解中解放出来。思想的解放和认识的提高，是坚持理论不断创新的关键和前提。

二、理论创新的固有特点和规律

理论创新是人的思维创造能力的发挥，是人们认识客观事物的自觉能动性的反映。理论创新是一个认识过程，它既呈现丰富的内容和自身的特点，也呈现出创新的规律性。

理论创新的灵魂在于体现时代性。我们正处在和平发展的时代，经济全球化的趋势不断增强,科技革命迅速发展,产业结构调整步伐加快,国际竞争更加激烈,我国已经进入全面建设小康社会,现代化建设进入新的发展阶段。这样一个新时代,经济社会生活面临着新矛盾、新问题。社会结构的新变化,人们生活方式、思维方式的新变化,必然给马克思主义理论和哲学社会科学理论提出新课题,培植出新的增长点。时代的新课题、新视角、新内容是理论创新的灵魂,是理论之树常青的土壤和生长素。如果脱离新时代提出的内容和课题,理论也就谈不上创新,更谈不上生命力。邓小平理论之所以是创新的理论,就在于它紧跟时代的步伐,把握住时代的脉搏,发挥创新思维的主动性和自觉性,解决了当代社会主义的重大的理论和实践问题。在社会主义的发展道路、发展阶段、根本任务、发展动力、现代化建设的战略步骤以及祖国统一等问题上,不仅坚持和运用了马克思主义的一般原理,而且丰富发展了马克思主义理论。这一发展体现了马克思主义的时代本质,是新时代创新了的马克思主义理论体系。随着新时代特征的展现,随着经济社会的全面进步,反映社会主义社会经济、政治、文化发展新趋势及其规律的哲学社会科学理论也打开了新局面,进行着从内容到形式的理论创新。理论的创新推动了哲学社会科学事业的繁荣和发展,进一步推进了建设先进文化的步伐。

理论创新的动力在于它的实践性。马克思主义在阐明理论的实践性重要意义时,总是强调"问题在于改变世界",人们应该在实践中证明自己思维的真理性。实践不仅是人们认识的来源、认识发展的动力和检验其真理性的唯一标准,同时也是理论创新的动力、途径和检验标准。创新的理论之所以新,就在于它凭借社会实践的平台,以实践为动力,提出不同于以往理论的新概念、新观点。创新的理论功能一是为原有理论提供新内容,增添新的活力,二是能动地推动新的社会实践。为创新理论指导的实践,是创新的实践,它本质上是实践创新与理论创新的统一。失去实践的创新,就没有理论的创新。马克思主义的生命力是它随时随地以实践的创新为动力,以实践的创新为基础,在实践基础上提出创新的理论,用发展着的理论指导发展着的实践。马克思主义不断创新的历史,就是以实践创新为基础的发展史。我国经济体制的改革实践从农村开始，家庭联产承包责任制的首创，是在总结过去经验基础上的新的实践，这一实践上的创新，带动了全国改革开放的实践创新。随着改革开放的深入和全面建设小康社会实践的推进，以家庭联产承包经营为基础、统分结合的双层经营体制建设会进一步完善。这一新的实践极大地丰富了马克思主义政治经济学理论、社会主义理论。哲学社会科学要摆脱旧的体系和方法的束缚，只有凭借实践创新的大舞台，才能求得新的发展和繁荣。

理论创新的本质在于它的开拓性。唯物辩证法不承认有任何终极的绝对的、神圣的东西。坚持唯物辩证法基本精神的理论创新，应该是开拓创新，体现创造性思维的整个过程。而创造性思维为特点的理论创新本质上是与创造性实践紧密结合在一起的，只有与创造性实践相结合才能体现出理论创新的真理性。马克思主义本质上是贯穿开拓首创精神的理论体系，它不仅把这种开拓性留给自己，也同时留给后人。列宁的"一国胜利"论，毛泽东的农村包围城市的革命理论，就是马克思主义开拓性、首创性的表现。没有开拓、首创精神和实践，也就没有马克思主义的自我更新和发展。邓小平坚持马克思主义的开拓精神和首创精神，坚持实事求是，在领导我国改革开放的实践中，科学地解决了"坚持"与"创新"、"继承"与"发展"的关系。在实践创新和理论创新上敢于说新话，说"老祖宗没有说过的话"。他认为："不以新的思想、观点去继承发展马克思主义，不是真正的马克思主义者。"用新的思想去继承去发展马克思主义正是邓小平理论创新的本质和特色。邓小平开拓性地把社会主义和市场经济结合起来，从经济制度层面找到了它们的切合点，从而开辟了当代社会主义发展的新境地。这在理论上和实践上是对马克思主义的重大创新，是伟大的创举。马克思主义的创新与发展，为哲学社会科学的创新发展，提供了丰富的内容和科学方法论。充分发挥哲学社会科学在经济社会发展中的重要作用，既是哲学社会科学深入发展创新的需要，也是时代提出的新课题。

理论创新的关键在于把握规律性。理论创新作为人的创造性思维活动，它对于人们的社会实践的意义、对于经济社会发展的功效，在于能动地为人们的实践活动提供经济社会发展的客观规律，使人们更自觉地把握客观规律，以达到实践活动的自由。马克思主义理论和哲学社会科学理论本质上是揭示人类经济社会发展的一般规律和特殊规律的。理论创新的关键是把握规律。马克思主义唯物史观在理论上的首创，在于它以科学的社会发展观否定了各种错误理论，揭示了人类社会发展的客观规律，揭示了社会主义、共产主义代替资本主义的历史必然性。在改革开放进入新的实践阶段的今天，马克思主义理论和哲学社会科学理论的创新所面临的任务，是运用马克思主义基本原理，揭示和认识共产党执政的规律、社会主义建设的规律和人类社会发展的规律。这些规律是一般规律和特殊规律的统一，在实践中通过具体的特殊规律来认识和把握一般规律，这是一个发现新矛盾、解决新问题的实践过程。我们只有认识和把握中国特色社会主义的经济、政治、文化发展的具体规律，才能认识和把握建设中国特色社会主义的规律。无论是马克思主义理论创新还是哲学社会科学理论的创新，如果不能把握规律性就谈不上创新。哲学社会科学创新的标志在于把握规律性。当前，建设什么样的党，怎样建设党；什么是社会主义，怎样建设社会主义；科技革命、经济全球化对世界经济、政治、文化的深层影响，是时代赋予我们的重大课题。理论创新就要下大功夫，深入实践认真总结经验，反复实践，反复认识，逐步认识和把握规律。通过理论创新把握规律性，在把握规律性中继续推进理论创新。

三、理论创新的途径与取势

理论创新是一项战略性的系统工程，是建设先进文化的重要组成部分，它关系到民族的兴旺和国家的繁荣。

理论创新首先应该是马克思主义理论的创新。马克思主义是我们党的指导思想，要在创造性地运用和发展马克思主义理论上开拓新境界，开辟新视野。从不断变化着的实际出发，结合时代特点，在不断总结建设中国特色社会主义实践经验的基础上，创造性地运用马克思主义的科学方法，作出新概括，提升新理论，探索新规律，用体现时代发展趋势和规律的新观点、新理论来丰富马克思主义。马克思主义的辩证唯物主义和历史唯物主义，作为科学世界观、方法论，不仅没有过时，而且它必然随着时代的新发展，焕发新的生机。努力开拓马克思主义的新境界，是理论创新的首要任务和神圣使命。

十六大报告指出，实践基础上的理论创新是社会发展和变革的先导，通过理论创新推动制度创新、科技创新、文化创新以及其他各方面的创新。这是一个综合创新的任务和过程。特别是在全面建设小康社会的实践中，哲学社会科学所面临的重要任务，是要研究我国改革开放和现代化建设中有战略性、全局性、前瞻性的重大实践和理论问题，要下大功夫、花大力气，探索新规律，作出新结论。而能否作出新结论，提出新观点，是衡量哲学社会科学理论创新的标志。当前，哲学社会科学只有在改革开放和现代化建设的战略性、全局性、前瞻性问题的研究中，作出新成绩，拿出新成果，才能突破旧的理论观点和方法的束缚，在理论创新上有所作为。

在对时代特点和脉搏准确把握、自觉反映中，要寻找和培养各学科新的增长点和创新的新境界。在新形势下，马克思主义理论和哲学社会科学各学科的分支学科不断涌现和建立。一些新兴边缘交叉学科和跨学科综合研究成果的出现，在基础理论研究和应用研究上开辟了新的领域，出现了许多新成果。在科技革命风起云涌的新时代，自然科学和社会科学以及社会科学各学科之间，必然在时空上产生大的交叉和融合。建立自然科学和社会科学的联盟，在它们的联盟与交叉中，理论创新将会开辟新境界。拿出反映新时代发展趋势和要求的新成果，这是时代的呼唤，是改革开放和现代化建设的客观要求。

理论创新要坚持创新与继承的辩证统一。马克思主义理论和哲学社会科学的创新，一是要体现时代特点，二是要体现中国特色。毛泽东在谈到马克思主义在中国的应用时，强调把马克思主义的普遍真理和中国的民族特点相结合。在新时代，马克思主义理论的创新也必须同中国特色社会主义文化建设结合起来。哲学社会科学的创新，无论是理论观点的创新还是学科理论体系的创新，都要审视时代环境、把握时代脉搏、反映时代要求，同时还要同民族特点、民族形式相结合，继承中国文化的优秀传统。理论创新应当既有时代性，又有民族性。理论创新是一个长期而艰巨的任务，无论是思想材料的积累，还是新兴学科的建立和学科理论体系的建构，都是一个时代性和民族性的任务。它不仅要了解以往社会发展的历史，而且要研究当今社会发展的新情况、新问题，通过扎扎实实的研究和探索，推动理论创新和先进文化建设。

理论创新要坚持科学态度与科学方法的统一。理论创新是一个不断解放思想、实事求是的过程，只有坚持科学态度和科学方法的有机结合，才能取得成效。要实现马克思主义的创新，就要有一种求实、求新、求变的精神和认真负责的态度，要站在时代的高度，心系历史使命，把思想认识从旧的观念中解放出来。要适应新时代、新任务的要求，就要以严谨的态度和科学的方法，加强对各门传统学科、新兴学科和交叉学科的研究，加强各学科的理论和体系建设。要不断吸收技术革命的新成果，吸收近现代人类文明的新成果，借鉴自然科学和社会科学的最新科学方法和手段，加强哲学、经济学、政治学、历史学、民族学、社会学等各学科的研究，使它们在创新中发展，在发展中创新。发展中的创新成果是新生事物，开始时往往显得不全面、不完备，因而不被人接受和重视。因此，需要使创新成果得以巩固和发展，就必须对它们倍加关爱、维护和扶植。不仅要善于创新，而且要护新、养新。要正确处理创新与养新的关系。要在实践中，使各学科的建设和创新体现时代的前瞻性和方法的科学性。

理论创新要坚持为人民服务、为社会主义服务的方向和百花齐放、百家争鸣的方针。在加强中国特色社会主义文化的建设中，必须坚持马克思列宁主义、毛泽东思想和邓小平理论在意识形态领域的指导地位。这是建设中国特色社会主义的保证。马克思主义在意识形态领域的指导地位是靠它的不断创新、不断发展而不断巩固的。要不断巩固和加强马克思主义的指导地位，就必须坚持理论创新，发展和繁荣哲学社会科学事业，坚持百花齐放、百家争鸣的方针，努力营造学术民主、学术自由的氛围，这是发展先进文化的重要条件；坚持严谨治学、民主求实，反对学术腐败，力戒浮躁，加强团结，和谐合作，共同进步，这是学风建设的重要内容；理论创新必须坚持正确的舆论导向，弘扬主旋律，提倡多样化。只有这样，才能以创新的理论指导社会实践，才能坚持以科学的理论武装人，正确的舆论引导人，高尚的精神塑造人，优秀的作品鼓舞人，促进社会的不断进步和人的全面发展。

（原载《河北师大学报》2003 年第 6 期）

坚持马克思主义中国化的
理论立场和科学态度

中国共产党成立 90 周年以来，始终以马克思主义为行动指南，坚持马克思主义的世界观和方法论，坚持马克思主义普遍原理同中国实际相结合，坚持中国化的马克思主义理论立场和科学态度。在领导中国人民进行革命、建设和改革开放的实践中，实现和推进马克思主义中国化、时代化、大众化，使我国社会主义现代化建设取得了巨大成就。在坚持和发展中国特色社会主义的伟大事业中，继承和坚持马克思主义中国化的理论立场和科学态度，是建设学习型政党的需要，是时代发展的需要。

一、马克思主义中国化的理论立场，是坚持实事求是、坚持马克思主义普遍原理同本国实际相结合

马克思和恩格斯一贯强调要把理论和实践结合起来，指出他们的理论是不断发展着的，反对将他们的理论当作教条，主张对马克思主义一般原理的实际运用必须"随时随地都要以当地的历史条件为转移"，对于马克思主义原理的运用要结合本国实际情况。恩格斯指出，马克思的历史理论是任何坚定不移和始终一贯的革命策略的基本条件；为了找到这种策略，需要的只是把这一理论应用于本国的经济条件和政治条件。中国共产党人在实践马克思主义中国化的过程中，逐步认识和掌握了马克思主义这一理论

立场和科学方法。在中国要取得社会主义革命和社会主义建设的胜利，就必须把马克思主义原理同本国实际相结合，就要学会和掌握马克思主义中国化的理论立场和方法，找到应用马克思主义的本国经济条件和政治条件，在实践上寻找马克思主义中国化的具体途径。早在1938年，毛泽东同志在党的六届六中全会上就鲜明地提出马克思主义中国化的任务。他强调："离开中国特点来谈马克思主义，是抽象的空洞的马克思主义"，要"使马克思主义在中国具体化，使之在其每一表现中带着必须有的中国的特性"，"按照中国的特点去应用它，成为全党亟待了解并亟待解决的问题"。毛泽东同志把马克思主义中国化看成党取得胜利的"一贯思想原则"，并在实践中坚持这一马克思主义中国化的理论立场和科学方法，是对马克思主义的理论和实践观的推进。邓小平同志在新的历史条件下，继承坚持马克思主义基本原理同中国实际相结合的理论立场和科学方法，提出无论是革命还是建设，都不能照搬别国经验、别国模式，要把马克思主义同中国的实际结合起来，把马克思主义同本国实际相结合的真理并不是轻而易举得来的，它是"吃了苦头总结出来的经验"，"只有结合中国实际的马克思主义，才是我们所需要的真正的马克思主义"，正是坚持了马克思主义中国化的理论立场和原则，才创立了邓小平理论。我们党实行改革开放，实现工作重点的转变，使社会主义建设事业从胜利走向胜利，完全归功于这一理论的创立。邓小平同志运用唯物史观的基本原理，遵循马克思主义中国化理论立场和原则，奠定了建设中国特色社会主义的路线、方针、政策的科学基础，在世界观和方法论上为未来的发展指明了方向。江泽民同志继承坚持马克思主义中国化的理论立场，结合新的发展了的中国实际，同样强调"我们必须始终坚持以我国改革开放和现代化建设的实际问题、以我们正在做的事情为中心，着眼于马克思主义理论的运用，着眼于对实际问题的理论思考，着眼于新的实践和新的发展"。胡锦涛同志在新的历史条件下，对马克思主义中国化的理论立场和科学方法，站在新的高度进行了新的概括，从全面阐发科学发展观的内涵上，明确马克思主义中国化理论立场的重要意义，强调指出，马克思主义只有与本国国情相结合，与时代发展同步，与人民群众共命运，才能焕发出强大的生命力、创造力、感召力。

马克思主义中国化的理论立场，体现了"实事求是"的思想本质，贯穿着理论与实际相统一的科学精神，贯穿着辩证唯物主义和历史唯物主义的基本原则。在新的历史时期，坚持马克思主义中国化理论立场和实践原则，根据变化着的时代脉搏，灵活运用马克思主义的基本原理，正确回答建设什么样的社会主义以及怎样建设社会主义的问题，在实践中探索建设中国特色社会主义的发展规律，制定切合中国国情的路线、方针、政策，不断推进马克思主义中国化的发展历程，是摆在全党面前的新课题。

二、马克思主义中国化的理论立场是科学的世界观和方法论

中国共产党成立 90 年来，经过艰苦卓绝的斗争，在马克思主义中国化的道路上，取得一个又一个的伟大胜利，新民主主义革命、社会主义革命、社会主义现代化建设事业的重大理论和实践，把马克思主义不断推向发展的新阶段。中国共产党人在领导我国各族人民进行的新民主主义革命，经过了北伐战争、土地革命、抗日战争和解放战争，从总结经验教训中认识到马克思主义中国化的历史必然性。中国需要马克思主义，马克思主义也需要在实践中不断丰富和发展自己。毛泽东同志在《唯心历史观的破产》一文中曾经讲过，中国人寻找马克思主义的实践迫切性和历史必然性，"中国人没有什么思想武器可以抗御帝国主义，旧的顽固的封建主义的思想武器打了败仗了，抵不住，宣告破产了，不得已，中国人被迫从帝国主义的老家即西方资产阶级革命时代的武器库中学来了进化论、天赋人权论和资产阶级共和国等思想武器和政治方案，组织过政党，举行过革命，以为可以外御列强内建民国，但是这些东西也和封建主义一样，软弱得很，又是抵不住，败阵下来，宣告破产了"。

中国共产党在实践马克思主义中国化，一开始便同时也是立足马克思主义理论立场上的革命尝试。十月革命一声炮响，给中国人民送来了马克思主义，从那时起中国共产党就面临着寻找马克思主义中国化的重大任务，从那时起中国共产党便以马克思主义为指南选择了自己的革命道路。根据

中国国情特点，把马克思主义普遍原理同中国革命实际相结合，创立了新民主主义革命的理论和马克思主义的路线、方针、政策。中国共产党人充分发挥自己的首创精神和无限创造力，在领导全国各族人民的斗争中，没有照搬别国模式，而选择了农村包围城市、武装夺取政权的革命道路并取得了伟大胜利，彻底推翻了三座大山，建立了中华人民共和国。新民主主义革命的理论和实践证明，只有马克思主义完全适合于中国国情，只有马克思主义中国化理论立场和科学方法，才能正确指导中国革命实践。中国共产党关于新民主主义革命的性质、动力以及发展前途的理论与实践，是马克思主义中国化理论立场和科学方法的充分体现。它奠定了社会主义革命和社会主义建设的政治基础和思想理论基础，是马克思主义中国化的历史性飞跃。

由新民主主义革命向社会主义革命阶段的转变，我们党采取的是带有中国特点的和平方式、过渡方式。根据中国国情，站在实事求是的理论立场，灵活运用马克思主义基本原理，把马克思主义中国化付诸于实践，完成了社会发展阶段上的历史性跨越。马克思曾经预言，在无产阶级掌握政权之后，需要经过一个过渡时期，也就是资本主义与社会主义之间的革命转变时期，方能建立社会主义制度，但如何过渡以及过渡时期的具体内容和形式问题，马克思留给了后人去解决。中国共产党把过渡时期的革命原则、内容和方式，根据中国国情加以具体化，按中国化方式跨越了资本主义制度，及时提出了过渡时期路线、方针、政策，引导和组织农民和手工业者走合作化道路，对民族资产阶级进行社会主义改造，为由新民主主义过渡到社会主义打下了社会基础，完成了从新民主主义向社会主义的转变。毛泽东同志关于在中国进行社会主义革命的理论以及系列方针、政策，具有中国化的理论与实践特征，是对历史唯物主义基本原理的灵活运用，在过渡时期理论上发展了马克思主义。

中国共产党在领导全国各族人民，全面进行社会主义建设的实践过程中，所取得的伟大成就，所积累的正反两方面的经验，为社会主义事业继续向前推进提供了物质基础和思想理论基础。我们在社会主义建设问题上，在理论和实践两方面，对于什么是社会主义，怎样建设社会主义曾经走过些歧路，有过严重的历史教训。"文化大革命"结束后，中国共产党排除一切干扰，坚持真理标准，迅速恢复了马克思主义的指导地位，坚持马克思主义中国化的理论立场，坚持马克思主义同中国实际相结合，根据时代特点总结了国际国内社会主义革命和建设的经验，探索社会主义在当代发展的新特点及客观规律，对社会主义的现实和未来命运等重大理论和实践问题，作出新的论断与分析，提出社会主义的本质，发展阶段、发展道路以及发展的目标和任务，在这些关乎社会主义的命运和前途问题上，坚持了理论立场的务实精神和科学态度，在社会主义建设的重大课题上作出了历史性贡献。邓小平同志坚持唯物辩证法和历史唯物主义基本观点，在理论和实践的结合上突破了社会主义已有的模式和传统观念，提出"社会主义和市场经济之间不存在根本矛盾"，社会主义可以搞市场经济，并且在制度层而上提出了建立社会主义市场经济体制的必要性，在社会主义基本理论和深层实践上发展了马克思主义。在改革实践过程中，我们党为完善社会主义的基本经济制度，坚持公有制为主体，多种所有制经济共同发展的基本经济制度；坚持按劳分配为主，多种分配制度并存的多元化收入分配制度，在基本经济制度上的这些重大改革，体现了我们党在新的时代背景下的历史辩证法思想，和马克思主义中国化理论立场和科学精神。邓小平理论开辟了建设中国特色社会主义的新道路、新纪元，是马克思主义中国化在当代历史条件下的新推进。

社会历史进程的本质是永不停息的。在发展变化着的时代面前，我们党面临着全面建设社会主义以及党的自身建设的新课题。"三个代表"重要思想和科学发展观，坚持唯物史观的基本原理，站在新的起点上，深刻揭示了人类社会发展规律，社会主义社会发展规律以及马克思主义政党的执政规律，从马克思主义中国化的理论立场上，深刻阐明了中国共产党作为执政党的历史使命，把历史使命同现实任务、把逻辑的和现实的统一起来，在实践上具体化为经济建设、政治建设、文化建设、社会建设以及生态文明建设，在全面建设社会主义的理论与实践中迈出新步伐。党的十六大以来，我们党坚持"一个中心，两个基本点"的基本路线的基础上，形成了以人为本，关注民生的全面协调可持续发展的科学发展观。科学发展观对中国特色社会主义的经济社会和人的全面发展以及发展动力、发展目标作出了全面科学的分析，对当代社会主义社会的经济基础和上层建筑的辩证关系进行了深入探索。科学发展观，坚持了马克思主义中国化的理论立场和实事求是的科学原则，正确回答了当代社会主义深入发展的时代课题，继续推进中国特色社会主义事业不断向前发展。

三、在建设学习型政党的实践中，坚持马克思主义中国化的理论立场和科学态度

邓小平同志指出，不以新的思想、观点去继承发展马列主义，不是真正的马列主义。马克思主义的立足点是社会的现实问题，马克思和恩格斯对每一问题的论述和分析，都离不开他们那个时代的社会现实。时代是发展着的，现实生活是变化着的，作为马克思主义本身也是发展的理论形态，马克思主义诞生 100 多年来，为什么始终焕发着青春与活力，就是因为它是紧随时代步伐而发展和创新着的。马克思主义中国化是马克思主义与中国社会现实，和中国革命和建设实际的历史和现实接点，是一个与时俱进的历史过程。马克思主义中国化的巨大感召力和凝聚力，已经为和正在为中国革命和建设实际所印证。坚持马克思主义中国化的理论立场，在当今就是要学习毛泽东思想，学习邓小平理论。这是建设中国特色社会主义的最新理论成果，是马克思主义中国化的具体体现，是马克思主义中国化理论立场践行的结果，是与马克思主义本质相一致的。邓小平理论、"三个代表"重要思想和科学发展观，与发展的时代同步，与现实生活息息相关，只有坚持马克思主义基本原理同中国实际相结合的理论立场，才能在社会主义现代化建设实践中，取得行动的自觉。

马克思主义中国化本身具有大众化的内涵，大众化是马克思主义本质所规定。它不仅是通俗化的宣传策略与过程，也是其在群众实践中不断丰富、创新提升、发展的过程。没有马克思主义大众化，就没有马克思主义

的鲜活成长与发展。坚持马克思主义中国化的理论立场，把马克思主义基本原理与人民群众所从事的社会主义建设实践、与人民群众的现实生活有机地联系起来，形成党的路线、方针、政策的客观依据，把人民群众看成掌握和运用马克思主义的主体，正体现了历史唯物主义原理的基本要求。实事求是、与时俱进是马克思主义大众化的客观要求，没有马克思主义中国化、大众化，便没有广大人民群众建设社会主义的极大热情，没有马克思主义的大众化，要取得中国革命和建设事业的伟大成就是不可能的。我们党的几代领导集体，在领导全国各族人民进行社会主义现代化建设实践中，继承和发展了马克思主义，坚持马克思主义中国化的理论立场，把马克思主义基本原理与建设中国特色社会主义实践紧密地联系起来，把握时代新脉搏、新特点，及时提出新课题，以人为本，协调发展，关注大众需求，解答大众困惑，激发大众斗志，团结各族人民，凝聚各种力量把建设中国特色社会主义宏伟事业继续推向前进。马克思主义作为科学的世界观方法论，贴近实际、贴近生活、贴近群众是它的根本立足点。坚持马克思主义中国化的理论立场，就是要把马克思主义的宣传普及经常化、现实化、创新化，与人民群众的具体实践相结合，坚持理论与实际的统一，普及与提高的统一，历史的和现实的统一，马克思主义中国化的真理性正是在这些辩证统一关系中显现的。

思想理论建设是党的根本建设。马克思主义执政党要担负自身的历史使命，必须十分重视自身的思想理论建设，这是立于不败之地的根本保证。在当代建设社会主义现代化国家，不断推进建设中国特色社会主义事业，就要紧密结合改革开放和全面建设社会主义的实际，以邓小平理论、"三个代表"重要思想和科学发展观为武器，发现新问题，解决新问题，用发展着的马克思主义来规范思维方式和工作方式，推动马克思主义中国化的实践历程。建设学习型政党是一个时代课题，是一个紧迫而长期的艰巨任务。读理论著作重要，读马列主义、毛泽东思想和邓小平理论更重要。要把学习中国特色社会主义理论体系与深入学习马列著作、毛泽东著作和当代中国马克思主义理论著作结合起来。建设学习型政党首要的是要有学习原著的求知精神和实际需要的迫切愿望，充分认识马克思主义著作的指导功能和理论的感召力。理论依赖于实践，同样实践也依赖于理论。"没有革命的理论，就不会有革命的运动。"马克思主义之所以不可战胜，就在于它具有前瞻性、预见性的功能，在于它在斗争中能够广泛凝聚人心，成为指导人们实践的思想武器；马克思主义之所以正确，并成为巨大思想动力，还在于它具备科学世界观的全面性、普遍性品格，作为科学的思想武器是不可替代的。建设学习型政党除了认真学习马克思主义著作，不断提高自身的理论水平和认识水平，还在于树立马克思主义中国化的自觉意识，不断提高自身的防范能力，自觉抵制各种腐朽思想的侵袭，自觉抵制腐败现象，永远保持党的纯洁性、战斗性，这是推进马克思主义中国化、大众化的重要组织保证和思想保证。坚持马克思主义中国化的理论立场，坚持实事求是的科学原则，就要在实践中不断学习和发展马克思主义。学习马克思主义，坚持马克思主义中国化的理论立场，是一个长期的艰巨任务，也是一个不断改造客观世界的同时改造主观世界的过程。中国共产党是一个善于学习并不断取得胜利的党，只要继续发扬优良传统与作风，坚持科学的理论立场和方法，就能把中国共产党建设成先进的执政党，就能在建设中国特色社会主义伟大事业中夺取新的胜利。

（原载《辉煌·使命·奋进》——河北省老教授老专家纪念中国共产党建立 90 周年座谈会文集）

叔本华的唯意志主义社会历史观

叔本华作为 19 世纪下半叶唯意志主义学派的代表人物之一，从"右"的方面改造了康德哲学，把反理性的意志看作万物的基础、把主观意志作为他的哲学世界观。

当我们翻阅叔本华的代表作之一《意志和表象的世界》时，便不难发现他的哲学世界观，特别是他的社会历史观的脉络及其本质，书中开宗明义地表述了自己的唯意志主义历史观，"世界是我的表象"。外在世界的一切，只是感觉和表象的世界。在这个世界的背后，有一个实体，就是康德所说的"自在之物"。不过，这个"自在之物"在叔本华那里并非康德原来所讲的含义。叔本华把康德的"自在之物"的唯物主义的倾向抹煞了。叔本华的社会历史观是以主体意志为核心而构筑的。在他看来，整个世界都是由主体意志决定的客体，作为客体的自然和人类社会，如果不与主体意志发生联系，它们就不存在。客观世界"只不过是直观者的直观"，"只不过是表象而已"。这样在主体意志之外的人类社会及其历史便成了意志的表象组合物，完全成了一种观念的东西。他以唯意志主义观念，从根本上歪曲了自然、人与客观世界的关系，在他看来，只有主观意志有自己的历史，这一点是既适用于现在，也适用于任何过去和任何未来，既适用于最远的东西，也适用于最近的东西。客观世界作为表象，作为由主体意志决定的东西，它的过去、现在和未来都是如此。所以，自然界的历史、人类社会的历史虽然有着自己的过去、现在和未来，但它们都是主体意志所展现的过去、现在和未来。在这里，叔本华完全抹煞了自然和社会本身的历史及其发展规律。按照他的推论，"一切以任何方式属于世界或者可以属于世界的东西，都不可避免地要受到主体的制约，都只是为主体而存在。"所以，在叔本华看来，世界就是意志和表象、自然和社会的历史也就是意志和表象的过去、现在和未来，这就是他的唯意志主义历史观的根本出发点。

叔本华研究自然和社会现象并没有完全回避社会发展的动力问题，但他认为的"动力"并不是物质世界自身的"动力"，而是一种意志的冲动。不论是人类世界还是动物世界都在不息运动，但是这些运动是饥饿和性欲的冲动而引起的。至于性欲的冲动，他认为这完全是意志的一种表现。意志就是不能遏止的盲目冲动，就是欲求，这种由意志决定的欲求表现在，一是维护自己的生存，二是繁衍后代。所以，他把意志又称为生命。这就是说，叔本华把人类世界、人类历史发展的动因看作是意志的欲求的表现，归之为意志的盲目冲动。很显然，叔本华在这里完全抹煞了生产方式的发展这个人类社会发展的真正动力，把生产力和生产关系的矛盾运动排除于社会之外。马克思主义认为，物质生产是社会有机体赖以生存和发展的基石，生产力和生产关系的矛盾是社会历史发展的最终动因。叔本华把历史发展的动因归之于意志，这样就无法找到社会历史发展的真正原因和规律所在。按照叔本华的观点，世界作为意志的世界，历史作为意志的历史，这就是把意志和存在视为同一的东西，并且意志是唯一真实的存在。他曾经把世界归结为两个层次：第一个层次即意志的世界，第二个层次即观念的世界。他说："有两类历史，一类是政治史；另一类是文学和艺术史。前者是意志之历史，而后者为智慧之历史。"这就是说，无论是政治的历史，还是文学、艺术的历史都不是由社会生产方式的发展来决定，也不受经济基础所左右。马克思主义认为，政治是受制约于一定阶级关系的经济关系，有什么样的经济关系，就有什么样的政治与之相适应并为其服务。没有脱离经济基础和一定经济关系的政治、文学、艺术，它们总是受一定经济基础所制约，为一定经济基础所决定并服务于这个经济基础。叔本华抛开一定的社会物质基础，把政治、文学、艺术发展史说成是意志、智慧发展史，这样就必然导致历史唯心主义。他既否定人类物质基础的存在及其历史，又否定了政治、文学、艺术的客观依据，完全陷入唯心主义历史观。

古希腊哲学家柏拉图曾经创立唯心主义的理念论。他认为理念世界是唯一的"真实存在"，而所有的感性世界只是"理念世界"所派生，没有理念也就没有世界。叔本华沿袭柏拉图的唯心主义理念论，认为世界是理念，只有理念才是真实的存在。柏拉图曾经以动物作比拟，认为动物没有真实的存在，只不过是表象的存在，而且这种表象处于经常的转化之中。唯一真实的存在只是体现于动物身上的理念。叔本华认为，只有动物的理念才是真实的存在，并且只有理念才是真知的客体。叔本华坚持柏拉图的只有理念才是真实的存在，在空间和时间中的事物只是空虚如梦的存在。自然界和人类社会完全是意志的表象。表象世界是意志的一面完整的镜子，在这面镜子里意志逐渐明确地和完整地认识它自己，意志是世界的本质。人类的一切物质活动、社会的存在和发展都是主观理念的展开。世界上的一切都具有以主体为条件，并为主体而存在的性质，并不存在客体以及主客体的统一，说到底他是以主体否认客体。世界虽然是形形色色、五彩缤纷，但是表面的。它们并没有揭示世界的本质，应当还有单独构成世界的另一个方面的东西，就是意志，这才是真正内在的、本质的。所以，一切客体即为表象，表象就是意志。在这样的思想指导下，叔本华反对正视客观世界，不主张正视和研究人类社会的历史和未来，而主张研究现在和意志。所以人们不应去研究生前的往事，也不应去推究死后的未来，这样叔本华就完全陷入了虚无主义的历史观。叔本华的理论本质上是历史唯心主义的世界观和历史观。

叔本华讲的意志实际上是人支配自身行为，克服困难实现预定目的的心理过程，人类通过生产活动，对自然界进行改造以达到预期目的，实际是人化自然的过程。这个过程当然有人的动机和目的、有人的能动性，但不能离开物质基础。在马克思主义看来，人类的物质生产是历史的发源地，没有改造客观世界的物质生产活动，就谈不上社会的发展和人类的历史。马克思主义历来反对用非理性主义观察和分析历史，也反对任何夸大意志贬低理性的理论观点。叔本华强调非理性主义，认为人们只能认识表象，表象即为本质，表象就是规律。这就否认了历史发展的客观规律的存在，也否认了人们对历史发展本质的认识。由于叔本华主张人们只能研究和认识现实的表象，而不能探索人类社会历史发展的奥秘所在，这样就不可避免地推出人在历史规律面前是无力的、被动的。在历史面前人们只能认识它的现象，而不能探求它的规律和本质。他的这种历史观反映在政治立场上，就是极力维护旧制度，维护剥削阶级的统治，反对任何社会进步。也正因为如此，叔本华才得到西方资产阶级思想家的赞扬。也难怪，当欧洲1848年革命后，资本主义制度风雨飘摇之时，叔本华的《意志和表象的世界》一书却备受资产阶级推崇和赏识。他本人也由无名之辈一跃而为著名的哲学家。

在处理人与自然、人与社会的关系问题上，叔本华否认人的价值，宣扬悲观主义价值观，宣扬悲观主义人生哲学。他认为生命意志的本质就是痛苦，生命意志产生的欲求，是因为经常得不到满足，得不到满足本身就是一种痛苦。而且作为生命意志来说，欲求和痛苦是反复出现的。一种欲望刚满足，另一种欲望就会随之而来，所以一个人的一生总是痛苦的。相反，如果没有欲望则必然感到无聊和空虚，这也是一种痛苦。叔本华有时把人生比作钟摆，总是在痛苦和无聊之间摆来摆去，永远不能摆脱痛苦和无聊。他有时也想探讨人生的哲理，曾经把人的生活分成两种，就是具体的生活和抽象的生活。除了具体的生活之外，还有抽象的生活，在前一种生活中，人和普通的动物一样，斗争、受苦和死亡。但在抽象生活中，他静静地思索着宇宙的轮廓，如同航海的船长思索着海图一样。他虽然也讲人的抽象生活，但这里并非指的是建立在物质基础上和人们实践基础上的抽象思维，理性的活动。叔本华一贯坚持，人生是一种迷误，因为人是欲望的复合物，是很不容易满足的，即使得到满足，那也仅能给予没有痛苦的状态，但却带来更多的烦恼。这个烦恼的感觉是人生空虚的成因，也直接证明生存的无价值。非理性主义的世界观使叔本华对世界、对历史、对人生看作人的一种表象过程，人的意志的表现，而看不到在人之外的客观物质世界，看到人与自然、社会的真实关系，看不到人在改造物质世界和自身历史的伟大作用。所以，叔本华无法评估人生的价值。在自然和社会面前，在人类历史面前，人是一种纯粹的消极被动的动物式的存在物，一切是那样的悲观失望。在人与自然、人与社会面前，人生没有任何价值。按照叔本华的推理必然会得出这样的结论：生物愈高等，意志现象愈完全；智力愈发达，烦恼痛苦也就愈显著。为此，欲望、烦恼循序接踵而来，人生没有任何真正的价值，只是由"需要"和"迷幻"所支使的活动。这种运动一旦停止，生存的绝对荒芜和空虚便表现出来。他曾把人生比喻为炊烟、火焰或瀑布，如果没有从别处而来的流入，立即就衰竭、停止。叔本华把人生描述为一种消极颓废的肉体，人生没有任何价值。叔本华从宣传悲观厌世的人生哲学，到极力反对乐观主义，其间无不贯穿着利己主义价值观。他从生物学角度来观察社会和人生，否定人与动物的本质区别，宣传一种极端利己主义思想，认为利己是人类的天性，万物的本质。在不利的条件下，就会否定、牺牲他人的生存而求自身的生存。所以，人的天性是利己的，利己主义是必然的。整个世界无非是一个大鱼吃小鱼，你死我活、无情竞争的世界。人的这种利己主义根源于求生的意志，求生的意志通过心理因素表现出来，人只知道自己的存在，自己的欲望和要求，首先考虑自己的满足和幸福。人性之所以是利己的，就是以自身为中心的欲求。因为每人都想一切为自己，要占有一切，至少要控制一切，而凡是抗拒他的，他都想加以毁灭。叔本华的利己主义歪曲了人与社会、人与人之间的正确关系，歪曲和否定了人类社会的相互帮助、团结互动的道德基础，是典型的资产阶级人生观和价值观。当代西方以种种谎言鼓吹的人生价值正是这种价值观的继承和翻版。

作为一个非理性主义者，叔本华崇尚意志、反对理性，他宣传非理性主义的天才论。他认为世界上有天才人物和普通人之分，天才人物之所以具备天才，就在于他们有超乎于常人的品格和特点。他认为天才和普通人的最大区别在于认识能力的不同，天才人物能看到一般人所看不到的一面，这是因为天才的头脑比凡人客观、纯粹，所以，天才能够洞察眼前的世界，进而发现另一面世界。天才人物是普照世界的太阳，而普通人只满足于表象思维。天才人物之所以被召唤到这个世界上来，是用他的通天眼为人们揭示宇宙的真理。天才人物本质上在于智慧的异常剩余，而天才必须有空想，有了空想就可以呼唤灵感的力量。天才就是智慧的自由活动，天才具有高贵的精神天赋。叔本华的天才论完全是以意志论为理论基础和出发点的，叔本华讲的天才人物是非理性主义者，他们不同于具有理性思维的普通人，他所说的天才完全不是那些在实践斗争和领导人民进行改造客观世界、揭示世界本质、认识世界发展规律的领导者。在唯物史观看来，在坚持人民群众创造历史的科学观点的同时，也承认个人在历史发展中的作用，承认英雄和伟大人物的地位和作用。但唯物史观并不是离开历史发展规律来认识英雄和伟大人物的，认为历史人物的出现体现了历史的必然性，是一定社会历史条件的产物。时势造英雄，时势锻炼英雄，时势筛选英雄。离开社会历史发展的必然性和社会条件的客观制约，仅仅抓住某些天资禀赋上与别人的差别，就不会全面地理解英雄、伟大人物。叔本华从意志论出发，仅仅看到天才人物在灵感上的特点，在智慧上的长处，但仍然没有超出唯心主义的历史观。作为一种历史观，叔本华的唯意志主义及其思想观念，对人们的理念和思维方式仍然产生着深刻影响，从理论上深入分析这一历史观产生的社会历史条件以及它的本质表现，是摆在人们面前的一项任务。

（原载《咨询与建议》第 198 期，2011 年 10 月 8 日）

尼采的永恒轮回说

　　尼采作为唯意志论者，他的学说直接来源于叔本华的哲学思想。尼采把意志论运用于自然和社会，把客观世界及其规律视为幻象，用万物永恒还原论，否认自然和社会的发展和进步，认为历史不是在前进，而是在不断向经历过的阶段倒退。在社会历史领域形成了自己的轮回历史观。

　　尼采坚持了叔本华意志和存在同一性原则，但与叔本华不同的地方，在于他把权力意志归之于世界的本质，主张用权力意志来解释万事万物。他认为："真实的世界无法证明它是存在的"，世界上唯一可以确定的事实就是我们自己身上的意志。世界上的一切联系都是一个意志征服另一个意志的关系。尼采既反对基督教的宿命论也反对唯物主义的决定论。他把世界纳入意志指挥的范围，在他看来，世界上只有意志，意志是不能受任何约束的创造力量。可以看出，尼采在哲学上虽然继承了叔本华的意志论，但又不同于他的"生命意志"说，认为"生命意志"是一种低级的东西，只有他强调的权力意志，才是绝对高超的。因此，权力意志是尼采学说的核心。尼采运用权力意志思想于人类社会，认为权力意志主宰社会的一切，是人类社会的基础和发展动力。他在《权力意志》一书中分析过权力意志的不同表现，就是权力意志分为追求食物的意志、追求财产的意志、追求工具的意志、追求奴仆和主子的意志。在权力意志的不同追求中造成社会的不平等，但总是坚强意志决定软弱意志。正因为这样，人类社会才出现不平等。在他看来，社会之所以存在不平等还有权力意志在不同人身上的数量和质量的不同。就是说，社会阶级、等级的划分，不同地位和利益，是由权力意志而决定的。很显然，尼采没有找到社会阶级、等级划分的真正基础，也看不到社会不平等的真正原因。他把权力意志作为不平等和阶级、等级划分的基础，就是用心理的东西代替物质经济条件。马克思主义认为，在阶级社会里，社会经济结构决定社会阶级结构。一定社会形态的生产关系或经济结构是该社会基本阶级划分的基础。任何特定的经济结构都产生特定的阶级结构。社会的不平等归根结底是因为阶级关系的不平等。

尼采的权力意志论同叔本华的生活意志论在理论上具有相同的基础。他们两人在把意志作为万物的本源，意志是自然和社会发展动力问题上见解是相同的。只不过尼采把叔本华的无目的无意义的生命意志论，赋予了一定的目的和意义。尼采认为，生命本身就是权力意志，各种有机功能都可以归结到一种根本意志，这就是权力意志。人的肉体、人的精神都是从权力意志分化出来的。认为权力意志可以分化为追求食物的意志，追求财产的意志等，无非是大大小小的意志，由于它们的存在才构成人的肉体和精神。在尼采看来，不但人的肉体和精神是权力意志的表现，而且自然界的事物本质上同样是权力意志的表现。他把物理学中的引力和斥力都解释成为权力意志的表现，甚至把原子也看成权力意志。按照他的分析，化学中的化合和分解就是一种权力意志征服和吞并另一种权力意志的表现。自然界中的有机体也是权力意志征服环境的表现。在尼采看来，从自然界到社会，从无机界到有机界，从有机界到人都是权力意志的的表现。自然的历史和社会的历史，都是权力意志的历史。用他的话说就是"这个世界就是权力意志——岂有他哉！"这样，尼采就把权力意志作为他的社会历史观的基础。

尼采把权力意志理论同当时的自然科学学说结合，勾划了一种永恒轮回说的历史观。在他的学说中作为这种结合的突出内容便是把物理学中的物质不灭和能量守恒原理权力意志化，认为这种权力意志在全体上是永恒同一的，在量上是确定的。但在其局部的质的方面则是活动变化的。他认为，权力意志永远变化而无方向流动，永远不知满足，永远不知疲倦地破坏和创造。尼采所理解的世界是一种巨大无比的力量，无始无终；一种常住不变的力量，永不变大变小，永不消耗，只是流转易形，而总量不变；一份家当，没有支出和亏损，也没有增益和收入，不缩减、不浪费，也不无限扩张，而是作为一定的力量被放在一定的空间中，却非放在空空如也的空间中，可以说是一种无所不在的力量，或各种力量浪潮的会演，亦多亦一，此起彼伏；一个奔腾泛滥的力量，海洋永远在流转易形，永远在回流，无穷岁月的回流，以各种形态潮汐相间，从最简单的涌向最复杂的，然后再从丰盛回到简单，从矛盾的纠缠回到单一的愉悦，在这种万化如一、千古不移的状态中肯定自己，祝福自己是永远必定回来的东西，是一种不知满足、不知厌倦、不知疲劳的变化。这里比较集中地说明了尼采的轮回历史观。这种历史观实质上是唯心主义形而上学历史观，因为它是意志的自我循环，周而复始。这种唯心主义的轮回观，在古希腊罗马时期就曾出现过，比如毕达哥拉斯派的灵魂轮回转世说。他们认为灵魂是不朽的，人在世时灵魂被束缚在肉体里面，人死之后，灵魂就轮回转世，可以转变成别的人或别的什么生物。斯多亚派根据赫拉克利特的循环论思想，认为宇宙是由火而生万物，据说经过一万多年后又有一场大火，万物又复归于火，然后又经过一定时间形成一个新世界，而后再经大火再生万物，周而复始，循环不已。尼采的轮回说和古希腊罗马时期的轮回说，本质上没有什么区别。它们都是唯心主义的宿命论。应当看到，尼采的轮回学说，利用了自然科学的某些原理，加以权力意志论的粉饰，因此更带有神秘和欺骗色彩。轮回历史观，实质上是抛开社会物质资料生产方式的运动和发展，否认自然和社会的发展，否认社会形态从低级到高级发展的客观规律。尼采的永恒轮回说只是权力意志的轮回，它必然离开社会矛盾的运动和发展，离开生产力和生产关系矛盾运动和发展，这样便无法认识社会发展及其规律。

尼采用永恒轮回说来解释社会历史，按照他的观点，人类社会及其历史总是处在创造、毁灭的循环往复之中。在他看来，从基督教传播以来的社会历史都是文明日益堕落、退化的历史，为了摆脱这种堕落、退化的历史，他不是从社会本身中去寻找办法和途径，而是寄希望于超人的出现。

只要这种有别于普通人的所谓超人一出现，社会的面貌及其历史就立即改观，社会历史的轮回就能改变，堕落退化的命运就可摆脱。不是历史创造英雄，而是超人创造历史。

尼采所谓的超人不是什么神人，而是权力意志达到顶点的人，也就是人类的"精华"。超人是权力意志的体现和化身。按照尼采的说法，超人是自然和社会的立法者，而自己却不受任何法律的制约，可以凌驾于法律之上。超人是整个世界的主宰、大地的主人。尼采认为人类社会的不同历史时期，在不同的国度都有过超人，他们都曾号令一切、指挥一切，左右整个历史。凯撒、拿破仑、俾斯麦都是这种超人。他自己也是这种超人，也担当历史重任。既然世界上存在着超人，那就自然存在着超人与普通人的差别和相互的关系。尼采极力想勾划一个美好的超人形象，便设法丑化和贬低普通人。他用生物学上的进化论观点来论证这种关系。在他看来，人类进化的全部过程，就是从动物到人再到超人的过程。人是从猿进化而来，因此人也有猿的特征和属性。超人则不同，超人是人类进化的"精华"，他不具有一般动物和猿的特征和属性。他说："猿猴对人是什么呢？是笑料，是丢脸的东西，人相对于超人也是如此，是笑料，是丢脸的东西。"所以，超人与人的关系就像普通人与猿猴的关系，一般人对于超人来说，好比工具和玩物。尼采从生物学上来解释人与动物的关系，这就从根本上抹煞了人与动物的本质区别。马克思主义认为，劳动创造了人，劳动是人的本质力量的现实表现，是人和人类社会存在和发展的重要前提，是人类社会历史的发源地。劳动是人与自然对立统一的基础，是人与自然进行物质交换的特殊方式，劳动专属于人。没有劳动，人就不称其为人。正是因为劳动才能把人与动物区别开来。至于从人进化到超人，既不符合人类历史发展，也无任何事实根据。

尼采用以区别超人和普通人的标准是抽象的道德原则。按照他的看法，正是由于超人有了高尚的道德，才是高贵的，普通人没有道德，所以是低下的。他所讲的道德原则是以权力意志为内容和基础的。在他看来，道德构不成调整人们之间的规范，而是一种权力意志的手段和工具。在自然界中凡是能对付敌人而保护自己的，就是善。在人类社会，人对人的剥削、压迫符合人的生命的本质，符合权力意志行为，因而是符合道德行为的。强权者利用权力压迫无权者是符合道德规范的。这种道德对于强权者说来是积极的道德，而对于无权者来说是消极的道德。前者的道德推动社会进步，后者的道德促使社会的倒退。这样，道德与不道德、积极与消极的行为评价完全是以权力意志为标准的。由此看来，个人的利己意志不受社会约束，为获取权力谋取私利，达到某种个人目的，可以采用阴谋、欺诈、暴力手段对待别人，从事各种活动。尼采后来曾提出过"要寻找敌人""要发动战争""要自己去死"的口号，就是把战争作为实现权力意志的机会和场合，就是把战争作为权力意志的表现形式。很显然，尼采这些思想和口号无疑为法西斯侵略政策提供了理论依据。

用权力意志论来勾划等级论是尼采超人史观的另一表现。在他看来，权力意志为超人所有，而普通人不得问津。上等人即超人是人类的精华，超人非普通人。上等人和普通人之所以不同就是因为一个有权力意志，一个没有权力意志。他说："我的学说是：有上等人，也有下等人，一个个人是可以使千万年的历史生色的——也就是说，一个充实的、雄厚的、伟大的、完全的人，要胜过无数残缺不全、鸡毛蒜皮的人。"① 从权力意志论出发，尼采把人分成上等人和下等人，权力意志在每个人身上体现的质和量是有差别的。按照尼采的说法，凡是权力意志质优量多的上等人，就可以随心所欲支配、压迫那些权力意志质劣量少的下等人。下等人命中注定应当甘为上等人的工具和奴仆。以此逻辑推论，那些上等人、强者可以左右历史，使历史有生气。而那些弱者、下等人的权力意志往往表现为对强者的憎恶、反抗，是破坏性的。他们的行为不能使历史生色，尼采主张上等人可以不择手段地去镇压下等人的反抗。他说："上等人有必要向群众宣战：到处都是庸碌之辈成群结队，图谋当主人！……我们要采取报复手

---

① 洪谦主编：《西方现代资产阶级哲学论著选辑》，商务印书馆 1993 年版，第 22 页。

段。"① 尼采的权力意志等级论与柏拉图的等级论具有相似之处，柏拉图作为古希腊哲学家，他站在维护奴隶主利益的立场，提出过以天命观为理论基础的理想国的等级论，反映了他的唯心主义的天才观和等级观。尼采则从权力意志论出发，把等级赋予权力意志，以权力意志形式表现等级观、天才观。他们虽然所处时代不同，等级论的表现形式不同，一个是为奴隶主贵族统治辩护，一个是为资产阶级现行政策提供理论根据，但是，他们的天才论、等级论本质上是唯心主义历史观的表现。尼采的权力意志等级论，带有鲜明的时代特色，出于理论和实践的需要，他曾经对早期资产阶级革命时期提出的自由、平等、博爱、正义提出过不同见解。为了建立他的超人道德理论，他也曾针对基督教宗教道德宣战，提出过"打倒偶像"的口号。他认为基督教的信条违背超人道德，不符合他的权力意志论的等级论原则。

尼采的社会历史观是唯心主义的，他把非理性的、神秘的意志作为自然和社会存在和发展的基础，他的永恒轮回说、权力意志的等级论、超人观，都集中反映了他对于社会历史、人类发展前景的悲观主义色彩。尼采的唯心主义的、倒退保守的历史观，从世界观上表现了资产阶级和资本主义制度的历史过渡性。资产阶级理论家总是站在保守、唯心的立场上，为资本主义制度的永恒性、固定性寻找理论依据，而尼采的学说也正迎合了这种要求和愿望。正因为这样，尼采的权力意志论，为以后的形形色色的唯意志论者提供了思想和理论来源。

（原载《咨询与建议》，1991 年 5 月）

---

① 洪谦主编：《西方现代资产阶级哲学论著选辑》，商务印书馆 1993 年版，第 22 页。

实证主义的社会历史观

19 世纪 30 年代到 90 年代，西方出现了一个自称超越唯物主义和唯心主义之上的"科学哲学"流派，它就是实证主义。在看待人类社会及其历史问题上，实证主义者有着自己的特点。他们都把社会看成是一个"有机体"，是生物进化的结果，社会进化的动力是人所固有的道德和理智，人类社会发展遵循的是生物进化的规律，因此，人类社会的历史就是生物进化的历史。这就是生物学主义的历史观。

一、情感观念论的社会进化观

实证主义者的历史观，并不是一个孤立的思想体系，他们的许多思想因素是吸收了前人的思想成果而形成的，资产阶级理论家孔德和空想社会主义者圣西门的理论观点，曾经是他们的思想来源。孔德是实证主义学派的代表人物，他的理论观点代表了实证主义社会历史观的理论体系。孔德第一次提出了社会学这个概念，他以生物进化论为思想基础，依据力学把社会现象分为静力的现象和动力的现象。依据生物学理论，把社会有机体看成为与生物体一样的有机体，认为同生物学分为"生物静力学"和"生物动力学"一样，社会也应当分为社会静力学和社会动力学。他用生物学的模式描述社会历史。他提出的社会静力学是用生物学的进化为观点。从解剖学角度考察社会基本结构和社会性质，他提出的社会动力学，是从生物进化论的动态角度分析社会变迁的原因和规律，社会静力学和社会动力学以生物学为基础构成了他的社会生物学历史观理论体系。孔德的社会历史观具有代表性。

在孔德看来，社会学是各门科学中最主要、最高的科学。各门科学都是有人来掌握，这样人便成为社会学研究的中心。无论是他的社会静力学还是社会动力学，都是体现以人为中心，把人作为出发点，力图用人的道德、理智、情感来观察、解释人类社会现象。在他看来，个人是社会的构成要素，而人又是具有道德、理智和感情的，人的这些特性对社会的特性起着支配作用、决定作用。这就颠倒了社会物质生产和社会意识的关系。不仅如此，孔德还把人与动物相提并论，认为人与动物并无多大差别，人就好比动物的一个类，人性和动物性之间只是程度的差别，没有什么本质上的不同。在他看来，人类社会是"动物进化的普遍系列的一部分"。人类社会不过是生物进化的一种产物，孔德声称"人类社会的发展实际上无非是生物进化的最终项""人类进化"概念是社会学的基础。这表明，孔德不理解人类社会发展史同自然发展史的根本区别，不了解人类社会的本质所在。孔德把人看成为生物学上的人，从人的自然本性出发观察社会、解释社会。他认为全部社会有机体是以观念为基础的，社会的起源是由人的本能或人的情感意志决定的。在社会静力学中，孔德把人的本能分为个人本能和社会本能，所谓个人本能是指利己之心，而社会本能是利他之心。在现实生活中个人的利己本能往往与社会性相对立并发生矛盾。在他看来，个人本能与社会本能之间，个人本能是起主导作用的。个人本能与社会本能相比，个人本能取得支配权力。但是，他又认为，二者应当结合起来，这样才能决定社会的进步。不难看出，他是把个人的利己之心作为动力，观察社会和人类历史，他所看到的个人本能、利己之心，无非是个人的意志、欲望、感情，把这些东西作为社会历史发展的主旋律，人的意志、感情成为社会历史发展的动力。这样，社会历史便不是生产发展的历史，不是物质生产方式发展的历史，而支配社会发展的只是感情观念。

应当看到，以孔德为代表的实证主义抛开社会经济基础，抹煞物质资料生产对社会发展的决定作用。对于人，不是把它看成是处于物质资料生产过程中的劳动者，不是处在一定社会生产关系当中的现实的人，而是把它看成与动物本质区别的生物学上的人。这样便不可避免地陷入抽象人性论的泥泽。孔德以及后来的资产阶级理论家，坚持抽象人性论立场，用抽象人性论看历史的现象，过去有现在也仍然有，但科学发展证明他是违背人类社会发展史的。

关于家庭也是孔德的社会静力学研究的一个问题。根据他的理论，家庭应当研究两性的从属关系和年龄的从属关系，家庭的形成是个人本能和社会本能相协调的结果。个人本能的发展带来了社会本能的发展，而社会本能的发展形成家庭，再由家庭形成社会。这样，孔德便把家庭的形成归之于个人利己之心，由于利己之心的变化和发展而产生家庭的变化和发展。孔德把家庭作为社会的细胞，这是应当肯定的，但是他把家庭仅仅看成两性关系的结构、生物结合的群体，家庭的职能完全是为维系两性关系和生育繁衍后代服务，看不到家庭是社会经济关系的产物。家庭作为社会细胞，它总是随着社会生产方式的变化而变化，家庭是进行物质资料生产的组织形式，孔德看不到家庭赖以存在的基础和它与物质资料生产的联系，而是把它生物学化。孔德关于家庭的理论是同他的社会历史观的基本观点相一致的。

孔德关于社会变迁、社会进化的观点集中反映在他的社会动力论当中。在他看来，人的本能、同情和爱是社会发展的起源和决定因素。人的智力因素是社会发展的根本，人的意识决定社会存在。他曾经构想出一个思想发展三阶段论："神学阶段，又名虚构阶段；形而上学阶段，又名抽象阶段；科学阶段，又名实证阶段。"[①] 这个思想发展的三阶段理论，代表了他的社会历史观的模式和基本思路，他用这一模式来描绘人类历史和社会的发展，整个人类社会无非是按照这样三个阶段更替着。在孔德看来，人类社会历史也有自己的发展规律，但这个发展规律也必须循着上述三个阶段

---

① 洪谦主编：《西方现代资产阶级哲学论著选辑》，商务印书馆1993年版，第25页。

变迁、进化。这样的社会变迁的三阶段完全是臆想出来的。他用主观意识构想的东西代替社会发展的客观规律。脱离开社会生产方式的发展过程谈社会发展规律，只能得出唯心主义的结论。当然，孔德并不同意那种历史拼凑论，而主张历史是进化的有规律的。他的那种把社会进化看成是人类固有的道德和理智品质的进化观点与黑格尔有相似之处，他们都是把精神看成社会进化和发展的动力，但孔德是把这种精神看做人的、个人本能的道德和理智，而不是"绝对精神"。黑格尔作为客观唯心主义者主张社会历史由"绝对精神"来支配，"绝对精神"有发展规律，而孔德主张社会历史按人的理智、感情发展，而道德、理智有规律，这种规律也是社会历史的规律。无论是黑格尔还是孔德都是用精神的规律代表社会发展的客观规律。孔德把思想三阶段理论运用于人类社会生活时，就形成了他的那套社会进化的理论。按照他的说法，人类社会历史与思想发展三阶段必须相适应相统一，也要分成三个时期，就是军事时期、过渡时期和工业时期。军事时期相当于神学阶段，过渡时期相当于形而上学阶段，工业时期相当于实证阶段。这样"人类的进步受理性的指导，而社会进步的历史主要是人类思想三个阶段的进步史"[①]。在孔德看来，只有在以上"三种二元的基础上，才能建立正确的历史哲学"。由此看来，孔德是撇开人类社会的物质生产，看不到社会基本矛盾的运动和发展是决定社会的变化和发展的根本原因，这表明孔德在社会发展动力问题上仍然没有摆脱唯心主义理论体系的束缚。但是，也应当肯定，孔德在社会历史观上反对历史停滞论和循环论，主张社会进步，承认社会不断发展并且有自身规律，这些都是他的历史观中的合理因素。但他从人的道德、情感出发，把社会归属个人的道德、情感，并受人的道德、情感所支配，无疑是颠倒了社会存在和社会意识的正确关系。他把社会意识作为基础来观察分析社会存在，同时把社会规律归属于思想规律以及等同于自然规律，这便抹煞了社会规律的客观性和与自然规律的本质区别。一个人的社会历史观往往与他的政治观相联系，孔德的历

---

① 转引自汉末顿：《西方名著提要》，商务印书馆 1959 年版，第 333 页。

史哲学思想是保守的，本质上是唯心主义的，这种理论，是为资本主义制造的合理性作论证，是为资产阶级政治统治服务的。

二、社会有机论

实证主义者基本上是生物主义的社会进化论者，他们几乎都把社会看作有机体。孔德侧重于用道德观念解释社会现象，而另一个代表斯宾塞则侧重于从生物学的角度观察分析社会现象，把社会生物学化。不过斯宾塞更主张"社会有机论"，他把社会机体同生物机体做机械的类比，把生物学规律简单地搬到社会历史领域，按照动物的机体结构的模式，以动物生理器官的分工来描述人类社会结构。在他看来，动物的器官有营养、分配和调节三个系统，而人类社会也必然有三个阶段，这三个阶段的社会职能不同，工人阶级担任营养职能，商人担任分配和交换职能，而工业资本家则担任调节生产的管理组织机能。斯宾塞认为，三个阶级缺一不可，否则整个社会就会失去平衡，不能维持。在他看来，这三个阶段并存是天经地义的，是社会有机体的本性所决定的。斯宾塞把人类社会看成为同生物一样的"实在的统一体"，认为社会作为一个体系，它的作用同生物机体具有相同作用，即繁殖、增长、分化、疾病、死亡、再生，各部分一体化。所以用生物学的规律来解释社会现象。马克思主义也把人类社会看作活的有机体，它与"社会有机论"不同，认为人类社会是个完整的整体，是一个大的系统，各个组成部分都有着密切联系、相互制约。生产力和生产关系、经济基础和上层建筑的关系是社会机体的主要关系，社会的经济、政治、思想等因素是客观的社会系统。斯宾塞抹杀了人类社会同自然界的本质区别，看不到人类社会虽然产生于自然界，但它又高于自然界，人类社会是更为复杂的运动形式，它有自己的特殊的运动规律和职能。斯宾塞用生物学观点分析阶级，抹煞和否定了阶级产生和生存的社会原因，他把资本主义制度中的阶级状况和阶级结构同社会本性联系起来，把资本主义制度剥削与被剥削、压迫与被压迫的阶级关系说成是天然合理的社会结构，力图证明资本主义制度下的阶级划分和阶级剥削是"天然合理"的"永恒"的。

应当看到，作为社会的阶级它是一个历史范畴，有它产生的社会历史条件，它总是随着社会物质生产状况和一定生产关系的产生而产生，也随着社会的历史发展而逐渐消失。把阶级和阶级结构固定化、永恒化既不符合社会发展的一定历史阶段的现实状况，也不符合社会发展的客观规律。

斯宾塞的社会有机论，主张社会的进化，否认社会的发展和质变。他认为，无论是天体、物种还是人种的起源，从自然到人类社会，都要受到一种神秘的"力"来支配。自然界、人类社会的进化不是由其内部矛盾的发展来推动，而是凭一种外力的左右。这种外力只能来自上帝，这和黑格尔的"绝对精神"没有什么区别。整个社会乃至整个宇宙都是靠这种"绝对精神"来推动。他否认事物的内部矛盾，抹煞社会内部矛盾的斗争是社会发展的动力和源泉。他用这种形而上学的历史观分析资本主义社会的经济和政治制度，认为资本主义社会从它诞生之日起，就是一个没有内部矛盾的、尽善尽美的社会制度，是最和谐的社会制度。在这个制度下，没有阶级矛盾和阶级斗争，如果说有矛盾也是存在于这个社会之外的某个地方。不难看出斯宾塞是站在资产阶级的立场上，为资本主义制度做辩护。在斯宾塞的社会历史观理论中有一种形而上学方法论在起作用，他总是热心主张把力学上的平衡律搬到社会领域，用于说明社会现象，极力主张"平面进化论"，如果在社会领域有什么矛盾，就是违背平衡律，违背社会的"平面进化"。他把资本主义制度下的阶级矛盾和阶级斗争视为一种"平衡的破坏"，正常秩序的破坏，所以他强调进化，反对社会革命，反对一切形式的群众为争取民主、进步而进行的斗争。不难看出，斯宾塞的社会历史观，是从理论上维护资本主义制度的。

斯宾塞把生物进化的规律应用到人类社会，作为社会运动的普遍原则，并用这种普遍原则观察解释社会历史。在斯宾塞那里，社会进化的过程与生物进化的过程没有什么区别，在人类社会中也存在着"生存竞争"的关系，在人与人的竞争关系中，适者生存，不适者淘汰。在社会领域中，"生存竞争"存在于各种关系之中，不仅人与人之间，而且民族与民族之间、国家与国家之间也都存在着生存竞争。不难看出，斯宾塞是把达尔文生物学中的"生存竞争"原则硬搬到人类社会领域，按照他的推论世界上的民族必然分成高低等级，所谓优等民族在竞争中获胜，所谓劣等民族必然在竞争中被淘汰。这种把生物进化的规律绝对化硬套在社会之上，实际是抹煞社会及其规律的特殊性。这无疑是一种机械论，形而上学的历史观表现。列宁曾经批判过斯宾塞的机械论观点，指出他把生物学和物理学概念简单地应用于社会历史过程，这就必然成为空洞的词句。事实上，依靠这些概念是不能对社会现象做任何研究，不能对社会科学的方法做任何说明的。斯宾塞的机械论的生物社会学理论，只看到生物进化现象和规律，而看不到人类社会的本质和规律，这种社会历史观无疑为殖民主义和种族主义提供了理论与根据。正因为如此，斯宾塞的理论颇受现代资产阶级哲学家、政治家、社会学家的欢迎，在资本主义制度下颇有市场。斯宾塞曾写过一本《未来的奴隶制》的著作，在这本书里，他运用社会有机论的观点，千方百计美化和维护资本主义私有制度，认为资本主义制度是人类社会最完善的不可改变的社会制度，把资本主义制度永恒化、固定化，否认资本主义制度的暂时性和腐朽性。为了维护资本主义的剥削制度，他极力反对推动社会进步的革命运动，污蔑和攻击无产阶级革命，攻击社会主义和共产主义。特别是在他晚年更为英国资产阶级的自然贸易和扩张主义政策做理论上的辩护，为英国资产阶级推行殖民主义和种族主义提供思想武器。斯宾塞的社会历史观是一种生物主义特色的唯心史观。

三、社会存在与社会意识等同论

实证主义学派有一个演化过程，孔德、穆勒、斯宾塞为代表的学说为第一阶段，马赫和阿芬那留斯的经验批判主义为第二阶段，第三阶段是逻辑实证主义和语义哲学，它们的代表人物有罗麦、维特根斯坦等。

经验批判主义的共同特点，就是从感觉意识出发否认客观世界的存在。马赫有个"世界要素论"，声称世界的真正要素不是物，而是颜色、声音、压力、空间、时间的感觉。列宁批判指出，事实上玩弄"要素"这个字眼，显然是一种最可怜的诡辩，如果像一切经验批判主义者所说的那样，"要素"是感觉，那么，你们的哲学就是妄图用一个比较"客观的"术语来掩饰唯我论真面目的唯心主义。马赫把世界上的一切都看成是感觉，那么，人类及其历史也无疑被视为感觉、意识的发展史。经验批判主义的另一个代表阿芬那留斯提出过一个"原则同格"的理论，在他看来，自我和环境组成"原则同格"，就是说没有不包括环境的"自我"，也没有不包括"自我"的环境。他把外部世界的内容和意识的内容视为同一的。阿芬那留斯也同马赫一样，既然把外部世界等同于意识，那么人类社会这个外部世界必定是意识的产物，人类社会历史同样包括在他的意识之内。波格丹诺夫是经验批判主义在俄国的代表，他在哲学路线上同样认为社会存在和社会意识上等同，列宁在《唯物主义和经验批判主义》一书中对波格丹诺夫的"等同论"进行了深刻的分析批判，他一针见血地指出："社会存在和社会意识不是等同的，这正如一般存在和一般意识不是等同的一样。人们是作为有意识的生物互相交往的，但由此绝不能得出结论说，社会意识和社会存在是等同的。"①马克思主义认为，社会存在是第一性的，社会意识是第二性的。社会意识反映社会存在。意识不是物质的东西，而是观念的东西。观念的东西也是移植在人的头脑中并且被改造过的物质的现象。社会存在是社会物质生活条件，是指人类社会赖以生存和发展所必需的、经常起作用的物质条件。社会意识是指反映社会存在的社会思想、观点和学说，社会意识对社会存在所决定。这是马克思主义社会历史观的基本原则和出发点。颠倒社会存在和社会意识的关系或将二者等同，都会离开客观真理，落入唯心史观的怀抱。

波格丹诺夫的社会意识和社会存在等同论，实际上是夸大意识、精神的作用，用社会意识代替社会存在，抹煞社会存在的客观性和社会发展的客观规律。这种社会历史观集中反映在他的"组织形态学"理论中，他认为，人类在自然界、社会、思维领域中的活动，实际是一种组织性的活动。这种活动把已经存在的各种要素和复合体加以分解和统一，进行"均衡化"

---

① 列宁：《唯物主义和经验批判主义》，解放军出版社 1949 年版，第 341 页。

的活动，体现组织和安排。他说："人类在其全部活动中，即在劳动和思维中，把那些由不同种类的要素构成的各种复合当作自己的对象。"① 波格丹诺夫不是把人类在社会、自然界的活动看成是一种物质资料生产活动，看作是人对客观物质世界改造的实践活动，而是看作一种组织性的活动，实际上他是否认客观物质实践的纯意识性的活动。

波格丹诺夫的组织形态学的理论观点，以他的社会意识和社会存在等同论作为思想基础，力图对社会的阶级状况和阶级关系进行分析，他认为，社会各阶级的划分不是按照生产资料的占有不同，而是由社会的分工不同来衡量和划分，在他看来，正是由于分工不同，才有不同的地位和作用。在他那里无产阶级和资产阶级的区别，他们的地位和作用，不是因为他们生产资料占有的不同，不是因为他们在社会生产关系中相处地位的不同，而是因为他们在组织经验过程中分工不同。对于分工，马克思主义认为，分工是在一定阶级关系下的分工，是在一定生产资料占有形式下的分工。用分工代替阶级关系，代替生产资料占有关系，就会得出错误的结论。波格丹诺夫所谓的组织经验，只能是一种离开社会物质资料生产过程的意识组织经验，他所理解的分工离开了生产资料占有关系，这无疑就抹煞了资产阶级和无产阶级剥削与被剥削、压迫与被压迫的关系。按照他的理论，剥削制度的被推翻，剥削阶级的被消灭，不必经过阶级斗争，不必经过无产阶级革命和无产阶级专政，而只要靠"无产阶级文化"组织的作用，提高无产阶级的文化水平就可以了。从波格丹诺夫的理论观点可以看出，一个人的社会历史观总是受他的世界观所左右，而社会历史观又同他的政治观相联系，波格丹诺夫的历史观理论反映在政治观上，必然为维护资本主义制度服务。

建立在唯物史观理论基础上的科学社会主义学说，是马克思恩格斯对社会发展规律的揭示，从资本主义制度到社会主义、共产主义制度，必须经过无产阶级专政，在无产阶级取得政权之后，依靠自身政权发展生产力，

---

① 《列宁全集》第十四卷，人民出版社1988年版，第388页。

逐步实现社会主义、共产主义。这是科学历史观的必然结论。波格丹诺夫的社会存在和社会意识等同论，实际上是意识决定论，从这种历史观出发，就不可避免地颠倒社会存在和社会意识的真实关系，导致历史唯心主义的结论。

新康德主义的社会历史观

19 世纪中期，在英国和斯堪的纳维亚各国出现的一个新学派，就是新康德主义。他们提出"回到康德去"的口号，目的在于混淆马克思主义哲学和德国古典哲学的本质区别，否定马克思的唯物辩证法和唯物史观，企图用新康德主义代替马克思主义，在社会历史观上，他们坚持非理性定义，主张人们只能认识历史上的个别事物，把握它的一次性过程，否认历史发展的客观规律。新康德主义是一个鼓吹资产阶级改良主义的哲学流派，他们用自己的唯心史观的理论观点，毒害工人运动，瓦解无产阶级革命的斗志，这个学派的主要代表人物朗格也蒙混入工人运动之中，充当资产阶级的代理人。马堡学派的费伦德尔等人，甚至还钻进了社会民主党内，新康德主义后来同马赫主义、实用主义等哲学流派建立了联盟，形成了一个唯心史观的理论体系。

一、社会生存竞争说

把达尔文的生存竞争学说搬到社会领域，是新康德主义学派的理论观点之一。代表人物朗格出生于一个神学教授的家庭。一度参加工人运动，他与马克思和恩格斯曾经有过交往，但他的观点和立场一开始便与马克思和恩格斯有原则分歧，朗格在社会历史观上歪曲人类社会的历史发展，把社会历史看成是个人利害冲突的历史，不承认社会历史有其自身的规律性。

465

朗格把达尔文的生存竞争学说，从生物界搬到了社会领域，用生物进化论来解释人类社会发展过程，认为人类社会和生物有机体有相同之处，社会与其成员之间的关系，好比生物个体与细胞之间的关系，朗格不加区分地把达尔文学说硬搬入社会学，但他不了解达尔文学说的实质。达尔文开创的以自然选择为中心的生物进化理论，揭示了自然选择是生物进化的主要动因，而生存竞争是自然选择的重要内容之一。这一理论是生物学的革命变革，因此，马克思恩格斯曾给予高度评价。达尔文所概括的生物进化规律，主要是通过变异和遗传、生存竞争和自然选择来体现，它与人类社会运动和发展的规律具有本质区别。根据朗格的观点，社会中的不平等剥削和被剥削的关系，仅仅是"适者生存，优胜劣汰"的生物学规律的表现，这样人类社会存在的阶级斗争也是生存竞争的形式，所以，朗格是从纯生物学角度来解释社会矛盾和阶级斗争现象的。他在解释人类社会人与人之间的斗争时，把人口增长超过食物增长当成主要原因。正因为如此，他认为资本主义社会中，工人贫困的原因不是因为剥削阶级和剥削制度，而是因为人口增加，耕地不足，造成就业机会短缺，难怪他后来为马尔萨斯人口辩论辩护。诚然，朗格早年也接触过马克思和恩格斯，接触过《政治经济学规划》《资本论》这些经典著作，但他并没有接受辩证唯物主义和历史唯物主义。在他的早期，也还不同程度地接触过资产阶级思想家鼓吹的个性自由和解放以及自由竞争的谬论，他十分赞赏英国古典政治学家亚当·斯密的利益学说，认为利己主义和人类之间的利益协调是文明进步的关键，他认为社会的进步和文明的动力在于对个人自由和利益的追求，他把这种追求视为历史发展的决定目的，社会历史也是个人追求自由和利益的历史。这就使他的理论陷入了唯心主义。

朗格的社会达尔文主义理论，是一种唯心主义历史观，在马克思主义看来，把自然现象和社会现象、变异与不平等相混淆，就是抹煞动物与人的本质区别，以及自然界和人类社会的本质区别。遗传学上的差异、变异是一种自然现象，而社会领域中的人与人之间的不平等根源在于社会生产关系，人与动物的本质区别在于能够从事生产劳动，通过劳动改造自然界，而创造人化自然。而动物只能以自身来适应自然。人在劳动中创造自身的生存条件，而动物只能在适应自然中通过遗传变异得以进化。郎格用自然现象解释社会现象，必然陷入一种非理性的自然主义。

用生物界的生存斗争规律来解释社会的阶级斗争规律，是对社会基本矛盾的否定和抹煞，非理性主义的社会历史观，必然为殖民主义、种族主义的侵略政策和战争政策提供理论依据。新康德主义不仅仅在于受自然科学的观点的影响，而且在于歪曲自然科学成果，为自身的错误理论服务，进而成为资产阶级利益的需要。

二、历史摹写论

历史摹写论是新康德主义社会历史观理论体系的组成部分，这种观点对社会历史及其发展过程，不是争取科学的理论思维方式，不是从历史事实本身出发，通过丰富的历史材料和历史事件进行分析比较，由表及里地进行考察、分析，通过偶然的历史事件去发现、探索事物的必然性和内在规律，而是认为可以用直观感觉就可以认识历史，通过摹写就可以把握历史规律。这种理论实际上是非理性的形而上学的思维方式。持这种观点的主要代表是文德尔班。

文德尔班是新康德主义弗莱堡学派的创始人，他是一个著名的哲学史家，晚年逐渐转向了新黑格尔主义。究竟如何看待社会历史和研究历史，文德尔班有着一套历史摹写理论。他认为："在自然研究中，思维是从确认特殊关系，进而掌握一般关系，在历史中，思维则始终是对特殊事物进行亲切的摹写，对于历史学家来说，任务则在于使其一过去现象丝毫不走样地重新复活于当前的观念中。他对于过去曾经实存的东西所要完成的任务，颇像艺术家对于自己想象中的东西所要完成的任务。历史工作之与美术工作相近，历史科学之与文艺相近，根据即在于此。"[①] 在他看来，人类社会的历史，只是一些特殊事物的堆积与罗列。人们对社会历史的认知和理解，

---

① 洪谦主编：《西方现代资产阶级哲学论著选辑》，商务印书馆1993年版，第59页。

关于历史的思维只能停留于每个个别事物的表现上，对于历史事物的认识，也就是对每一特殊事物的现象的摹写，就好似画家在画工、临摹一个样。这就是说，人们只能看到社会历史的现象和表象，同时人们对主体之外的历史可以随心所欲，任意剪裁，补彩增色。

文德尔班主张在历史领域，应当依靠直观观察。在他看来，人们只要有表象发生，"总是可能地去抚摸和观看大量的东西"，自然研究的气力用在抽象方面，历史的气力用在直观的方面，这就意味着，人们研究社会历史，不要用抽象思维，不能靠理性，不必要去通过现象把握本质和规律，只要用直观的方法就可以认识和把握历史的规律。文德尔班有时也讲到历史批判方法，但他并不运用这种方法，他认为，历史的批判尽管需要进行一些非常细致而复杂的工作，"但是它的最终目的永远在于从大量素材中把过去的真相栩栩如生地刻画出来，它所陈述出来的东西是人的形貌，人的生活，以及全部丰富多彩的特有的形成过程，描绘得一丝不苟，完全保存着生动的个性"①。按照他的理解，历史的批判并不是一种通过由表及里的探索规律，而只是完全保存着历史事物的生动的个性，这样在他的视野里，任何历史发展的规律都是不存在的。所以，他一再声称人类全部活生生的价值评判，关键就在于对象的单一性，在他那里至多是通过历史之口，把过去的语言、过去的民族以及过去人们的信仰和形象原封"复活"出来。

文德尔班在历史观方法论上的明显错误，就是形而上学地割裂一般和个别的关系，力图证明只有个别的东西才是真实的，而一般的东西则是虚妄的，他反对个别与一般的必然联系，认为那种坚持任何个别的认识要与整体相联系而适应一个整体的思想，是一种偏向。他说："执着于与类相合的东西，乃是希腊思想的一种偏向，肇端于爱利亚学派，柏拉图为其传人，他就专在共相中寻找真实的知识；再从柏拉图一直到今天。"叔本华就以宣传这种偏见为己任，认为历史没有严格科学的价值，因为它永远只抓住特殊的东西，从来不理会普遍的东西。文德尔班认为，从爱利亚学派、柏拉

---

① 洪谦主编：《西方现代资产阶级哲学编著选辑》，商务印书馆 1993 年版，第 60 页。

图到叔本华坚持一般性的观点是一种偏见。古希腊爱利亚学派的代表人物巴门尼德，就曾经把具体与抽象、个别和一般对立起来，认为形形色色的、运动变化的具体事物和现象都是虚妄的，不真实的，而不生不灭不动的现象才是真实的。显然，他是把个别的和一般相割裂，强调一般而否认具体和个别。而柏拉图继承了爱利亚学派的观点，在坚持理念论的基础上，认为"真实存在"只是"理会世界"，而现实的活生生的世界，具体事物和感性世界是不真实的，是虚妄的。柏拉图也否定个别感性的东西，强调所谓的"观念视界"的一般性、真实性。后来的唯意志论者叔本华更是发展了前人的这种思想，主张"世界是我的表象"，世界上的一切都是意向的产物。由此可以看出，从巴门尼德到柏拉图、叔本华，在一般和个别问题上是形而上学的，强调的是一般。而文德尔班则是执着于个别反对一般，这同样是社会历史观上的形而上学。

马克思主义认为，一般和个别的关系，即共性与个性的关系，所谓个别是指单一事物的个体性，独特性，此事物与他事物的差异性，无论自然界的事物还是人类社会的事物，都作为个别的东西而存在，事物的个性、特殊性使事物和现象彼此相互区别开来。同时，无论是自然界还是人类社会，同类事物或一切事物中又贯穿着一般的东西，即共同的、普遍的属性，这种共同性、普遍性使多个特殊的事物相互联结、相互贯通，并且存在着共同的规律性。他们反映着世界上的事物和现象的差异性和统一性的辩证联系。个别和一般、个性和共性，彼此不能分离，一般不能脱离个别而存在，共性寓于个性之中。个别和一般、个性和共性的辩证思维，既是世界观也是方法论。

文德尔班在个别和一般、个性和共性关系上坚持了形而上学的思想方法，就必然导致他在社会历史规律价值观上的错误理论，他有时在分析一般规律的知识价值时，也偶尔讲到一般规律的知识有实践的价值，认为可以使人们预见未来的局面，使人有目地干预事物的进程。他也讲，人是有历史的动物，人的文化生活是一种世代相承，愈积愈厚的历史联系。但是他讲的历史联系，只是一堆个别事物的简单排列，至于他的一般规律的知识也并非对历史规律认识的知识，而是一般事务堆积的知识，只有那些个别的、直观的知识才对他有实践的价值。其实他是在彻底否定历史规律性，在他看来，历史过程之所以有价值，仅仅在于它是一次性的，他认为，教父学中的基督教哲学之所以能战胜希腊哲学也是运用了一次性原理。因为基督教世界观的中心，就在于用一次性事实的人类堕落和得救而称道的，所以，在他看来，历史学拥有一项不可转让的权利，就是要为人类的记忆保存下一去不复返的现实中成为过去的东西，按照他的观点，历史学家们凭着对人情世故的自然认识，就足以理解历史人物及其行为活动的本质。把一般和个性、具体事物和规律割裂开来、对立起来，并把这种思维方法同价值观念联系在一起，这就从价值观上否定了历史规律的客观性。

马克思主义认为，社会历史发展规律是通过人们的活动表现出来的社会生活过程诸现象间的内在必然性，他是社会诸现象间的客观的本质的联系，社会历史发展总是存在着稳定的，本质的内部联系，历史进展总是受内在的一般规律的支配，社会规律虽然通过一个个具体事件，通过有意识有目的活动的人来体现，但它是不以人的主观意志而存在的。偶然和必然总是联系在一起，大量的偶然性的重复出现，必然反映着内在的规律性。新康德主义者对社会规律的否定，从反面证明马克思主义唯物史理论的科学性。

三、价值历史观

价值历史观主张以价值为前提来叙述历史，而它所理解的价值，是以历史服从人的主体意志的需要，用人的需要来剪裁，评价历史，而不是从历史的客观存在、历史的本来面貌出发探索历史的发展过程和规律。这种价值历史观是非理性主义的一种表现，这种理论在李凯尔德的著作中表现得比较突出。

李凯尔德是德国哲学家，新康德主义弗莱堡学派的主要代表。在社会历史观上，他沿袭了文德尔班的观点，坚持非理性主义的认识路线，把历史看成是个别的、零散的、直观的、一次性的，否认社会历史有其客观规律存在，不过他的历史观同文德尔班有所不同，他把每一历史事物同价值联系起来，把历史完全服从于人的意志的需要，从而构成了它的价值历史观。

承认自然科学领域中存在着规律，但是历史科学则不然，这是李凯尔特同文德尔班在历史观上认识一致的观点。他认为在历史研究中，为了科学地进行思维和判断，他虽然也利用一般的东西，然而一般的东西对于历史来说仅仅是手段，也就是说，这种一般的东西形成了一条弯路，历史想通过这条弯路重新回到作为自己本来对象的个别事物上去。他把历史过程中的一般，也就是规律，仅仅当作一种认识、研究个别事物而利用的一种手段。这还是把历史中的一般的东西，即规律作为主观的东西，这和文德尔班不承认有规律存在是相同的，他们都排除了历史规律的客观性，李凯尔特反对把历史的事件同规律联系起来的观点。在他看来，虽然历史有时不单利用一般词义，而且有时也利用完善的自然科学概念，但是这一情况，并不能抹煞历史作为一种个别事物的科学性质。他认为，自然科学概念所起的作用，只不过是作为一般的概念要素，它们单个看，虽然是一般的，但不构成历史表述的目的或目标，它们仅仅是历史表述的手段而已。他理解的历史，是个别事物的堆积，虽然他和文德尔班都主张个别和一般的割裂，只看个别而否认一般，但他与文德尔班不同的地方，在于把个别及历史的个别事物纳入一种价值联系中，正如他主张的，历史摆脱了全部实际意义，因而也排除了各种评价不予考虑，他仅仅保留着同具有明确意义而又公认的价值的联系，李凯尔特讲的公认的价值联系，并不包含有规律的意思。他仍然排除历史规律。

李凯尔特主张，历史主要是研究人的，但是历史为什么只表述这个人，而不表述另一个人呢？根本原因不在于这两个人的个性差异，而关键在于价值联系。只有价值联系才能确定这些个性差异的大小，只有价值联系才使我们重视此一事件而忽略彼一事件。在他看来，假如没有这种价值联系，那么人类对历史生活中的个性差别，就像对海上的波浪或风中的树叶那样漠不关心。所以，对于历史学家来说，价值在他们研究中就起着决定的作用。否认历史的价值联系，乃是自欺之谈，历史的表述只有以"价值"为前提，才能使历史事物具有本质性、代表性，对历史事物根本无需观察它究竟是好物还是歹物，也不必对它进行评价，只要使历史事物与价值联系，就有了它的一切意义。历史事物一旦割断了它同价值的各种联系，便失去了它的重要性、代表性。很显然，他所理解的历史事物的价值，并不是它在整个历史发展中的地位和作用，而是看它对人的意志所需要的程度而定。李凯尔特有时也讲历史是现实的科学，主张要获得有效的纯观察立场，就要对历史现象争取静观，但是这种"纯观察立场"还必须同价值相联系，服从人的意志，任何历史事物都离不开意志。人的意志的需要，是李凯尔特价值历史观的中心环节。

价值这一哲学概念，主要是表达人类生活中一种普遍的主客体关系，就是客体的存在、属性和变化同主体需要之间的关系。人在主客体关系中具有主体性特征，具有"为我"的性质。在历史研究活动中，历史学家作为主体，他的主体性特征，表现在研究活动中，把历史资料"为我"之用，把历史作为主体认识和把握的对象，而客体则具有客体性，归根到底是对象性。历史学家与历史、历史资料之间的主客体之间的关系，确实体现着价值的内涵。但是，对价值的内涵却有着不同的理解。马克思主义认为，实践和认识是主客体相互作用的基本形式，主客体之间的关系中，实践是第一位的、首要的、根本的形式。主体的需要首先要以客体为前提供，没有客体的客观存在，就谈不上主体的需要和主体对客体的关系。实际上，价值关系体现在主客体两者之间的联系和统一之中，主客体相互作用不能分离。所以，不能离开客体谈主体。人是作为物质的、自然的、社会的、历史的现实存在，人是主体的客观存在，人的需要，无论是物质的、精神的需要，从根本上来说，都是与人的社会存在相联系。从主体和客体两个方面的联系上来理解价值关系才是正确的。夸大主体作用，是在价值问题上的唯心主义倾向，是从另一角度否认历史规律客观性的观点。价值历史观也是非理性主义的一种表现。

四、道德观念决定论

新康德主义沿袭康德的道德原则，宣扬道德观念决定论，用伦理道德观念，解释社会历史。他们把社会主义这个人类社会历史必然发展的阶段，歪曲为伦理原则为基础的社会形态。新康德主义者采取偷梁换柱的手法，取消科学社会主义的唯物史观理论基础，以达到否定马克思主义科学社会主义理论的目的。

新康德主义的两个学派，马堡学派和弗莱堡学派都共同主张道德观念决定论，都反对用唯物史观来解释社会历史。最早提出论理学社会主义理论的是马堡学派的柯亨，他是犹太血统的德国哲学家。

1875 年朗格逝世后，柯亨成为马堡大学哲学教授的领导者，而后逐渐团结一批哲学家，他们企图利用和发挥康德认识论的某些思想原则，建立一种认识论和方法论的中心的哲学，因此形成马堡学派。

柯亨反对马克思主义，特别是历史唯物主义，他认为，马克思主义的社会历史观，只注意经济的社会，只注意吃饭、穿衣等经济问题，而不注重道德原则对社会的影响作用，不重视伦理观念和伦理社会的建设。柯亨指责马克思主义社会历史观带有片面性。在他看来，只有伦理观念、道德原则才是社会历史发展的真正动力和所要遵循的方向，没有伦理观念、道德原则作为基础，社会历史便失去动力而不能发展。在他看来，借以区别社会形态和社会发展阶段的是道德原则。他认为，社会主义社会存在和发展的基础，不是经济的唯物主义，而是道德原则的道德的唯心主义。不难看出，柯亨在反对马克思主义唯物史观时，争取的是偷梁换柱的方法。蓄意抽掉科学社会主义的唯物史观的基础，换上道德原则充当它的基础，正如柯亨说的："只要社会主义建立在伦理学唯心主义基础上，它就是对的。"①柯亨讲的伦理唯心主义实际上是康德的伦理学原则。按照他的理解，社会主义既然是理想的社会，是人们所向往的社会制度，那么就应当以康德的

---

① 转引自刘放桐编著：《现代西方哲学》，人民出版社 1981 年版，第 151 页。

"绝对命令"的道德原则来建立，因为这种道德原则是人们普遍遵守的行为准则。康德的道德原则应当成为社会主义的纲领，在柯亨那里康德竟然成了社会主义理论的奠基者。这是对社会主义学说及其发展历史的歪曲和篡改。

在柯亨之后，沃伦德尔、福尔特曼等人也主张将康德的"绝对命令"道德原则，作为建立社会主义的基础。而不同的是，福尔特曼采用的是一种多元论的观点，在他那里并未完全排除历史唯物主义的原则，他是把历史唯物主义归结为一种"单纯的经济原则"，同康德的伦理学、柏拉图的理念论和基督教的道德信条相混合。用他的话说就是，只有这样才能使得社会主义成为内在的结合为一种完整的伦理经济学。其实福尔特曼仍然主张社会主义的基础是伦理学原则。他们与柯亨主张的理论观点基本相同。所不同的是柯亨满足于社会伦理，而他们却企图将伦理学社会主义理论付诸于政治实践。

新康德主义者，把康德的伦理学视为社会主义的理论基础，实质上是用唯心主义代替唯物主义，用唯心史观代替唯物史观。康德的伦理学是一种信仰主义的伦理学，他把道德主体的人看成是一种抽象的理性存在，这种理性存在的人遵守着一种先验的道德原则。在康德那里只有"善良意志"是绝对好的、无条件的，而勇敢、果断、权势等则是有条件的。康德的善良意志高于一切人的行为和活动，它本身就是一种目的。凡是符合"善良意志"的行为和活动都是道德的，否则就是不道德的。康德只讲动机，不讲效果。康德道德学说中的动机是离开行为内容和效果的，实质是一种唯心主义的幻想论，所以康德的道德原则与社会主义理论基础和原则，完全是背道而驰的。

按照新康德主义的理论，社会主义不是社会历史发展的必然趋势，社会主义不是建立在对现代资本主义社会基础矛盾的分析和揭露的基础上，不是社会历史发展的大趋势，而只能是以道德原则为基础的彼岸的东西。以新康德主义的推论，实现由资本主义到社会主义，不必经过无产阶级的解放，无产阶级革命和无产阶级政治，无产阶级争取政权后要建立的社会主义，便成为道德的对象、信仰的对象。在新康德主义者看来，社会主义只能用伦理学的方法论来认识和理解，无产阶级和劳动人民不必走在革命斗争道路来实现社会主义，而应当用道德的自我完善的道路来实现。这样科学社会主义的理论和实践、社会主义道路就被否定了。他们所主张的人们无长远生活目标，只顾眼前利益而不顾长远利益等特点，无不来源于上述基本理论。新康德主义鼓吹的伦理学社会主义，是唯心主义社会历史观的理论表现，它是为资本统治服务的。

新黑格尔主义社会历史观的基本观点

新黑格尔主义作为一个哲学流派，产生于 19 世纪末英、美等国。20 世纪上半期，在德、意等国得到进一步发展，这是一个唯心主义的哲学派别，它作为国际性会潮，是 19 世纪 50 年代资本主义世界矛盾日益尖锐和激化的反映。资产阶级对马克思、恩格斯建立的辩证唯物主义和历史唯物主义十分恐惧，极力从理论上对黑格尔哲学加以歪曲和篡改，贬低马克思主义。新黑格尔主义是 19 世纪末，从"右"的方面复活黑格尔哲学的各种思潮的总汇。在社会历史观方面，完全从唯心主义立场出发，否定黑格尔社会历史观理论中的合理因素，宣扬历史和精神等同论，否定社会历史的客观性及其规律，新黑格尔主义的社会历史观以非理性主义为特征，他们的"绝对的历史主义"就是一种典型的历史虚无主义、主观唯心主义历史观。

一、精神史观

黑格尔哲学直接从康德、费希特和谢林等人的哲学出发，构建了自己唯心主义哲学体系。黑格尔是一个理性信奉者，它的最大成果是在唯心主义基础上阐述了辩证法思想，并把辩证法引伸到历史领域。他承认"绝对精神"的历史客观性原则，承认历史规律性及其发展，形成了他的辩证的历史观，新黑格尔主义者极力把黑格尔描绘成一个非理性主义者，进一步发展了他的哲学中的唯心主义成分。把黑格尔的非人的"绝对精神"加以人化，使它变成为个人的精神、思想，把黑格尔的"绝对精神"的发展史变成个人精神的发展史。新黑格尔主义者研究历史的出发点和立足点是个人精神、个人思想，基于此便产生了一套主观唯心主义的历史观。其主要代表人物是意大利的克罗齐，他的哲学观点深受康德主义的影响，是绝对唯心主义的。在社会历史观上，克罗齐否认历史过程的客观性，否认社会历史发展的规律，宣扬历史和心灵等同论，认为人类历史就是精神的历史，他坚持非理性主义立场，反对任何理性的唯物的和唯心的社会历史观理论。

马克思主义认为，人类历史是生产方式发展的历史，是人们改造自然和社会的实践发展过程，它是活生生的客观存在，社会历史有着不以人们主观意志为转移的客观规律性。而克罗齐对社会历史的看法，无论从宏观角度还是从微观角度看，都坚持了一条历史虚无主义的路线，他认为，地球的历史、太阳的历史、整个宇宙的历史的起源都是说不清楚的问题，不仅如此，就是近代欧洲的历史也是模糊不清的。这样，自然发展史、社会发展史都成了问题，既然他否认了地球、太阳、宇宙自身发展的历史，而面对地球、太阳、宇宙，就只有靠精神、上帝来证明它们的起源和发展史。他不像黑格尔那样承认有个"绝对精神"的存在，他靠的是个人精神和反思，把历史想象为心灵的活动。正如他所说的："我要求别人和自己有权按照个人的感情所指示的去想像历史。"① 按照克罗齐的说法，就可以把意志力想象的像心上的女人一样娇好，像最慈爱的母亲一样可爱，像我们所崇拜的女神一样严肃，这样历史就成为随意想象的东西了，所以历史就是思想。克罗齐认为，历史应当从人们的思想内部考察，历史是人们心灵的历史，根据他的观点，历史就意味着在我们心目中的再次复活，历史是一种回忆。他讲的"回忆"是没有任何实际内容的纯粹思想活动。克罗齐在描述自己历史观时说："我们所已达成的历史观是，历史的文件不在本身之外而在本身之内，历史的究竟方面的和原因方面的证明不在本身之外而在本身之内，历史在本身之外无哲学，它和哲学是重合的，历史的形成和节奏

---

① 克罗齐：《历史学的理论和实际》，商务印书馆 1981 年版，第 26 页。

不在本身之外而在本身之内。这一段话比较集中地表述了克罗齐的社会历史观。在他看来，人们对社会历史的认识、记载不是来自认识主体之外的客观认识对象，而是来源于思想的本身，历史文件、资料的来源不在他本身之外，而在他本身之内，这样，历史文件、资料就成为无源之水，无本之本。历史的究竟和原因指的是历史的发展动力和历史的发展的规律，而对这些，克罗齐却赋予纯主观的唯心主义的内容，历史发展的原因和究竟以及历史运动的规律，只是在历史学家某些人的思想当中、想象当中，难怪他曾经把历史说成是一种"反思"过程。

马克思主义认为，生产方式决定着社会的结构、性质和面貌，决定着整个社会历史的变化和更替，社会历史首先是物质生产的历史。马克思主义唯物史观的基本原则，就是从人们的物质生产和物质生活出发，研究历史运动发展的规律，不是意识决定生活，而是生活决定意识，马克思主义唯物史观是科学的。

克罗齐把历史看成是纯思想的东西，就必然得出一系列的历史方法论上的错误结论。在他看来，历史分期的段落之所以成为理论，就是因为它们与思想、心灵不可分割。它们和思想是一件事情，如同影子和身体、沉默和声音是一件事一样，它们和思想是等同的，是可以和思想一同变化的。这样，克罗齐完全把历史等同于思想，历史的变化等同于思想的变化，思想的手段等同于历史的分期。基于这种观点，他毫不隐讳地把近代欧洲的历史时期划分说成是意识发展的结果，认为近代欧洲人把历史分成古代、中世纪、近代，是随着近代意识本身的发展而出现的。克罗齐否认历史划分的客观事实依据，这同他把历史看成思想、心灵这个基本立场一脉相承。否认历史分期的客观性原则，并非克罗齐一人的创造。现代俄国历史学家比尔加耶夫、美国历史学家卡尔、欠克尔等，都坚持认为，在历史学家创造历史事实之前，历史事实对任何历史学家而言都是不存在的，卡尔、欠格尔认为，历史事实只是存在于某个人的头脑之中，这是因为历史学家无法与事实本身接触，历史已经消失在认识的范围内，历史事实是一个象征公式，而象征和公式是历史学家自己创造的。在历史分期的公示已经存在于历史学家的头脑之内。历史学家创造历史和历史分期，这样就抹煞了社会经济在历史分期中的决定作用。马克思主义历史分期只能用生产方式发展的不同状况做解释，而并不是什么纯粹的思想意识的演进变化的表现，在这一点上，黑格尔坚持的是"绝对精神"的演进表现为历史发展和历史分期，在他客观唯心主义体系中尚能保留积极的、合理的东西，而克罗齐却完全从主观唯心主义立场出发，用思想代替历史，这是黑格尔历史观的一种倒退。

克罗齐把黑格尔的理性主义历史观称为"浪漫主义"，认为他的唯心论哲学的构成原则和他的体系达到了登峰造极的程度，连叔本华、孔德以及实证主义进化论者都试图反对他，但都或多或少地沾染了它。克罗齐在社会历史观上，坚持非理性主义原则，本质上也是唯心主义的。从基本原则上看，克罗齐看到黑格尔的唯心主义历史哲学同唯物论的决定论之间的对立和区别，这只是一方面。问题的另一个方面是，他并不否定黑格尔的历史哲学，他肯定黑格尔历史哲学中的发展原则。但是，克罗齐并不是完全同意黑格尔的观点，他认为哲学史在黑格尔手上遭到了重大危机。他承认，哲学的唯一真正的存在是由思想史构成的，他完全否定历史规律的客观性。

克罗齐否认历史本身有客观规律性，把它看成是特殊的事实的堆积，而普遍性只是虚构的普遍性，幻想的普遍性。他认为，主张把诗歌史和艺术史看得和哲学史一样是错误的，也就是说，他反对把诗歌史和艺术史同普遍性和一般性联系起来。他主张历史也像诗歌一样，像道德意志一样，是没有规律的。很显然，克罗齐主张个别历史事件的唯一性，目的在于否定历史发展的普遍性，否定历史的客观规律性。

克罗齐把历史同思想等同起来，只承认由思想决定的个别事件的堆积，不承认历史的发展规律，这种主观唯心主义的历史观，不仅与唯物史观相悖，而且与黑格尔的辩证历史观也有很大区别，克罗齐对待黑格尔历史哲学的态度，也影响了西欧的一些哲学家和思想家。

二、历史无规律论

新黑格尔主义者否定了黑格尔关于社会历史有规律的思想，主张历史无规律，这是理论上的一个倒退，在他们看来，历史只是个别事件的堆积，个别历史事件之间没有任何联系，如果承认了历史事件的联系和规律性，就等于对个性的否定。

克罗齐在宣扬历史是精神的同时，坚持历史无规律的立场，而科林伍德则进一步从非理性主义立场上，发展了历史无规律的理论。

科林伍德是英国的历史学家，也是新黑格尔主义的哲学家。他对承认社会历史有规律的理性主义理论进行批驳，认为企图发现支配历史进程的一般规律，即关于各种制度相继交替的规律，关于高级文明与低级文明、兴盛的与衰退中的文明交替的规律，是自然主义的观点，是把规律当作永恒不变的真理，承认这些规律就是不合法的。

科林伍德抛弃了黑格尔的历史规律的思想，这样他既否定了唯心主义的规律论，也把矛头指向唯物史观，否定了社会发展的客观规律，按照柯林伍德的理解，如果承认历史有规律，就是忽视了历史最根本特征的东西，即个性，个性就是历史的特征和本质。他认为，历史思想是一般与个别的不断交替，而个别是目的，一般则是手段，历史个体是"独一无二的不可替代的"。如此看来，科林伍德在历史中仅仅重视个体，即个别历史事件的个性，夸大历史个性作用，以此否定历史的一般规律。

在马克思主义看来，个别与一般的关系是对立的统一，任何事物都是个别和一般的统一体。自然界和人类社会同样是个别和一般的统一，自然规律和社会规律总是通过自然界和人类社会的个别的、偶然事件反映出来，而自然界和社会的个别、偶然事件也总是离不开一般的发展规律所支配。

历史的进程中，不管有多少个别的和偶然的事件发生，但都存在着内在的规律，科林伍德夸大历史的个性，实际上是历史观上形而上学的表现。

在科林伍德看来，历史应当是个别历史事件同时存在的东西。他认为，历史是有原子事件的无限系列所组成，而每一个原子事件与它们前后的那些原子事件没有丝毫联系，或者说，历史是由无数同时发生的这类原子事件的系列所组成的。这样看来，历史事件之间没有任何联系，而是彼此相互独立，且并列存在的，它们之间没有前后顺序的延伸和发展。

科林伍德的非理性主义历史观，促使他把历史哲学和历史学相割裂，并且歪曲历史哲学，认为历史哲学不应当是探讨历史发展规律和趋势的，不应是对具体历史现象和事件的抽象观察和思考，而应当是解释历史个别事件，重视原子事件的同时存在的事实，不能去揭示历史事件的相互联系和历史发展规律。按照他的说法，发现历史情节之间的相互联系，除了历史学家不可能是其他的任何人，这样就混淆了历史哲学和一般史学的界限，实际上是用一般史学来否定历史哲学。同时，这种观点也割裂了历史哲学和历史学的联系，历史学如果离开哲学观点的指导，它就不能把握历史，同时，历史哲学要成为科学学说，也不能离开历史学的基础。当然，历史哲学作为一种社会历史观，有辩证唯物主义的历史哲学，即唯物史观，也有唯心主义的形而上学的历史哲学。

科林伍德坚持非理性主义观点，实际上是全盘否定了以往历史哲学中关于历史发展有规律的理论。科林伍德认为，历史上任何一个事件，每一个要素，都同样重要，并且丝毫没有联系，也不受什么东西所左右。这种观点实际上是抹煞了社会发展过程中的基本矛盾及其规律，从而否认历史发展的动力和历史规律。

科林伍德对马克思主义唯物史观持否定态度，他认为，马克思主义要从经济方面对历史进行解释，否则就是一种哲学上的大错。我们知道，马克思和恩格斯创立唯物史观理论过程中，坚持社会存在决定社会意识的基本原则，从分析作为生产力和生产关系统一体的生产方式，阐明社会存在和社会意识、社会物质生活和精神生活的关系，从而完成了社会历史观上的根本变革，创立了唯物主义历史观，揭示人类社会发展的总规律和总趋势，它是一种科学学说，从根本上划清了同唯心主义历史哲学的界限，也划清了同非理性主义历史观的界限。

科林伍德在历史观上受克罗齐的影响，从唯心主义立场出发来看待历史，主张精神史观，他认为一切历史都是艺术，历史好比艺术品是艺术家的创作一样，历史学家的想象与小说家的想象完全一样，历史学家可以想象历史，小说家可以创造作品，想象小说的人物情节。这样看来，科林伍德的历史观实际是一种主观主义的历史观，历史学家可以随意想象整个历史，创造整个历史。在他看来，所有历史不管多么高深多么复杂，但就其根本形式来说，就是知觉，历史都是一种由知觉做成的东西，是知觉中所早已包含的各种要素的发展，因而历史学家所了解的世界就是知觉中所形成的世界的充实而已。这样历史都是历史学家的知觉所做成的。这就是说，历史学家所阐明的人类历史事件，并不是真正的客观事实，而是纯粹的思想产物。这和克罗齐所说的"历史就是思想"的观点一脉相承。科林伍德否认人类历史的客观存在，当然他也不承认历史有个客观标准，在他看来，这个世界里，真理与谬论总是无法区别地混淆在一起的，这样，实际上是取消了衡量历史事实的客观标准，走到了相对主义立场上去了。

三、英雄史观

新黑格尔主义者宣扬历史是精神、思维的产物，主张英雄史观，认为天才人物是精神的工具，具有那些作为精神工具的卓越人物，才能决定历史。

新黑格尔主义者主张的英雄史观理论，是他们社会政治观点的组成部分，并且同他们的伦理观、国家观联系在一起的。

黑格尔把国家看成"伦理观念的现实"，把国家说成是存在于地球上的"神圣的理念"，新黑格尔主义者继承并发挥了这一思想，英国的新黑格尔主义者就是主张伦理道德是社会政治学的基础，认为国家是公共意志，也就是道德意志的实现。正因为他们也像黑格尔一样，把伦理观念、道德意志看成是先天的、神圣的精神载体，要认识和掌握这种伦理、道德意识，就绝非由一般人而能为，只有少数天才人物才能办得到。作为国家基础的公共意志、道德意志不能在一般人身上体现，而只能体现于个别英雄人物的意志和观念当中，个别的天才人物的意志就体现了社会和国家的公共意志、道德观念。英国新黑格尔主义者里奇认为：公共意志并非群众的意志，发展公共意志并不容易。只有有经验、有智慧的、公正的、勇敢的人才能够超出一时的情欲和成见，从长远的眼光看事情，才可以正确解释人民的真正意志。因此，国家的事务应操在聪明有能力的人手中，像柏拉图的"哲学王"那样类型的人，这类人是在选择中所不能发现的。柏拉图曾经从唯心主义历史观出发，鼓吹天才论，认为那些掌握了哲学知识的国王和统治者，即他说的"哲学王"才能掌管国家，才能使国家安宁、个人幸福。当然柏拉图的目的在于为奴隶主阶级造舆论，为统治阶级服务。新黑格尔主义者宣扬天才论，目的是为了维护资产阶级统治者的利益。鼓吹天才论就必然贬低人民群众的历史地位和作用，克罗齐的英雄史观，也正是集中表现在这个问题上，他认为群众本身没有任何思想和活动的能力，他们是天才人物的思想和活动的对象，这正像尼采的"超人哲学"一样，上等人注定为"天然的"统治者，而下等人只有听从上等人的使唤和支配。克罗齐的观点完全抹煞了人民群众在历史上的地位和作用。

历史唯物主义认为，人民群众是历史的主人，是历史的真正创造者。群众的实践创造了整个社会生活，群众的实践推动社会向前发展。历史唯物主义同样认为个人是群众的一员，个人只有在实践中同广大人民群众相结合，才能发挥出应有作用。离开广大人民群众，任何个人也不能起到推动历史的作用，个人总是受社会生活条件的制约，杰出人物的产生也是历史发展的必然，是历史条件所决定的。但是，杰出人物的作用在于集中群众的智慧，顺应社会发展的总趋势，只有这样才能在社会发展中起到促进作用，新黑格尔主义的英雄史观夸大个人意志的作用，把精神作为推动历史发展的动力，这样就必然从根本上抹煞人类社会的生产方式发展的客观性，抹杀人民群众的历史决定作用。这种英雄史观理论，实际上成为维护资本主义制度，为帝国主义、殖民主义政策提供理论依据。

（书稿 1992 年）